Yaşar Aydın
Topoi des Fremden

Yaşar Aydın

Topoi des Fremden

Zur Analyse und Kritik
einer sozialen Konstruktion

UVK Verlagsgesellschaft mbH

Bibliografische Information der Deutschen Nationalbibliothek
Die Deutsche Nationalbibliothek verzeichnet diese Publikation in der
Deutschen Nationalbibliografie; detaillierte bibliografische Daten
sind im Internet über http://dnb.d-nb.de abrufbar.

ISBN 978-3-86764-222-4

© UVK Verlagsgesellschaft mbH, Konstanz 2009
Einbandgestaltung: Susanne Fuellhaas, Konstanz
Druck: Bookstation GmbH, Sipplingen

UVK Verlagsgesellschaft mbH
Schützenstr. 24 · D-78462 Konstanz
Tel.: 07531-9053-0 · Fax: 07531-9053-98
www.uvk.de

Vorwort

Das vorliegende Buch stellt die leicht überarbeitete Fassung meiner im Januar 2009 bei der Universität Hamburg eingereichten Dissertationsschrift dar. Anlass für diese Arbeit war die zur Jahrhundertwende auch in Deutschland und Großbritannien virulente soziologische und sozialtheoretische Debatte über die ‚Fremdheit' sowie der darin zum Ausdruck kommende veränderte Bezug zu ihr. In gesellschaftstheoretischen Diskursen fand eine Aufwertung und Zelebrierung von ‚Fremdheit' als Chiffre für Differenz, Heterogenität und Pluralität statt. Ausgehend von dem Spannungsverhältnis zwischen Xenophilie in der Theorie und Xenophobie in der gesellschaftlichen Realität, setzte ich mir zum Ziel, die aktuelle Fremdheitsdebatte einer kritischen Analyse zu unterziehen und die Strukturelemente und soziopolitischen Faktoren der Fremdheitsproblematik zunächst allgemein, anschließend am Beispiel Deutschlands und Großbritanniens zu erörtern.

Bei dieser Arbeit haben mich eine Reihe von Personen und Institutionen unterstützt, denen ich an dieser Stelle danken möchte. Mein ganz besonderer Dank gilt meinem Doktorvater Prof. Dr. Lars Lambrecht für seine ausgezeichnete Betreuung, ohne die meine Forschung zu einem weniger fruchtbaren Ergebnis geführt hätte. Meinem Zweitgutachter Prof. Dr. Werner Goldschmidt bin ich für seine konstruktive Kritik dankbar. Dr. Carsten Kaven, Thorsten Bewernitz, Semra Doğan, Mukaddes Oğuz und Ulrike Heidemeier haben frühere Fassungen bzw. erste Entwürfe meiner Dissertationsschrift gelesen und mit mir diskutiert – ihnen möchte ich auch von ganzem Herzen danken. Mein Dank gilt natürlich auch meiner Familie für ihre großzügige Unterstützung während der Promotion.

Widmen möchte ich diese Arbeit meiner Frau Gülsüm Aydın, die mir stets unterstützend zur Seite stand, und meinem Vater Coşkun Aydın, den ich im selben Jahr verloren habe, in dem ich diese Arbeit begann.

Die Hans Böckler Stiftung hat mich mit einem großzügigen Stipendium finanziell gefördert und mir somit die Gelegenheit gegeben, mich gänzlich meiner Dissertation zu widmen. In dieser Zeit habe ich auch an den Intensivseminaren an der Universität Osnabrück teilgenommen, die von meinem Vertrauensdozenten Prof. György Szell betreut wurden. Dies hat mir über mehrere Jahre einen motivierenden Rahmen für meine Arbeit gegeben. Ihm möchte ich für seine anregenden Anmerkungen und Hilfestellungen herzlich danken. Last but not least möchte ich mich bei allen, deren Namen ich hier nicht einzeln aufzählen kann, für ihre Kritik und Anregungen bedanken.

Inhaltsverzeichnis

Einleitung

Wie lassen sich die Grenzen zwischen dem Eigenen und dem Fremden bestimmen? Kaum ein Thema bewegt die öffentliche Debatte und interessiert die Menschen mehr als diese Frage. Im Zuge von Migrationsbewegungen kommt es im Alltag europäischer Gesellschaften, insbesondere aber in den Städten, zunehmend zu Begegnungen mit Fremden und im Zuge des Massentourismus kommen Individuen heute mehr als je zuvor mit anderen Kulturen in Berührung, bewegen sich an fremden Orten und kommunizieren mit Menschen aus den unterschiedlichsten Winkeln der Welt. Nicht nur die Präsenz von Fremdheit, sondern auch die Reaktionen darauf nehmen zu. Während der Fremdheit außerhalb der eigenen Gesellschaft mit Faszination begegnet wird, wird umgekehrt ihre Präsenz in der eigenen Gesellschaft als ein ‚pathologischer Zustand' wahrgenommen, erzeugt nicht selten Furcht und Ressentiments. Fremdheit stellt sich in zweifacher Hinsicht als Problem dar: *Erstens* können die Begegnungen mit dem/den ‚Fremden' durch Spannungen, Konflikte und Dispute über Fragen des Lebensstils oder der kulturellen Werte geprägt sein. *Zweitens* stellt die zunehmende Präsenz von Fremden und Fremdheit eine Herausforderung für die Idee einer kulturellen Homogenität als Bezugsrahmen für die eigene Gesellschaft dar.

Zu beobachten ist ebenfalls, dass bei der medialen Thematisierung von Fremden und Fremdheit – im Folgenden unter der Bezeichnung *Fremdheitsdebatte* zusammengefasst – hierzulande zunehmend eine bestimmte Gruppe repräsentativ hervorgehoben wird: die Türken als die größte nicht-deutsche Bevölkerungsgruppe gelten als prototypische Fremde.[1] Bereits in einer Studie von Ruhrmann und Kollmer aus dem Jahre 1987 war von einer Umdefinition des ‚Ausländerproblems' in ein ‚Türkenproblem' die Rede. Exemplarisch seien hier auf drei Medienberichte hingewiesen: Besonders illustrativ ist *Der*

---

[1] Laut offiziellen Angaben leben in Deutschland ungefähr 1,7 Mio. türkische Staatsbürger. Zählt man jedoch Deutsche mit türkischer Herkunft mit, so würde die Zahl 2,5 Mio. übersteigen (vgl. Statistisches Bundesamt 2008: 25 und Migrationsbericht 2005). Für die These, dass Immigranten aus der Türkei häufiger als andere Immigrantengruppen in den Mittelpunkt der medialen Aufmerksamkeit gerückt und als typische Fremde wahrgenommen werden, lassen sich viele Belege anführen. Um nicht alle vorwegzunehmen, da im Teil IV darauf ausführlicher einzugehen sein wird, sei hier nur auf dieses Beispiel hingewiesen: In einer Befragung antworteten 32,7 Prozent der Interviewten auf die Frage, an welche Gruppen sie bei der Bezeichnung ‚Ausländer' denken, mit Türken. An Westeuropäer dachten nur 1,6 Prozent der Teilnehmer (s. Kleinert 2004: 64).

Spiegel vom 14.04.1997 zum Thema ‚Ausländer und Deutsche': Auf dem Ti-
telbild ist eine schwarzhaarige Frau abgebildet, welche die türkische Fahne
schwingt. Links von ihr sind Mädchen mit Kopftüchern in einer Koranschule,
rechts männliche türkische Jugendliche mit Messer und Schlagketten zu erkennen, davor der Schriftzug: „Gefährlich fremd". Am 06.05.2004 gibt *Die
Zeit* (Nr. 20, S. 11-15) ein Dossier als Beilage heraus, in dem die Bilder von
traditionell und religiös aussehenden türkischen Immigranten mit denen von
Deutschen kontrastiert sind. Am 30.09.2004 titelt *Die Zeit* (Nr. 41) mit der
Überschrift „Angst vor den Türken". Daneben wird der Bundesadler fest um-
schlungen von der türkischen Fahne, darunter findet sich ein Kommentar mit
dem Titel „Drinnen vor der Tür" und dem Untertitel „Auch nach Generationen sind die Türken in Deutschland nicht angekommen". Die Botschaft, die
sich aus solchen Bildern ablesen lässt, lautet: Immigranten, insbesondere die
türkischen, sind Fremde. Sie sind nicht nur anders, sondern bedrohlich aufgrund ihres Nationalismus, ihrer Religion, ihrer Traditionsorientierung und
ihrer Gewalttätigkeit.[2]

Dass Immigranten als Fremde wahrgenommen und dabei bestimmte
Gruppen besonders hervorgehoben und problematisiert werden, kann keinesfalls als eine Bestätigung der Besonderheit nationalstaatlicher Identität in
Deutschland interpretiert werden. Ähnliche Sachverhalte lassen sich auch in
Großbritannien beobachten. *The Independent* vom 02.06.2008 berichtet beispielsweise, dass die „weitverbreitete Ablehnung von Immigranten" die Anwerbung qualifizierter ausländischer Arbeiter beeinträchtige. In Großbritannien sind es in erster Linie die Muslime und die ‚Schwarzen', die repräsentativ hervorgehoben und als besonders fremd markiert werden. Einem Medien-
bericht zufolge wird in 91 Prozent der Zeitungsartikel negativ über Muslime
berichtet (*The Guardian* vom 14.11.2007). Dies verweist auf eine empirische
Erfassung der Fremdheitsproblematik[3] und Darlegung ihrer wesentlichen
Dimensionen in Deutschland und Großbritannien. Aufgrund der Ähnlichkeiten der ökonomischen Systeme, der Sozialstrukturen und der politischen
Ordnungen beider Länder wäre die Frage nach den Konvergenzen und Divergenzen bezüglich der Fremdheitsproblematik von prinzipiellem Interesse.

Diese Frage wäre empirisch zu beantworten, doch eine solche empirische
Erhebung wie beispielsweise die Durchführung repräsentativer Befragungen,
Interviews und Gruppendiskussionen würde den Rahmen dieser Dissertation

---

[2] Ähnliche Bilder von den Immigranten bzw. Türken kursieren auch in den Sozialwissenschaften. Für eine ausführliche Diskussion der Frage, welchen Beitrag die Sozialwissenschaften zur
Produktion einer ‚Folklore des Halbwissens' leisten s. Beck-Gernsheim (2004).
[3] Unter Fremdheitsproblematik werden Fragen nach (a) den soziopolitischen Faktoren und Mechanismen von Fremdheitszuschreibungen, (b) institutionellen Umgangsweisen mit ‚Fremden'
und (c) medialen Grenzziehungen und Thematisierungen von ‚Fremden' zusammengefasst.

sprengen. Außerdem liegen für eine Bestandsaufnahme kaum empirische Studien vor, die diese Prozesse realhistorisch untersuchen. Im Folgenden soll daher nur auf den sozialwissenschaftlichen Bestand zurückgegriffen werden, um die Fremdheitsproblematik theoretisch zu erörtern. Gegenstand und Bezugspunkt der Analyse ist somit die gesellschaftstheoretische und sozialwissenschaftliche Fremdheitsdebatte: Die bestehenden Ansätze und Theorien werden danach untersucht, welches Potential sie für eine Erörterung der Herstellung des ‚Fremden' und der Praktiken des Umgangs mit Fremden anbieten. Dabei geht es um zwei die Erkenntnis leitende Fragen: Bieten die aktuellen Erklärungen und Deutungen ein gründlicheres Verständnis der Fremdheitsproblematik dar? Werden die Begriffe der Komplexität und der Vielschichtigkeit aktueller Fremdheitsproblematik gerecht?

Zunächst ist zu klären, wie die Sozialwissenschaften auf die Aktualität der Fremdheitsproblematik reagieren. Zwei Stränge lassen sich in der vielfältig differenzierten Fremdheitsdebatte als wissenschaftliche Reaktion auf die Fremdheitsproblematik unterscheiden: Dem ersten sind Theorien und Forschungen zur Migration, Integration, Fremdenfeindlichkeit und zum Rassismus zuzuordnen. Darin geht es nicht nur um die Analyse der Ursachen von Fremdenfeindlichkeit oder Integrationsdefiziten, sondern auch um Integrationsmodelle. Problematisch ist bei diesen Studien allerdings, dass der ‚Fremde' im klassischen Sinne als jemand vorgestellt wird, der aus der Ferne kommt. Er ist der Gast, so die präzise Formulierung von Simmel, „der heute kommt und morgen bleibt" (1992: 764). Dieses Bild vom ‚Fremden' verstellt allerdings den Blick für die Genese der Fremdheit und für die entsprechenden Zuschreibungen: Der als Fremde Bezeichnete braucht nicht ein Unvertrauter zu sein, wie es der alltägliche Sprachgebrauch impliziert.

Den zweiten Strang bilden sozialwissenschaftliche Theorien, die sich auf die Genese und Ursachen von Fremdheit konzentrieren. Darin wird die These vertreten, dass das Verhältnis zwischen dem Eigenen und Fremden neu zur Debatte stehe. Den Ausgangspunkt bilden dabei die Klassiker der Soziologie (Simmel, Park, Schütz und Elias), welche die soziale Situation des Fremdseins mit Mobilität, Wurzellosigkeit und Zwang zur Selbstkonstruktion beschreiben. Demgegenüber wird in den aktuellen Ansätzen eingewandt, dass diese Merkmale nicht nur die Situation des ‚Fremden' kennzeichnen, sondern heute zu den Eigenschaften und Aufgaben eines jeden Individuums gehören. Poststrukturalistisch, modernitäts- und systemtheoretisch orientierte Autoren wie etwa Kristeva, Stichweh oder Bauman behaupten, dass es unter den Bedingungen ‚postmoderner Globalisierung' und Weltgesellschaft qualitative Veränderungen bei den Mustern der Fremdheitszuschreibungen und in der sozialen Situation des Fremdseins stattgefunden haben. Daher sei der herkömmliche Begriff des Fremden obsolet geworden (vgl. hierzu exemplarisch

Stichweh 1997: 55 und Bauman 1991: 158). Diese Arbeit knüpft an diese
These an und bemüht sich um eine adäquatere Begriffsbildung bezüglich des
Fremden, grenzt sich jedoch durch ihre komparative Vorgehensweise vom
Forschungsstand ab. Obwohl viele Arbeiten vorhanden sind, welche die theo-
retischen Ansätze zur Fremdheitsproblematik thematisieren, liegt ein expli-
ziter Vergleich der sozialwissenschaftlichen Literatur in Deutschland und
Großbritannien bisher nicht vor. Dies ist das Ziel der vorliegenden Arbeit.[4]

In der aktuellen Fremdheitsdebatte bündelt sich die politische Kontroverse
einer vollständigen Partizipation und Gleichbehandlung von Menschen, die
sich aufgrund realer oder zugeschriebener Merkmale von der jeweiligen
Mehrheit unterscheiden.[5] Weitere Kontroversen drehen sich um die Frage, ob
die aktuellen Fremdheitszuschreibungen auf willkürlich subjektiven Entscheidungen beruhen oder gesellschaftlich strukturiert werden: Impliziert die
Analyse der Fremdheitsproblematik die Gefahr, die ‚Fremden‘ ins Zentrum
der Aufmerksamkeit zu rücken, die herrschende Umgangsweise mit Fremden
zu bestätigen oder die aktuellen Fremdheitszuschreibungen zu legitimieren?

Trotz der Brisanz der Problematik und der anhaltenden Aktualität der
Fremdheitsdebatte sind eine differenzierte und kritische Betrachtung der
Fremdheit und eine der Komplexität der Sache gerecht werdende Begriffsbildung ein Desiderat der sozialwissenschaftlichen Theorie. In der Fremdheitsdebatte werden zwei unterschiedliche Begriffe verwendet, denen nicht nur
verschiedene, sondern mitunter auch gegensätzliche Vorstellungen von
Fremdheit zu Grunde liegen: Fremdheit im Sinne einer affirmativen *Selbstbeschreibung* vs. Fremdheit im Sinne einer *pejorativen Fremdbeschreibung*,
Fremdheit als Ausdruck einer *Wertschätzung der Andersartigkeit* vs. Fremdheit als *Ausdruck einer Nichtanerkennung* der Andersartigkeit. Für eine kritische Theorie der Fremdheit kommt es auf eine gründlichere Differenzierung
dieser Bedeutungsebenen an. Entgegen der konventionellen Begriffsverwen-
dung wird hier die Trias *Fremdheitszuschreibung, Fremdheitserfahrung* und
gesellschaftliche Statuszuweisung vorgeschlagen. Diese Arbeit beschäftigt
sich nicht mit Theorien zur Fremdheit im Sinne einer allgemeinen *Alterität*,
die eine notwendige Dimension der Identitätsbildung ist, sondern mit Theorien zur Fremdheit im Sinne einer *pejorativen Fremdbeschreibung* zur Betonung einer vermeintlichen Nichtzugehörigkeit. Fremdheit im Sinne einer *pejorativen Fremdbeschreibung* verdient eine eingehende sozialwissenschaftliche Thematisierung, weil sie Ungerechtigkeit, Ausgrenzung hervorrufen und

---

[4] Auf den Forschungsstand wird im weiteren Verlauf der Analyse noch einzugehen sein, da dieser selbst Gegenstand der Untersuchung ist.
[5] Eine zentrale Einsicht der Hermeneutik lautet, dass hinter theoretischen Disputen über die rechte Auslegung häufig materielle Interessen sich verbergen und Sinnzuordnungen immer Resultate
von Verstehensprozessen sind (vgl. Schreiter 1990).

in Feindschaft umkippen kann.

Die *Vorgehensweise* dieser Arbeit besteht in einer vergleichenden Literaturrecherche und einer interpretativen Analyse gesellschaftstheoretischer und sozialwissenschaftlicher Texte. Hierzu bietet sich die Hermeneutik[6] an, weil sie sich, im Gegensatz zu anderen Ansätzen zum Sinnverstehen[7], „mit Interpretationen als einer Ausnahmeleistung [befasst], die erst dann erforderlich wird, wenn relevante Ausschnitte der Lebenswelt problematisch werden, wenn Gewißheiten des kulturell eingespielten Hintergrundes zerbrechen und die normalen Mittel der Verständigung versagen" (Habermas 1997: 188).

Die Studie grenzt sich ferner von einer reinen Interpretation und Werkexegese ab. Es wird an der Problemstellung gearbeitet, d.h. an die analysierten Texte wird herangegangen, nicht um die Autoren selbst und ihre Werke zu diskutieren, sondern um ihren Beitrag für das Verständnis der Fremdheitsproblematik[8] herauszuarbeiten. Die verschiedenen Begriffe des Fremden, wie sie von unterschiedlichen Soziologen und Gesellschaftstheoretikern konzipiert wurden, werden auf ihren Erklärungswert, ihre inhaltliche Bedeutung, ihre analytische Schärfe und ihre ideologischen Implikationen hin untersucht.[9] Auf empirische Forschung und historische Arbeiten wird zurückgegriffen, um die in den Theorien getroffenen Aussagen und die verwendeten Begriffe darauf hin zu untersuchen, inwieweit sie brauchbar sind, um die Veränderungen in der Fremdheitsproblematik zu erfassen. Sie sollen folglich dazu dienen, theoretische Erklärungen und Begriffe zu kritisieren, zu modifizieren oder ggf. zu verwerfen.

Problematisch ist, dass eine systematisch-wissenschaftliche Analyse gesellschaftstheoretischer und soziologischer Texte keinen festen Standpunkt der Kritik abgibt. Ein möglicher Ansatzpunkt ist der Nachweis sprachlicher Mehrdeutigkeiten und Unklarheiten. Ein anderer Ansatzpunkt ist die Methode der Doppellektüre (vgl. Bourdieu 1988: 11). Ziel der wissenschaftlichen

---

[6] Zu einem Überblick über die Hermeneutik siehe Schreiter (1990).

[7] Bezüglich des Sinnverstehens wird in dieser Arbeit davon ausgegangen, dass eine einseitige Orientierung an einem objektiven oder subjektiven Sinn irreführend ist. Denn ein „rein subjektiver Sinn würde alle Kommunikation, alles Verstehen zum Erliegen bringen." (Schreiter 1990: 547) Gäbe es ein rein objektiver Sinn, müssten alle Beteiligten an einem Verstehensprozesses (zum Beispiel der Interpretation von Ilias) zu allen Zeiten und unter allen Umständen dasselbe verstehen (ebd.).

[8] Es geht also um die *Sache selbst*, mit der „[j]edes hermeneutische Verstehen beginnt und endet"(Gadamer 2001: 54).

[9] Als Ideologie wird im Folgenden eine Form des Wissens verstanden, die nicht nur der Wirklichkeitserkenntnis, sondern auch der Rechtfertigung eines gesellschaftlichen Verhältnisses oder einer Praxis dient. Wenn im Folgenden von ideologischen Implikationen die Rede ist, so ist keinesfalls von einer interessierten Erzeugung von Zerrformen des Wissens gemeint. Wissensformen implizieren Ideologie, wenn sie zur Erzeugung von (herrschafts-)konformen Einstellungen beitragen. Zu einem Überblick über die Ideologie und Ideologiekritik vgl. Hauck (1992).

und politischen Doppellektüre ist nicht moralische Verurteilung, sondern politische Stellungnahme. Dementsprechend gilt es, die analysierten Theorien nicht nur auf ihren wissenschaftlichen, sondern auch ihren normativen Gehalt hin zu prüfen. Es geht um die Möglichkeit, bewusst „anders zu denken" (Foucault 1989: 16).[10] Die Arbeit wird demnach nicht nur von einem theoretischen, sondern zugleich einem praktischen Erkenntnisinteresse geleitet, das auf die Gewinnung emanzipatorischer Perspektiven abzielt.

Entscheidend für die Interpretation der Topoi des Fremden – Kategorien, Vorstellungen, Thesen und Argumente – sind folgende Fragen, die zwar nur als theoretisch kategorisiert werden, zugleich jedoch auch als politisch anzusehen sind: Wie ist das normative Plädoyer, das Fremde als Fremdes zu belassen, zu verstehen? Sind die theoretischen Anstrengungen, den Umgang mit Fremden als eine normative Maxime zur Beurteilung demokratischer Gesellschaften und ihrer Institutionen zu etablieren, überhaupt begrüßenswert? Vordergründig scheint das emanzipatorische Potenzial solcher Begründungen nahezuliegen; bei genauerer Betrachtung jedoch verflüchtigt sich die Plausibilität. Es erscheint in einem anderen Licht, wenn solche normativen Positionen beispielsweise im Zusammenhang mit den politischen Kontroversen um die Staatsbürgerschaft diskutiert werden.[11] Sozialwissenschaftler greifen mit ihren Interpretationen in die öffentliche Debatte ein und beeinflussen so die öffentliche Wahrnehmung einer Problematik nachhaltig. Von dieser Warte betrachtet, gilt es danach zu fragen, wie es sich vermeiden lässt, dass die in der Fremdheitsdebatte artikulierten Ideen zu ideologischen Waffen werden, die gegen die von Fremdheitszuschreibungen Betroffenen gewendet werden könnten.

---

[10] Die Absicht, bewusst ‚anders zu denken' bedeutet nicht, eine Lesart gegen eine andere durchzusetzen, sondern, wie Paul Ricoeur es als eine wichtige Aufgabe der Interpretation bezeichnet, einen Text erlauben, „soviel zu bedeuten, wie er kann." Unter ‚mehr zu bedeuten' versteht er, einem Ausdruck Kants folgend, „mehr zu denken geben" (zit. n. Mattern 1996: 109).

[11] Es gehört zu zentralen Einsichten der genealogisch verfahrenden Gesellschaftskritik, dass normative Ideale und kritische Praktiken in herrschaftsstabilisierende umschlagen können. Durch die Erfahrung des Nationalsozialismus gelangten die Vertreter der ersten Generation der Frankfurter Schule zu der Einsicht, dass eine moralische Norm von sich aus vorschreibt, wie sie sozial zur Anwendung gelangen darf. Ihr Sinngehalt könne vielmehr, „infolge unmerklicher Bedeutungsverschiebungen auch so verwandeln, dass sie am Ende des normativen Kerns verlustig gegangen ist, der ihre Entstehung ursprünglich begründet hatte" (Honneth 2000: 736). Honneth resümiert, dass eine immanente Kritik der Gesellschaft „den tatsächlichen Verwendungskontext moralischer Normen" zu studieren hat, da ohne eine solche historische Prüfung die Kritik sich nicht sicher sein kann, dass „die von ihr herangezogenen Ideale in der sozialen Praxis noch die normative Bedeutung besitzen, die sie ursprünglich einmal ausgezeichnet hatte" (ebd.). Übertragen auf die hier diskutierte Problematik, nämlich das normative Gebot, „das Fremde als Fremdes zu belassen" (Schäffter 1991: 28), würde heißen, dass es im Kontext der Kontroverse um Staatsbürgerschaft und Staatsbürgerschaftsvergabe eine andere normative Bedeutung erlangt als im Kontext der Modernitätskritik.

Obwohl sich die Fremdheitsproblematik in gesellschaftstheoretischen und soziologischen Debatten sich eines wiedererweckten Interesses erfreut, ist eine Präzisierung der Bedeutung des Fremden und der Fremdheit bislang nicht erfolgt. Aus diesem Grund und wegen der hier vertretenen hermeneutischen Einsicht, dass jede Analyse einen Vor-Begriff[12] dessen voraussetzt, worum es geht, soll hier zunächst eine annähernde Klärung von Fremdheit und Fremden versucht werden. Der im deutschen Sprachgebrauch verwendeten Bezeichnung Fremder entsprechen im Englischen drei Wörter: foreigner, stranger und alien. *Foreigner* bezeichnet die Nichtzugehörigkeit zu einer ethnischen bzw. politischen Gruppe oder Nation, während *stranger* die Nichtzugehörigkeit zu einem ihrer Segmente, beispielsweise Lokalgemeinden, Verwandtschaftsverbänden oder sozialen Schichten, bezeichnet. *Alien* dagegen verweist auf eine von Natur aus gegebene Andersartigkeit. Zu diesen Wörtern gibt es keine eindeutige Übersetzung in der deutschen Sprache. Während *foreigner* mit *Ausländer* übersetzt werden kann, entspricht dem *stranger* im Deutschen die Bezeichnung Fremder. Problematischer ist die Übersetzung von *alien*; diesem entsprechen im Deutschen die Bezeichnungen Ausländer, ausländisch, andersartig und außerirdisch bzw. außerirdisches Wesen.

Eine weitere Unklarheit im sozialwissenschaftlichen Sprachgebrauch besteht hauptsächlich darin, dass die Wörter Fremder und Fremdheit nicht immer klar gegenüber den Wörtern Anderer und Andersheit abgegrenzt werden; in einigen Fällen werden sie sogar synonym gebraucht (beispielsweise von Lévinas). Demgegenüber werden sie in dieser Arbeit differenziert verwendet. Gemeinsam ist den Begriffen *Andere* und *Fremde* zunächst, dass sie ein Gegenstück des *Ichs* bilden. Der Fremde ist immer der Andere, etwas *anderes* als das *Ich*, umgekehrt ist aber der Andere nicht notwendigerweise der Fremde. Vom Standpunkt des Ichs aus gesehen sind eigene Familienmitglieder und Freunde Andere, aber nicht notwendigerweise Fremde. Von Fremden ist zu sprechen, wenn die Andersheit des Anderen Irritation hervorruft.

Sowohl Fremder und Fremdheit als auch Anderer und Andersheit haben verschiedene Bedeutungsebenen; im alltäglichen Sprachgebrauch haben sie eine numerische und eine qualitative Bedeutung. Während *Anderer* numerisch auf den *Zweiten* verweist, bezieht sich die qualitative Dimension auf die Bedeutung des *Verschiedenen* oder *Gegensätzlichen*. So wird Fremdheit im Alltag als eine Eigenschaft von Personen (*der Fremde*), von Objekten (*das*

---

[12] In »Wahrheit und Methode« (Gadamer 1960: 271) heißt es diesbezüglich: „Wer einen Text verstehen will, vollzieht immer ein Entwerfen. Er wirft sich einen Sinn des Ganzen voraus, sobald sich ein erster Sinn im Text zeigt. Ein solcher zeigt sich wiederum nur, weil man den Text schon mit gewissen Erwartungen auf einen bestimmten Sinn hin liest. Im Ausarbeiten eines solchen Vorentwurfs, der freilich beständig von dem her revidiert wird, was sich bei weiterem Eindringen in den Sinn ergibt, besteht das Verstehen dessen, was dasteht".

Fremde) oder von Regionen bzw. Orten (*die Fremde*) verstanden. Hinzu kommt, wie im Folgenden noch näher auszuführen sein wird, dass Fremdheit oft mit negativen Konnotationen verbunden wird. Im alltäglichen Sprachgebrauch bezeichnet Fremdheit eine asymmetrische Relation; Fremdheit als Beschreibung einer Nichtzugehörigkeit ist überwiegend eine Fremdbeschreibung. Nur in den seltensten Fällen bringt diese Bezeichnung eine von beiden Seiten empfundene Nichtzugehörigkeit zum Ausdruck. Die Fremdheit von Individuen oder Gruppen wird aus der Perspektive der dominanten Gruppe festgelegt, die für sich das Recht, die Grenzen zwischen normal/anomal oder gleichartig/andersartig zu bestimmen, erfolgreich in Anspruch nimmt (vgl. hierzu a. Stagl 1997: 86ff.). Geographisch wird *die Fremde* von der *Heimat* abgegrenzt, in der die vertrauten Normalitätskriterien nicht gelten. Um es deutlicher hervorzuheben: Fremd ist, was außerhalb des eigenen Bereichs vorkommt (Raum- bzw. Ortaspekt), was anderen gehört (Besitzaspekt) und schließlich was von anderer Art (Gattungsaspekt) ist (vgl. Waldenfels 1999a). Der philosophische Sprachgebrauch knüpft ebenfalls an die qualifizierende Bedeutung an, wenn er das Andere, als Gegenstück zum Ich, zu den ontologischen Grundbestimmungen zählt (Waldenfels 1999c: 63).

Die Literatur zur Fremdheitsproblematik ist im letzten Jahrzehnt in ein fruchtbares Stadium eingetreten. Heute liegt eine vielfältig differenzierte Literatur vor, auf die in der vorliegenden Arbeit systematisch eingegangen wird. Zunächst sollen jedoch exemplarisch drei Arbeiten vorgestellt werden, die wichtige Erkenntnisgewinne aufzeigen und zudem ein bedeutendes Anregungspotenzial beinhalten. Dabei soll sich darum bemüht werden, ihre Ähnlichkeiten und Differenzen zur vorliegenden Arbeit herauszustellen. Gemeinsam ist diesen Arbeiten der konstruktivistische Zugang zur Fremdheitsproblematik. Ihnen zu Grunde liegendes Fremdheitsverständnis zufolge wird Fremdheit durch Handlungen sowie Konstruktions- und Klassifikationsleistungen von Individuen und gesellschaftlichen Institutionen hervorgebracht. Trotz einer bejahenden Anknüpfung an dieses Verständnis grenzt sich diese Arbeit gegenüber den zu diskutierenden Arbeiten in vielfacher Weise ab.

Corinna Kleinert versteht in ihrer Studie »Fremdenfeindlichkeit« (2004) Fremdheit als ein relationales Phänomen: Sie ergebe sich aus der Perspektive derjenigen, die sie – beeinflusst von den Selbstthematisierungen der Gesellschaft und von der eigenen sozialen Situation – anderen zuschreiben. Zu ihren „Konstitutions- und Konstruktionsbedingungen" (Kleinert 2004: 28) zählen demnach kognitive Unvertrautheit, soziale Nichtzugehörigkeit und räumliche Ferne (ebd.: 77). Die Stärke Kleinerts Zugriff besteht vor allem darin, dass sie Fremdheit im Zusammenhang mit funktionaler Differenzierung und Globalisierung untersucht: Beide Prozesse erschweren es erheblich, „die Fiktion gesellschaftlicher Einheit aufrechtzuerhalten, Vollinklusion zu gewährleisten und eine gesellschaftsübergreifende Identität zu stiften" (ebd.). Der daraus resultierenden Entfremdung werden kompensierende Einheitssemantiken (s. Teil III, Abschn. 7.2) entgegengesetzt. Die, die aus dem Raster der symbolischen Vereinheitlichung fallen, werden demgemäß als Fremde sichtbar – als ethnische Minderheiten, Immigranten und ‚Ausländer im Inland'. Der Erkenntnisgewinn dieser Studie besteht in der plausiblen Erklärung, dass Menschen zu Fremden erklärt, als zusammengehörig und als aus der Eigensphäre ausgeschlossen definiert werden müssen, damit Fremdenfeindlichkeit entstehen kann. Erst dies „macht Vorurteile und gefühlsmäßige Abwehr, soziale Distanzierung und Diskriminierung auf der Ebene des Einzelnen möglich" (ebd.: 275). Kleinert kommt zu dem Schluss, dass *das Fremde* (im Sinne einer Kontrastfolie oder eines Spiegels) immer vonnöten sei, um *das Eigene* zu bestimmen. Damit daraus nicht negative Fremdheitszuschreibung und Feindschaft folgen, müsse klargestellt werden, „wie kontingent die Merkmale sind", anhand derer das Eigene und das Fremde konstruiert werden (ebd.: 282). Dieser Ansatz ermöglicht ein differenziertes Verständnis von Fremdheit, nämlich dass Fremdheit nicht notwendigerweise zur Ausgrenzung zu führen hat.

Julia Reuter untersucht in »Ordnungen des Anderen« (2002) sozialwissenschaftliche Konstruktionen des Fremden dahingehend, „welche Informationen sie über ihren Konstrukteur" preisgeben (2002a: 14). Gegenüber den Klassikern der Soziologie wendet sie zu Recht ein, dass auch sie „der für die Moderne konstitutiven Engführung des Eigenen und des Fremden nur wenig entgegensetzen [konnten]" (ebd.: 10). Dabei geht sie von einem Verständnis der Fremdheit als einer „kommunikativ erzeugte[n] Zuordnung" aus, die einer bestimmten Ordnung angehöre, womit wiederum Wirklichkeitsvorstellungen, Wahrnehmungsmuster, Erfahrungswissen, Beurteilungsmaßstäbe, gesellschaftliche Konventionen und Normen gemeint sind. Methodisch basiert die Arbeit auf einer Analyse gesellschaftlicher Bedeutungsstrukturen, Wissenstypen und Typisierungspraxen als generativen Prozessen der Konstruktion von Fremden. Sie untersucht dabei, in Anlehnung an Bauman, die Zusammenhänge von Ordnungsstiftung und Fremdheitskonstruktion. Unbegründet und problematisch ist jedoch ihre Schlussfolgerung, dass es bei „einer glaubwürdig betriebenen Soziologie des Fremden nur darum gehen könne", dass „das Fremde fremd bleiben darf, die Eigenheit des Eigenen aber in Zweifel gezogen wird" (ebd.: 231). Wie noch exemplarisch an Lévinas' Ansatz diskutiert werden soll (Teil I, Abschn. 2.4), kann die Privilegierung des Fremden das Versprechen eines emanzipatorischen Gegenentwurfs zu aktuellen Beziehungen zum Fremden nicht einlösen.

Die Studie von Mona Pursey »Fremdheit, Marginalität und Multikulturalität« (2001) unterscheidet sich von den beiden zuvor vorgestellten Studien

durch ihren Ländervergleich zwischen Deutschland, den Niederlanden und
Belgien. Allerdings liegt der Schwerpunkt hier weniger auf der Konstruktion
von Fremdheit und Fremden als auf dem Umgang mit Gruppen, denen
Fremdheit zugeschrieben wird. Fremdheit wird dabei als „Entzug von Zugehörigkeit und Mitgliedschaft" (Pursey 2001: 10) verstanden, welcher zumeist
Immigranten und Marginale trifft. Die Analyse verweist auf die Funktion des
gesellschaftlichen Umgangs mit Fremden: Einer normativ verankerten
Grenzziehung (Ausländerrecht), die strukturell bedingt ist und im alltäglichen
Umgang aufrechterhalten werden soll. „Die soziale Funktion des Fremden
liegt darin", so das Resümee, „,kategoriale' Identitäten und Differenzen zu
erzeugen" (ebd. 317). Gegen diese Studie lässt sich einwenden, dass der Ländervergleich sich auf wenige Kategorien beschränkt und die Staatsbürgerschaftsvergabe oder die Exklusionsverhältnisse als Faktoren von Fremdheitszuschreibungen nicht berücksichtigt werden.

Die Fremdheitsproblematik ist nicht neu; sie begleitet die schriftlich über-
lieferte Geschichte der Menschheit. Allerdings variieren ihre Formen und Erscheinungen mit den Veränderungen der sozialen, ökonomischen, kulturellen
und politischen Bedingungen. Vor diesem Hintergrund erscheint es sinnvoll,
die Fremdheitsproblematik in (a) historische, (b) allgemein gesellschaftstheoretische und (c) soziologische Dimensionen zu differenzieren. Es ist zu erwarten, dass ein historischer Überblick zu einem besseren Verständnis der
gegenwärtigen Fremdheitsproblematik und ihrer soziologischen Dimensionen
beiträgt, weil somit *erstens* ihre Genese erhellt werden kann und *zweitens* Erfahrungen aus der Geschichte eine Richtschnur für die zukünftige Entwicklung der betrachteten Problematik liefern können. Unter gesellschaftstheore-
tischem Blickwinkel ist eine Klärung der philosophischen Grundlagen soziologischer Begriffe und Deutungsangebote zu erwarten. Der soziologische
Blickwinkel soll zur Erörterung und zum Verständnis der grundlegenden
Strukturelemente der Fremdheitsproblematik dienen.

Angesichts solcher Überlegungen gliedert sich die vorliegende Arbeit in
vier Teile: Im *ersten Teil* erfolgen eine Darlegung und Diskussion der historischen Stationen der Fremdheitsproblematik anhand exemplarischer historischer Studien. Dabei wird auf Kontinuitäten und Diskontinuitäten bei der
Konstruktion der Fremdheitsproblematik und deren Entwicklung im europäischen Zusammenhang hingewiesen. Diese historische Herleitung soll nicht
nur zu einem besseren Verständnis der aktuellen Fremdheitsproblematik beitragen, sondern auch zu einer besseren Einschätzung dessen, worin ihre Novität besteht (*Kapitel 1*).[13] Diesem folgt eine Diskussion der unterschiedli-

---

[13] Die Historische Soziologie befasst sich „mit Temporalität, der Prozessualität und der Narrati-
vität von sozialen Phänomenen" (Schützeichel 2004: 11). In dieser Arbeit wird ebenfalls auf his-

chen Weisen gesellschaftstheoretischer Annäherung – mit dem Ziel, den kritisch normativen Gehalt der differenzierten Modelle der Beziehung zum Fremden herauszuarbeiten und dadurch eine emanzipatorische Perspektive auf die Fremdheitsproblematik zu gewinnen (*Kapitel 2*).

Im *zweiten Teil* wird das Verhältnis von Soziologie und Fremdheitsproblematik erörtert und dabei das soziologische Wissen zur Fremdheitsproblematik problematisiert. Den Auftakt (*Kapitel 3*) bilden eine Diskussion der Unschärfen soziologischer Begriffsbildung und der analytischen Relevanz sowie eine Darlegung ihrer analytischen Folgen und normativen Implikationen. Angesichts einer unkritischen und unspezifischen Verwendung der Begriffe der *Fremdheit* und des *Fremden* werden hier die dynamischeren Begriffe der *Fremdheitserfahrung*, *Fremdheitszuschreibung* und *Statuszuweisung* vorgeschlagen. Im *vierten Kapitel* werden exemplarisch anhand klassischer Ansätze von Simmel, Park, Schütz und Elias die zentralen Aspekte und Strukturelemente der Fremdheitsproblematik erörtert und diskutiert.

Der *dritte Teil* beschäftigt sich systematisch mit zwei aktuellen Theorierichtungen zur Fremdheitsproblematik. Dabei geht es nicht um eine Fortsetzung des zweiten Teils, sondern darum, welche Perspektiven die aktuellen Ansätze eröffnen bzw. welche neuen Analysewege sie aufzeigen und welche Konsequenzen sich daraus für eine Soziologie der Fremdheitsproblematik ergeben. Zunächst werden die aktuelle Fremdheitsdebatte und gegenwärtige Tendenzen in der Fremdheitsproblematik skizziert (*Kapitel 5*). Die folgenden Kapitel sind der systematischen Diskussion der poststrukturalistischen Soziologie des Fremden von Zygmunt Bauman (*Kapitel 6*) und der Diskussion systemtheoretischer Ansätzen gewidmet (*Kapitel 7*). Im Anschluss daran werden die Konsequenzen, die sich aus der Analyse dieser Theorierichtungen ergeben, diskutiert und es wird dabei der Versuch unternommen, diese Ansätze um die Dimensionen der Subjektivität, Handlungsfähigkeit und Macht zu erweitern (*Kapitel 8*).

Im *vierten Teil* werden auf der Grundlage der Forschungen zu Staatsbürgerschaft, Nationsverständnis, Exklusionsverhältnisse und Mediendiskursen exemplarisch die strukturellen Determinanten der Fremdheitsproblematik in Deutschland und Großbritannien diskutiert. Das *neunte Kapitel* beschäftigt sich mit dem Verhältnis von Staatsbürgerschaft, Selbstthematisierung der Nation und Fremdheitsproblematik. Dabei wird der Frage nachgegangen, wie durch die staatlichen Regelungen der Staatsangehörigkeit und der Thematisierung der Nation Grenzen gegenüber Fremden gezogen werden. Im *Kapitel*

---

torisch-soziologische Untersuchungen semantischer Strukturen, diskursiver Praktiken oder kollektiver Mentalitäten zurückgegriffen – wie beispielsweise auf die Studien von Stichweh (2001, 2004), Raphael (2004) und Kristeva (1990) u. a.

10 werden die Folgen von Aus- und Einschlussverhältnissen auf die Zuschreibung und Erfahrung von Fremdheit diskutiert. Im *Kapitel 11* wird das Verhältnis zwischen diskursiven Markierungen, medialen Grenzziehungen und Fremdheitszuschreibungen diskutiert. Dabei wird der Frage nachgegangen, wie in Mediendiskursen kollektive Vorstellungen von *den Fremden* erzeugt und legitimiert werden.

Die Fremdheitsproblematik kann unter anderem als eine Herausforderung für die Demokratie interpretiert werden, worauf im *Schlussteil* eingegangen wird. Dabei geht es, im Sinne einer weiterführenden Diskussion, um folgende Frage: Was bedeutet die Aktualität der Fremdheitsproblematik für die Zukunft der Demokratie in den entwickelten kapitalistischen Gesellschaften?

I. Geschichte und Gesellschaftstheorie

Der folgende Rückblick auf den Wandel der Fremdheitsproblematik und auf ihre gesellschaftstheoretische Thematisierung im Sinne einer historischen Herleitung soll zu einem profunderen Verständnis der aktuellen Fremdheitsproblematik beitragen. Es gibt kaum eine menschliche Vergesellschaftungsform, dies gilt zumindest für die schriftlich fixierte Geschichte, in der die Fremdheitsproblematik auf die eine oder andere Weise nicht existiert. Im Gegensatz zu Positionen, welche die Fremdheitsproblematik entweder aus ihrem historischen Kontext herauslösen, individualisieren oder zu einer anthropologischen Konstante erklären, wird sie in dieser Arbeit als Ergebnis historischer Prozesse begriffen. Entgegen solcher Auffassungen wird hier die These vertreten, dass ein umfassender sozialer Wandel allmählich Veränderungen in der Fremdheitsproblematik nach sich zieht (*Kapitel 1*).

Gegenstand des *zweiten Kapitels* ist eine kritische Reflexion der Perspektiven zur Fremdheitsproblematik in der europäischen Gesellschaftstheorie im Sinne einer allgemeintheoretischen Vergegenwärtigung des philosophischen Kontextes sozialwissenschaftlicher Ansätze. Die Intention ist die Gewinnung einer emanzipatorischen Perspektive, mit der sich – im Sinne eines kritischen Interpretationsrahmens – die aktuellen Fremdheitszuschreibungen und aggressiven Haltungen gegenüber Fremden kritisieren lassen.

1. Historischer Wandel und Fremdheitsproblematik

Im Folgenden wird der Zusammenhang von Fremdheitsproblematik und historischem Wandel exemplarisch am Beispiel abendländischer Geschichte diskutiert. Den Auftakt bildet eine theoretische Grundlegung des Verhältnisses von Strukturwandel und Wandel in den Wahrnehmungs- und Konstitutionsformen von Fremdheit. Dabei werden hauptsächlich systemtheoretische, modernisierungstheoretische und historisch-materialistische Ansätze diskutiert. Für den historischen Rückblick werden vorbildlich Stichweh, Kristeva und Raphael herangezogen, die durch ergänzende historische Studien vervollständigt und kritisch differenziert werden. Das Augenmerk wird sich dabei exemplarisch auf die Vergesellschaftungs- und Differenzierungsformen, auf Herrschaftstypen und ihre Legitimationsmuster richten.

1.1 Zur Gesellschaftsstruktur und Fremdheitsproblematik

Für eine Erörterung des Verhältnisses von gesellschaftlichem Wandel und Fremdheitsproblematik bietet sich zunächst der systemtheoretische Ansatz aus zwei Gründen an.[14] *Erstens* hat Luhmann in »*Gesellschaftsstruktur und Semantik*« (1980) einen wissenssoziologischen Ansatz vorgelegt, in dem es um die Erklärung des in dieser Arbeit problematisierten Zusammenhanges von gesellschaftlichen Strukturen, Ideen und Problembezügen geht. *Zweitens* haben sich Systemtheoretiker wie Stichweh, Nassehi u.a. in einer Vielzahl von Artikeln dieses Themas angenommen. Daher erscheint es sinnvoll, diese systemtheoretischen Ansätze zum Ausgangspunkt sowohl der theoretischen Diskussion als auch der einführenden historischen Darstellung zu nehmen. Die Konzentration auf die Systemtheorie soll jedoch nicht als Parteinahme zu ihren Gunsten verstanden werden. Die folgende Darstellung der Genese der Fremdheitsproblematik hat nicht nur die Absicht, in die Problematik einzuführen und zu ihrem besseren Verständnis beizutragen, sondern auch die Grenzen systemtheoretischer Perspektiven zu diskutieren.

Nach der Systemtheorie führen Veränderungen in der Gesellschaftsstruktur auf drei Wegen zu Veränderungen in den gesellschaftlichen Wahrnehmungs-, Konstruktions- und Zuschreibungsformen von Fremdheit. *Erstens* führt eine weitere Ausdifferenzierung der Gesellschaft (in Segmente, Strati oder funktionale Bereiche) zu einer Vergrößerung des sozialen Erfahrungsraumes für Heterogenität und Fremdheit. Es folgen graduelle Differenzierungen und Vervielfältigungen der Umgangsformen mit Fremden (vgl. a. Kleinert 2004: 39). *Zweitens* verändern sich die Inklusionsbedingungen mit zunehmender gesellschaftlicher Differenzierung. Jede weitere Ausdifferenzierung der Gesellschaftsstruktur führt zur Komplexitätssteigerung. Die zwei Stoßrichtungen dieser Entwicklung sind: Auflösung bestehender Inklusionsmuster und Individualisierung von Inklusionschancen. Dies wiederum führt zu Veränderungen in den Integrationsformen von und Umgangsweisen mit Fremden. *Drittens* verändern sich die semantischen Traditionen mit der gesellschaftlichen Entwicklung; der Strukturwandel führt zu Verschiebungen im historisch-gesellschaftlichen Problembezug und damit in den gepflegten Semantiken. Der Wandel in den Leitsemantiken bringt wiederum Veränderungen in den symbolischen Grenzziehungen gegenüber ‚*den Fremden*' mit sich.[15]

---

[14] Zu einer nichtsystemtheoretischen Erörterung dieser Problematik vgl. Kleinert (2004: 38-53), darin speziell das Kapitel 2 in Teil II.

[15] Ausführlicher zum Verhältnis von Gesellschaftsstruktur und Semantik s. Luhmann (1980).

Für eine Diskussion des Verhältnisses von Gesellschaftsstruktur und Fremdheitsproblematik kommen auch modernisierungstheoretische Ansätze in Frage. Darin werden auf einen historischen Prozess verwiesen, in dessen Folge sich die traditionellen Inklusionsmuster und die sozialen Netzwerke auflösen. Allerdings wird diese *Freisetzung* von den Individuen nicht als Befreiung respektive Emanzipation, sondern als Ambivalenz und Zwang zur Identitätskonstruktion erfahren. Die Auflösung der alten Ordnung stellt die dominanten Akteure vor die Aufgabe, eine neue rationale Ordnung zu konstruieren. Praktiken zur Ordnungskonstruktion und Ambivalenzbewältigung entwickeln jedoch eigenständige Dynamiken und bringen nichtvorgesehene Nebenprodukte hervor: Diskreditierung von Heterogenität, Vielfalt, Differenz und Fremdheit (Bauman 1991). Zum Modernisierungsprozess gehört auch die Nationalstaatsbildung, zu deren allgemeinen Zielen auch innere Befriedung und Egalisierung gehören (vgl. Frevert 2003). Das letztere wiederum steht im Widerspruch zur Fremdheit im Sinne eines gesellschaftlichen Sonderstatus, woraus in modernisierungstheoretischen Ansätzen die Erklärung für die strukturelle Feindschaft der Moderne gegenüber Fremdheit, Heterogenität, Differenz und Fremde abgeleitet wird (vgl. hierzu Bauman 1991).

Trotz wichtiger Erkenntnisvorteile bleiben in der Differenzierungstheorie systemtheoretischer Provenienz blinde Flecken, wie etwa Verweise auf Entdifferenzierungen – als mitgeführte andere Seiten der Differenzierungsprozesse – oder auf Macht[16] und Interessen der Akteure. Allerdings trifft die Feststellung ‚akteurstheoretischer Defizite' nicht nur auf System-, sondern auch auf Modernisierungstheorien zu. Was in systemtheoretischen Perspektiven weiter fehlt, ist eine Ungleichheitsperspektive (d.h. die vertikale Dimension gesellschaftlicher Differenzierung) sowie eine Anbindung an gesamtgesellschaftliche Arbeitsteilung.[17] Die Grenzen der System- und Modernisierungstheorien verweisen auf Ansätze, die in der Tradition kritischer Gesellschaftstheorien stehen wie etwa auf den historischen Materialismus. Allerdings wird in der Fremdheitsdebatte auf den historischen Materialismus kaum Bezug genommen. Ein Anknüpfungspunkt könnte gleichwohl der von

---

[16] Der Begriff der Macht wird in der Literatur entweder vom ‚Können' (Weber) oder vom ‚Vermögen' (Arendt) abgeleitet. Letzterer bezeichnet die Formierung eines gemeinsamen Willens: „Macht entspricht der menschlichen Fähigkeit, nicht nur zu handeln oder etwas zu tun, sondern sich mit anderen zusammenzuschließen und im Einvernehmen mit ihnen zu handeln" (Arendt 1996: 45). Trotz vieler Vorzüge ist dieser Machtbegriff zur Charakterisierung von ungleichen Gruppenbeziehungen nicht geeignet. Daher wird im Folgenden an die erste Ableitung angeknüpft und Macht als „jede Chance" verstanden, „innerhalb einer sozialen Beziehung den eigenen Willen auch gegen Widerstreben durchzusetzen, gleichviel worauf diese Chance beruht" (Weber 1980: 28). Siehe a. Fn. 140.
[17] Systematische Kritik an der Systemtheorie und an ihrer zentralen These der funktionalen Differenzierung wurde an anderer Stelle geübt; s. dazu Aydin 2008.

Marx und Engels formulierte Versuch sein, „den Klassenantagonismus als geschichtsmächtige Gruppenbildung für den weltweit ausgreifenden Kapitalismus zu bestimmen" (Barfuss 1999: 982). Gegenüber dem Klassenantagonismus wird für den Internationalismus plädiert, der nationalistische Fremdheitskonstruktionen zu konterkarieren hat. Im Anschluss an Marx lässt sich die Fremdheitsproblematik zum einen auf die geographisch-kulturelle Differenz, zum anderen auf die Problematik einer kapitalistischen Organisation der Gesellschaft zurückführen. An anderer Stelle führt Marx die wechselseitige Fremdheit unter Individuen auf den Warentausch zurück (1967: 372). Einen anderen Anknüpfungspunkt bildet der Versuch von Lambrecht/Tjaden/ Tjaden-Steinhauer (1998), im Kontext einer materialistischen Theorie die Entstehung gesellschaftlicher Ungleichheit von Menschen als Ausdruck von Ungleichverteilungen gesellschaftlicher Macht zu interpretieren. „Gesellschaftliche Ungleichheiten zwischen den Angehörigen einer Gesellschaft beruhen also auf Ungleichverteilungen von Macht und Verfügungsgewalten." (Tjaden-Steinhauer und Tjaden 2001: 14) Aus dieser Perspektive betrachtet, wäre die ungleiche, diskriminierende Unterscheidung von Menschen in Gebietsangehörige vs. Gebietsfremde oder allgemeiner ausgedrückt in Eigene vs. Fremde als Ausfluss von Ungleichverteilung von Macht und Verfügungsgewalt und somit die Beziehungen zwischen ihnen als Macht-Ohnmacht-Verhältnisse zu betrachten.

Weitere Anknüpfungspunkte lassen sich in historisch-materialistischen Gesellschaftstheorien finden, in der die gegenwärtige Zelebrierung von Differenz, Heterogenität und Fremdheit auf die Bedürfnisse kapitalistischer Akkumulation zurückgeführt wird (vgl. Harvey 2000, Sayer 1998). David Harvey merkt diesbezüglich an, dass der Kapitalismus von Anbeginn an die Beschleunigung von Interaktions- und Zirkulationsprozessen sowie eine permanente Revolutionierung von Transport- und Kommunikationsmitteln bewirkt habe, weil er einer stetigen Reduzierung räumlicher und zeitlicher Barrieren für Güter- und Warenzirkulation bedürfte. Seit den 1970ern – parallel zu den ökonomischen und politischen Restrukturierungs- und Umwandlungsprozessen vom Fordismus zum Postfordismus, d.h. von einem relativ stabilen zu einem flexiblen Modell der Kapitalakkumulation – findet eine andere Welle der intensiven Raum-Zeit-Verdichtung[18] statt. Diese manifestiert sich vor al-

---

[18] Mit Raum-Zeit-Verdichtung bezieht sich Harvey auf das kontinuierliche Schrumpfen von Distanzen durch die ständige Zunahme von Geschwindigkeit. Dabei verweist er auf die modernen Innovationen im Bereich der Informations- und Transporttechnologie, welche eine Vernichtung des Raumes durch die Zeit respektive eine Überwältigung von Raumbarrieren bewirkt haben („annihilate space through time"). Harvey belegt seine These von der Raum-Zeit-Verdichtung durch den historischen Prozess des Schrumpfens von Weltdistanzen und versucht sie am Beispiel der gesellschaftlich verfügbaren Durchschnittsgeschwindigkeit zu veranschaulichen. In der Zeit

lem in der Beschleunigung des Produktionsprozesses und zeigt desorientierende Wirkungen auf ökonomisches, politisches, kulturelles und soziales Leben, was wiederum eine vertikale Desintegration der Räume der Produktion bewirkt (Harvey 2000: 285). Harvey zufolge beeinflusst die Umstrukturierung der Räume und der Zeit sowohl die persönliche als auch die kollektive Identität, da sie von einem starken Gefühl der räumlichen (‚*Ich gehöre hierher*‘) und zeitlichen Verortung (‚*Dies ist meine Biographie, meine Geschichte*‘) geprägt ist. Identitätskrisen und die zu ihrer Kompensation betätigten Fremdheitskonstruktionen bzw. -zuschreibungen können daher als Ergebnis von schnellen und umfassenden Veränderungen in räumlichen und temporalen Strukturen der Gesellschaft interpretiert werden. „Crises of identity (Where is my place in this world? What future can I have?) arise out of strong phase of time-space compression" (Harvey 2001: 124).

Eine ähnliche Interpretation wird auch von Richard Sennett vorgelegt. Ihm zufolge beleben die strukturellen Bedingungen des globalen, ‚flexiblen Kapitalismus‘ die Sehnsucht nach einer stabilen persönlichen und kollektiven Identität und nach einem sicheren Gefühl der Zusammengehörigkeit. Letztes kommt häufig in Gestalt eines imaginierten ausgrenzenden *Wir* zum Ausdruck, das sich gegen Immigranten, Fremde und andere Außenseiter richtet (Sennett 1998: 190).

Zusammenfassend lässt sich sagen, dass durch die Einbeziehung einer materialistischen Perspektive das systemtheoretische Deutungsmuster um die Dimensionen der Macht und des Ungleichheitsaspekts erweitert wird. Hieran anknüpfend soll im Folgenden der Wandel in den gesellschaftlichen Wahrnehmungs-, Zuschreibungs- und Umgangsformen von und mit Fremdheit von der abendländischen Antike bis zur Moderne diskutiert werden. Der Bezug zu kritischen Gesellschaftheorien wie dem historischen Materialismus ermöglicht es, den Zusammenhang zwischen diskursiven oder kulturellen Grundhaltungen und Bedürfnissen der Reproduktion des Lebens sowie den Zusammenhang zwischen der Fremdheitsproblematik und der gesellschaftlichen Arbeitsteilung zu erläutern. Aus einem historisch materialistischen Blickwinkel wären kulturelle Tendenzen wie Diskreditierung von Heterogenität, Vielfalt, Differenz und Fremdheit nicht einer allgemeinen ‚Moderne‘, sondern der kapitalistischen Modernisierung anzulasten.

---

von 1500 bis 1840, d.h. während des Aufstiegs des Handelskapitalismus und der Entstehung des Industriekapitalismus, beträgt die Durchschnittsgeschwindigkeit auf dem Land (mit der Pferdekutsche) etwa 10 mph. In der darauf folgenden Periode des Aufstiegs des Industriekapitalismus zwischen 1850 und 1930 beträgt die Durchschnittsgeschwindigkeit 65 mph. (mit der Dampflokomotive) und 36 mph. (mit dem Dampfschiff). In der kurzen Periode zwischen 1950 und 1960 wird eine Durchschnittsgeschwindigkeit von 300 bis 400 mph. (mit dem Propellerflugzeug), ab 1960 ca. 500 bis 700 mph. (mit Passagierflugzeuge) erreicht (Harvey 2000: 241f.).

1.2 Fremdheitsproblematik in einfachen Gesellschaften

Es gibt kaum eine Gesellschaft, außer möglicherweise den sogenannten archaischen Urgesellschaften, die sich mit der Zuweisung von speziellen Rollen an Fremde nicht befasst hat und differenzierte Mitgliedschaftsformen nicht vorsah. In Anlehnung an die zur Verfügung stehenden historischen Materialien lässt sich sagen, dass Fremdheit im Sinne prekären Mitgliedschaftsstatus und zugeschriebener Sonderrolle schon seit den Anfängen der schriftlich überlieferten Geschichte ein weitverbreitetes Phänomen war. Diesbezüglich wird in der Literatur exemplarisch auf religiöse Texte[19] wie das »*Alte Testament*« oder auf Epen[20] wie »*Ilias*« und »*Odyssee*«[21] hingewiesen. Im »*Alten Testament*« werden die Hebräer dazu ermahnt, Fremde als Gäste freundlich zu behandeln. Hervorgehoben wird damit die Ungewissheit des eigenen Lebenswegs; d.h. es wird an die Möglichkeit erinnert, irgendeinmal selbst zum Fremden zu werden.[22] Ein weiterer Aspekt, auf den in diesem Zusammenhang hingewiesen werden kann, ist das Reziprozitätsprinzip.[23] Aber auch die Mehrdeutigkeit der Behandlung des Fremden wird darin thematisiert – der sich als Fremder Ausgebende könnte sich doch als ein verkleideter Gott oder Heiliger erweisen (Stichweh 2004: 36). Anzunehmen ist, dass der Referenzrahmen dieser religiösen und mythologischen Semantiken die segmentä-

---

[19] Hinzuweisen ist in diesem Zusammenhang auf das Mosaische Gesetz, das Gastfreundschaft und faire Behandlung von Fremden vorschreibt (vgl. Hogrebe 1993: 357).

[20] Die Begegnung mit dem Fremden ist ein bevorzugter Gegenstand des griechischen Mythos, wenn nicht das zentrale Thema der Heldensage. „Den typischen Helden zieht es in *die Fremde*", merkt Erhard Wiersing in seinem Beitrag zum Fremden im griechischen Mythos an, „und dort findet er in der Auseinandersetzung mit *dem Fremden* sein eigentliches Betätigungs- und Bewährungsfeld" (1997: 31).

[21] Auf diesen Aspekt verweisen nicht nur Rudolf Stichweh (2004) und Julia Kristeva (1990: 58), sondern auch Klassiker der Soziologie wie Alfred Schütz (siehe Teil II, 4.4). Es handelt sich also um bekannte Beispiele in soziologischen Diskursen. Julian Pitt-Rivers zufolge gibt die Erzählung von der Heimkehr des Odysseus „Aufschluß über Grundprinzipien sozialen Verhaltens" (Pitt-Rivers 1992: 18). Die Odyssee, könne „als eine Studie über das Gastrecht" oder „als Beschreibung der Probleme, die im Umgang mit Fremden entstehen", betrachtet werden (ebd.).

[22] Auch in den Schriften anderer Offenbarungsreligionen werden die Gläubigen zum richtigen Umgang mit Fremden gemahnt. Zum Stellenwert des Gastrechts beispielsweise in der Sittenlehre des Talmuds vgl. Cohen 1992: 80-102). Hermann Cohen betont darin die Universalität der Gesetze und der Sittenlehre des Talmuds, dessen Gebot zur Gastfreundlichkeit und Nächstenliebe nicht nur unter Juden gelte, sondern „in allen sittlichen und rechtlichen Verhältnissen ebenso genau und bestimmt vom Juden zum noachidischen Goj (Fremde/Y.A.)" (ebd.: 98).

[23] Bei der Reziprozität handelt es sich „um ein internes Regulativ, das sowohl den Fall der Kooperation als auch den Fall des Konflikts erfaßt" (Luhmann 1997: 649). In der Wirtschaftsgeschichte beschreibt der Begriff Reziprozität Wechsel- bzw. Gegenseitigkeit von Handelsbeziehungen, aber auch gemeinschaftliches Zusammenleben. Karl Polanyi schreibt dazu in »*The Great Transformation*«: „Das Prinzip der Reziprozität dient somit im weitesten Sinne der Sicherung sowohl der Produktion als auch der Familienerhaltung" (1997: 77). Vgl. diesbezüglich auch Bronislaw Malinowski, »*Crime and Custom in Savage Society*« (1947: 40f.)

ren Gesellschaften sind.[24] Wie es auch aus der Forschungsliteratur bekannt ist, war in segmentären Gesellschaften die Geltung von Reziprozitätserfordernissen universell verbreitet.

Der systemtheoretische Begriff der segmentären Differenzierung bezieht sich auf den Prozess der Ausgliederung der Gesellschaft in prinzipiell gleiche Teilsysteme. In einer primär segmentär differenzierten Gesellschaft bildet das eine Teilsystem für das andere die Umwelt und *vice versa*. Eine Grundvoraussetzung für die segmentäre Differenzierung ist die Familienbildung. Die Familie bildet eine künstliche Einheit, die durch Inkorporation natürlicher Unterschiede des Alters und Geschlechts zustande kommt (Luhmann 1997: 635). In der segmentär differenzierten Gesellschaft stellt die Abgrenzung der Teilsysteme aufgrund ihrer Gleichartigkeit ein besonderes Problem dar. Dies ist ein Grund für den hohen Wert der Symbolisierungen von Grenzen durch Markierungen oder Auszeichnungen besonderer Plätze durch Ausgestaltungen von Übergängen und durch Anerkennung bzw. Gewährung eines Sonderstatus für Fremde (ebd.: 641).

Die primär segmentäre Differenzierung der Gesellschaft ist nicht die Anfangsform des menschlichen Zusammenlebens. Sie ist vielmehr eine evolutionäre Errungenschaft besonderen Typs, eine Folge der Ausgliederung der Gesellschaft in prinzipiell gleiche Teilsysteme. Gesellschaften, die in gleichartige Segmente ausdifferenziert sind, werden in der Systemtheorie gegen einfachere Gesellschaften abgegrenzt, die „vermutlich nur an den naturalen Unterschieden des Alters und des Geschlechts orientiert waren und im übrigen in Horden lebten" (Luhmann 1997: 612). In diesen archaischen, nur über die Kriterien des Alters und des Geschlechts differenzierten Formen des Zusammenlebens war es nicht möglich, die Fremden in das soziale Leben zu integrieren respektive ihnen einen gesellschaftlichen Status als Fremde zuzuweisen. Die Bewältigung der Fremdheitsproblematik habe in diesen Gesellschaften darin bestanden, „die erfahrene Fremdheit sofort wieder zum Verschwinden zu bringen" (Stichweh 2004: 37). Diese Praktiken reichten von der Expulsion oder Tötung des Fremden bis hin zu seiner inkorporierenden Aufnahme in die Gesellschaft oder Integration in die Verwandtschaftszusammenhänge. Fremde, denen solche Gesellschaften durch Handel, Wanderung oder sonstige Bewegung begegneten, wurden als fiktive Verwandte oder

---

[24] Aus dem Blickwinkel der Systemtheorie betrachtet, produzieren die schriftlosen segmentären Gesellschaften keine Selbstbeschreibungen im strengen Sinne. Dies hat seinen Grund darin, dass das gewohnte Leben „für eine zusammenfassende Thematisierung" zu selbstverständlich ist. So wird die „Kommunikationsform der Selbstbeschreibung ... durch Mythen ersetzt", die „etwas anderes, etwas Befremdliches, nie Erlebtes, das die andere Seite der vertrauten Formen darstellt und komplettiert", erzählen (Luhmann 1997: 648).

durch Blutsbruderschaft in die Patrilineage aufgenommen (vgl. diesbezüglich a. Cohen 1971: 266-281).

Erst mit der Ausdifferenzierung der Gesellschaft in unterschiedliche, füreinander ungleiche und ungleichwertige Segmente hat sich nach systemtheoretischer Lesart auch der soziale Erfahrungsraum für Heterogenität vergrößert, was zur Differenzierung und Vervielfältigung von Möglichkeiten im Umgang mit Fremden führte (Stichweh 2004: 37). Segmentäre Gesellschaften führten den Fremdenstatus ein und übertrugen seinen Trägern Sonderrollen zur Überbrückung von Statuslücken (vgl. Kleinert 2004: 39). Aus der Perspektive einer materialistischen Geschichtsauffassung betrachtet, wäre diese gesellschaftliche Umstellung exakter als Entstehung gesellschaftlicher Ungleichheiten von Menschen aufgrund Ungleichverteilungen gesellschaftlicher Macht zu beschreiben.

1.3 Fremdheitsproblematik in der Vormoderne

Lutz Raphael verweist auf den Zusammenhang von historischen Epochen, dominanten Fremdentypen und institutionellen Umgangsweisen mit Fremdheit. Die Antike als eine historische Epoche unterscheidet sich beispielsweise von anderen Epochen nicht nur hinsichtlich ihrer primären Fremdentypen, sondern auch hinsichtlich ihrer Umgangsweisen mit Fremden, so wie das christlich-abendländische Mittelalter sich diesbezüglich von der Neuzeit oder von der Moderne unterscheidet (vgl. Raphael 2004).[25]

In der Antike

Die Bezeichnung Fremde bezog sich im antiken Griechenland auf Personengruppen wie Pilger, Händler, allochthone Gruppen oder Schutzflehende. Zu den Schutzflehenden gehörten in der Antike auch Frauen, die in die Familie bzw. in den Haushalt des Ehemannes aufgenommen wurden. Julia Kristeva weist darauf hin, dass im antiken Griechenland den Frauen durch die Aufnahme in das Haus des Ehemanns ein Fremdenstatus zugewiesen wird, der

---

[25] Raphael unterscheidet zwei große Umbruchphasen, die für die historische Entwicklung der Fremdheitsproblematik von Bedeutung sind. Er verweist *erstens* auf die Entstehung von christlichen Weltbildern und Herrschaftslegitimationen in der Spätantike bzw. im frühen Mittelalter, in der es zu radikalen Verschiebungen in der Semantik des Fremden kommt. *Zweitens* verweist er auf die ‚Sattelzeit‘ (1750-1850), in der sich die politisch-sozialen Ordnungsmuster vom religiösen Kontext verselbständigen (vgl. Raphael 2004: 34). In der Geschichtswissenschaft und Soziologie wurde die letztgenannte Entwicklung allgemein als Säkularisierung bezeichnet. In den Begriffen der Systemtheorie ausgedrückt, handelt es sich hierbei um einen Übergang von einer primär stratifikatorischen Differenzierung mit einer rangmäßigen Ungleichheit der Teilsysteme zu einer primär funktionalen Differenzierung mit einer (funktionalen) Ungleichheit und (rangmäßigen) Gleichheit der Teilsysteme.

ihnen Schutz vor ihrem Ehemann und seiner vor allem männlichen Familien-
angehörigen gewähren sollte. Die gesellschaftlichen Erwartungsstrukturen,
vor allem aber die Heiratsrituale, schrieben vor, „die Ehefrau weder als Beute
noch als Sklavin zu behandeln, sondern als eine Schutzflehende, die unter
dem Schutz des Herdfeuers steht, und sie an der Hand in ihre neue Wohnstät-
te zu führen" (Kristeva 1990: 55). Der Fremdenschutz für Frauen war jedoch
an die Bedingung geknüpft, sich mit dem Status des Schutzflehenden abzu-
finden und die Vormacht des Ehemannes anzuerkennen (ebd.: 58).

Die Behandlung von Frauen als Fremde korreliert mit deren vollständigem
Ausschluss von politischer Teilnahme. Herrschaftstypologisch handelt es sich
hierbei um die antiken Stadtrepubliken,[26] die als Herrschaftsverbände beschrieben werden können, welche über ein klar umgrenztes Territorium ver-
fügten und ein hierarchisches System der abgestuften Zugehörigkeitsrechte
organisierten (Raphael 2004: 25). Der dominante Fremdentypus der antiken
Stadtrepubliken waren die Metöken – die ortsansässigen Fremden. Die Bezeichnung ‚Metöke' beschreibt Personengruppen, die ihren Wohnsitz wech-
selten, in Städten (zusammen mit Politikern und Kriegern) lebten und eine
Wohnsteuer zahlten. Vom Status her waren sie den Bürgern unter-, den Skla-
ven übergeordnet. Sie übernahmen als Handwerker, Landwirte, Bankiers, Besitzer von Kapitalvermögen oder als Waffenhersteller wichtige Funktionen in
der gesellschaftlichen Arbeitsteilung (Kristeva 1990: 62). Politisch waren sie
weder überzeugte Anhänger der Stadtrepubliken, noch identifizierten sie sich
mit dem Stadtstaat, innerhalb dessen sie lebten.[27] Die Beziehungen der Metöken zu den jeweiligen Stadtrepubliken waren eher pragmatischer Natur: Die
Städte waren auf die ökonomische Unterstützung der Metöken, diese auf den
Schutz und auf die Infrastruktur der Städte bzw. Stadtrepubliken angewiesen.
Sie differenzierten sich durch die Vertragsbeziehung mit der Polis von den
Barbaren. Der Status des Metöken lässt sich daher als einen politischen und
demographischen Mittelweg zwischen Kosmopolitismus und Xenophobie
bezeichnen (ebd.: 63). Der Umgang mit Metöken wurde unter anderem durch
die wirtschaftlichen und politischen Interessen der Polis bestimmt. Stadtrepubliken reagierten flexibel auf ökonomische und demographische Veränderungen: Der großzügigen Öffnung gegenüber Fremden in der Gründungs-

---

[26] In der systemtheoretischen Terminologie ausgedrückt, geht es hier um Gesellschaften mit einer
primären Differenzierung nach Zentrum und Peripherie. In den nach dem Prinzip der Zent-
rum/Peripherie-Differenz strukturierten Gesellschaften wird „ein Fall von Ungleichheit zugelas-
sen, der zugleich das Prinzip der Segmentierung transzendiert, also eine Mehrheit von Segmenten (Haushalten) auf beiden Seiten der neuen Form vorsieht" (Luhmann 1997: 613). Vgl. auch
Abschn. IV, Kapitel 4 in »Die Gesellschaft der Gesellschaft«.
[27] ‚Fehlende Identifikation' und ‚distanzierte Haltung' gegenüber dem Wohnort werden auch von
Georg Simmel als wesentliche Dimensionen von Fremdheit hervorgehoben.

und Expansionsphase folgte Abschottung nach außen in Zeiten ökonomischer
Krisen und des Zuwanderungsdrucks (Raphael 2004: 26f.).

Zu den Grundzügen der griechischen und römischen antiken Welt gehören
das Auseinanderfallen politischer und kultureller Grenzen, scharfe politische
Trennlinien zwischen den Bürgern der einzelnen Stadtstaaten und weit reichende rechtliche Differenzierungen unter den Einwohnern der jeweiligen
Territorien. Diese strukturellen Eigenschaften korrelieren mit einem kulturell
und sprachlich fundierten Zusammengehörigkeitsgefühl, das sich im Fremd-
und Feindbild des Barbaren verdichtet. In einem späteren Stadium der helle-
nistischen und römischen Herrschaft entsteht durch die militärisch-
politischen Eroberungen ein regional begrenztes ‚Weltsystem'. Diese Entwicklungen bringen wiederum komplexere Abstufungen von Fremdheit hervor. Die Zunahme an Komplexität auf der strukturellen Ebene wird durch
Vereinfachungen auf der semantischen Ebene kompensiert: Der rechtstechni-
sche Terminus ‚peregrinus' wird in der Antike durch den Begriff des Barbaren ersetzt, was einer ideologischen Gleichsetzung der Grenzen der griechischen Welt mit den „Grenzen der Menschheit" (ebd.: 22) gleichkam. Im antiken Griechenland wurde die Bezeichnung Barbar erst nach den Persischen
Kriegen (490-478 v.u.Z.) gebräuchlich. Sie hatte zwei Bedeutungen: Zum einen wurde sie auf Nichtgriechen bezogen, zum anderen auf Völker jenseits
des griechischen Herrschafts- und Kulturbereichs (Kristeva 1990: 60).

Albrecht Dihle merkt in seiner historischen Analyse »*Die Griechen und
die Fremden*« (1994) an, dass die Bezeichnung ‚Barbar' zunächst nur besage,
dass „der so bezeichnete eine unverständliche, also nichtgriechische Sprache
spricht, ohne ihn sonst irgendwie zu qualifizieren oder gar zu disqualifizie-
ren" (Dihle 1994: 15).[28] Nach Dihle ist von einer Überlegenheit gegenüber
den ‚Barbaren' zunächst einmal nicht die Rede. Erst im 4. Jahrhundert vor
unserer Zeitrechnung,[29] als die Notwendigkeit einer politischen Erneuerung
auf die Tagesordnung kam und die politische Publizistik zur Einheit der
Griechen aufrief, entstand das Gefühl, dass

> „die Griechen von Natur aus den Barbaren überlegen seien. […] Der Vorstel-
> lung von der Überlegenheit der Griechen über die Nichtgriechen geben gerade
> die Philosophen, allen voran Platon Aristoteles, ganz unverhohlen Ausdruck",

---

[28] Meyer Fortes schreibt, dass die antiken „Griechen zwischen *Xenoi*, Fremden, die Griechen waren, und *Barbaros*, Ausländern, die eine andere Sprache sprachen, unterschieden." (1992: 65)
Dies erinnert an die aktuelle Unterscheidung ‚Fremde im Inland' vs. ‚Fremde im Ausland'.

[29] Dihle stellt fest, dass in der griechischen Welt vor der Marathon-Schlacht (490 v. Chr.) Exklu-
sivansprüche, Postulierungen grundsätzlicher Überlegenheit oder höheres Lebensrecht gegenüber anderen Völkern kaum vorhanden waren. Erst die militärische Bedrohung durch das Perser-
reich, die „Notwendigkeit einer politischen Erneuerung" und „Einheit der Griechen" hätten solche Ansprüche hervorgebracht: „Auf diesem Boden wuchs das Gefühl, daß die Griechen von
Natur aus dem Barbaren überlegen seien" (Dihle 1994: 49).

heißt es weiter (ebd.: 49). „Die bis heute gültige Bedeutung des Wortes Barbar entstand unter den spezifischen Bedingungen des 4. Jahrhunderts v. Chr." (Ebd.: 51).

Die begriffliche Unterscheidung zwischen internen (Metöken) vs. externen (Barbaren), zwischen niedergelassenen vs. durchreisenden Fremden ist nicht nur für die antike hellenistische oder römische Welt charakteristisch, sondern auch für das Hammurabi-Reich im Mesopotamien des zweiten Jahrtausends vor unserer Zeit (Kristeva 1990: 62).

Ein radikaler und in seinen Konsequenzen nachhaltiger Umbruch fand während der Christianisierung des römischen Imperiums seit dem 4. Jahrhundert statt: In der christlichen Spätantike hat ein Wandel im Deutungsmuster der Fremdheit stattgefunden. Raphael spricht von einer doppelten Umwandlung: Fremdheit sei in dieser Epoche zu einem religiösen Wert avanciert, der fortan zu den zentralen Aspekten der christlichen Askese zählte (Raphael 2004: 22). Fremde seien als ‚Objekte‘ religiöser Handlungen und als Spiegelbilder spiritueller Werte in ein neues System eingeordnet worden, und hätten dadurch eine deutliche Statusaufwertung erfahren. Die Auflösung der politischen Einheit mit dem Zerfall des Römischen Reiches habe einerseits eine deutliche Relativierung von Grenzziehungen gegenüber den Barbaren mit sich gebracht, andererseits habe sie interne Ab- und Ausgrenzungen gegenüber Häretikern und moralische Distanzierungen zu den Heiden durch religiöse Semantiken und Institutionen intensiviert (ebd.: 23). Ähnliches wird auch von Albrecht Dihle festgestellt, nämlich dass die

> „Christianisierung des [römischen] Imperiums und die weit über dessen Grenzen ausgreifende christliche Mission das traditionelle, in der griechisch-römischen Bildungstradition geltende Schema – hier die im Römerreich geeinte zivilisierte Menschheit, dort die Barbarenwelt außerhalb seiner Grenzen – fragwürdig erscheinen ließ [...] So ist jeder ein Barbar zu nennen, der sich als Anhänger des Heidentums gegen das recht verstandene Wohl des Reiches stellt, dessen alte und ehrwürdige Gesittung nunmehr durch die christliche Religion getragen und gesichert wird" (1994: 129, 131).

Kristeva konstatiert bezüglich des Verhältnisses von Religion und Fremdheitsproblematik, dass die paulinische Kirche in der Anfangsphase des Christentums „den für den späten *Hellenismus* typischen *Kosmopolitismus* [erbt], der den Fremden bereits günstigere materielle und rechtliche Bedingungen bietet" (1990: 88). Sie betrachtet den freundlicheren Umgang mit Fremden in den Anfängen des Christentums als in den Entstehungsbedingungen der paulinischen Kirche begründet. Entstanden sei sie als eine Gemeinde von Fremden, welche die herrschenden politischen und nationalen Strukturen in Frage gestellt habe (ebd.: 89). Für Paulus habe es nicht mehr Grieche oder Jude gegeben, „sondern nur noch eine neue Kreatur" (ebd.). Gleichwohl bemerkt Kristeva, dass christliche Leitsemantiken nicht nur positive Handlungen bzw.

Einstellungen wie Gastfreundschaft und Toleranz gegenüber den Fremden motivierten bzw. legitimierten, sondern zugleich solche wie Assimilation, Vertreibung und Diskriminierung (ebd.: 85). Zusammenfassend lässt sich sagen, dass in den Anfängen des Christentums eine Verflüssigung von politischen Grenzziehungen stattgefunden hat, welche Toleranz gegenüber Fremden und eine Zivilisierung des Umgangs mit Fremden mit sich brachte.

Im christlich-abendländischen Mittelalter

Studien zum christlich-mittelalterlichen Europa heben die Religion als zentraler Faktor von Fremdheitszuschreibungen hervor: Heiden, Häretiker und religiöse Minderheiten (Juden und Muslime) gehören zu den bevorzugten Objekten von Fremdheitszuschreibungen. Der dominante Staatstypus ist die patriarchale bzw. patrimoniale Herrschaft,[30] zu deren wesentlichen Charakterzügen die Bündelung von herrschaftsrelevanten Funktionen in der Person des Herrschers, der Aufbau segmentärer Strukturen und die Dominanz personaler Bindungen in Form einfacher Untertanenverhältnisse gehört. Charakteristisch für diesen Herrschaftstypus ist eine weitgehend differenzierte Haltung gegenüber den Fremden, welche die Funktion haben,

> „die grundlegende Schwäche der primär auf Tradition und Herkommen gestützter Herrschaftsträger zu kompensieren. Militärs, Finanziers, Verwaltungs- und Rechtsexperten sowie hochspezialisierte Handwerker oder Facharbeiter gehörten dabei zu den typischen Fremdengruppen, welche auch in einer ihnen oder generell Fremden feindlich gesinnten sozialen Umgebung ihren Platz fanden, weil sie in engem Bündnis, aber auch in weitgehender oder vollständiger Abhängigkeit von den Herren standen" (Raphael 2004: 29).

Zu den wesentlichen herrschaftlichen Umgangsformen im christlich-abendländischen Mittelalter[31] gehörten Fremdenschutz, -privilegierung und -kontrolle. Der königliche Fremdenschutz bewahrte die sowohl im Herrschaftsgebiet ansässigen Fremden als auch die auswärtigen Fremden (Reisende, Pilger, Händler usw.) vor willkürlichen Übergriffen. Die Funktion des königlichen Fremdenschutzes bestand vorwiegend in der Sicherung der Bedürfnisse des wirtschaftlichen Verkehrs, des Kulturaustauschs und der friedlichen Nachbarschaft im Herrschaftsgebiet. Gleichwohl ist zu konstatieren, dass die Fremden mit dem königlichen Fremdenschutz nicht nur in den Genuss von Privilegien und Sicherheit kamen, sondern zugleich die Ressenti-

---

[30] Vgl. Weber (1980). Kennzeichnend für die patriarchalische Herrschaft ist, dass dem Herrscher keinen eigenen Militärstab zur Verfügung steht. Er ist von dem Gehorsam seiner Genossen abhängig, die Kraft Tradition, nicht Kraft Satzung Genossen sind. In der patrimonialen Herrschaft besitzt der Herrscher einen Verwaltungs- und Militärstab, die Genossen werden zu Untertanen (ebd.: 133 f.).
[31] Zu einem Überblick über die Fremdheit im christlichen Mittelalter vgl. Kortüm (2000).

ments ihrer Umwelt auf sich zogen und zu bevorzugten Angriffsflächen wurden (ebd.: 15).

Neben Fremdenschutz und Fremdenprivilegierung kam im Spätmittelmittelalter auch die Vorstellung von der ‚Reinheit‘ des eigenen Territoriums auf die politische Tagesordnung. Damit wurde das Herrschaftsterritorium „zum Träger einer personalen religiösen Qualität – Reinheit von Sünde und Unglauben" (ebd.: 17). Hinzuweisen ist in diesem Zusammenhang auf die Ausweisung der Juden im 1289 durch Karl von Anjou. Der französische König versuchte seine Handlung durch die ‚Pflicht‘, die Herrschaftsgebiete von ‚bösartigen Menschen‘ zu bereinigen, zu legitimieren.[32] Ende des 13. und Anfang des 14. Jahrhunderts findet die Vertreibung von Juden und Muslimen aus christlichen Staaten statt, die bis 16. Jahrhundert andauert. Der englische König Edward III. und Philipp IV. von Frankreich schließen sich 1306 diesen Maßnahmen an.

Zwei Entwicklungen im 12. und 13. Jahrhundert sind für die Wahrnehmung und Konstruktion von Fremdheit von Bedeutung: *Erstens* die Trennung von materieller Not und religiöser Askese und *zweitens* die Aufwertung von Arbeit und Beruf in städtischen Lebenswelten. Fremde werden nach diesem Bedeutungswandel „stärker unter dem Gesichtspunkt der Gefahr für die herrschaftliche Ordnung und für die Moral der Untertanen wahrgenommen und thematisiert" (ebd.: 24). Zusammenfassend lässt sich sagen, dass stratifizierte Gesellschaften nicht nur die Unterscheidung in innere vs. äußere Fremde kennen, sondern auch die Differenzierung von Fremden in geduldete, privilegierte und unterworfene Fremde sowie Berufe und gesellschaftliche Enklaven, die nur für Fremde reserviert, für Einheimische jedoch untersagt sind (Stichweh 2004: 37).

Im Übergang vom Spätmittelalter zur Neuzeit

Stichweh unterscheidet mit Blick auf die Frühe Neuzeit drei prekäre Statusgruppen, die aufgrund ihrer Mobilität, im geographischen wie im sozialen Sinne, und aufgrund ihrer Andersheit für Irritation sorgten: Fremde, Vagabunden und Periphere. Während der Fremde „der Wanderer" ist, Stichweh zitiert hier Simmel, „der heute kommt und morgen bleibt" (Simmel 1992: 764), ist der Vagabund der Wanderer, der „heute kommt und morgen geht" (ebd.). Die Beunruhigungsqualität des Fremden liegt in der Gleichzeitigkeit von Distanz und Anwesenheit, Zugehörigkeit und Nichtzugehörigkeit, die Irritation dagegen, die von dem Vagabund ausgeht, geht auf die Sorge zurück, „ob es

---

[32] „[T]o purge the territories subjected to us of evil men". So in der englischen Übersetzung des Vertreibungsedikts vom 8. Dezember 1289 bei Robert Chazan (1980: 315), zitiert nach Raphael (2004: 17).

gelingen wird zu kontrollieren, was während der kurzen Dauer seiner Anwesenheit geschieht" (Stichweh 2001: 17). Der Periphere ist weder ein Fremder im engeren Sinne noch ein vagabundierender Wanderer. „Seine Migration vollzieht sich als Statusabstieg, ohne dass dafür eine Ortsbewegung erforderlich wäre, obwohl dieser Statusabstieg vielfach von kleinen Ortsbewegungen – der Wechsel der Quartiere der Stadt, der Weg auf die Straßen oder vor die Mauern der Stadt – begleitet wird" (ebd.). Die Irritation, die von dem Peripheren ausgeht, lässt sich darauf zurückführen, dass dieser „die Kontingenz von Lebensläufen als Person zur Anschauung bringt" (ebd.). In der frühen Neuzeit galten die Juden als die typischen Fremden, Zigeuner als die typischen Vagabunden und Bettler als die typischen Peripheren. Stichweh vertritt die These, dass

> „zum ersten Mal in der europäischen frühen Neuzeit die Anwesenheit von Fremden in einer Unzahl von Situationen sozialen Kontakts, in allen Sozialsystemen und in allen Positionen der sozialen Hierarchie eine unhintergehbare Erfahrung war und dass dies die Wahrnehmung des Fremden fundamental umstrukturiert hat" (ebd.: 23).

Diese von Stichweh vorgeschlagene dreiteilige Differenzierung des Fremdentypus reflektiert zum einen den Prozess der sozialen Differenzierung, zum anderen handelt es sich dabei um verschiedene Modelle von Inklusions- und Exklusionsbeziehungen, die er auf verschiedenen Ebenen der Systembildung wie Familie, Haushalt und Nachbarschaft demonstriert. Mit Blick auf die Familie verweist er zunächst auf das Verhältnis von Mann und Frau und bemerkt, wie zuvor Julia Kristeva (1990: 55) mit Blick auf den Haushalt in der antiken Polis, dass die in den Haushalt des Mannes aufgenommene Ehefrau aus der Sicht der Familie des Ehemannes eine Fremde, ein Gast ist. Auf der Ebene der Systembildung des Haushaltes (in der Frühen Neuzeit) ist Fremder derjenige, der – ungeachtet seiner Herkunft, Sprache, Religion usw. – nicht zum Hof des Hochadels oder des Fürsten gehört. Mit Blick auf die Nachbarschaft kann dieselbe analoge Relation wiederholt werden: Alle, die nicht zum Haus oder zur Nachbarschaft gehören, sind Fremde. „Dieselbe Logik der Einschließung und Ausschließung lässt sich", so Stichweh, „mehrmals wiederholen, bis man schließlich beim Königsreich angekommen ist" (ebd.: 19).

Die Entstehung von ständischen Gesellschaften mit einer ausdifferenzierten politischen Rollenstruktur korrespondiert mit dem Übergang von einzelnen Fremden zu Gruppen von Fremden. Während einfache Gesellschaften darauf aus waren, den Fremden durch Reinigungsriten, Adoption oder fiktive Verwandtschaften möglichst schnell zu integrieren bzw. zu assimilieren, konnten komplexere, stratifizierte Gesellschaften eine höhere Diversifikation ihrer Population ertragen und einen größeren Raum für Fremde darbieten (Stichweh 1992: 306 f.). Stichweh verweist auf zwei Beweggründe, die in ständischen Gesellschaften die Einwanderung von Fremden begünstigten. *Erstens* waren die als inferior wahrgenommenen Positionen und Berufe mit Einheimischen nicht mehr zu besetzen und wurden durch die Fremden besetzt. *Zweitens* waren die Fremden geeignet, die „durch Schichtungsordnung erzeugten Kommunikationssperren zu überwinden" (ebd.: 307). Den Fremden kam dabei ihre Kapazität, mit jedermann zu interagieren, „ohne einen eigenen Statusverlust befürchten zu müssen", zugute (ebd.). Es gilt zu berücksichtigen, dass diese Statuslücken nicht nur das Ergebnis einer evolutionären Entwicklung waren, sondern zum Teil bewusst erzeugt wurden. Sie hatten nämlich die Funktion, die Distanz zwischen Herrscher und Adelselite durch die Besetzung hoher Ämter mit Fremden artifiziell zu vergrößern (ebd.: 306). Die Toleranz, die von Seiten der ständischen Gesellschaft den Fremden entgegengebracht wurde, zeigte nicht nur positive Wirkungen. Der Preis dieser Toleranz war die Begünstigung und der Erhalt des Fremdenstatus durch Einbettung in den Gruppenzusammenhang (ebd.: 307).

Bezüglich der Ebenen der Systembildung lassen sich in der Neuzeit drei „Institutionen der Integration des Fremden" unterscheiden, die zugleich „Institutionen der Verarbeitung der sich mit dem Fremden verbindenden Ungewissheit" (Stichweh 2001: 20) sind:

(1) *Gastfreundschaft*: regelt haustypische Umgangsformen mit Fremden;
(2) *Korporation*: regelt die Zulassung von Fremden in die Stadt;
(3) *Immediatstellung*: regelt, als ein verbrieftes Recht, das spezielle Verhältnis zum Landesfürsten bzw. König und die Zulassung zum Fürstenbzw. Königshof.

Die letztere Institution war nicht nur in „einer praktisch klugen Liberalität" begründet, sondern beruhte vielmehr auf einem rationalen Kalkül: Sie ermöglichte dem Machthaber „ein schnelles Reagieren auf Stimmungsumschwünge der ‚öffentlichen Meinung'" (ebd.). Gemeinsam ist diesen Institutionen, dass sie in der ständischen Ordnung als Neutralisierungsstrategien funktionierten und auf diese Weise zur Auflösung von strukturellen Hemmnissen beitrugen, die wiederum den „Fremden für die ihn aufnehmende Gesellschaft nützlich werden ließ, weil sie ihm Tätigkeiten erlaubte, die für die einheimische unzulässig waren" (ebd.). Aus Stichwehs und anderen Betrachtungen zur neuzeitlichen Fremdheitsproblematik wird deutlich, dass zu dieser Zeit in Europa die Anwesenheit von Fremden in vielen Situationen, in allen Sozialsystemen und in allen Positionen der sozialen Hierarchie eine „unhintergehbare Erfahrung" war und dies wiederum die Wahrnehmung des Fremden radikal umstrukturierte (ebd.: 23). Zu dieser unhintergehbaren Erfahrung des Fremden gehören die Rekrutierung von Beamten aus Fremden, die Besetzung militärischer Positionen mit Fremden und die Beschränkung der Ausübung bestimmter Berufe auf Fremde. Ergänzen lässt sich diese Erkenntnis durch historische Analysen von Bernd Roeck (1993), wonach die Landeskönige bzw. -fürsten sich in ihrer Einstellung zu Fremden und ihrem Umgang mit Fremden in erster Linie von bevölkerungspolitischen oder ökonomischen Interessen leiten ließen.[33] Aus Roecks Analysen ist ebenfalls zu entnehmen, dass in der Neuzeit religiöse und konfessionelle Leitmotive konstitutiv bei Fremdheitszuschreibungen waren.

Wichtig für den Status des Fremden im Europa der Neuzeit war auch das Fehlen einer begrifflichen Unterscheidung von Einwohnern und Bürgern. Die Bezeichnung Bürger bezog sich in der politischen Konstellation der Neuzeit nicht auf die Mitglieder eines Staates, sondern auf die Mitglieder einer begrenzten Korporation; ihre Rechte ergaben sich aus der Mitgliedschaft zu diesen lokalen Korporationen. Einwohner, die zur politischen Partizipation und Mitwirkung nicht berechtigt waren, galten als innerstaatliche Fremde (Stichweh 2001: 27).

Resümierend lässt sich festhalten, dass ungewollte räumliche Mobilität eine wichtige Ursache für Fremdheitszuschreibungen in der europäischen Neuzeit war und dass diese Fremdheitszuschreibungen mit herrschaftlichen Rollenzuweisungen – zwecks Schließung von Statuslücken und Erfüllung spezieller Funktionen – stabilisiert wurden. Obwohl Unsicherheit und Verwundbarkeit die soziale Lage von Fremden charakterisierten, existierten unterschiedliche Institutionen, die den Umgang mit ihnen und ihre Integration in die Gesellschaft bzw. in die verschiedenen Segmente der Gesellschaft regelten.

1.4 Fremdheitsproblematik in der Moderne

Die Modernisierung der Gesellschaft, d.h. die Entstehung und Entwicklung kapitalistischer Wirtschaftsformen und bürgerlicher Leitbilder, erzeugt den Bedarf für veränderte Mitgliedschaftsbedingungen. An der Schwelle zur Moderne kommt es somit zu Verschiebungen sowohl in der Fremdheitsproblematik als auch in den Semantiken. Die auch dem christlich-abendländischen

---

[33] Als Beispiel wird auf die Ansiedlung der Hugenotten in Preußen hingewiesen. Der preußische Staat hatte großes Interesse, durch die Siedlung von Hugenotten eine Bevölkerung des vom Dreißigjährigen Krieg verwüsteten und entvölkerten Landes zu betreiben. Insofern fügten sich die Maßnahmen bei der Aufnahme von Glaubensflüchtlingen in die merkantilistische Wirtschaftspolitik ein (Roeck 1993: 95). Die Schutzpolitik gegenüber den Hugenotten erzeugte unter ihnen „starke emotionale Bindung" an den Landesherren. Die Assimilation im Sinne einer Aufhebung der Fremdheit und Etablierung einer vollwertigen Mitgliedschaft (nicht im Sinne einer vollständigen Aufgabe der eigenen Identität oder vollständigen Akkulturation) erfolgte hier nicht durch einen Assimilationsdruck von außen, sondern durch einen Integrations- und Assimilationswillen von innen.

Mittelalter vertraute Unterscheidung Bürger vs. Einwohner wird in der Moderne durch die Unterscheidung Bürger vs. Untertan überlagert. Die Bezeichnung Untertan bezog sich auf verschiedene Mitglieder des Staates, die dem Monarchen untergeordnet waren. Der Bürgerstatus bringt demgegenüber eine „eher residuale Berechtigung" zum Ausdruck. Systemtheoretiker heben diesbezüglich zwei Entwicklungen hervor: *Erstens* die Umstellung auf funktionale Differenzierung und *zweitens* die Auflösung der frühneuzeitlichen semantischen und politischen Ordnung durch den Konstitutionsprozess des modernen Staates. Zur Ergänzung der systemtheoretischen Perspektive gilt es auf drei Innovationen zu verweisen, die mit den erwähnten Entwicklungen Hand in Hand gehen:

(1) Entstehung und Entwicklung der bürgerlichen Gesellschaft;
(2) Entstehung einer Staatlichkeit, die auf einem Bürgerrecht ruht und
(3) Nationsbildung.

In systemtheoretischen Ansätzen wird die Umstellung auf funktionale Differenzierung als primäre Differenzierungsform[34] der Gesellschaft als ein Bruch im gesellschaftlichen Umgang mit Fremden interpretiert. Differenzierung nach funktionalen Kriterien zeichnet sich bereits im 17. Jahrhundert ab, setzt sich aber erst im 19. Jahrhundert als primäre Differenzierungsform durch.[35] Zentral für die Stratifikation als primäre Differenzierungsform war die asymmetrische Dichotomie Adel vs. Volk. Luhmann zufolge entstehen bereits im 13. Jahrhundert verfeinerte Differenzierungen zwischen dem hohen und niederen Adel, die, zusammen mit schichtunabhängigen Generalisierungen, den Übergang zur funktionalen Differenzierung vorbereiten. Forciert wird dieser Vorgang außerdem durch das Entstehen neuer Rollenasymmetrien wie Regierende vs. Regierte sowie Produzent vs. Konsument, welche die alten Asymmetrien der Ständeordnung allmählich zu delegitimieren beginnen. Von einer Umstellung auf das Primat funktionaler Differenzierung kann jedoch erst dann die Rede sein, wenn diese Prozesse voll zum Zuge gekommen sind (Luhmann 1997: 739). „Mit dem Übergang zu funktionaler Differenzierung verzichtet die Gesellschaft darauf, den Teilsystemen ein gemeinsames Differenzierungsschema zu oktroyieren" (ebd.: 745). Das Primat funktionaler Differenzierung bedeutet auch, dass jedes Funktionssystem die eigene Identität – über eine elaborierte Semantik der Selbstsinngebung, der Reflexion und Autonomie – selbst zu bestimmen hat (ebd.). Dies wiederum hat zur Folge, dass

---

[34] „Von Differenzierungsform wollen wir sprechen, wenn es darum geht, wie in einem Gesamtsystem das Verhältnis der Teilsysteme zueinander geordnet ist." (Luhmann 1997: 609).
[35] Ein bekannter Sachverhalt ist die Ausdifferenzierung der Politik als eine eigene Sphäre. In der Neuzeit (ab 16. Jahrhundert) stellt die Politik von Fremdreferenz auf Selbstreferenz um. „Nicht mehr die außerhalb politischen Handelns liegende Codifizierung der Gesamtselektivität der Welt ist der wesentliche Referenzhorizont, sondern die Politik selbst" (Schimank 1996: 130).

das Gesamtsystem auf jegliche Vorgaben einer Rangordnung unter Subsystemen verzichten muss (ebd.: 746).

Im Hinblick auf die Fremdheitsproblematik ergeben sich aus dem Übergang zur funktionalen Differenzierung folgende Konsequenzen: Es kommt zu einem Komplexitätszuwachs, in dessen Folge sich die festen Inklusionsmuster auflösen und neu entstehende Inklusionsformen sich stärker individualisieren. Die Konsequenz ist, dass die Regelung von Inklusion und Exklusion von Fremden den einzelnen Teilsystemen überlassen und damit Anstrengungen, die Differenz Vertrautheit vs. Fremdheit in einer Einheit aufzulösen, der Resonanzboden entzogen wird.

Die Jahre 1776 und 1789, welche die Herausbildung der modernen nationalen Territorial- und demokratischen Verfassungsstaaten[36] markieren, können als historische Zäsuren in der Fremdheitsproblematik gelten. Der Verfassungsstaat orientiert sich bei der juristisch-politischen Behandlung von Fremden an Richtlinien wie Rechtsgleichheit, Freizügigkeit, freie Lohnarbeit und politische Partizipation (Raphael 2004: 32). Mit dem modernen Verfassungsstaat werden Staatsangehörigkeit und Staatsbürgerschaft zu zentralen Bezugspunkten der Fremdenpolitik. Damit geht eine Prekarisierung[37] des Fremdenstatus in Gestalt des ‚Ausländers‘ einher, die nur zum Teil durch Naturalisationsverfahren ausgeglichen wird (ebd.: 31ff.). Dadurch verliert der „innerstaatliche Fremde, der in eine Hierarchie einer Pluralität abgestufter Mitgliedschaftsstatus gut einpaßbar war, seinen Platz im politischen System des Staates" (Stichweh 2001: 29). Mit den Staats- und Nationsbildungsprozessen sowie mit dem damit verbundenen Bedeutungsverlust von innerstaatlichen Grenzen verlieren grenzüberschreitende Migrationen an Auffälligkeit und Bedeutung. An die Stelle des innerstaatlichen Fremden tritt somit der außerstaatliche Fremde als ein dominanter Fremdentypus an (ebd.). Mit Blick auf den Fremden lässt sich mit Rudolf Stichweh konstatieren, dass dieser in der modernen, funktional differenzierten Gesellschaft seinen Sonderstatus und seine Privilegien verliert (ebd.: 29f.). Die moderne Welt des 19. und 20. Jahrhunderts bringt schließlich eine

---

[36] Die Herausbildung von nationalen Territorial- und demokratischen Verfassungsstaaten geht Hand in Hand mit der Durchsetzung bürgerlicher Leitbildern und staatlicher Reformen. Verwirklichung des Verfassungsstaates und bürgerliche Beteiligung an der staatlichen Herrschaft lauteten die Kernforderungen des erstarkenden Bürgertums, das an der Spitze von nationalen Bewegungen stand. Die Absicht des Bürgertums war zunächst die Reformierung und nicht die Beseitigung der Monarchie (vgl. Langewiesche 2003: 473f.).

[37] In der zweiten Hälfte des 20. Jahrhunderts ist in Westeuropa wieder eine relative Statuserhöhung von Fremden zu beobachten, die ihre Ursache in der Ausweitung von sozialen Mindestrechten auch auf Nichtbürger, auf ‚inländische Ausländer‘ hat (vgl. hierzu Soysal 1994). Im Teil IV wird darauf noch ausführlicher einzugehen sein.

„radikale Vereinfachung dieser diversifizierten Muster und damit eine vierte Form des Umgangs mit Fremden hervor: An die Stelle der Pluralität des Status treten binäre Klassifikationen, die Einheimische, die vollgültige Mitglieder des Nationalstaats sind, von Fremden, denen die entsprechenden Berechtigungen fehlen, unterscheiden" (ebd.: 38).

Der Prozess der Nationsbildung brachte nicht nur weitreichende Veränderungen hinsichtlich der kollektiven Zugehörigkeit und des primären Bezugspunktes der Loyalität und der Solidarität von Einzelnen, sondern damit zusammenhängend auch weitreichende Veränderungen in der gesellschaftlichen Konstruktion und Wahrnehmung von Fremdheit sowie in den gesellschaftlichen Umgangsformen mit sich. Es gehört zu allgemeinen Erkenntnissen der Nationalitäts- und Nationalismusforschung, dass dem Nationalismus eine „Neigung zum ontologischen Essentialismus" innewohnt, welcher bereits „den Keim der Abwertung und Abgrenzung in sich trägt" (Frevert 2003: 262). Im Kern des Nations- und Nationalismusverständnisses steht also das Spannungsverhältnis zwischen Inklusion und Exklusion. Die innere Kohäsion und Geschlossenheit, die zu den wesentlichen historischen Leistungen von Nationen gehören, gingen mit der „Konstruktion äußerer Markierungen einher, die ‚die Anderen' auf Abstand hielten" (ebd.: 267). Damit war der Weg gebahnt, Minderheiten und Bürger anderer Staaten im Inland als Fremde zu konstituieren.

Mit dem Durchbruch der Moderne nach der politisch-wirtschaftlichen *Doppelrevolution* (Hobsbawm) etablierte sich eine neue Form der Selbstthematisierung der Gesellschaft: Gesellschaften, die sich mitten in der kapitalistischen Modernisierung befanden, begannen allmählich, sich als nationale Einheiten mit klaren geographischen, sprachlichen, kulturellen und rechtlichen Grenzen zu thematisieren. Diese Selbstthematisierungs- und Selbstbeschreibungsformeln erzeugten wiederum korrespondierende Fremdheitszuschreibungen: Zum Prototyp des Fremden wurde der „Ausländer im Inland" (vgl. Hahn 1994). In den auf die Systemtheorie zurückgehenden Ansätzen wurde der Unterschied zwischen der frühneuzeitlichen und modernen Formen der Wahrnehmung, der Zuschreibung und der Erfahrung von Fremdheit im Zusammenhang mit segmentärer und funktionaler Differenzierung hervorgehoben. In den segmentären und nach dem Zentrum-Peripherie-Gegensatz differenzierten Gesellschaften unterschieden sich die ‚Fremden' dadurch, dass sie in die sozialen Zusammenhänge lediglich als Träger bestimmter Funktionen, nämlich entweder als Kreditgeber, von lokalen Zusammenhängen distanzierte Verwaltungsbeamte oder als Erwerbstätige in unerwünschten Berufen integriert bzw. tätig waren. Mit dem Durchbruch der modernen Verhältnisse wurde diese Ordnung auf dem Kopf gestellt. Was für

die vormodernen Gesellschaften die Ausnahme war, ist für die funktional differenzierte Gesellschaft die Regel.

> „Der Fremde in vormodernen Gesellschaften ist als Fremder das, was heute
> alle sind, nämlich zunächst einmal bloßer Funktionsträger. Leistungsformen,
> die zu ihrer Realisierung gerade nicht persönliche Bindungen, Freundschaft
> oder Verwandtschaft voraussetzen [...] sind charakteristisch für moderne Ge-
> sellschaften" (Hahn 2000: 70).

Durch die Prozesse der Nations- und Staatsbildung treten an die Stelle der
Pluralität rechtlicher und sozialer Status binäre Klassifikationen und Statuszuweisungen wie Einheimische vs. Nichteinheimische, Mitglieder vs. Nicht-
mitglieder, Staatsangehörige vs. Fremder an (Stichweh 2004: 38). Waren es
in der Vormoderne verschiedene Herrschaftspraktiken wie Fremdenschutz,
Fremdenprivilegierung und Fremdenkontrolle als Formen der Institutionalisierung des Umgangs mit Fremdheit und Anerkennung des Fremdenstatus die
Bezugspunkte der Konstruktion, Zuschreibung und Erfahrung von Fremdheit,
so avancierten mit der Entstehung und Entwicklung des modernen Verfas-
sungsstaatstypus Staatsangehörigkeit und Nation zu den zentralen Bezugspunkten der Fremdenpolitik (Raphael 2004: 29). Damit wurde einerseits Anstrengungen, Fremden einen festen und überwachten Platz im Sinne eines
Sonderstatus im Herrschaftsgefüge einzuräumen, der Resonanzboden entzogen, andererseits geriet Fremdheit mit diesen Entwicklungen unter das Deu-
tungsmonopol des Staates. Die Entscheidung über die Verleihung und Aufhebung des Fremdenstatus lag nicht mehr bei lokalen Korporationen, Ständen
oder Landesfürsten, sondern beim Staat, der diese Angelegenheiten durch die
formalisierten Staatsbürgerschaftsrechte regelte. Der Fremde wurde mit dem
juristischen Begriff ‚Ausländer'[38] fassbar (Raphael 2004: 24).

Der lange Prozess der Staats- und Nationsbildung schließt die sukzessive
Institutionalisierung von bürgerlichen (18. Jh.), politischen (19. Jh.) und
schließlich sozialen Teilhaberechten (20. Jh.) ein (Marshall 1950: 10ff.).

---

[38] Die Bezeichnung ‚Ausländer' ist keine Erfindung der Moderne bzw. der Ära der Nationalstaatsbildung, sondern war bereits in der frühen Neuzeit bekannt. Bezeichnet wurden jedoch, anders als es heute der Fall ist, Menschen, die aus der „ländlichen Lebenswelt in die Stadt
kamen und die Bürger mit ihren Verhaltensweisen konfrontierten" (Roeck 1993: 81). So wurden
zum Beispiel Maurer und Tagewerker in der süddeutschen Stadt Augsburg von gebürtigen
Augsburger Gesellen als „auslender" bezeichnet, obwohl sie aus der Umgebung stammten und
sich weder in der ethnischen Herkunft noch in der Sprache von den letzteren unterschieden. An-
gesprochen wurde damit keinesfalls die Nichtzugehörigkeit zur eigenen Nation und zum eigenen
Staat, sondern die Nichtzugehörigkeit zur eigenen (Stadt-)Gemeinde. Die ethnischen, nationalen
und staatsbürgerlichen Implikationen der Bezeichnung sind erst in der Moderne entstanden
(ebd.). Ähnliches gilt auch für den Begriff ‚Vaterland', mit dem „die Stadt, in der man wohnte,
oder das Land, dessen Fürstenhaus man Loyalität schuldete und dessen Konfession man anhing"
bezeichnet wurde (Schulze 2005: 47).

Damit war zugleich in den modernen nationalen Territorial- und Verfassungsstaat eine Spannung zwischen dem Recht auf Fremdheit[39] und dem Egalitätsprinzip eingebaut. Als Integrationsideologie enthält der moderne Nationalismus einen Gleichheitsappell, der nicht nur beim Aufbrechen von lokalen, sozialen und religiös-konfessionellen Schranken und gesellschaftlichen Hierarchien vorzügliche Dienste leistete, sondern auch zur Überwölbung von Ungleichheiten wesentlich beitrug. Die Inklusionskraft nationaler Orientierungen „beruhte auf dem Versprechen, alle Angehörigen der nationalen Gemeinschaft als prinzipiell gleich anzuerkennen" (Frevert 2003: 273).[40] Aufgrund dieses Gleichheitsversprechens war den abendländisch-mittelalterlichen bzw. frühen neuzeitlichen Herrschaftspraktiken wie Fremdenschutz, Fremdenprivilegierung und Fremdenkontrolle die Legitimität entzogen.

Der nationale Territorialstaat trug nicht nur zur inneren Nationsbildung bei, indem er für enorme Integrationsleistungen durch seine flächendeckenden Sozialisationseinrichtungen[41] sorgte und mit seinen Rechts- und Verwaltungsorganisationen einen Grundstein dafür legte, sondern auch dadurch, dass er eine einheitliche Amtssprache vorschrieb, verbindliche kulturelle und historische Bildungscurricula festlegte und Institutionen bereitstellte, welche die nationale Einheit alltäglich erfahrbar machten. Damit agierte der Nationalstaat als eine mächtige Homogenisierungsinstanz (ebd.: 276). Dies hatte den Ausschluss derjenigen zur Folge, die sich diesem Homogenisierungsdruck entweder verweigerten oder in die hergestellte nationale Einheit nicht passten und als *fremde* Minderheit identifiziert wurden (ebd.: 274). Damit wurde Fremdheit als politischer Status wiederhergestellt – jedoch ohne die Privilegien und Schutzmaßnahmen, die im christlich-abendländischen Mittelalter und in der Neuzeit existierten.

Die ‚Fremden' waren im doppelten Sinne befreit: Sie waren nicht nur von den herrschaftlich vorgegebenen Lebensformen, Rollenerwartungen und beruflichen Einschränkungen, sondern auch von ihren Privilegien und vom po-

---

[39] Gemeint ist mit ‚Recht auf Fremdheit' zum einen das Recht, Fremde unter Fremden zu bleiben und an die Nationalkultur und Landesreligion nicht assimiliert zu werden. Zum anderen wird damit das Recht auf Privatheit gemeint. Münkler und Ladwig weisen diesbezüglich darauf hin, dass zu der Idee der Privatautonomie unabdingbar die Fähigkeit gehört, anderen den Einblick in die eigene Intimsphäre zu verweigern" (1997: 38).

[40] „Damit legt sich das nationale Bekenntnis gleichsam über alle Friktionen und Fraktionen damaliger Gesellschaften; es brachte Adlige und Bauern, Proletarier und Bourgeois, Gelehrte und Tagelöhner, Männer und Frauen, Katholiken, Protestanten und Juden an einen Tisch, der keine hierarchischen Sitzordnungen kannte" (Frevert 2003: 273).

[41] Gemeint sind damit in erster Linie die Schule (allgemeine Schulpflicht), das Militär (allgemeiner Militärdienst) und die Universität (Bildungsoffensive aufgrund des Bedarfs an Beamten), durch welche die Bevölkerung nachhaltig geprägt wurde.

litischen Schutz, den sie von ihren Landesherren erhielten, emanzipiert. Somit waren sie Ausschlussverhältnissen sowie herrschaftlichen Überwa-
chungsaktivitäten schutzlos ausgeliefert und wurden nicht selten in ihren
bürgerlichen und sozialen Rechten beschnitten (Raphael 2004: 24). Mit der
Aufhebung des Fremdenschutzes und der Fremdenprivilegierung wurde die
gesellschaftliche Stellung des Fremden prekärer. Damit waren sie dem He-
raufziehen der „Tyrannei des Nationalen" (ebd.) – Wellen von Fremdenfeindlichkeit, Spionagehysterie und Pogromen – schutzlos ausgeliefert. Dieser
Prekarisierung wurde jedoch zunächst durch Inklusionsverfahren wie rechtliche Kodifizierung, Naturalisierung, später in der Nachkriegszeit durch kontinuierliche Ausweitung sozialer Mindestrechte begegnet (ebd.: 31).

Bei den funktional differenzierten Gesellschaften des 20. Jahrhunderts
handelte es sich vorwiegend um „nationalstaatliche Systeme", die in die Entstehung eines weltweiten Gesellschaftssystems eingebettet waren. In der systemtheoretischen Terminologie wird diese Konstellation als ‚Weltgesellschaft‘ bezeichnet, worunter der Sachverhalt verstanden wird, „dass Kommunikationen heute füreinander im Prinzip weltweit erreichbar sind und es
deshalb nur noch ein Gesellschaftssystem auf der Erde gibt" (Stichweh 2004:
38).[42] Der Weltgesellschaftsthese zufolge gibt es auf der Welt nur ein umfas-
sendes Sozialsystem und nicht Gesellschaften, für die es ein soziales Außen
gibt, in dem Fremdheit und Feindschaft die vorherrschenden Einstellungen
wären (ebd.: 39)[43]. Parallel zu diesem Prozess hat sich die Idee einer einzigen
Menschheit durchgesetzt, die impliziert, dass es „basale Gemeinsamkeiten
einer Spezies gibt, die über die empirisch beobachtbare Fremdheit und Feindseligkeit hinweg gelten" (ebd.: 39).

In der funktional differenzierten Weltgesellschaft werden Individuen in die
verschiedenen Subsysteme nicht als ganze Personen, sondern als Träger bestimmter Funktionen integriert (vgl. Luhmann 1997: 618ff.). Insofern hat eine ‚Generalisierung des Fremden‘[44] stattgefunden, da alltägliche Kommunikationen und Leistungsformen in verschiedenen gesellschaftlichen Teilbereichen persönliche Bindungen und Vertrautheiten nicht voraussetzen: Jeder ist
jedem *fremd*. Mit der funktionalen Differenzierung des Sozialsystems fällt

---

[42] Bezüglich der These vom Entstehen eines weltweiten Systems vgl. a. Wallerstein 1986, Luhmann 1997: 145-171; Stichweh 2000 und Wobbe 2000.
[43] Vgl. diesbezüglich a. Beck 1997. Ulrich Beck stellt die Vorstellung von der Gesellschaft als
einer in sich geschlossenen, kohärenten und abgegrenzten Einheit zu Recht in Frage. Er bezeichnet diese Vorstellung der Gesellschaft als Container-Theorie der Gesellschaft (1997: 49).
[44] Gegenüber dieser These lässt sich einwenden, dass sie mehr Fragen aufwirft, als sie beantwor-
tet. Wie lässt dann zu erklären, dass nicht alle Immigranten und ‚Ausländer im Inland‘ in gleicher
Weise von praktischen und symbolischen Mechanismen des Fremdmachens betroffen sind? Wie
lässt sich erklären, dass ‚Fremde‘ nicht gleichermaßen von Partizipationsrechten ausgeschlossen
werden und nicht gleichermaßen von Maßnahmen der Ausgrenzung betroffen sind?

allerdings die segmentäre Differenzierung der Weltgesellschaft in National-
bzw. Territorialstaaten zusammen. Damit wiederum setzt eine interne und externe (territoriale) Schließung des Staates ein, die neben einer generalisierten,
d.h. allgemein strukturellen Fremdheit im Sinne von Nichtvertrautheit (*hori-
zontal*), eine *vertikale* Form der Fremdheit im Sinne von Nichtzugehörigkeit
und Status (Ausländer im Inland) hervorbringt und am Leben hält. Fremde
sind aus dieser Perspektive betrachtet diejenigen, die innerhalb eines Territo-
rial- und Nationalstaates leben, dessen Staatsangehörige sie nicht sind. Von
staatlichen Einrichtungen und gesellschaftlichen Institutionen erfahren sie
systematische Ungleichbehandlung und sind in die gesellschaftlichen Zusammenhänge nur partiell, d.h. soweit die verschiedenen Subsysteme es erfordern, integriert. Gleichwohl ist festzuhalten, dass diese objektive Zuordnung nicht immer mit den subjektiven Wahrnehmungen und Erfahrungen von
Fremdheit einhergeht. Nicht alle Nichtbürger werden gleichermaßen als
Fremde wahrgenommen, als solche thematisiert und behandelt. Hinzu
kommt, dass Staatsangehörigkeit keinen dauerhaften Schutz vor Fremdheitszuschreibungen und Ungleichbehandlungen bietet.[45] Systemtheoretische Ansätze erklären dieses Phänomen mit ethnonationalen Semantiken und Vertrautheitsstrategien. Ihre Funktion besteht darin, auf der symbolischen Ebene
gesellschaftliche Einheit zu simulieren, wodurch wiederum Ab- und Ausgrenzungen verursacht werden.[46]

Die interne Schließung gegenüber den Nichtstaatsbürgern im Inland und
die territoriale Schließung gegenüber denen im Ausland gelten als unerlässli-
che Praktiken staatlicher Betätigung (Brubaker 2000: 83). Der Nationalstaat
ist, so die präzise Beschreibung von Rogers Brubaker, der „Architekt und
Garant einer Reihe typischer moderner Formen der Schließung" (ebd.: 75).[47]

---

[45] Ein türkischer Immigrant in Deutschland oder ein Immigrant aus Pakistan oder der Karibik in
Großbritannien werden weiterhin als Fremde wahrgenommen, auch wenn sie die deutsche bzw.
britische Staatsbürgerschaft besitzen. Der Erwerb von Staatsbürgerschaft konvergiert nicht immer mit der Einbeziehung in die nationale ‚Wir-Gruppe'. S. hierzu Kleinert 2004: 64, Eder u.a.
2004, Butterwegge u.a. 2006.

[46] Auf den Einfluss von ethno-nationalen Semantiken und Vertrautheitsstrategien wird weiter unten in Teil III, Abschn. 7.2 und Teil IV, Abschn. 9.3 ausführlicher eingegangen.

[47] Rogers Brubaker entlehnt den Begriff der Schließung von Max Weber, der in »*Wirtschaft und
Gesellschaft*« zwischen offenen und geschlossenen sozialen Beziehungen unterscheidet. „Eine
soziale Beziehung (gleichviel ob Vergemeinschaftung oder Vergesellschaftung) soll nach außen
‚offen' heißen, wenn und insoweit die Teilnahme an dem an ihrem Sinngehalt orientierten gegenseitigen sozialen Handeln, welche sie konstituiert, nach ihren geltenden Ordnungen niemand
verwehrt wird, der dazu tatsächlich in der Lage und geneigt ist. Dagegen nach außen ‚geschlos-
sen' dann, insoweit und in dem Grade, als ihr Sinngehalt oder ihre geltenden Ordnungen die
Teilnahme ausschließen oder beschränken oder an Bedingungen knüpfen" (Weber 1980: 23).
Zur weiteren Illustration von offenen sozialen Beziehungen führt Brubaker das Beispiel des Völ-
kerballspiels an, an dem sich prinzipiell jede(r) zugesellen kann. Zur Illustration von geschlossenen
sozialen Beziehungen dient das „Spiel zweier Teams, die zu einer organisierten Liga gehören"

Die hier zu stellende Frage ist, wie in der Bundesrepublik Deutschland und in Großbritannien diese Schließungen vollzogen werden? Zunächst ist jedoch allgemein zu vergegenwärtigen, wie der moderne (nationale) Territorialstaat durch die Institution der Staatsbürgerschaft geschlossene und offene soziale Beziehungen (re-)produziert. Die Schließung erfolgt allgemein auf zweifache Weise: Durch die Aufrechterhaltung und Kontrolle der Staatsgrenzen, Gewährleistung des Wahlrechts, Verpflichtung zum Militärdienst und Einbürgerung (territoriale Schließung). Die territoriale Schließung richtet sich gleichermaßen gegen alle Nichtstaatsangehörige. Die interne Schließung kommt als Ausschluss von im Staatsgebiet anwesenden Nichtstaatsangehörigen von der vollständigen Teilnahme am juristischen, sozialen oder politischen Leben oder als Beschränkung ihrer gesellschaftlichen und politischen Teilnahme zum Ausdruck (Brubaker 2000: 81).

Eine Voraussetzung externer und interner Schließung ist die Definition von Nichtdazugehörigen oder ‚Outsidern‘ im Sinne von Unerwünschten. Die externe Schließung gegenüber Nichtstaatsangehörigen außerhalb der eigenen Staatsgrenzen bedarf keiner zusätzlichen Legitimation, da dies bereits völkerrechtlich gegeben ist. Staaten besitzen völkerrechtliche Souveränität und territoriale Hoheit, die es ihnen erlauben, Unerwünschte zur *persona non grata* zu erklären oder ihnen die Einreise zu verwehren.[48] Anders verhält es sich mit der Identifizierung von unerwünschten ‚Outsidern‘ innerhalb des Hoheitsgebiets – Maßnahmen und Praktiken, die auf Identifikation und Ausschluss von Nichtstaatsbürgern hinauslaufen, bedürfen einer eingehenden Legitimation (ebd.: 83). Moderne Territorial- und Nationalstaaten geraten zudem bei Schließungs- und Abgrenzungsmaßnahmen mit der Menschenrechtskonvention in Konflikt, die neben der völkerrechtlichen eine hohe moralische Verbindlichkeit besitzt.[49]

Bezüglich der Konstruktion von Fremden durch territoriale (externe) Schließung bestehen zwischen der Bundesrepublik Deutschland und Großbritannien kaum nennenswerte strukturelle Unterschiede. Zwar hat Großbritan-

---

(Brubaker 2000: 75). Die Teilnahme an diesem Spiel ist – im Gegensatz zum Völkerballspiel – auf amtlich registrierte Mitglieder dieser beiden Teams beschränkt. Kritisch zum Problem der territorialen Schließung s. auch Diken (2002).

[48] Es gilt jedoch zu berücksichtigen, dass dieses ‚Recht‘ auf territoriale Schließung nicht uneingeschränkt Geltung besitzt, da internationale Regelungen dieses Recht in der Praxis beschränken. Ein gutes Beispiel ist hierfür das EU-Recht, wonach alle Arbeitnehmerinnen und Arbeitnehmer in allen EU-Mitgliedsstaaten uneingeschränkte Freizügigkeit genießen.

[49] Die disziplinierende Kraft von Menschenrechten im Hinblick auf den Umgang mit Nichtstaatsangehörigen im Inland und Minderheiten wurde bereits von Yasemin Soysal hervorgehoben: „National governments are evaluated (and disciplined) by the ‚international community‘ on the basis of their realization of progress, development, and human rights" (Soysal 1994: 43).

nien das Abkommen von Schengen[50] nicht unterzeichnet, wodurch die Freizügigkeit anderer EU-Bürger eingeschränkt wird, doch dies hat auf die territoriale (externe) Schließung kaum Auswirkungen. Dies soll aber nicht heißen, dass zwischen diesen Staaten in der Praxis der territorialen Schließung
und Regelung der Zuwanderung bzw. Einreise keine Unterschiede bestehen.

Nach systemtheoretischen Stimmen ist in der Weltgesellschaft die Fremdheit als ein Eigenwert anerkannt, weil sie die notwendige Bedingung für politische oder ökonomische Transaktionen im öffentlichen Raum bereitstellt. Es
komme in modernen Kommunikationszusammenhängen darauf an, die Teilnehmer nicht mehr als Individuen, sondern als Funktionsträger wahrzuneh-
men. „Eine funktionsspezifische Kommunikation basiert vielmehr darauf,
dass der andere möglichst fremd bleibt" (Reuter 2002b: 8). Dies gilt vor allem für das moderne (westliche) Großstadtleben, da dessen Gemeinwesen
weder auf direkte Reziprozität noch auf Gemeinsinn oder verwandtschaftli-
che Bande aufbaut (Nassehi 1999: 235ff.). „Die quantitative Dichte der
Stadtbevölkerung macht es schon aus Gründen der kognitiven Entlastung
notwendig, Mitmenschen nicht mehr als Nachbarn oder Vertraute zu domes-
tizieren, sondern als *sonstige Andere* in die Sphäre der Nichtaufmerksamkeit
abzuschieben" (Reuter 2002b: 3). Im Alltag moderner (Groß)Städte wird
Fremdheit in erster Linie zu „einer *Ressource* der modernen Gesellschaft, da
die persönliche Neutralität als Freiheit und Beweglichkeit verstanden werden
kann, die vor Durchschaubarkeit und damit vor Kontrolle durch andere be-
wahrt" (ebd.: 15). Andererseits forciert diese strukturelle Fremdheit die fort-
schreitende Vereinzelung von Menschen: Was dem urbanen Leben tenden-
ziell abgeht, ist Vertrautheit, Bindung und Dauerhaftigkeit (ebd.: 4, vgl. Nassehi 1999: 237).

Aus den bisherigen Ausführungen lässt sich resümieren, dass die Geschichte menschlicher Vergesellschaftung auch unter dem Aspekt der
Fremdheitsproblematik betrachtet werden kann, die mit der Entstehung gesellschaftlicher Ungleichheit parallel verläuft. Nahezu alle europäischen Gesellschaften bzw. Herrschaftssysteme waren auf die eine oder andere Art mit
der Fremdheitsproblematik konfrontiert: D.h. mit Fragen wie wer dazu gehören, wem oder welchen Gruppen vollständige Rechte zuteil werden sollen
oder wie die ‚Fremden' integriert werden sollen. Gesellschaften, Gemeinschaften und politische Verbände legen Kriterien von Zugehörigkeit fest, um

---

[50] Das Schengener Abkommen wurde am 14. Juni 1985 zwischen der Bundesrepublik Deutschland, Frankreich, Belgien, Niederlande und Luxemburg unterzeichnet. Am 19. Juni 1990 unter-
zeichneten diese Länder das Schengener Durchführungsabkommen (SDÜ). Im Vertrag von Ams-
terdam (2. Oktober 2007) wurde beschlossen, dieses Abkommen in das EU-Recht zu integrieren.
Das Abkommen beinhaltet die Vereinbarung mehrerer europäischer Staaten, auf Kontrollen des
Personenverkehrs an ihren gemeinsamen Grenzen zu verzichten.

das Zusammenleben mit und die Integration von ‚Fremden' zu regeln. Zwar haben sich relativ früh Institutionen wie Gastrecht, religiöse Toleranzgebote gegenüber Fremden, herrschaftlicher Fremdenschutz usw. herausgebildet, die den Umgang mit Fremden regelten, gleichwohl waren die Fremden – vor allem in Zeiten politischer Krisen und ökonomischer Nöte – nicht selten Objekte der Anfeindung und Gewalt. Vereinfachend lässt sich sagen, dass der Umgang mit der Fremdheitsproblematik zwischen den Polen der Öffnung und der Schließung pendelte: Der relativ großzügigen Öffnung in Gründungs- und Expansionsphasen von politischen Verbänden folgten in Zeiten ökonomischer Krise und des Zuwanderungsdrucks Abschottungsmaßnahmen gegenüber ‚Fremden' im In- und Ausland.

Aus dem historischen Überblick zur Fremdheitsproblematik von der Antike bis zur Moderne lässt sich resümieren, dass die Wandlungen in den Herrschaftsformen oder die gesellschaftlichen Transformationen zugleich Veränderungen der Leitideen und der Bewertungsmaßstäbe hinsichtlich des Umgangs mit Fremden mit sich brachten. Während beispielsweise in der Antike und im christlich-abendländischen Mittelalter nationale Differenzen nicht ausschlaggebend sind, bedeutet religiöse Differenz dagegen ein wichtiges Kriterium bei Fremdheitszuschreibungen. Erst im Zuge der kapitalistischen Modernisierung gewannen nationale bzw. nationalistische Leitbilder an Bedeutung und strukturierten auch die Wahrnehmung von und den Umgang mit Fremden.

Ein anschaulicher Überblick der Fremdheitsproblematik in der abendländischen Geschichte – im Sinne einer Zusammenstellung dieses Kapitels – kann aus Tabelle 1 auf der folgenden Seite gewonnen werden.

Tabelle 1: Sozialer Wandel und Fremdheitsproblematik

	Frühzeit	Antike	Mittelalter	Neuzeit	Moderne	Spätmoderne
Gesellschaftsformation	Klassenlose Urgesellschaften	Sklavenhaltergesellschaft	Feudalgesellschaft	Feudalgesellschaft Handelskapitalismus	Industriekapitalismus	Hoch entwickelter Globalkapitalismus
Differenzierungsform	Einfache Differenzierung u. Segmentation	Segmentation; Stratifikation nach Zentrum/Peripherie-Differenzierung	Stratifikation u. Zentrum/Peripherie Differenzierung	Stratifikation u. Zentrum/Peripherie Differenzierung	Funktionale Differenzierung	Funktionale Differenzierung
Institutionalisierte Umgangsformen	Einverleibung vs. Ausstoßung; Gastrecht	Gastrecht u. Mitgliedschaft	Mitgliedschaft in Korporation u. Königsschutz	Mitgliedschaft in Korporation u. Königsschutz	Minderheitenrechte, Assimilation	Menschenrechte; Aufenthaltsrecht u. »Denizenship«
Typen u. Trägergruppen	Händler, Sklaven	Händler Metöken Sklaven	Schutzbefohlene, Häretiker u. Heiden	Schutzbefohlene; Religiöse Minderheiten	Nationale u. religiöse Minderheiten	Immigranten: »Ausländer im Inland«
Ebenen der Inklusion u. Exklusion	Stamm Verwandtschaft	Stadt Haushalt	Haushalt, Gemeinde u. Korporation	Hof; königlicher Herrschaftsbereich	Territorialstaat, Nation	Nationalstaat, Gesellschaft

Quelle: Eigene Darstellung

2. Weisen der gesellschaftstheoretischen Annäherung

Ziel dieses Kapitels ist eine kritische Reflexion der gesellschaftstheoretischen Perspektiven zur Fremdheit. Aufgrund der Kontroverse um die ideologischen Konnotationen der Fremdheitsdebatte und Paradoxien der Begriffe des Fremden und der Fremdheit, auf die im *zweiten Teil* der Arbeit systematisch eingegangen werden soll (*Kapitel 3*), bedarf es einer normativen Rückversicherung respektive einer Reflexion der gesellschaftstheoretischen Dimensionen dieser Begrifflichkeiten. Eine solche Reflexion hat den Sinn, den ideengeschichtlichen Entstehungskontext von sozialwissenschaftlichen Vorstellungen über die Fremdheit und das Fremdsein zu verdeutlichen. In diesem Sinne werden zunächst die Entstehungsbedingungen der gegenwärtigen Fremdheitsdebatte vergegenwärtigt. Anschließend werden vier gesellschaftstheoretische Modelle der Beziehung zum Fremden differenziert, um ihren kritisch normativen Gehalt herauszuarbeiten. Dazu veranlasst Lévinas' zugespitzte These, dass die ganze abendländische Philosophie im Zeichen einer theoretischen Unterdrückung des Fremden stehe.

Gesellschaftstheorie wird hier verstanden als eine Disziplin, die Maßstäbe zur normativen Beurteilung der Gesellschaft erörtert und Normen aufstellt, nach denen es sich abspielen soll. Sie umfasst alle theoretischen Überlegungen über die Möglichkeiten einer besseren Welt.[51] In diesem Kapitel werden exemplarische gesellschaftstheoretische Perspektiven diskutiert, in denen es um die Möglichkeiten einer egalitären und emanzipatorischen Beziehung zum Fremden geht.[52]

---

[51] Die Bezeichnung der Gesellschaftstheorie wird uneinheitlich gebraucht. Nach einem Verständnis von T. W. Adorno (1980 b: 538) deckt sich der Begriff der kritischen Gesellschaftstheorie mit dem der Sozialphilosophie. Honneth dagegen bevorzugt den Begriff der Sozialphilosophie und bestimmt ihren Gegenstand als „die Kritik eines gesellschaftlichen Zustands, der als entfremdet oder sinnlos, verdinglicht oder gar krank empfunden wird." (1999: 1192). Obwohl Honneth die Geschichte der Sozialphilosophie mit Rousseau beginnen lässt, sieht Habermas (s. 1969) den Übergang von der aristotelischen Tradition der praktischen Philosophie zur Sozialphilosophie bereits bei Hobbes vollzogen (Röttgers 1995: 1225). Bezüglich des Verhältnisses der Sozialphilosophie zur Soziologie schreibt Honneth, dass die Sozialphilosophie „das eine Mal die Funktion einer übergreifenden Dachorganisation für alle praktisch orientierten Teildisziplinen aus[übt], das andere Mal die Funktion eines normativen Ergänzungsstücks zur empirisch verfahrenden Soziologie, ein weiteres Mal schließlich die Funktion eines zeitdiagnostisch angelegten Deutungsunternehmens." (Honneth 1999: 1183 f.) Gebräuchlich waren auch andere Begriffe wie etwa „gesellschaftliche Philosophie", „Sozietätsphilosophie" oder „philosophische Soziologie" (vgl. Röttgers 1995: 1217).
[52] Davon auszunehmen ist der Ansatz von Carl Schmitt, der den Fremden nur als Gegensatz des Eigenen gelten lässt und somit hinter das erreichte Reflexionsniveau der Gesellschaftstheorie seiner Zeit zurückfällt. Nicht allen Ansätzen, welche in diesem Kapitel diskutiert werden, geht es

2.1 Zur Entstehung der Fremdheitsdebatte

Die steile Karriere der Begriffe der Fremdheit und des Fremden begann in den späten 1980ern und setzte sich in den 1990ern fort – zu einem Zeitpunkt als die intellektuellen und sozialen Energien, die in das *Projekt der Moderne* (Habermas) eingingen, sich erschöpften. Postmodernismus und Kommunitarismus dominierten in dieser Zeit die politischen Diskurse in Gesellschaften der hoch entwickelten kapitalistischen Welt. Während Vertreter des Postmodernismus ihre Anziehungskraft aus einer gegen Konformität und für Vielfalt gerichteten Haltung bezogen, diagnostizierten die Vertreter des Kommunitarismus einen Mangel an Gemeinschaft in hoch entwickelten kapitalistischen Gesellschaften und plädierten für einen Vorrang der Gemeinschaftlichkeit.[53] Gegen Vertreter des Kommunitarismus wurde wiederholt eingewandt, sie redeten einem Rückzug in die eigene Gemeinschaft, d.h. in die Privatsphäre und Nachbarschaft, das Wort. Damit würden sie die Bedeutung eines toleranten Umgangs und offenen Austauschs mit Fremden für ein zivilisiertes Zusammenleben herunterspielen und, im Gegenzug dazu, die vergesellschaftende Bedeutung von Intimität und Vertrautheit aufwerten[54]. Dies verringere die Bereitschaft, auf Fremde zuzugehen und lasse den Fremden als eine „bedrohliche Gestalt" erscheinen. Vertreter des Postmodernismus wiederum identifizierten die Moderne mit Zwangs-, Ordnungs- und Reinheitsfetischismus und der Entwertung von Heterogenität, Toleranz, Andersheit und Fremdheit und plädierten für einen Bruch mit der Moderne und Kultivierung von Heterogenität, Vielfalt und Fremdheit.[55]

---

explizit um Möglichkeiten einer egalitären Beziehung zum Fremden. Eine Ausnahme bildet hier die Ansätze von Lévinas, dessen Werk »Die Spur des Anderen« den Untertitel ‚Untersuchungen zur Phänomenologie und Sozialphilosophie' trägt, und von Ricœur. Allerdings konnte aus ihren Ausführungen zur Fremdheitsproblematik ein Modell der Beziehung zum Fremden rekonstruiert werden.

[53] S. dazu ausführlich »*The Postmodern Turn: New Perspectives on Social Theory*« von Steven Seidman (1995); »*The Condition of Postmodernity: an Enquiry into the Origins of Cultural Change*« von David Harvey (1989); »*The Spirit of Community: Rights, Responsibilities, and the Communitarian Agenda*« (1993) und »*New Communitarian Thinking: Persons, Virtues, Institutions, and Communities*« (1995) von Amitai Etzioni. Kritisch zum Begriff der ‚Postmoderne' bzw. des ‚Postmodernismus' siehe »*All That is Solid Melts into Air: the Experience of Modernity*« von Marshall Berman (1988) und den Artikel ‚Critical and Uncritical Cultural Turns' von Andrew Sayer (1998).

[54] Richard Sennet bezeichnet diese Tendenz als „Rückkehr ins Stammesleben" (1983: 382). S. hierzu auch »*The Time of the Tribes: the Decline of Individualism in Mass Society*« von Michel Maffesoli (1996).

[55] Vgl. dazu ausführlich »*Das Postmoderne Wissen*« von Jean-François Lyotard (1986), »*Das Ende der Moderne*« von Gianni Vattimo (1990), »*Postmoderne und Dekonstruktion*« von Peter Engelmann (1990) und »*Modernity and Ambivalence*« von Zygmunt Bauman (1991).

Ähnliche Argumente wurden auch in der sozialphilosophischen Fremdheitsdebatte vorgetragen. So stellte Lévinas die Behauptung auf, dass die
ganze abendländische philosophische Tradition im Zeichen einer theoretischen Unterdrückung von Anderen und Fremden stehe. Lévinas zufolge gehört das *Identitätsdenken*, wie zuvor auch von Adorno und Horkheimer behauptet, zum Grundcharakterzug abendländischer Philosophie. „Die abendländische Philosophie fällt mit der Enthüllung des Anderen zusammen", heißt
es diesbezüglich in »*Spur des Anderen*«, wobei „das Andere [...] seine Andersheit" verliert. Lévinas zufolge ist die abendländische Philosophie von ihrem Beginn an „vom Entsetzen vor dem Anderen, das Anderes bleibt, ergriffen" (Lévinas 1987a: 211). Dieser Einwand gegenüber der abendländischen
Philosophie mag übertrieben vorkommen, doch er bringt die Grundintention
von Lévinas' philosophischen Reflexionen zum Ausdruck: Die Suche nach
Denkmotiven, die vom Identitätsdenken befreien.

Bernhard Waldenfels konstatiert ebenfalls, dass die bisherige philosophische Thematisierung von Fremdheit und Fremden überwiegend durch das
Ziel der Aneignung bestimmt ist. Sowohl in den Begegnungen mit Fremden,
in institutionalisierten Umgangsweisen mit Fremden als auch in sozialphilosophischen Reflexionen darüber gehe es letztendlich um die theoretische Überwältigung des Fremden. Auch im „Vokabular der Hegel-Marxschen Dialektik" sei die Fremdheit – als Folge von Entfremdung – „mit einem Makel
behaftet, den es zu tilgen gilt" (Waldenfels 1995a: 618). Der Entfremdung
werde darin bestenfalls „eine vorübergehende Rolle zugedacht als notwendiger Umweg auf dem Weg zu Freiheit und Vernunft" (ebd.). Zur Vermeidung
einer theoretischen Überwältigung des Fremden schlägt Waldenfels eine
Phänomenologie des Fremden vor, die auf den „Rückgang auf eine Situation,
wo das Fremde sich als Fremdes zeigt", fokussiert. Nur so bestehe für den
Fremden eine Chance, sich gegen die „diversen Aneignungsbemühungen"
zur Wehr zu setzen (ebd.: 611).

Neben dieser Tendenz, die als Ausweg aus instrumentellen Aneignungsund Überwältigungsbemühungen auf eine auf unüberbrückbare Differenz beruhende Fremdheit (Lévinas) insistiert, lässt sich eine weitere Position identifizieren. Vertreter des Universalismus plädieren für ein hermeneutisch sensibles Verstehen und damit für eine Entschärfung des Irritations- und Bedrohungspotentials des Fremden. Jürgen Habermas, ein prominenter Vertreter
dieser Position, plädiert im Rahmen eines moralischen Universalismus für eine Anerkennung[56] des Anderen in seiner Eigenartigkeit und Fremdheit:

---

[56] Der Anerkennungsgedanke wurde im neunzehnten Jahrhundert von G.W.F. Hegel aufgeworfen, von Axel Honneth aufgegriffen, systematisch aktualisiert und zu einem normativ soziologischen Ansatz ausgearbeitet. Vgl. Honneth 2003, zuerst 1992.

„Was heißt denn Universalismus? Daß man die eigene Existenzform an den legitimen Ansprüchen anderer Lebensformen relativiert, daß man den Fremden und den Anderen mit all ihren Idiosynkrasien und Unverständlichkeiten die gleichen Rechte zugesteht, daß man sich nicht auf die Verallgemeinerung der eigenen Identität versteift, daß man gerade nicht das davon Abweichende ausgrenzt, daß die Toleranzbereiche unendlich viel größer werden müssen, als sie es heute sind – alles das heißt moralischer Universalismus." (Habermas 1990: 153)

Neben diesen beiden kontroversen Grundtendenzen in der aktuellen Fremdheitsdebatte, existieren weitere Tendenzen, die nicht nur in soziologischen und gesellschaftstheoretischen, sondern auch in politischen Diskursen zum Ausdruck kommen. Auf vier gesellschaftstheoretische Denkmodelle soll im Folgenden näher eingegangen werden:

- *Erstens* auf das Modell der Beziehung zum Fremden, das ihn als das Gegenbild des Eigenen vorstellt, die sowohl die Herabsetzung als auch Idealisierung und Existentialisierung des Fremden implizieren;
- *zweitens* auf das Modell, das Fremdheit auf Entfremdung zurückführt;
- *drittens* auf das Modell, das die Beziehung von Eigenem und Fremdem als ein asymmetrisches Verhältnis thematisiert und dem Fremden die Initiative gewährt;
- *viertens* auf das Modell, das das Verhältnis von Eigenem und Fremdem als ein reziprokes Verhältnis thematisiert.

Dabei kann es im vorliegenden Zusammenhang nicht um eine ausführliche gesellschaftstheoretische Begriffsgeschichte gehen. Die Behandlung der sozialphilosophischen bzw. gesellschaftstheoretischen Denkmodelle, verstreut von früheren Epochen der Geschichte bis zur Gegenwart, verfolgt einen systematischen Anspruch. Sie soll verdeutlichen, worin die Kontinuität und Diskontinuität der Fremdheitsproblematik im Spiegel gesellschaftstheoretischer Reflexionen besteht. Die Idee der *Vorrangigkeit des Anderen*[57] als ein Modell der Beziehung zum Fremden, wie sie von Lévinas (1987a: 219, s. Abschn. 2.4) formuliert wurde, bietet sich an, Vorstellungen des Verhältnisses von Eigenem und Fremdem als affirmativ – wie etwa bei Machiavelli, Hobbes und Schmitt (s. Abschn. 2.2) – zu kritisieren. Gleichwohl ist zu berücksichtigen, dass die Idee der Vorrangigkeit des Fremden und des Asymmetrismus des Verhältnisses von Eigenem und Fremdem der Idee der Reziprozität entgegensteht. Mit Rekurs auf Honneth und Ricœur wird daher diesem Denkmodell die Idee der Reziprozität und Anerkennung zur Seite gestellt.

---

[57] Wie bereits in der Einleitung darauf hingewiesen wurde, werden die Bezeichnungen Andere und Fremde oft synonym gebraucht. Es gilt zu berücksichtigen, dass Lévinas die Bezeichnung ,Andere' im Sinne vom ,Fremden', d.h. des Unvertrauten und Unverständlichen gebraucht.

2.2 Fremdheit als das Gegenbild der Eigenheit

In der abendländischen Gesellschaftstheorie lassen sich Positionen feststellen, in der die Fremdheit als Gegenbild der Eigenheit bzw. der Fremde als Gegenbild des Eigenen vorgestellt werden. Dieser Strang lässt sich wiederum in drei Unterpunkte aufgliedern: Herabsetzung, Idealisierung und Existentialisierung des Fremden.

Herabsetzung des Fremden

Weder *Fremdheit* noch *Fremde* gehören zu den Grundbegriffen der antiken politischen Theorie oder klassischen abendländischen Gesellschaftstheorie (Waldenfels 1999b: 16). Sozialphilosophen und Gesellschaftstheoretiker gebrauchen zwar die Bezeichnungen *fremd* oder *Fremde* im Zusammenhang mit dem kulturell Fremden oder dem sozial bzw. politisch Nichtzugehörigen, unterlassen aber eine eingehende terminologische Klärung. Kulturelle Begegnungen mit Fremden und Fragen nach dem ‚richtigen' Umgang mit Fremden gehören jedoch zu bevorzugten Themen. Die Stellen in den philosophischen Schriften von Platon und Aristoteles, in denen es um das Fremde und die Fremdheit gehen, fallen dennoch durch ihren pejorativen Grundtenor auf – Fremde machen darin keine gute Figur. Waldenfels (1999a: 407f.) hat in seinen begriffsgeschichtlichen Studien darauf hingewiesen, dass der Fremde in der klassischen Philosophie eher beiläufig auftaucht, etwa bei Platon in den »Nomoi« im Zusammenhang mit den „geregelten Kontakten mit Ausländern" (Platon 1991: 967-979/949e-953e), bei Aristoteles in der »Nikomachischen Ethik« im Zusammenhang mit der Gastfreundschaft, die er als Freundschaft „um des Nutzens willen" (vgl. Aristoteles 2001: 329/1156a)[58] definierte, oder aber in der »Rhetorik« als ungewohnter Ausdruck (Aristoteles 1959).[59]

Zwei Aspekte im Hinblick auf das Verhältnis von Eigenem und Fremdem in der Gesellschaftstheorie der griechischen Antike sind von Bedeutung. Zum

---

[58] „In einem gut eingerichteten Gemeinwesen sind die Bürger durch politische Freundschaft verbunden. […] Daneben kennt Aristoteles eine noch intensivere Form der Freundschaft, das gemeinsame Streben von sittlich hochstehenden Menschen nach dem Guten. Auch hier liefert er eine anthropologische Begründung, wenn er das Verhältnis zum Anderen aus dem Selbstverhältnis ableitet. Wie der Gute beim guten Handeln den denkenden Teil seiner Seele als sein bestes Gut liebt, so liebt er auch den Freund, der wie er nach dem Guten strebt. Mehr noch, erst in den guten Handlungen des Freundes kann er das eigene Gutsein ganz erkennen; der Freund wird zum Spiegel seiner selbst" (Stammen u. a. 1997: 23).
[59] In der »Rhetorik« heißt es diesbezüglich: „Abwechslung nämlich läßt die Sprache feierlicher erscheinen, da es den Leuten mit der Ausdrucksweise so geht, wie mit den Fremden und Einheimischen. Man muß also seiner Sprache den Schein des Fremden geben, weil die Leute das Ferne anstaunen und dieses Staunen lustvoll ist." (Aristoteles 1959: 187, III, 2)

einen die Idee eines alle Menschen umfassenden Logos, die der Vorstellung einer radikalen Fremdheit entgegensteht. Zum anderen Aristoteles' Konzeptualisierung des Menschen als *zoon politikon*. In einer Politiklehre, in der der Mensch als ein soziales Wesen konzipiert ist, dürfte der Fremde als vom Eigenen verschieden, nicht aber als durch eine unüberwindbare Kluft geschieden vorgestellt werden (Aristoteles 1996, vgl. a Honneth 2003).[60] Gleichwohl gilt es festzuhalten, dass die Idee eines alle Menschen umfassenden Logos und die Vorstellung des Menschen als ein soziales Wesen Philosophen kaum davon abhielten, Überlegenheitsansprüche gegenüber Fremden (d.h. Barbaren: Perser, Skythen usw.) geltend zu machen. In der Tat ist in Aristoteles' »*Politik*« diesbezüglich folgendes zu lesen:

> „Denn da die Barbaren sklavischeren Charakters sind als die Griechen, und die Asiaten eher als die Europäer, so ertragen sie eine despotische Herrschaft, ohne sich aufzulehnen. Tyrannisch sind sie also, aber beständig, weil sie ererbt und gesetzmäßig sind." (Aristoteles 1996: 128/ 1285a)

Aristoteles' Ausführungen zu Barbaren widerspiegeln den historischen Konflikt zwischen der griechischen und der nicht-griechischen Welt, der als Antagonismus zwischen Zivilisation und Barbarei dramatisch aufgeladen wurde (vgl. dazu a. Dihle 1994: 49). Gleichwohl thematisiert Aristoteles den Menschen nicht als egoistisches, sondern als ein gemeinschaftsfähiges Wesen. Dies ändert sich erst zu Beginn der Neuzeit, als die feudale Gesamtordnung zu zersplittern beginnt:

> „Die neuzeitliche Freisetzung des Ich als eines denkenden Wesens, das sich kritisch prüfend aus den natürlichen und sozialen Zusammenhängen heraushebt, entfacht einen Fremdheitsbrand, der über ethische und religiöse Grenzerfahrungen hinausführt und in den Kern von Ich und Welt vordringt. Eine Seele, die sich gemeinschaftlich im All spiegelt oder in Gott geborgen weiß, mag sich überall daheim fühlen. Ein Ich dagegen, das sich selbst ins Zentrum rückt, sieht sich mit ‚Fremd-Ichen' konfrontiert, von denen es nicht bloß verschieden, sondern durch eine Kluft geschieden ist." (Waldenfels 1999a: 408)

Diese Akzentverschiebung findet ihren Niederschlag in der neuzeitlichen Gesellschaftstheorie in der Abwendung von der klassischen Politiklehre Aristoteles' und der christlichen Naturrechtslehre des Mittelalters und in der Hinwendung zum anthropologischen Vorstellungsmodell eines *Kampfes um Selbsterhaltung* (Hobbes). Entgegen der Vorstellung des Menschen als ein gemeinschaftsfähiges Wesen in der aristotelischen Politiklehre gelang in der Neuzeit mit Machiavelli die Überzeugung zum Durchbruch, dass der Mensch

---

[60] In Aristoteles' »*Politik*« wird der Mensch als ein „von Natur aus ein staatenbildendes Lebewesen" definiert (1996: 49/ 1253a). Einige Absätze weiter heißt es diesbezüglich: „Alle Menschen haben also von Natur aus den Drang zu einer solchen Gemeinschaft" (ebd.: 50/ 1253a).

ein egozentrisches, auf seinen Nutzen bedachtes Wesen sei. Die theoretische Konsequenz dieses Gesichtspunktes ist die „Annahme eines permanenten Zustandes feindseliger Konkurrenz zwischen den Subjekten" (Honneth 2003: 15, vgl. a. Münkler 1984, insbesondere Teil 3, Kapitel 1 u. 2). Machiavellis Primatsetzung einer „Haltung der präventiven Machtsteigerung" (Honneth 2003: 17) und der zweckrationalen „Durchsetzung von Macht" (ebd.: 18) sollte allerdings erst knapp ein Jahrhundert später bei Thomas Hobbes zu einer wissenschaftlich begründeten Hypothese heranreifen. Im Gegensatz zu Machiavelli kamen Hobbes nicht nur die Erfahrungen der Herausbildung eines modernen Staatsapparates und einer weiteren Expansion des Warenverkehrs, sondern auch die Entwicklungen in den (Natur-)Wissenschaften, beispielsweise die erfolgreiche Forschungspraxis Galileis und die philosophische Erkenntnislehre Descartes' zugute. Hobbes' Annahme, dass in der menschlichen Natur drei „hauptsächliche Konflikturschen" (Konkurrenz, Misstrauen, Ruhmsucht) liegen (Hobbes 1996: 95) und dass Menschen ohne eine „alle im Zaum haltende Macht" sich in einem Zustand des Krieges „eines jeden gegen jeden" (ebd.: 96) befinden würden, hat weit reichende Konsequenzen bezüglich der Wahrnehmung des Fremden: Ein menschliches Wesen, das sich in der Art eines „sich selbst bewegenden Automaten" durch die „besondere Fähigkeit zur vorsorglichen Bemühung um sein zukünftiges Wohlergehen" (Honneth 2003: 16) auszeichnet, neigt in dem Augenblick eines Zusammentreffens mit Mitmenschen geradezu zu einem Argwohn der „präventiven Machtsteigerung" (ebd.: 17).

> „[W]eil sich beide Subjekte nämlich in ihren Handlungsabsichten wechselseitig fremd und undurchsichtig bleiben müssen, ist jedes für sich zu einer vorausschauenden Erweiterung seines Machtpotentials gezwungen, um den möglichen Angriff des anderen auch in der Zukunft abwehren zu können" (ebd.).61

Festzuhalten ist, dass dieses neuzeitlich-westliche Denken nicht nur durch die Entstehung und Intensivierung des Warenverkehrs, durch die Krise der Feudalgesellschaft und durch das Projekt der ‚Weltbeherrschung' (Max Weber) ermöglicht bzw. begünstigt wurde, sondern diese Prozesse wesentlich vorantrieb. Die strukturellen Wandlungsprozesse an der Schwelle zur Neuzeit stellten nicht nur wichtige Voraussetzungen für den ‚possessive individualism' und dessen Primat des Selbst bereit, sondern wurden umgekehrt durch diesen Besitzindividualismus (s. Macpherson 1962) forciert. Eine theoretische Implikation des Besitzindividualismus war die atomare Aufsplitterung der sozialen Welt in konkurrierende Individuen, wodurch kognitive Barrieren zwi-

---

[61] Die Fremdheit im Sinne von Unzugänglichkeit, um auf eine Differenzierung von Waldenfels zurückzugreifen, ist hier die Ursache für eine feindliche Haltung gegenüber dem Anderen.

schen „eigener und fremder Individualität" errichtet wurden (Waldenfels 1999b: 49). Aus der Betrachtung dieser Denkfigur lässt sich schlussfolgern, dass sie anschlussfähig an die herrschenden Praktiken des institutionellen und individuellen Umgangs mit Fremden ist und sich daher kaum als Korrektiv der aktuellen Fremdheitsproblematik eignet. Es dürfte schwer fallen, aus ihr normative Maßstäbe für eine Kritik ausgrenzender und aggressiver Fremdheitszuschreibungen zu gewinnen.

Idealisierung des Fremden

Allerdings muss hier beachtet werden, dass der Fremde in der Gesellschaftstheorie der Neuzeit nicht nur als spiegelverkehrtes Bild des Eigenen vorgestellt wird, sondern auch als Medium eurozentristischer Selbstbespiegelung mit den dafür typischen Projektionen, Idealisierungen und Stereotypen fungiert. In den Schriften von Michel de Montaigne und Charles de Montesquieu lässt sich ein Denkmodell der Beziehung zum Fremden herausarbeiten, in dem der Fremde nicht mehr als strikter Gegensatz des Eigenen, sondern als Spiegelbild, das dem Eigenen entgegengehalten wird, vorgestellt wird. In »*Essais I*« berichtet Montaigne (1992: 386f.) von seiner Begegnung mit Einreisenden aus der Neuen Welt in Bordeaux im Jahre 1562. Darin kommentiert er das Erstaunen der „wilden Fremden" über die Sitten der Franzosen als Verlockung durch den Reiz des Neuen und Unbekannten. Entgegen einer Tendenz seiner Zeit nimmt Montaigne jedoch diese Erfahrung weder zum Anlass zur Bewunderung noch zum philosophischen Triumph des Identitätsprinzips, sondern zur Klage und zum Nachdenken über machtpolitisch begründete Differenzen zwischen Menschen (Schlesier 2001: 72). Die angebliche Barbarei dieser Menschen aus der Neuen Welt veranlasst ihn zu einer relativierenden Interpretation[62] der Differenzen zwischen Europa und der Neuen Welt resp. Zivilisation und Barbarei: Jeder nenne das Barbarei, was er nicht gewohnt sei.[63] Somit erweist sich ‚Barbarei' in Montaignes Akzentuierung als eine relationale Bestimmung ohne eigene Substanz und als „ein abwertendes Synonym für Neues und Ungewohntes" (ebd.: 76).

In Charles de Montesquieus philosophisch gehaltvollem Briefroman »*Perserbriefe*« (zuerst 1721) stehen der persische Adlige Usbek und sein Gefährte Rica stellvertretend für die ‚orientalische Perspektive'. Als Fremde aus einem anderen ‚Kulturkreis' sind sie keine ‚edlen Wilden', die mit einem naiven

---

[62] Er schreibt diesbezüglich: „Denn wir haben auch in Wahrheit keine andere Richtschnur der Wahrheit und Vernunft, als das Beyspiel und die Vorstellung der Meynungen und Gebräuche, die in unserem Lande üblich sind." (Montaigne 1992: 369).
[63] „Ich befinde […] bey dieser Nation, so viel man mir erzählt hat, nichts wildes oder barbarisches: ausgenommen, weil ieder dasienige Barbarey nennt, was bey ihm nicht gebräuchlich ist." (Ebd.)

Blick auf die Zivilisation schauen, sondern Beobachter, die ihre eigenen Denkgewohnheiten und Vorurteile mitbringen und ihre Beobachtungen in der Ankunftsgesellschaft mit ihren Erfahrungen aus der Herkunftsgesellschaft vergleichen. Stackelberg schreibt diesbezüglich im Nachwort:

> „Aber ihre Beobachtungen im Westen sind doch von einem Staunen geprägt [...] das mit dem ‚naiven Blick' verwandt ist. Es genügt, die christlichen Geistlichen ‚Derwische' zu nennen – und schon springt, worauf es dem Autor ankommt, die Lektion des Relativismus dabei heraus" (Stackelberg 1988: 344).

Montesquieu zielt auf eine Infragestellung von tradierten Werten durch Konfrontation der eigenen Gesellschaft mit dem fremden Blick seines fiktiven Orientalen.[64] Indem Montesquieu das vernünftige Verhalten der Perser, etwa ihre Akzeptanz und Tolerierung der andersgläubigen Armenier, schätzt, spielt er auf die repressive Praxis Ludwig des XIV. an. Dieser verfolgte die Hugenotten und zwang sie zur Auswanderung; er beraubte sich dadurch eines guten Teils seiner tüchtigen Händler und Handwerker (Montesquieu 1988: 341/ Brief 85).

Zusammenfassend lässt sich sagen, dass es den Ansätzen, die in den zurückliegenden Ausführungen diskutiert wurden, nicht gelingt, der theoretischen Aneignung und Überwältigung des Fremden entgegenzuarbeiten. Der ‚Fremde' wird entweder als spiegelverkehrtes Bild vorgestellt, idealisiert oder er wird zum Objekt von Projektionen.

Existentialisierung des Fremden

Eine zusätzliche Radikalität gewinnt dieses auf Machiavelli und Hobbes zurückgehende Denkmodell durch die politische Theorie von Carl Schmitt, der in deren Zentrum die Freund-Feind-Unterscheidung rückt. Ein Hauptaspekt Schmitts politischer Theorie ist die Abwendung von einem Politikmodell, in dessen Zentrum der Staat steht bzw. das Politische vom Staatlichen hergelei-

---

[64] »*Perserbriefe*« kann dem Orientalismusdiskurs zugeordnet werden, weil darin die drei zentralen Themen – Religion, Geschlechterdifferenzen und Politik – eingeführt werden, um zwischen Islam und Christentum, Okzident und Orient zu unterscheiden. Doch die »*Perserbriefe*« beinhalten nicht nur eine Kritik des Orients und ein imaginäres Orientbild, sondern zielen gleichzeitig auf eine implizite Kritik der soziopolitischen Privilegien der Adligen in der französischen Gesellschaft. Der orientalische Despotismus ist die Widerspiegelung des Machtmissbrauchs des Königs bzw. der Regierung in Frankreich. Daher ist der Interpretation von Bülent Diken und Carsten Bagge Laustsen zuzustimmen, wenn sie diesbezüglich schreiben: „Orientalism is not just, as Said often argues, a tool used to repress the Orient, it is and has always been a double-edged sword" (2002: 5).

tet wird.[65] Er zielt in seiner politischen Theorie auf eine Neubestimmung des Politischen durch Freund-Feind-Unterscheidung. Den Auftakt hierzu bildet die Feststellung, dass jedes Gebiet seine eigenen letzten Unterscheidungen hat: gut und böse im Bereich des Moralischen, schön und hässlich im Bereich des Ästhetischen, schädlich und nützlich, rentabel und nicht-rentabel im Bereich des Ökonomischen. Das Politische habe ebenfalls seine eigenen „letzten Unterscheidungen" hervorzubringen, lautet sein Fazit. Diese Leitdifferenz braucht sich jedoch mit anderen Leitdifferenzen nicht zu decken. Der politische Feind braucht weder böse, noch ästhetisch hässlich zu sein,[66] er ist im „intensiven Sinne etwas anderes und Fremdes" (ebd.: 27). Ausgehend von diesen Unterscheidungen stellt Schmitt die Frage, ob

> „es auch eine besondere, jenen anderen Unterscheidungen zwar nicht gleichartige und analoge, aber von ihnen doch unabhängige, selbständige und als solches ohne weiteres einleuchtende Unterscheidung als einfaches Kriterium des Politischen gibt und worin sie besteht" (Schmitt 1996: 26).

Festzuhalten bleibt, dass es Schmitt nicht um eine reale Feindschaft im Sinne einer Aggression oder Gewaltandrohung geht, die den Anderen und den Fremden als Feind etikettiert. Anlass ist dafür die Unterstellung einer ,existentiellen' Anders- und Fremdartigkeit. Erst diese Unterstellung macht die Feindetikettierung und Konflikte mit ihm möglich, die durch andere Instanzen nicht befriedet werden können (ebd.: 27). Bei dieser Feindetikettierung kommt es auf die Initiative des Einzelnen an, ob „das Anderssein des Fremden im konkret vorliegenden Konfliktfalle die Negation der eigenen Art Existenz bedeutet und deshalb abgewehrt oder bekämpft wird, um die eigene, seinsmäßige Art von Leben zu bewahren" (ebd.). Es geht also nicht darum, eine Feindetikettierung im Falle einer Aggression, Gewaltandrohung oder Gewaltanwendung vorzunehmen, sondern um eine willkürliche Einteilung der Welt in Freunde vs. Fremde und Feinde.

Schmitt plädiert dafür, die binären Begriffe Freund vs. Feind in ihrem „existenziellen Sinn zu nehmen" (ebd.: 28). In diesem Zusammenhang wendet er gegen den Liberalismus ein, begrifflich den „Feind von der Geschäftsseite her in einen Konkurrenten, von der Geistseite her in einen Diskussionsgegner

---

[65] Schmitt argumentiert, dass das Politische nicht mehr durch einen Bezug auf den Staat gekennzeichnet werden könne; er negiert damit keinesfalls das Staatliche, sondern relativiert es in seiner Bedeutung für das Politische (1996: 20).

[66] „Der politische Feind braucht nicht moralisch böse, er braucht nicht ästhetisch hässlich zu sein; er muß nicht als wirtschaftlicher Konkurrent auftreten, und es kann vielleicht sogar vorteilhaft scheinen, mit ihm Geschäfte zu machen. Er ist eben der andere, der Fremde, und es genügt zu seinem Wesen, daß er in einem besonders intensiven Sinne existenziell etwas anderes und Fremdes ist, so daß im extremen Fall Konflikte mit ihm möglich sind, die weder durch eine im voraus getroffene generelle Normierung, noch durch den Spruch eines ,unbeteiligten' und daher ,unparteiischen' Dritten entschieden werden können" (Schmitt 1996: 27).

aufzulösen" (ebd.). Diesem gegenüber behauptet er, dass es im Bereich des Ökonomischen keine Feinde, sondern nur Konkurrenten, in einer moralisierten und ethisierten Welt nur noch Diskussionsgegner geben könne. Kritische Einwände, die der Einteilung der Welt in Freunde und Feinde entgegengebracht werden, weist Carl Schmitt als bloße „Fiktionen" und „Normativitäten" zurück. Er insistiert darauf, dass es sich hierbei um „die seinsmäßige Wirklichkeit und die reale Möglichkeit dieser Unterscheidung" handelt (ebd.). Dass „die Völker sich nach dem Gegensatz von Freund und Feind gruppieren, daß dieser Gegensatz auch heute noch wirklich und für jedes politisch existierende Volk als reale Möglichkeit gegeben ist", könne man „vernünftigerweise" nicht leugnen (ebd.: 29).

> „Darum bedeutet das Kriterium der Freund- und Feindunterscheidung auch keineswegs, daß ein bestimmtes Volk ewig der Freund oder Feind eines bestimmten anderen sein müsste, oder daß eine Neutralität nicht möglich oder nicht politisch sinnvoll sein könnte" (ebd.: 35).

Resümierend lässt sich sagen, dass aus Schmitts Ansatz keinerlei kritisch normative Maßstäbe gewonnen werden können, die zur Kritik von negativen Fremdheitszuschreibungen und Feindetikettierungen von Fremden geeignet wären. Dieser Ansatz bietet sich eher an, um aktuelle negative Fremdheitszuschreibungen zu legitimieren.

2.3 Fremdheit und Entfremdung

Eine andere Wendung erlangt die Fremdheitsproblematik in der frühmodernen Gesellschaftstheorie bei Georg Wilhelm Friedrich Hegel. Obwohl er auf die Fremdheitsproblematik nicht explizit eingeht, lassen sich in seinen Schriften Stellen finden, in denen er sich positiv auf Fremdheit bezieht. Der Deutung von Bernhard Waldenfels zufolge finden egozentrische Aneignungsbemühungen in der Gesellschaftstheorie der Neuzeit „ihren Gegenpart in Hegels dialektischer Aneignung des Fremden" (1999a: 408). Gegen Hegels Subjektivitätstheorie bringt er den Einwand, dass darin das Ich „nur im Durchgang durch das Fremde zu sich" kommt, wodurch „das Fremdsein zum notwendigen Durchgang einer Aneignung im Medium des Geistes" wird (ebd.). Festzuhalten ist, dass Fremdheit durch diese Akzentuierung einerseits eine positive Wendung erfährt, andererseits jedoch eine relative und temporäre Bestimmung erhält und funktionalisiert wird.

Positive Bezugnahmen auf Fremdheit und Fremde finden sich in Hegels früheren Schriften, nämlich am Anfang seiner Ausführungen zum Geist des

Judentums.[67] Hegel betrachtet, um hier die präzise Formulierung von Helmut Nicolaus zu gebrauchen, „den Gang in die Fremde [...] des jüdischen Volkes [...] als geistigen Prozeß der Selbstentfremdung und Selbstaneignung. Ausland bedeutet geistiges Elend, Heimweh, eben Entfremdung" (Nicolaus 1995: 311). An anderer Stelle betont Hegel den Kultur schaffenden Beitrag des Fremden zur angestammten heimatlichen Kultur, würdigt Fremdheit als „Element des griechischen Geistes" und hebt die Bedeutung der „Ankunft der Fremden in Griechenland" für die griechische Kultur hervor (Hegel 1970b: 280).

Einen anderen Anknüpfungspunkt bildet Hegels Begriff der Entfremdung, worunter in Hegels Subjektivitätstheorie die Fremdheitsproblematik diskutiert wird. *Entfremdung* stellt zunächst ein „Durchgangsstadium in der Selbstverwirklichung des Geistes dar" (Barfuss 1999: 982). Hegel hat bereits in seinen frühen Schriften die moderne Entzweiung, das Auseinandertreten von Subjekt und Objekt als äußerliche Wirklichkeit als den „Quell des Bedürfnisses der Philosophie" (Hegel 1979: 10) bestimmt. Im Gegensatz zu Marx, auf den unten noch eingegangen werden soll, wird Entfremdung von Hegel als ein notwendiges Durchgangsstadium des Geistes und des Lebens verstanden (vgl. Nicolaus 1995: 306).[68] Übertragen auf die Beziehung zum Fremden bedeutet dies, dass das Ich auf die Anerkennung des Fremden angewiesen ist, um zu einer kohärenten Ich-Identität zu gelangen (vgl. a. Siep 1998). Fremdheit erscheint in Hegels Gesellschaftstheorie, um hier die präzise Formulierung von Thomas Barfuss zu zitieren, nicht als „Nebeneinander verschiedener Gruppen, sondern in geschichtsphilosophischem Sinn als Teil einer Abfolge" (1999: 982). Der Fremde stellt nicht nur die Identität des Eigenen in Frage, sondern ist gleichzeitig auf dessen Anerkennung angewiesen. In der »*Enzyklopädie*« (Hegel 1970c) wird die Begegnung zwischen Eigenem

---

[67] „Die Wurzel des Judentums ist das Objektive, d.h. der Dienst, die Knechtschaft eines Fremden" (Hegel 1971: 298). An anderer Stelle hebt er die Bedeutung von Fremdartigkeit bei der Entstehung des „griechischen Geistes" positiv hervor. „Bei der Ursprünglichkeit der nationalen Einheit ist die Zerteilung überhaupt, die *Fremdartigkeit* in sich selbst, das Hauptmoment, das zu beachten ist. Die erste Überwindung derselben macht die erste Periode der griechischen Bildung aus; und nur durch solche Fremdartigkeit und durch solche Überwindung ist der schöne, freie griechische Geist geworden." (Hegel 1970b: 278)

[68] Entfremdung der Arbeit nimmt Hegel zufolge eine Schlüsselrolle in der bürgerlichen Gesellschaft ein, die er im Privateigentum und in dessen Absicherung durch die bürgerliche Rechtsordnung begründet sieht. Vgl. hierzu »*Grundlinien der Philosophie des Rechts*«, § 188 (Hegel 1986b: 346). Hegel betrachtet die bürgerliche Gesellschaft als ein „System der in ihre Extreme verlorenen Sittlichkeit", in die die „Besonderheit und Allgemeinheit auseinandergefallen sind" (ebd.: 340 f., § 184).

und Fremdem als Kampf um Anerkennung[69] interpretiert, der zum gegenseitigen Anerkennen und damit zur Aufhebung der Fremdheit führt.[70]

Bei Marx findet sich eine Thematisierung der Fremdheit ebenfalls im Zusammenhang mit der Entfremdung, die aus kapitalistischen Eigentumsverhältnissen, aus der kapitalistischen Form der Aneignung fremder Arbeit resultiert. Ein expliziter Ansatz des Fremden oder eine umfassende Thematisierung der Fremdheitsproblematik ist bei Marx nicht auszumachen. Explizit erwähnt wird der Ausdruck ‚Fremdheit' in Bezug auf das Verhältnis zwischen Arbeitern und Produkt bzw. Produktionsprozess. Auffällig ist dabei die pejorative Bedeutung von Fremdheit und Entfremdung, die als Verdinglichung, gesellschaftlich pathologischer Zustand, Ausbeutung und Ohnmachtsituation verstanden wird (vgl. hierzu a. Nicolaus 1995: 306).

Einen Anknüpfungspunkt zur Fremdheitsproblematik bildet Marxens Erklärung von Gruppenbildungen und -konflikten aus dem Klassenantagonismus im weltweit ausgreifenden Kapitalismus.[71] In seinen Schriften zur Anthropologie greift Marx die Feuerbachsche Einsicht in die Bezogenheit des Ichs auf das Du und vom sozialen Charakter des Menschen auf.[72] Für Marx ist „das menschliche Wesen […] kein dem einzelnen Individuum inwohnendes Abstraktum", sondern „das ensemble der gesellschaftlichen Verhältnisse." (Marx 1981: 6) „Der Mensch ist das einzige Wesen", um hier die präzise Formulierung von Iring Fetscher zu gebrauchen,

---

[69] Dieser Gedanke wird in der gegenwärtigen Gesellschaftstheorie von Axel Honneth aufgegriffen und weiterentwickelt. Weiter unten wird darauf näher eingegangen (Abschn. 2.5).

[70] „Das […] Resultat des Kampfes um Anerkennung (zwischen Herr und Knecht) ist das […] *allgemeine Selbstbewußtsein*, d.h. – dasjenige freie Selbstbewußtsein, für welches das *ihm gegenständliche* andere Selbstbewußtsein nicht mehr […] ein *unfreies* (wie der Knecht für den Herrn), sondern ein *gleichfalls selbständiges* ist. Auf diesem Standpunkt haben sich also die aufeinander bezogenen selbstbewußten Subjekte, durch Aufhebung ihrer *ungleichen besonderen* Einzelheit, zu dem Bewußtsein ihrer *reellen Allgemeinheit* – ihrer *Allen* zukommenden *Freiheit* – und damit zur Anschauung ihrer bestimmten *Identität* mit *einander* erhoben." (Hegel 1970c: 226/§ 436) S. hierzu auch Siep 1998: 112ff. Kritisch dazu s. Waldenfels 1999b: 179. An anderer Stelle heißt es bei Waldenfels diesbezüglich: „Fremdheit scheint mit einem Makel behaftet, den es zu tilgen gilt. Bestenfalls wird der Entfremdung eine vorübergehende Rolle zugedacht als notwendiger Umweg auf dem Weg zu Freiheit und Vernunft" (ebd.: 49).

[71] In dem »*Manifest der Kommunistischen Partei*« konstatieren Karl Marx und Friedrich Engels, dass die Bourgeoisie „kein anderes Band zwischen Mensch und Mensch übriggelassen" habe „als das nackte Interesse, als die gefühllose ‚bare Zahlung'." (Marx und Engels 1977: 464).

[72] Feuerbach zufolge findet die Vollendung des Menschen in der Gemeinschaft von Ich und Du statt: „Der einzelne Mensch für sich hat das Wesen des Menschen weder in sich als moralischem noch in sich denkendem Wesen. *Das Wesen des Menschen ist nur in Gemeinschaft* in der Einheit des Menschen mit dem Menschen enthalten – eine Einheit, die sich aber nur auf die Realität des Unterschiedes von Ich und Du stützt. Einsamkeit und Endlichkeit und Beschränktheit, *Gemeinschaftlichkeit ist Freiheit und Unendlichkeit.* Der Mensch für sich ist Mensch (im gewöhnlichen Sinn); Mensch *mit* Mensch – die *Einheit von Ich und Du ist Gott*" (Feuerbach 1959: 318/ 59, vgl. a. folgenden Paragraphen 60, 62, 63).

„das sich seine Beziehung zum anderen zum Gegenstand des Bewußtseins gemacht hat, er ist ein ‚gegenständliches Wesen‘ und sein einzig angemessener ‚Gegenstand‘ ist die Gattung selbst. Nur indem sich der Mensch auf die Menschheit (bewußt) bezieht, ist er menschlich" (1983: 87).

Marx knüpft diesbezüglich an die Hegelsche Vorstellung von der Arbeit als eine vermenschlichende und zugleich entfremdende Praxis an. Indem er die entfremdete Arbeit zum Schlüssel aller Formen der Entfremdung erklärt, gewinnen die *Kritik der Ökonomie* und ihre Mechanismen entscheidende Bedeutung. Die Arbeit in der kapitalistischen Wirtschaftsweise produziert nicht nur Waren, sondern zugleich „sich selbst und den Arbeiter als eine Ware" (Marx 1968: 511). Die kapitalistischen Produktions- und Reproduktionsprozesse lassen die vom Arbeiter produzierten Waren als eine ihm fremde, ihn beherrschende Macht gegenübertreten. Der Arbeitsprozeß ist nicht Lebensäußerung, sondern Entäußerung des Arbeiters in seinem Produkt.

„Die Entäußerung des Arbeiters in seinem Produkt hat die Bedeutung, nicht nur, daß sie außer ihm, unabhängig, fremd von ihm existiert und eine selbständige Macht ihm gegenüber wird, daß das Leben, was er dem Gegenstand verliehn hat, ihm feindlich und fremd gegenübertritt" (ebd.: 512).

Der Fetischcharakter der Ware[73] strukturiert auch die gesellschaftlichen Interaktionsbeziehungen. Die menschlichen Beziehungen sind in der auf kapitalistischen Produktionsverhältnissen beruhenden Gesellschaft der Warenform der Arbeit analog und bestimmen nicht nur die Beziehungen zwischen Arbeit und Kapital, sondern auch die persönlichen Beziehungen zwischen allen Menschen. Letztere unterliegen einer Versachlichung, die durch den Warencharakter hervorgerufen wird. Menschen werden untereinander gleichgültig und interessieren sich für den Anderen nur unter dem Aspekt des Tauschwerts. Die Entfremdung im Arbeitsprozeß ruft somit die Entfremdung vom Mitmenschen im Alltag hervor.[74]

---

[73] Mit ‚Fetischcharakter der Ware‘ bezieht sich Marx auf die Gestalt der Ware, die sie in der kapitalistischen Wirtschaft angenommen hat. Ihm zufolge besteht das „Geheimnisvolle der Warenform [...] also einfach darin, daß den Menschen die gesellschaftlichen Charaktere ihrer eignen Arbeit als gegenständliche Charaktere der Arbeitsprodukte selbst, als gesellschaftliche Natureigenschaften dieser Dinge zurückspiegelt, daher auch das gesellschaftliche Verhältnis der Produzenten zur Gesamtarbeit als ein außer ihnen existierendes gesellschaftliches von Gegenständen." (Marx 1967: 86).

[74] „Indem daher die entfremdete Arbeit dem Menschen den Gegenstand seiner Produktion entreißt, *entreißt sie ihm sein Gattungsleben*, seine wirkliche Gattungsgegenständlichkeit und verwandelt seinen Vorzug vor dem Tier in den Nachteil, daß sein unorganischer Leib, die Natur, ihm entzogen wird." (Marx 1968: 517) Weiter heißt es diesbezüglich: „Überhaupt, der Satz, daß dem Menschen sein Gattungswesen entfremdet ist, heißt, daß *ein Mensch dem andren*, wie jeder von ihnen dem menschlichen Wesen entfremdet ist. Die Entfremdung des Menschen [...] drückt sich aus in dem Verhältnis, in welchem der Mensch zu den andren Menschen steht." (ebd.: 518)

Anders als Hegel, für den Entfremdung und Entäußerung sämtlichem menschlichen Tun anhaften und nur im Denken, nicht jedoch in der menschlichen Praxis aufhebbar sind, betrachtet Marx die Entfremdung in der durch die menschliche Praxis zu erschaffenden klassenlosen Gesellschaft aufhebbar.[75] Mit der Aufhebung der kapitalistischen Aneignung fremder Arbeit und des Privateigentums werde auch die „Vernichtung der Fremdheit, mit der sich die Menschen zu ihrem eigenen Produkt verhalten" (Marx und Engels 1981: 35) eingeleitet.

Die Marxsche Vorstellung von der notwendigen Aufhebung der Entfremdung in einer zukünftigen Gesellschaft wurde in späteren gesellschaftstheoretischen Diskussionen kontrovers aufgenommen. Theodor W. Adorno beispielsweise knüpfte kritisch an die Reflexionen von Hegel und Marx an, wobei er in der Entfremdungskritik des letzteren eine Tendenz zur „Feindschaft gegen das Andere, Fremde, dessen Name nicht umsonst in Entfremdung" anklinge, unterstellte (1997: 191). Adornos Kritik galt vor allem der Reduktion der Marxschen Theorie auf die Entfremdungskritik, worin er eine sublimierte Form von Feindschaft gegenüber dem Anderen und Fremden gesehen zu haben wähnt, die er auf den Hang, alles Dinghafte als radikal Böses zu sehen, zurückführt (ebd.).[76]

2.4 Fremdheit als absoluter Aufruf zur Verantwortung

Eine radikal andere Sicht auf die Beziehung zwischen dem Eigenen und Fremden schlägt Emmanuel Lévinas vor. Zentral für Lévinas' Denken ist das Bewusstsein darüber, dass das Subjektivitätsprinzip der abendländischen Sozialphilosophie in die historische Gewaltpraxis verstrickt ist. Die negative Deutung des Anderen und des Fremden in der abendländischen Philosophie führt er auf die Privilegierung der Ontologie gegenüber der Ethik zurück.[77] In

---

[75] In den »Ökonomisch-Philosophischen Manuskripten« aus dem Jahre 1844 spricht Marx von „Kommunismus als positive Aufhebung des Privateigentums als menschlicher Selbstentfremdung und darum als wirkliche Aneignung des menschlichen Wesens durch und für den Menschen; darum als vollständige, bewußt und innerhalb des ganzen Reichtums der bisherigen Entwicklung gewordne Rückkehr des Menschen für sich als eines gesellschaftlichen, d.h. menschlichen Menschen." (Marx 1968: 536)

[76] Vgl. kritisch dazu Waldenfels (1999b: 26f.), demzufolge bei Adorno „noch einen Nachklang des Hegelschen Versöhnungsdenkens" präsent sei, wenn nämlich dieser, unter Berufung auf das „schöne Fremde" bei Eichendorff, die Möglichkeit beschwöre, dass das Fremde „in der gewährten Nähe das Ferne und Verschiedene bleibt, jenseits des Heterogenen wie des Eigenen" (Adorno 1997: 192).

[77] Lévinas' »Totalité et infini« lässt sich als ein Versuch der Öffnung zum anderen Menschen gegen die sokratische Ontologie betrachten. Zentrales Ziel in diesem Werk ist die ‚Destruktion' des Sokratismus, dem er unterstellt, das Andere auf das Selbe zurückzuführen. Darin werde die okzidentale Philosophie als ein Gewaltzusammenhang kenntlich (vgl. a. Taureck 2002: 61). Un-

seiner Sozialphilosophie geht es jedoch nicht darum, wie es für manche postmoderne Positionen charakteristisch ist, das Subjekt zu de-zentrieren, es zu einem Spracheffekt zu reduzieren, um auf diese Weise die Aporien, die mit dem Subjektivitätsprinzip verbunden sind, aufzulösen.[78] Lévinas verfolgt vielmehr das Ziel, die Idee der Subjektivität auf der Grundlage einer Unendlichkeits- und Verantwortungsidee zu aktualisieren. „According to Lévinas, the subject is founded in the idea of infinity; this phrase alludes to the third of Descartes' Meditations (1641), a crucial point of reference for Lévinas's thought" (Davis 1996: 39). Gegen die traditionelle Sprache der abendländischen Philosophie, deren Zentralbegriffe Totalität, Sein und Ontologie sind, schlägt Lévinas eine neue philosophische Sprache vor, in deren Mittelpunkt die Begriffe Unendlichkeit, Exterritorialität und Metaphysik stehen. Dabei geht es ihm in erster Linie um die Konzipierung des Menschen als ein verantwortungsvolles Subjekt, das Gewalttätigkeit gegen Andere und Fremde nicht impliziert. Die Möglichkeit einer nichtgewalttätigen Subjektivität sieht er wiederum in der ‚bedingungslosen Öffnung' gegenüber dem Fremden. Dies wiederum erfordert eine radikale Infragestellung des Selbst durch den Empfang des ‚absolut Anderen', worauf sich Lévinas mit ‚Antlitz' bezieht.

Lévinas' Ausgangspunkt ist das herkömmliche Subjekt-Objekt-Verständnis, das zugleich zu den Hauptthemen neuzeitlicher Sozialphilosophie gehört. Innerhalb der hermeneutischen Tradition wurde das Subjekt-Objekt-Problem durch eine Aufhebung der Subjekt-Objekt-Trennung gelöst. Subjekt und Objekt wurden nicht mehr als voneinander abgegrenzte, sondern als sich in einem zirkulären Verhältnis befindende Einheiten vorgestellt. Das Subjekt wurde somit als „Grund für das Objekt" konzipiert, das Objekt wurde umgekehrt als „Grund und Bedingung des Subjekts" gedacht. Die Aufhebung des Subjekt-Objekt-Dualismus hatte weit reichende Implikationen. Für Lévinas kommt in der hermeneutischen Überwindung des Subjekt-Objekt-Gegensatzes die Doppeldeutigkeit der zeitgenössischen Ontologie zum Vorschein. Sie markiert den Anfang eines neuen Subjektverständnisses, nach welchem das Subjekt nicht mehr als dem Objekt Gegenüberstehendes, sondern als dem Objekt Zugehöriges vorgestellt wird. Wenn das Subjekt nicht mehr als dem Objekt Gegenüberstehendes gedacht wird wie in der Philoso-

---

ter Ontologie versteht Lévinas einen Typus des Denkens ohne ein *Außen*, das nur innere Verhältnisse kennt und einen Gedanken an eine Exteriorität verbietet (vgl. Wolzogen 2005: 126).

[78] *Strukturalismus* charakterisierte das Subjekt als Schnittpunkt von linguistischen, mythologischen und ideologischen Kräftefeldern bzw. Anrufungen (Althusser). Dieses Subjektverständnis hatte weitreichende theoretische und praktische Implikationen: Es konnte weder für individuelle Handlungsfähigkeit noch für individuelle Verantwortung Entfaltungsraum darbieten. Auch wenn die Vertreter einer poststrukturalistischen Gesellschaftstheorie versuchten, sich von solch einem Subjektverständnis zu distanzieren, kamen sie nicht darüber hinaus, das Subjekt als eine „anachronistische Illusion des Humanismus" zu entmystifizieren (vgl. Davis 1996: 2).

phie Descartes', sondern als dem Objekt Implizites, dann bedeutet dies einen
Bruch mit der theoretischen Struktur des europäischen Denkens:

> „Denken heißt nicht mehr betrachten, sondern sich engagieren, inbegriffen
> sein in dem, was man denkt, Mittäter sein. Denken ist das dramatische Ereig-
> nis des In-der-Welt-Seins" (Lévinas 1987a: 106).

Gegenüber der hermeneutischen Überwindung der Subjekt-Objekt-
Dichotomie plädiert Lévinas (1989: 21) für deren Aufrechthaltung. Während
das zirkuläre Denken der Hermeneutik am Subjekt-Objekt-Verhältnis den
Dualismus kritisiert und versucht, ihn in die Einheit eines Geschehens zurückzuführen, kritisiert Lévinas die Unfähigkeit zeitgenössischer Sozialphilo-
sophien, diesen Dualismus konsequent aufrechtzuerhalten (vgl. Krewani
1992: 25).[79]

Die Lösung des Subjekt-Objekt- und damit des Solipsismus- und Ego-
zentrismusproblems besteht Lévinas zufolge in der konsequenten Aufrechterhaltung des Subjekt-Objekt-Dualismus. Dies begründet er durch Verweis
auf den ontologischen Gegensatz von Leben und Tod: Der Tod steht dem
Sein unüberbrückbar entgegen und weist somit das Subjekt in seine Schranken. Entscheidend ist für Lévinas im Nahen des Todes, „daß wir von einem
bestimmten Moment an nicht mehr können; genau darin verliert das Subjekt
seine eigentliche Herrschaft als Subjekt" (Lévinas 1984: 47). Die Erfahrung
des Todes durch das Subjekt unterscheidet sich radikal von dem Erkenntnis-
prozess, indem das Objekt, unabhängig von der Intention des Erkennenden,
„ganz von dem Subjekt vereinnahmt" wird und auf diese Weise „die Dualität
verschwindet" (ebd.: 19). Der Tod entzieht sich allen Erkenntnisbemühun-
gen, lässt dem Subjekt die eigene Einsamkeit und Endlichkeit erblicken, und
ermöglicht ihm somit, sich dem Anderen hinzuwenden. Erst durch diese un-
aufhebbare Gegensätzlichkeit zwischen dem Sein und dem Tod werde die
Existenz im radikalen Sinne pluralistisch.

Mit dieser Lesart des Subjekt-Objekt-Dualismus distanzierte sich Lévinas
von der Hermeneutik, der Subjektphilosophie und dem Identitätsdenken, das
vom Eigenen ausgeht und wieder zum Eigenen zurückkehrt (vgl. Krewani
1998: 20). Demgegenüber plädiert er für eine Metaphysik des Anderen, die er
durch die Gegenüberstellung von zwei mythologischen bzw. religiösen Figu-
ren veranschaulicht: Odysseus und Abraham. Während der listige Abenteurer
Odysseus wohlbehalten in seinen Heimatort Ithaka zurückkehrt, bricht der
Prophet Abraham aus einem unbekannten Land auf, dessen bewusst, dass es
für ihn kein Zurück mehr geben wird (vgl. Lévinas 1987a: 215 f.). Odysseus
symbolisiert nach Lévinas Interpretation die Bewegung der Subjektwerdung.

---

[79] „Wir möchten uns […] auf den Weg machen", stellt Lévinas klar, „auf einen Pluralismus zu,
der nicht in einer Einheit fusioniert" (1984: 19).

Das Subjekt, wie auch Odysseus, vollzieht im Prozess der Subjektwerdung eine Bewegung, „die zirkulär aus ihm heraus und wieder zu ihm zurückführt. Das Subjekt geht nur aus sich heraus, um sich das Andere anzueignen und es zu verselbigen" (Krewani 1998: 22). Diesem Selbstbezug, der Lévinas zufolge die abendländische Philosophie von ihren Anfängen an begleitet, setzt er einen Fremdbezug entgegen. Da Lévinas einen absoluten Dualismus im Verhältnis von Eigenem und Fremdem vertritt, konzipiert er das Andere nicht in Bezug „auf das Selbe". Das Andere ist das „an sich selbst" Andere, das Selbe ist „an sich selbst das Selbe". Mit anderen Worten, die „Unabhängigkeit des Selben ist daher keine bloß relative, sondern eine absolute Unabhängigkeit, – die sich nicht setzt durch ein Entgegensetzen" (ebd.: 23). Lévinas setzt dem „Mythos von Odysseus [...] die Geschichte Abrahams entgegen" (1987a: 215), die den Aufbruch ohne Rückkehr und eine andere Subjektivierung symbolisiert.

Die Konstruktion des verantwortungsbewussten Subjekts versucht Lévinas durch die Idee des Begehrens zu bekräftigen. Er unterscheidet diesbezüglich zwei Formen der Transzendenz: Bedürfnis und Begehren. Während das Bedürfnis symbolisch für eine Bewegung steht, die vom Selben ausgeht und zum Selben zurückkehrt, steht das Begehren für eine bedingungslose Zuwendung zum Fremden.

> „Das Bedürfnis öffnet sich auf eine Welt, die für mich ist, es kehrt zu sich zurück. Selbst in sublimierter Form, als Heilsbedürfnis, ist es noch Nostalgie, Heimweh. Das Bedürfnis ist die Rückkehr selbst, die Angst des Ich um sich, die ursprüngliche Form der Identifikation, die wir Egoismus genannt haben. Das Bedürfnis ist die Angleichung der Welt mit dem Ziel der Koinzidenz mit sich selbst oder des Glückes." (Ebd.: 218)

Dem „sich zugewandten Subjekt", das sich als Sorge um sich selbst bestimmt, stellt Lévinas das Begehren des Anderen entgegen. Im Begehren, anders als im Bedürfnis,

> „[...] richtet sich das Ich auf den Anderen; so gefährdet es die selbstherrliche Identifikation des Ich mit sich selbst, nach der allein das Bedürfnis sich sehnt und die vom Bewusstsein des Bedürfnisses vorweggenommen wird." (ebd.: 219).

Das Begehren stellt nach Lévinas theoretisch die Möglichkeit dar, das Verhältnis vom Eigenen und Fremden als asymmetrisch, zugunsten des Fremden, zu denken. Das Begehren des Anderen, des Fremden, nötigt das Subjekt, den Anderen weder als Feind oder als Fremden noch als Ergänzung des Ich, sondern als Mitmensch zu betrachten. In dieser Konstellation stellt die „Beziehung zum Anderen mich in Frage, sie leert mich von mir selbst" (ebd.). Lévinas versucht sodann, die „Analyse des Begehrens durch die Analyse des Anderen, dem das Begehren gilt", zu ergänzen. Dieser schickt er eine Kritik der

Hermeneutik und Exegese des Anderen voraus, in denen der Andere sich im Rahmen einer Totalität bewegt, „da er immanent ist und die, entsprechend den treffenden Analysen von Merleau-Ponty, durch unsere eigene kulturelle Tätigkeit, die leibliche, sprachliche oder künstlerische Gebärde, ausgedrückt und enthüllt wird." (ebd.: 220) Lévinas vertritt die Auffassung, dass die Bedeutung des Anderen resp. Fremden nicht aus dem Kontext der Begegnung heraus hervortritt, sondern der Andere resp. Fremde sein eigenes Bedeuten bei sich trägt.[80] Der Andere manifestiert sich als Antlitz, das „zunächst den Charakter der Negativität" hat (Krewani 1992: 147). Mit ihm tritt etwas in Erscheinung, dessen inneres Prinzip Lévinas zufolge mit dem Prinzip der solipsistischen Seinsweise nicht in Einklang zu bringen ist. Das Antlitz lässt sich nicht aus dem geltenden Horizont erklären, da es sich jenseits des geltenden Horizonts befindet (ebd.: 147).

Lévinas geht in seiner Ethik der *Spur des Anderen* nach und beharrt auf einem Anspruch des Anderen vor jeder Verständigung mit dem Anderen. Durch die Konfrontation mit dem Antlitz des Anderen verliert das Ich „die unumschränkte Koinzidenz mit sich, seine Identifikation, durch die das Bewußtsein siegreich auf sich zurückkommt, um in sich selbst zu ruhen" (Lévinas 1987a: 223). Die Gegenwart des Fremden ist eine Anforderung auf Antwort, die das Ich auf unauflösliche Weise mit Verantwortlichkeit verknüpft, d.h. es als verantwortliches Subjekt konstruiert. Die Einzigartigkeit des Ich manifestiert sich in der Nicht-Repräsentierbarkeit des Antwortens auf den Anderen, d.h. in der Verantwortung für den Anderen. Die Bedeutung der Verantwortung ist zweifach: (a) Konstituierung des Subjekts durch Verantwortung gegenüber dem ‚absolut Anderen' und (b) Befreiung des Ich von seinem „Imperialismus und Egoismus" (ebd.: 224 f.).

Zentral für Lévinas' Ethik der Alterität ist die Verantwortung des Subjekts gegenüber dem Anderen resp. dem Fremden, die jeder Sozialität vorausgeht. Gegen das „ontologisch ergreifende Verstehen des Anderen" setzt Lévinas das „ethisch verstehende Denken des Anderen" (Wenzler 1984: 71f.) entgegen. „Die Ethik wird zu jener ‚Optik' der Sehweise, in der allein ich den Andern *als* Anderen wahrnehmen kann" (ebd.).[81]

Zusammenfassend lässt sich festhalten, dass Lévinas' Ethik der Alterität als Korrektiv gegenüber instrumentalistischen Vorstellungen des Verhältnisses von Selbst und Fremden zu verstehen ist. Sein Ethikansatz bietet sich an,

---

[80] „Der Andere kommt uns nicht nur aus dem Kontext entgegen, sondern unmittelbar, er bedeutet durch sich selbst" (Lévinas 1987a: 221).

[81] Es gilt im Auge zu behalten, dass es Lévinas nicht darum geht, die Ontologie durch die Ethik zu ersetzen. Ziel seines philosophischen Bestrebens ist es vielmehr, eine neuartige Ethik zu entwerfen, die „nicht auf den Begriffen des ‚Wertes' und der ‚Wertung' beruht" (Waldenfels 1983: 261).

Verhältnisse zwischen Selbst und Anderen, die durch Herrschaft, Macht und Gewalt geprägt sind, zu kritisieren. Lévinas Verantwortungsethik stellt ausgrenzende und aggressive Fremdheitskonstruktionen und Fremdheitszuschreibungen sowie Bestimmungen des Politischen durch eine Freund-Feind-Unterscheidung in Frage. Problematisch ist jedoch, dass sie dem Fremden Vorrang einräumt und damit das Prinzip der sozialen Wechselseitigkeit fallen lässt.

Kritisiert wurde Lévinas vielfach wegen seines Denkens, das auf eine Verwechslung von Autonomie und Unabhängigkeit hinauslaufe. Ihm entgehe damit, so Alain Renant, dass das Autonomieprinzip das Prinzip der Öffnung gegenüber dem Fremden impliziert. Ein weiterer Einwand lautet, dass die Idee einer Unterwerfung unter einem absoluten Pflichtaufruf die Idee der Verantwortung untergräbt: Kann von einer Verantwortung noch die Rede sein, wenn die Subjektivität als eine passive Unterwerfung unter einen absoluten Pflichtaufruf konzipiert wird? „Wenn […] die moralische Abgeschlossenheit der Subjekte durch Transzendenz aufgebrochen wird", so Renant weiter, „so kann die Öffnung zum anderen Menschen doch nur *in* der Immanenz des Subjekts, aber nicht gegen sie erfolgen" (zit. n. Taureck 1997: 88).

Mit Paul Ricœur kann Lévinas der Einwand entgegengebracht werden, dass er die „Andersheit des Anderen" schroff der „Identität des Selben" gegenüberstellt und somit den Weg vom Ich zum Fremden verfehlt (1996: 407f.). Der Einwand ist insofern berechtigt, da Lévinas in seinen metaphysischen Ausführungen das Ich in eine ontologische Totalität einschließt und es vom Fremden abtrennt, indem er diesen in eine absolute Exteriotität fortrückt (vgl. a. Waldenfels 1995c: 297f.). Wenn der Fremde dem Ich als Pflichtaufruf (Antlitz) entgegen tritt, dann muss er eine vom Eigenen unabhängige Existenz besitzen. Damit gerät wiederum der konstruierte Charakter von Fremdheit und Fremden aus dem Blick. Fremdheit ist nichts Ursprüngliches oder eine Eigenschaft, die den Dingen und Menschen inhärent ist, sondern ein Resultat der Klassifikation bzw. Zuschreibung, die durch politische Strategien und Handlungen hervorgebracht wird.

Vor dem Hintergrund der oben diskutierten Grenzen von Lévinas' Ansatz (Dualismus, Asymmetrismus, Fehlen eines Vermittlungsbegriffs zwischen dem Eigenen und Fremden) ist es sinnvoll, im Folgenden auf die Ansätze von Honneth und Ricoeur einzugehen, die sich um eine Aufhebung des Gegensatzes zwischen dem Eigenen und Fremden und um eine Berücksichtigung der Kategorien der Anerkennung und Reziprozität bemüht haben. Der Ansatz von Ricoeur ist in diesem Zusammenhang besonders wichtig, weil er sich mit Lévinas' Philosophie systematisch auseinandersetzt.

2.5 Fremdheit, Anerkennung und Reziprozität

Ein anderes Denkmodell der Beziehung zum Fremden bietet Ricœur, der versucht, die Idee der Verantwortung mit der Idee der Anerkennung und Reziprozität zu verbinden.[82] Die Position von Lévinas bewertet er als ungenügend, ohne sie jedoch zurückzuweisen. Ricoeurs Einwand gegenüber Lévinas lautet, dass die Möglichkeit, auf den Aufruf des Anderen zu antworten, nämlich Verantwortung zu zeigen, die Fähigkeit des Selbst voraussetzt, die Stimme des Fremden zu empfangen und sie in ihrer Andersheit anzuerkennen.[83] Die Bewegung des Fremden zum Selbst war für Lévinas' Ethik der Alterität zentral. Der Fremde begegnet dem Eigenen als Anspruch, als Pflichtaufruf zur Verantwortung und konstituiert auf diese Weise das Ich als verantwortungsbewusstes Subjekt. Interessant ist diese Perspektive für die in dieser Arbeit untersuchte Fremdheitsproblematik insofern, da der Andere nicht als Denkobjekt, sondern zugleich als Subjekt des Denkens zum Vorschein kommt.[84] Der Anspruch des Fremden drücke einen „Willen zur Abschließung, genauer einen Zustand der *Trennung* aus", sodass die „Andersheit einer radikalen *Exteriorität* gleichkommen muß" (Ricœur 1996: 403). Dies hat Ricœur zufolge weitreichende Konsequenzen: Ist der Andere in einem *Außen* verortet, kann von einem ‚Zwischenglied' nicht die Rede sein, der „zur Abschwächung der vollständigen Asymmetrie zwischen dem Selben und dem Anderen" beitragen könnte (ebd.: 406).

Ricœur weist jedoch die Lévinassche Bewegung des Fremden zum Selben nicht zurück, sondern versucht, sie durch eine Bewegung des Selben auf den Fremden zu ergänzen. Er plädiert in diesem Zusammenhang für eine „Dialogik, die die vorgebliche absolute Distanz zwischen dem getrennten Ich und dem belehrenden Anderen durch eine Beziehung überlagert" (ebd.: 408). Gegenüber Lévinas' Idee der Exteriorität des Anderen postuliert Ricœur eine di-

---

[82] Anerkennung ist bei Ricoeur „[...] eine Struktur des Selbst, das über die Bewegung reflektiert, welche die Selbstschätzung zur Fürsorge und diese zur Gerechtigkeit vorantreibt. Mit der Anerkennung finden Dyade und Pluralität unmittelbar in die Konstitution des Selbst Einlaß. Indem die Wechselseitigkeit als Ingredienz der Freundschaft und die proportionale Gleichheit als Ingredienz der Gerechtigkeit sich im Bewußtsein des Selbst von sich selbst widerspiegeln, verwandeln sie die Selbstschätzung unmittelbar in eine Gestalt der Anerkennung" (1996: 344).

[83] In »*Das Selbst als ein Anderer*« thematisiert Ricoeur (1996) Andersheit in Bezug auf drei Problemzusammenhänge: der Ethik, der Moral und der Ontologie.

[84] „Daß der Andere von Anfang an vorausgesetzt ist, beweist ein erstes Mal die *epoché*, mit der die Analyse beginnt: Irgendwie habe ich immer schon gewußt, daß der Andere keines meiner Denkobjekte ist, sondern so wie ich, ein Subjekt des Denkens; daß er mich selbst als einen Anderen als er selbst wahrnimmt; daß wir uns gemeinsam auf eine Welt als eine gemeinsame Natur richten; daß wir ferner gemeinsame Gemeinschaften von Personen aufbauen, die sich ihrerseits auf der Szene der Geschichte als Persönlichkeiten höherer Ordnung verhalten können" (Ricoeur 1996: 399).

alektische Beziehung zwischen Selbstheit und Andersheit. Er wendet gegenüber Lévinas ein, dass die Andersheit nicht von außen her kommt, um die ‚solipsistische Verirrung' zu verhindern. Sie gehört vielmehr zum „Sinngehalt und zur ontologischen Konstitution der Selbstheit" (ebd.: 382). An anderer Stelle bekräftigt er erneut, dass „das Andere nicht nur das Gegenstück des Selbst bildet, sondern zu seiner innersten Sinnkonstitution dazugehört" (ebd.: 395).

Es erscheint daher theoretisch nicht fruchtbar, das Verhältnis des Selben und des Anderen einseitig zu konstruieren: Ob man mit Husserl das *alter ego* aus dem *ego* ableitet oder mit Lévinas dem Anderen die ausschließliche Initiative in der Verantwortung vorbehält, kommt auf das Selbe hinaus. Es komme daher darauf an, so Ricœur, „eine überbrückende Auffassung der Andersheit zu denken, die wechselseitig dem Primat der Selbstschätzung und dem des vom Anderen ausgehenden Aufrufs zur Gerechtigkeit gerecht wird" (ebd.: 398). Ricœur führt die Begriffe Ähnlichkeit (ebd.: 226) und Anerkennung (ebd.: 344) ein, um den Abstand zwischen Eigenem und Fremden zu überbrücken (ebd.: 358). In seinem Ansatz weisen menschliche Beziehungen auf symmetrische Verhältnisse hin. D.h. darauf, dass die Grenzen zwischen dem Eigenen und dem Fremden im Zuge einer Verständigung und Vergemeinschaftung durchlässiger werden können.

Axel Honneths Ansatz steht in der Tradition der Hegel-Marxschen Gesellschaftstheorie, unterscheidet sich jedoch von Hegel und Marx darin, dass er die Möglichkeit einer Aufhebung der Entfremdung zwischen Menschen (Fremdheit) nicht in einem Denkprozess bzw. in einer radikalen Transformation der Gesellschaftsformation, sondern in einem reziproken Anerkennungsverhältnis sieht. Honneth nimmt das Hegelsche Vorstellungsmodell des Kampfes um Anerkennung[85] zum Ausgangspunkt einer ‚normativ gehaltvollen' Gesellschaftstheorie.[86] Er sieht in diesem Modell einen „Zwang zur Reziprozität eingebaut, der die sich begegnenden Subjekte gewaltlos dazu nötigt, auch ihr soziales Gegenüber in einer bestimmten Weise anzuerkennen" (Honneth 2003: 64). Ausgehend von einer systematischen Lektüre der Schriften von Platon und Aristoteles, in der die Idee der „Intersubjektivität des öf-

---

[85] Honneth bezieht sich auf Hegels »*System der Sittlichkeit*« (s. Hegel 1967), »*Jenaer Schriften*« (s. Hegel 1986a) und »*Jenenser Realphilosophie*« (Hegel 1969).

[86] Ein anspruchsvolles ‚Modell der Anerkennung' lässt sich auch aus Adam Smiths Ethiktheorie rekonstruieren. In »*The Theory of Moral Sentiments*« (zuerst 1759) wird ‚der' Mensch als ein soziales Wesen bestimmt, das auf Versorgung angewiesen und auf Kommunikation angelegt ist. In seiner Sozialisation wird der Mensch mit einer Sympathiekompetenz befähigt und auf Anerkennungssuche und Meidung von Missbilligung programmiert. Smith verdeutlicht mit einer Spiegelmetapher die Sozialität des Individuums, das in sich selbst die Sozialnormen (Es) gleichsam als Schiedsrichter (Gewissen) des eigenen (Ich) wie fremden Verhaltens (Über-Ich) reproduziert (Stammen u.a. 1997: 456).

fentlichen Lebens" eine größere Rolle spielt, und von den Einsichten der englischen Nationalökonomie, komme Hegel zu der Einsicht, dass es für die
praktische Philosophie erforderlich ist, die „atomistischen Irrtümer" des neuzeitlichen Naturrechts zu überwinden (ebd.: 20f.). Gegen Hobbes' philosophische Rechtfertigung eines souveränen Staates vertrete Hegel die Überzeugung eines Anspruchs

> „[...] der Individuen auf die intersubjektive Anerkennung ihrer Identität, der
> dem gesellschaftlichen Leben von Anfang an als eine moralische Spannung
> innewohnt [und] [...] auf dem negativen Weg eines sich stufenweise wieder-
> holenden Konflikts allmählich zu einem Zustand kommunikativ gelebter Frei-
> heit führt" (ebd.: 11).

Honneths Rekonstruktion zufolge stellt in Hegels »*System der Sittlichkeit*«
(1967) der Kampf um Anerkennung „eine Art von Mechanismus der sozialen
Vergemeinschaftungen dar, der die Subjekte sich wechselseitig so in dem jeweils Anderen zu erkennen zwingt, daß sich am Ende ihr individuelles Tota-
litätsbewußtsein mit dem aller anderen zu einem ‚allgemeinen' Bewußtsein
verschränkt hat" (Honneth 2003: 50) oder werde „als ein sozialer Vorgang
begriffen, der zu einem Zuwachs an Vergemeinschaftung im Sinne einer De-
zentrierung individueller Bewußtseinsformen führt" (ebd.: 51). Ausgehend
von diesem Modell des Kampfes um Anerkennung, wie es in Hegels frühen
Schriften vorliegt, entfaltet Honneth in seiner gleichnamigen Habilitations-
schrift »*Kampf um Anerkennung*« (zuerst 1992) drei Muster der Anerkennung:[87]

(1) Anerkennung in Primärbeziehungen (Liebe, Freundschaft);
(2) Anerkennung im Bereich der Rechtsverhältnisse, d.h. Anerkennung des
    Individuums als vollwertiges Rechtssubjekt;
(3) Anerkennung im Bereich der Gruppenbeziehungen, d.h. Inklusion des
    Individuums in eine Wertegemeinschaft (ebd.: 211).[88]

---

[87] Honneth charakterisiert mit dem Begriff der ‚Anerkennung' „eine bestimmte Form von Einstellung oder Handlung" (2003: 312) und ein „habitualisiertes Verhalten" (ebd.: 313). Er distan-
ziert sich von Georg Herbert Mead mit der Begründung, dass dieser die Anerkennung auf den
wechselseitigen Akt der Perspektivübernahme" (ebd.: 312) reduziere. Ihm gegenüber hebt er den
Handlungscharakter der Anerkennung hervor: „Die Anerkennung sollte als Genus von drei Formen praktischer Einstellungen begriffen werden, in denen sich jeweils die primäre Absicht einer
bestimmten Affirmierung des Gegenübers spiegelt." (Ebd.: 320) Honneths Begriff der Anerkennung stützt sich auf „einen moderaten Wertrealismus", worunter ein Reaktionsverhalten zu verstehen ist, mit dem die Individuen „in rationaler Weise auf Wertegemeinschaften antworten"
(ebd.: 332).
[88] Es handelt sich hierbei um eine modifizierte Version der drei Formen der Anerkennung bei
Hegel. In den Schriften von Hegel unterscheidet Honneth drei Anerkennungsverhältnisse:
(1) Affektives Anerkennungsverhältnis der Familie, innerhalb dessen das menschliche Indivi-
    duum als konkretes Bedürfniswesen anerkannt wird;
(2) kognitiv-formelles Anerkennungsverhältnis des Rechts, innerhalb dessen das menschliche
    Individuum als abstrakte Rechtsperson anerkannt wird und

Aus der Warte dieses Denkmodells betrachtet, können Zuschreibung und Er-
lebnis von Fremdheit im Sinne von Nichtzugehörigkeit als „Brechungen
wechselseitiger Anerkennung" (ebd.: 316) interpretiert werden. Nichtanerkennung gefährdet im Bereich der Primärbeziehungen (*Entzug emotionaler
Zuwendung*) das Selbstvertrauen, im Bereich der Rechtsverhältnisse (*Entzug
kognitiver Achtung*) die Selbstachtung und im Bereich der Gruppenbeziehungen (*Entzug sozialer Wertschätzung und Solidarität*) die Selbstschätzung des
Individuums (ebd.: 211).

Aus Honneths Modell des Kampfes um Anerkennung ergibt sich folgendes Bild bezüglich der Beziehung zum Fremden: Das Ich kann mit Fremd-
Ichen konfrontiert sein, von denen es sich unterscheidet und andere Interessen verfolgt. Da das Ich bei der Identitätsbildung auf die Anerkennung des
Fremden angewiesen ist, ist es nicht durch eine unüberwindbare Kluft vom
Anderen geschieden. Die Idee des Kampfes um Anerkennung gibt, wird sie
„als ein kritischer Interpretationsrahmen für gesellschaftliche Entwicklungs-
prozesse" (ebd.: 274) verstanden, ein normatives Mittel zu Hand, um ausgrenzende und missachtende Fremdheitszuschreibungen zu kritisieren.

In einem Zwischenresümee sollen nun die Unterschiede, die theoretischen
Erträge und normativen Implikationen der diskutierten Denkmodelle herausgearbeitet werden.

2.6 Schlussfolgerungen

Ausgangspunkt dieses Kapitels war Lévinas' These, dass die abendländische
Gesellschaftstheorie vom Beginn an von einem ‚Entsetzen vor dem Fremden'
ergriffen ist. In den diskutierten Ansätzen konnten jedoch Vorstellungen des
Fremden identifiziert werden, die keinesfalls von einem Entsetzen gegenüber
den Fremden und der Fremdheit ergriffen sind. Montesquieu und Montaigne
beispielsweise heben die Bedeutung des Fremden hervor, indem sie durch
den Bezug zum Fremden das Eigene relativieren, während Hegel den kultur-
schaffenden Beitrag von Fremden herausstellt. Dementsprechend gilt es,
wenn auch diese Ansätze keine zufriedenstellende Lösung für die von Lévinas formulierte Problematik anbieten mögen und zur Idealisierung neigen,
Lévinas' These zu relativieren.

Gleichwohl lassen sich aus den oben diskutierten Modellen schlussfolgern,
dass weder die Idee eines alle Menschen umfassenden Logos noch die einer
Menschheit, in der es überhaupt keine Fremden mehr gibt, einer Entschär-

---

(3) emotional aufgeklärtes Anerkennungsverhältnis, innerhalb dessen das menschliche Individuum als konkret Allgemeines, d.h. in seiner Einzigartigkeit vergesellschaftetes Subjekt
anerkannt wird (ebd.: 45).

fung der Fremdheitsproblematik beitragen können. Solche Vorstellungen können nicht die eigenen Horizonte sprengen, sondern tragen eher dazu bei, dass dem Fremden, trotz Einschlussversprechen, die eigenen Maßstäbe aufgezwungen werden. Wie es exemplarisch an Aristoteles' und Platons Ausführungen deutlich wurde, konnte die Idee eines alle Menschen umfassenden Logos die beiden griechischen Philosophen nicht davon abhalten, Überlegenheitsansprüche gegenüber anderen Völkern und Zivilisationen zu artikulieren.

Problematisch sind auch gegenwärtige Positionen, welche, auf Lévinas Bezug nehmend, Fremde und Fremdheit idealisieren oder aufwerten. Dem Fremden den Vorrang einzuräumen hebt weder die essentialistischen Definitionen des Fremden auf noch kann sie verhindern, dass die Grenzen zwischen dem Eigenen und dem Fremden ontologisiert werden. Die Gefahr, dass Faszination vor Fremdheit in Furcht umschlägt, bleibt präsent. Insofern ist Lévinas' Versuch, das Ich durch eine Ethik der Alterität aus seinem Imperialismus zu befreien, letztendlich nicht überzeugend.

Eine mögliche theoretische Lösung könnte darin bestehen, der Idee der Verantwortung gegenüber dem Fremden die Ideen der Anerkennung der Fremdheit und Reziprozität in den Beziehungen zu den Fremden zur Seite zu stellen, damit Verantwortung nicht in Dominanz oder Paternalismus umschlägt. Ein solcher Ansatz, wie ihn Ricœur anbietet, eignet sich eher für eine Kritik von ausgrenzenden und aggressiven Fremdheitszuschreibungen und Fremdkonstruktionen.

Marx' Thematisierung der Fremdheit im Zusammenhang mit der Entfremdung eröffnet die Möglichkeit, Fremdheitsproblematik mit der antagonistischen Vergesellschaftung im Kapitalismus zu verknüpfen. Damit gewinnt die Lösung der Fremdheitsproblematik eine über die kapitalistischen Verhältnisse hinausweisende Perspektive.

Nach diesem Überblick über die Geschichte der Fremdheitsproblematik und der Reflexion über die gesellschaftstheoretischen Perspektiven bedarf es einer weiteren Konkretisierung in der gesellschaftlichen Realität. Dies ist das Ziel der folgenden Teile.

II. Soziologie und Fremdheitsproblematik

Zuvor wurde die Fremdheitsproblematik in historischer und gesellschaftstheoretischer Perspektive diskutiert. In diesem Teil geht es um zweierlei: *Erstens* um eine kritische Reflexion über die sozialwissenschaftliche Debatte zur Fremdheitsproblematik und ihre zentrale Begriffe und Erklärungsansätze, *zweitens* um den Versuch, der Vielschichtigkeit der Fremdheitsproblematik entsprechend, deren Facetten nachzugehen und ihre Strukturelemente zu erörtern. Den Auftakt bildet eine Diskussion der Unschärfen und Grenzen des Fremdheitsbegriffs, seiner heterogenen Verwendungen, der verschiedenen Dimensionen der Fremdheit sowie Weisen der theoretischen Überwältigung des Fremden (*Kapitel 3*). Anschließend werden die grundlegenden Strukturelemente von Fremdheit und Fremdsein exemplarisch anhand soziologischer Klassiker erörtert (*Kapitel 4*).

3. Zu Unschärfen und Implikationen des Fremdheitsbegriffs

Im letzten Kapitel wurden gesellschaftstheoretische Denkmodelle dahingehend in den Blick genommen, um ihre normativen Implikationen und ihr kritisches Potenzial herauszuarbeiten. Die Analyse legt nahe, dass die Denkmodelle von Lévinas, Honneth und Ricœur kritische Potentiale beinhalten, die gegenüber den herrschenden Diskursen und bestehenden gesellschaftlichen Verhältnissen eine Korrektivfunktion erfüllen können. Die Ansätze von Machiavelli, Hobbes und Schmitt sind nicht nur mit den herrschenden Diskursen und bestehenden Verhältnissen vereinbar, sondern wären gar zu ihrer Rechtfertigung geeignet. Hieran anknüpfend sollen nun exemplarische sozialwissenschaftliche Begriffsbildungen diskutiert werden, um ihre analytischen Potentiale, aber auch ihre Grenzen und normativen und politischen Implikationen herauszuarbeiten. Zunächst soll jedoch auf die Kontroverse um die analytische Relevanz des Fremdheitsbegriffs eingegangen werden (3.1). Anschließend werden zwei gegensätzliche Definitionsversuche diskutiert (3.2). In folgenden Abschnitten wird auf verschiedene Dimensionen von Fremdheit (3.3) und auf theoretische Überwältigungsstrategien eingegangen, die mit der Thematisierung von Fremdheit verbunden sind (3.4). Abschließend werden die Ergebnisse resümiert (3.5).

3.1 Zur analytischen Relevanz

Die Begriffe *Fremdheit*, *Fremder* und *Fremdsein* sind aus soziologischer bzw. sozialwissenschaftlicher Sicht problematisch und umstritten. Ein Einwand gegen diese Begriffe lautet, dass sie keine geeigneten sozialwissenschaftlichen Kategorien sind und dass eine sozialwissenschaftliche Beschäftigung mit Fremdheit und Fremden ein paradoxes Unternehmen sei, „da sie auf die Erfassung von etwas Unerfassbarem abziele" (Münkler und Ladwig 1997: 11). Diese Position kann für sich einige Plausibilität beanspruchen, zumal wenn der Begriff der Fremdheit auf kognitive Unvertrautheit und Unerschließbarkeit bezogen wird. Die Beschäftigung mit der Fremdheit in diesem Sinne wäre in der Tat eine Erkenntnispraxis, die ihren Gegenstand sukzessiv aufheben müsste, je weiter sie in ihn eindringt. Anders verhält es sich, wenn Fremdheit auf eine „kommunikativ erzeugte Zuordnung" (ebd.) im Sinne einer staatlichen Kategorisierung, Klassifizierung oder einer gesellschaftlichen Zuschreibung bezogen wird. In diesem Falle macht es jedoch wenig Sinn, dafür die Bezeichnung Fremdheit anzuwenden, weil sie zu allgemein und unspezifisch ist. Zur Thematisierung solcher Prozesse und als eine analytische Kategorie ist es angemessener, die Bezeichnung *Fremdheitszuschreibung* zu verwenden. Mit dieser Umformulierung wäre die Aufmerksamkeit auf die komplexen, dynamischen und prozessoralen Aspekte des Fremdseins gelenkt. Außerdem ist es nicht notwendig, als Ersatz nach einem einzigen Begriff Ausschau zu halten; die Begriffstrias *Fremdheitszuschreibung*, *Fremdheitserfahrung* und *gesellschaftliche Statuszuweisung* ist geeigneter, um zu analysieren, „wie Menschen und soziale Einheiten sich selbst und ihre Umwelt wahrnehmen, wie sie die Welt, in der sie leben, kategorisieren und strukturieren" (ebd.: 12) und welche Mechanismen und Faktoren dabei ins Spiel kommen.

Umstritten ist die analytische Relevanz des Fremdenbegriffs auch aus anderen Gründen. Soziologische Ansätze beziehen ihn auf Außenseiter, Randständige, Marginale oder auf ‚Gastarbeiter', Exilanten, Immigranten und Flüchtlinge.[89] Mit den Begriffen Fremdheit und Fremder wird also eine große Bandbreite verschiedener Situationen und Verhältnisse bezeichnet, wobei öfters das Besondere der jeweiligen Situation aus dem Blick gerät. Aufgrund dieser Situation wäre der Einwand, Fremder und Fremdheit seien keine analytischen Begriffe, sodass mit ihnen genauere Untersuchungen der Sachverhalte und Verhältnisse durchzuführen wären, die sie abzudecken beanspruchen, begründet. Angesichts der vielfältigen und zum Teil auch gegensätzlichen Verständnisse und Verwendungen der Begriffe Fremder und Fremdheit

---

[89] S. dazu Italiaander 1983, Hoffmann und Even 1984, Meinhardt 1984, Treibel 1999.

könnte zudem die Vermutung entstehen, dass es nicht einen, sondern viele, miteinander konkurrierende Begriffe des Fremden geben. Dies allerdings wäre eine unzutreffende und irreführende Annahme: Damit diese Verwendungsweisen als Verständnisse desselben Begriffs gelten können, müssen sie einen gemeinsamen Bedeutungskern haben. Dies ist Nichtzugehörigkeit. Festzuhalten ist, dass mit den Begriffen Fremde und Fremdheit entweder beschreibend auf die Nichtzugehörigkeit und Unvertrautheit einer Person, einer Gruppe oder eines Ereignisses Bezug genommen oder diese Merkmale ihnen unterstellt bzw. bemängelt werden.[90]

Die Begriffe Fremder und Fremdheit verweisen nicht auf konkrete Gegenstände, wie etwa die Wörter Baum oder Tisch tun. Wie Münkler und Ladwig darauf hingewiesen haben, gibt es ‚die' Fremdheit oder ‚den' Fremden „nicht unabhängig von der sprachlichen Bezugnahme auf Fremdheit, nicht einmal als notwendige Unterstellung" (1997: 14). Freilich gibt es keine Individuen, Gruppen oder historisch gewachsene Kollektive, die unabhängig von der sprachlichen Bezugnahme, d.h. von vornherein und immerwährend als fremd bezeichnet werden könnten. Individuen oder Gruppen geraten entweder erst aufgrund bestimmter (Konflikt-)Situationen, Verhältnisse und Klassifizierungspraktiken als Fremde in die Aufmerksamkeit ihrer Umwelt oder ihnen wird aufgrund reflexiver Interessen Fremdheit zugeschrieben. Es handelt sich also um reale Prozesse, die bestimmte Individuen und Gruppen als ‚fremd' markieren. Die Bezeichnung Fremdheitszuschreibung soll dieser äußeren Faktizität Rechnung tragen. Besitzt eine solche Zuschreibung gesellschaftliche Geltung, wird sie von einzelnen Individuen – bewusst oder unbewusst – aufgegriffen und verinnerlicht. Um es noch einmal zu betonen, Klassifikationen von Menschen sind nicht immer und nur durch ihre empirischen Merkmale bestimmt, obwohl häufig darauf verwiesen werden.

Die vorgeschlagenen Begriffe *Fremdheitszuschreibung, -erfahrung* und *gesellschaftliche Statuszuweisung* bedürfen einer weiteren Spezifizierung. Es gilt weiter zu differenzieren, zu welchem Zweck die Fremdheitszuschreibung erfolgt. Wird die Fremdheitszuschreibung zur Betonung einer Nichtzugehörigkeit, zur Missachtung einer wie auch immer gearteten Andersartigkeit oder zum Zwecke der Exklusion eines Individuums oder einer sozialen Gruppe betätigt (*Fremdheitszuschreibung I*)? Oder wird sie zur Anerkennung der Andersartigkeit eines Individuums betätigt und ist Ausdruck einer Wertschätzung (*Fremdheitszuschreibung II*)?[91] Gleiches gilt auch für die Begriffe der

---

[90] Zu einem Überblick theoretischer Ansätze zur Fremdheit vgl. exemplarisch Merz-Benz und Wagner (2002) und Han (2000), darin speziell das Kapitel über den Fremden als gesellschaftlicher Typus.
[91] In der Literatur werden auf verschiedene Funktionen von Fremdheitszuschreibungen hingewiesen. Dazu gehören, um hier diese vorwegnehmend zu benennen: Ermöglichung von Identi-

gesellschaftlichen Statuszuweisung[92] und Fremdheitserfahrung. Im Folgenden ist Fremdheitszuschreibung im ersteren Sinne zu verstehen.

Neben analytischer Relevanz und heterogener Bezüge gehören auch gegensätzliche Definitionsversuche zu weiteren Kontroversen um den Fremdheitsbegriff. Diese sollen nun im nächsten Abschnitt diskutiert werden.

3.2 Objektivistische und subjektivistische Definitionsversuche

Nach gängigen Definitionsversuchen des Fremden wird dieser entweder als eine objektive Gegebenheit aufgefasst (objektivistische Auffassung) oder als Produkt kontingenter Vorstellungen von Subjekten begriffen (subjektivistische Auffassung).

Objektivistisch ist eine Auffassung, welche das Fremdsein des Fremden auf objektive Faktoren zurückführt, wobei bei der Erklärung der Ursachen des Fremdseins – explizit wie implizit – auf außerkulturelle Faktoren wie Herkunft, Hautfarbe und geographische Differenzen fokussiert wird. Demnach wird der Andere von seiner Umwelt als Fremder wahrgenommen bzw. klassifiziert, weil er sich von diesen hinsichtlich der Herkunft, Hautfarbe oder des Geburtsortes unterscheidet. So eine Vorstellung ist sicherlich nicht gänzlich falsch. Zu berücksichtigen ist jedoch, dass natürliche[93] oder primäre Differenzen[94] nicht unbedingt in Fremdheitszuschreibungen münden.

Subjektivistisch ist eine Auffassung, die das Fremdsein des Fremden auf subjektive Faktoren zurückführt wie etwa auf die defizitäre oder autoritäre Persönlichkeitsstruktur oder auf Traditionalismus und Religiosität der Betrachter. Nach der *subjektivistischen* Auffassung ist der Fremde das Resultat von gesellschaftlichen Grenzziehungen, Etikettierungen und Stigmatisierungen; der Fokus liegt also auf voluntaristischen Faktoren wie individueller Wille oder subjektives Bekenntnis.[95]

---

tätsbildung, Abgrenzung gegenüber bestimmten Gruppen oder Individuen zwecks Bestimmung des Eigenen (d.h. der Beantwortung der Frage, wer man ist), Legitimation oder Ermöglichung der Ausgrenzung bestimmter Gruppen, Markierung bzw. Einteilung der (sozialen) Welt und Rollenzuweisung. Ferner können Fremdheitszuschreibungen als Chiffren sozialer Konflikte interpretiert werden.

[92] Die Zuweisung von Fremdenstatus durch den Staat oder den Landesfürsten bzw. König ist ebenfalls ambivalent; sie kann Privilegien, Sonderrechte und sozialen Aufstieg aber auch Benachteiligung, zusätzliche Auflagen, Einschränkungen und sozialen Abstieg mit sich bringen.

[93] Gemeint sind Hautfarbe und Physiognomie.

[94] Zum Begriff der primären Differenzen vgl. Wieviorka 2003. Mit ,primären Differenzen' verweist er auf solche Differenzen, „die eine geschichtliche Beständigkeit haben", deren „Mitglieder versuchen, sie zu erhalten, zu reproduzieren und zu verteidigen." (Ebd.: 125)

[95] Bezüglich der individuellen Determinanten von Fremdheitszuschreibungen und Einstellungen zu Fremden lassen sich vier Ebenen unterscheiden:

Objektivistische Vorstellungen des Fremden kommen vor allem in Studien zur Migration und Fremdenfeindlichkeit zum Ausdruck. Der Begriff des Fremden wird auf Immigranten und ‚Ausländer' bezogen, ohne zu reflektieren, dass weder Migrationserfahrung und -hintergrund, noch der juristische Ausländerstatus notwendig in Fremdheitszuschreibungen und Kategorisierungen als Fremder – sowohl in der Öffentlichkeit als auch im Alltag – zu münden brauchen.[96] Indem askriptive Differenzen betont werden, um die Fremdheit einer Person zu erklären, wird verdrängt, dass diese Person erst „durch einen Akt der Ein- und Ausgrenzung" (Münkler und Ladwig 1997: 12) zum Fremden wird.

In Studien zur Fremdenfeindlichkeit wird analysiert, durch welche gesamtgesellschaftliche Faktoren Fremdenfeindlichkeit erzeugt und am Leben erhalten wird, ohne jedoch die Genese des Fremdwerdens zu berücksichtigen. Diese Sichtweise impliziert, dass es *hier* den Fremden gibt, *dort* diejenigen, die sich von ihm klar unterscheiden. Nicht berücksichtigt wird dabei die Vorrangigkeit der gesellschaftlichen Konstruktion des Fremden gegenüber Fremdenfeindlichkeit – erst wird der Andere zum Fremden *gemacht*, bevor er zur Zielscheibe von Stigmatisierung, Diskriminierung und Aggression wird. Damit Fremdenfeindlichkeit überhaupt entstehen kann, müssen Menschen zu Fremden erklärt werden. Erst dies „macht Vorurteile und gefühlsmäßige Abwehr, soziale Distanzierung und Diskriminierung auf der Ebene des Einzelnen möglich" (Kleinert 2004: 275).

Diesen stehen subjektivistische Vorstellungen des Fremden entgegen, welche die Zuschreibung und das Erleben von Fremdheit auf subjektive Faktoren zurückführen. Fremdheitszuschreibungen und Ressentiments gegenüber

---

- *Sozialpsychologische Ebene* (Zufriedenheit/Unzufriedenheit mit der eigenen Situation);
- *kulturelle Ebene*: Werte und Einstellungen, welche das Individuum vertritt wie Patriotismus, Erfolgsorientierung oder Orientierung an Solidarität und Selbstverwirklichung;
- *interaktionelle Ebene*: Kontakte des Individuums mit Personen aus anderen ‚Kulturen' oder Zugehörigen anderer Religionen, Ethnien, Nationen usw.;
- *strukturelle Ebene*: Positionen, welche das Individuum bezüglich der Bildung, des Berufsprestiges, des Einkommens und des Lebensalters einnimmt (vgl. Stolz 2000: 25)

[96] Vgl. hierzu exemplarisch Treibel 1999 und Diken 1998. Diken schreibt diesbezüglich: „I want to view immigrants, foreigners, refuges etc. all as ‚strangers'" (Diken 1998: 11). Dies ist zwar eine treffende, aber keine ausschöpfende Definition des Fremden. Treffend ist es deswegen, weil es sich hierbei um Gruppierungen handelt, die bevorzugte Adressaten von Fremdheitszuschreibungen sind. Nicht ausschöpfend, weil dadurch die Kontingenz von gesellschaftlichen Fremdheitszuschreibungen aus dem Blick gerät. Es gehört inzwischen zum allgemeinen Erkenntnisstand, dass Immigranten nicht notwendigerweise als ‚Fremde' klassifiziert werden. Während in Deutschland bestimmte Immigrantengruppen zu ‚Fremdgruppen' stilisiert und stigmatisiert werden (wie etwa Türken, Spätaussiedler, Asylbewerber u.a.), fallen andere (wie etwa Amerikaner, Franzosen u.a.) kaum als ‚Fremde' auf bzw. werden kaum – weder in der Öffentlichkeit, noch im Privaten – zum Gegenstand von Fremdheitszuschreibungen.

als *fremd* wahrgenommenen Individuen und Gruppen werden als Reaktionen auf eine subjektiv wahrgenommene Unsicherheit gedeutet.[97] Exemplarisch hierfür ist die Erklärung von Ulrich Beck:

> „Die von festen kulturellen Bindungen freigesetzten Individuen konstruieren Eigenes und Fremdes danach eher willkürlich, fluide, temporär und wechselhaft, und zwar eher nach Maßgabe der Konkurrenz um Vorteile (Rechte) und Ressourcen und der Ausübung von Macht als nach dem Grad der Irritation über kulturelle Fremdheiten" (1993: 124).

Sowohl objektivistische als auch subjektivistische Vorstellungen sind unzureichend und bedürfen gegenseitiger Ergänzung: Der Hinweis auf askriptive Differenzen wie Herkunft, Hautfarbe, Sprache oder nichtsubjektive Faktoren ist unzureichend, um die Fremdheit des Anderen zu erklären. Es gilt daher, zusätzlich die historischen und kommunikativen Akte der Fremdheitszuschreibung zu berücksichtigen. Umgekehrt ist es ebenfalls unzureichend, die askriptiven respektive primären Differenzen zu vernachlässigen. Fremdheitszuschreibungen würden leer und wirkungslos bleiben, wenn sie sich nicht auf grundlegende Differenzen beziehen könnten. Gleichwohl gilt es festzuhalten, dass Fremdheit und Fremde keinesfalls auf objektive Tatsachen oder Eigenschaften von Personen oder Gruppen bezogen werden können. Es handelt sich vielmehr um eine spezifische „Definition einer Beziehung" (Hahn 1994: 141), die sich an reale oder vermeintliche Eigenschaften verweisen. Klassifizierungen und Kategorisierungen von Individuen als fremd sind an individuelle oder gruppenspezifische Merkmale gebunden.

Zusammenfassend lässt sich sagen, dass in der Fremdheitsdebatte verschiedene Definitionsversuche vorliegen, welche die Betonung entweder auf objektive oder auf subjektive Faktoren legen. Um eventuelle Unklarheiten, die sich daraus resultieren, abzuwenden, wird im folgenden Abschnitt der Fremdheitsbegriff weiter eingegrenzt und eine weitere Differenzierung der Fremdheit vorgenommen.

3.3 Dimensionen von Fremdheit

Fremdheit lässt sich in verschiedenen Dimensionen differenzieren, die sich schematisch wie folgt darstellen lassen (Abb. 1):

---

[97] Dazu ausführlich vgl. Stolz 2000 und Kleinert 2004.

Abbildung 1: Dimensionen von Fremdheit

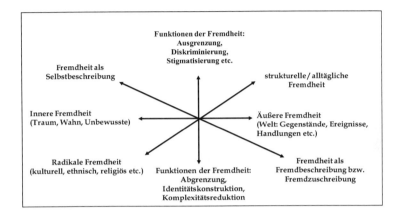

Quelle: Eigene Darstellung

Fremdheit lässt sich zunächst in die Dimensionen von *innen* und *außen* differenzieren. *Innere Fremdheit* bezieht sich, im Sinne von Unzugänglichkeit, auf Phänomene wie Tod oder auf psychische Erlebnisse wie Traum, Wahn oder auf das Unbewusste. Sie ist ein bevorzugtes Thema psychologischer Ansätze. An Freud anknüpfend hat Kristeva versucht, das Unbewusste in die Diskussion über die Fremdheit einzubeziehen. In diesem Zusammenhang plädierte sie dafür, „das Unheimliche aus dem Äußeren" herauszunehmen und es „ins Innere [...] eines potentiell mit Fremden behafteten" Vertrauten zu verlagern (1990: 199). Ihr Leitgedanke lautet: Fremde sind wir uns selbst.

> „Mit dem Begriff des Freudschen Unbewußten verliert die Einbindung des Fremden in die Psyche ihren pathologischen Aspekt und integriert eine zugleich biologische und symbolische Andersheit ins Innere der angenommenen Einheit der Menschen: sie wird integraler Teil des Selbst" (ebd.: 197).

Diese Akzentuierung ist insofern wichtig, da sie nahe legt, dass das Eigene dem Fremden näher steht, als es der alltägliche Wortgebrauch vermuten lässt. Fremdheit erscheint in dieser Perspektive als unauflösbar mit dem Eigenen verknüpft. Eine Orientierung an dieser Perspektive würde die Vorstellung von dem Fremden als Kehrseite bzw. als existentiellen Gegensatz des Eigenen erschweren. Die sozialpsychologische Perspektive impliziert, dass Fremdheitserfahrung zunächst im Selbst entsteht. Nach Freuds Triebtheorie entsteht das Fremde im Umgang mit unlustvollem Erleben, d.h. das Fremde ist alles, was Unlust bereitet. „Das Schlechte, das dem Ich Fremde, das Außenbefindliche, ist ihm zunächst identisch" (Freud 1975: 374). In der psychoanalytischen Sichtweise stellt die Projektion, d.h. die Verlagerung eines Teils, der Unlust bereitet, vom Ich in die Außenwelt, den zentralen Mechanismus der Entstehung des Fremden dar.[98] Demnach dient die Entstehung von Fremdheit der Bewältigung von Konflikten zwischen einem Wunsch nach Befriedigung und einer Abwehrhaltung, welche die Befriedigung dieses Wunsches nicht zulassen kann (s. dazu ausführlicher Quindeau 1999).[99]

Die Bezeichnung ‚äußere Fremdheit' bezieht sich auf Phänomene, die von dem Individuum von *außen* her erfahren wird sowie auf kommunikative Akte der Zuschreibung oder auf Klassifizierung der Welt und der Mitmenschen. Sie hat eine soziale und eine Sachdimension. Im Folgenden wird der Fokus auf ‚äußere Fremdheit' gerichtet sein, die sich wiederum in vier Grundformen gliedern lässt, die für eine soziologische Betrachtung von Belang sind: radikale, definitive, kulturelle und strukturelle Fremdheit.

- Von *radikaler Fremdheit* ist zu sprechen, wenn eine umfassende soziopolitische Ordnung sich in Auflösung befindet und die Individuen mit der Kontingenz sozialer Verhältnisse konfrontiert sind. Mit anderen Worten, radikale Fremdheit stellt sich ein, wenn gesellschaftliche und politische Regeln und Relevanzstrukturen ihre Verbindlichkeit einbüßen und ihre strukturierende Funktion nicht länger erfüllen können (Münkler und Ladwig 1997: 30).

- Die gesteigerte Form der radikalen Fremdheit wird in der Forschungsliteratur auch als *definitive Fremdheit* bezeichnet. Phänomene, Prozesse, Sachverhalte oder Kommunikationsformen sind definitiv fremd, wenn sie

---

[98] Ähnlich argumentiert auch Ulrich Bielefeld, wenn er schreibt, dass das Fremde und das Unbewusste ähnliche Strukturen aufweisen. An dem, was als fremd wahrgenommen und zum Fremden erklärt wird, lassen sich demnach die Strukturen des gesellschaftlichen Unbewussten untersuchen (1998: 99). Die Furcht vor dem Fremden habe seine Ursache nicht primär darin, dass der Fremde sich von seinen jeweiligen Betrachtern radikal unterscheidet, sondern darin, dass er mit seiner Lebensweise an die vergangene Lebensweise der Betrachter erinnert. Der Fremde erzeugt auch deswegen Furcht, weil ihm Fähigkeiten unterstellt werden, welche man selbst gerne gehabt hätte und weil er unliebsame Erinnerungen auslöst, an die man lieber nicht denken möchte (ebd.: 105).

[99] Obwohl diese Einsicht im Folgenden berücksichtigt werden soll, ist die psychologische Dimension von Fremdheit, um es noch einmal zu betonen, nicht das Thema dieser Arbeit. Zwei Punkte können zur Begründung dieser Eingrenzung angeführt werden: Erstens geht es in dieser Arbeit vorwiegend um diejenige Form der Fremdheit, die durch gesellschaftliche Verhältnisse erzeugt werden, d.h. um Fremdheitszuschreibungen. Zweitens gilt es zu beachten, dass es Kristeva mit ihrer Akzentuierung zwar gelingt, den pathologischen Charakter von Fremdheit abzustreifen, bezahlt wird dies jedoch, so bereits Waldenfels, mit einer sich selbst aufhebenden Verallgemeinerung (1999b: 28).

sich einer hermeneutischen Durchdringung prinzipiell verschließen (ebd.: 31). Ein Fall definitiver Fremdheit wäre der Tod, der sich einer kognitiven Erfassung vollständig entzieht. Definitive Fremdheit wird auch als ein kommunikatives respektive ideologisches Mittel zur Konstatierung einer wesenhaften Nichtzugehörigkeit eingesetzt, die zur Legitimation von Ausschlussprozessen herangezogen werden könnte. Von definitiver Fremdheit ist zu sprechen, wenn die Nichtzugehörigkeit eines Individuums von keiner umfassenden Zugehörigkeit gerahmt ist. Diese beiden Formen der Fremdheit sind von ethischer und politischer Brisanz, weil es dabei um Rechtfertigung von Exklusion oder Inklusion geht.

- Von *kultureller Fremdheit* ist zu sprechen, wenn Individuen oder Gruppen Fremdheit zugeschrieben wird, die aufgrund kultureller Differenzen oder aufgrund ihrer Orientierung an andere „Regeln und Relevanzstrukturen" (Alfred Schütz, siehe Teil II, Abschn. 4.4) auffallen. Anzumerken ist, dass die radikal, strukturell und kulturell Fremden prinzipiell nicht zur geteilten ‚moralischen Gemeinschaft' (Max Weber) gehören. Sie sind ‚die Fremden', gegenüber denen erlaubt ist, was unter Freunden und Gleichen perhorresziert ist.[100] Zu erwähnen ist, dass der Ausschluss aus der ‚„moralischen Gemeinschaft' in der Zuschreibung radikaler und definitiver Fremdheit stärker ausfällt als in der Zuschreibung von kultureller Fremdheit. Im Falle der alltäglichen bzw. lebensweltlichen Fremdheit fällt die moralische Degradierung gänzlich aus.[101]

- Bei der *strukturellen Fremdheit* geht es um eine Typisierung des unvertrauten Anderen nach sozialen Rollen: als Bäcker, Rechtsanwalt, Arzt usw. Ein Hauptmerkmal der strukturellen Fremdheit ist, wie Münkler und Ladwig anmerken, die „Anwesenheit anderer Menschen bei Abwesenheit von Interaktionen mit diesen Menschen" (1997: 29). Strukturelle Fremdheit, die durch Erlernen und Eingewöhnung aufhebbar ist, unterscheidet sich von radikaler, definitiver und kultureller Fremdheit dadurch, dass sie innerhalb eines intakten Ordnungsgefüges erlebt wird (ebd.: 30).

---

[100] Weber diskutierte die Doppelmoral im Zusammenhang mit Juden, die „als Pariavolk [...] die doppelte Moral [bewahrten], welche im Wirtschaftsverkehr jeder Gemeinschaft urwüchsig ist. Was ‚unter Brüdern' perhorresziert ist, ist dem Fremden gegenüber erlaubt" (1980: 369).

[101] Die Normalisierungsthese wird in systemtheoretischen Ansätzen thematisiert. Normalisierung besagt, dass der Fremde im Alltag keine Irritation hervorruft und Fremdheit keinen Anlass zum Solidaritätsentzug gibt. Hauke Brunkhorst konstatiert, dass im Zuge der funktionalen Differenzierung ein „evolutionäre[r] Sprung von der Solidarität unter Freunden zur Solidarität unter Fremden" (1997: 10) stattgefunden habe. Als Beispiel für die ‚Solidarität unter Fremden' verweist er auf das rechtlich institutionalisierte ärztliche Handeln. An ihm lasse sich vorzüglich zeigen, „wie Solidarität unter Fremden in komplexen Gesellschaften auch dann noch organisierbar bleibt, wenn wir uns nicht auf die Kraft moralischer Motive verlassen oder auf die Hilfsbereitschaft derer, die uns nahestehen, zählen können" (ebd.: 75).

Zu ergänzen ist, dass die oben diskutierten Grundformen der Fremdheit in konkreten Fällen nicht isoliert, sondern oft gemeinsam auftreten, ihre Grenzen fließend sind und ihre Kombinationen von Fall zu Fall variieren. Bei der Fremdheitszuschreibung handelt es sich also um eine soziale Klassifikation, die sich aus folgenden Strukturelementen zusammensetzen:

- *Entindividualisierung und Typisierung*: Fremdheitszuschreibungen wohnt eine entindividualisierende Tendenz inne; der Fremde wird nicht als Individuum, sondern als zu einem bestimmten Typus zugehörig wahrgenommen (Bergmann 2001: 40).

- *Substantialisierung, Abstraktion und Reduktion*: bei Fremdheitszuschreibungen wird die betroffene Person, von allen anderen Merkmalen abgesehen, unter einem einzigen Gesichtspunkt beurteilt. Entweder ihre ungewohnte Hautfarbe, ihre unverständliche bzw. gebrochene Sprache, ‚exotische' Essgewohnheiten oder kulturelle Gepflogenheiten dienen als identitätsstiftende Merkmale. „Das fremdheitskonstituierende Merkmal wird auf diese Weise zum Wesensmerkmal überhöht, hinter das andere Differenzierungen weitgehend zurücktreten" (ebd.: 41).

- *Moralische Degradierung*: Typisierungen, Substantialisierungen und Abstraktionen dienen vielfach dazu, „dem Fremdem eine moralisch zweifelhafte Qualität zuzuschreiben, ihn in seiner *moralischen Identität* herabzustufen, ihn als Abweichler zu stigmatisieren" (ebd.: 42).

Festzuhalten bleibt, dass der Fremdheitsbegriff nicht nur ein praktisches Hilfsmittel zur Darstellung der Welt ist, sondern gleichzeitig zur Hervorbringung dieser Welt beiträgt. Bei Klassifikationen, die in Sozialwissenschaften benutzt werden, handelt es sich nicht nur um „indifferente", sondern zugleich um „interaktive Arten".[102] In den Sozialwissenschaften geht jede Klassifikation mit einer bestimmten Form von Aus- und Einschließung einher (Hacking 2002: 175). Vor diesem Hintergrund ist die Frage vom prinzipiellen Interesse, ob die Begriffe Fremde und Fremdheit notwendigerweise die Konnotation eines substantiellen Unterschieds zwischen ‚Wir' und ‚die Anderen' implizieren (vgl. Terkessidis 2004: 50) und mit welcher Art der Aus- und Einschließung sie einhergehen.

---

[102] Zur Unterscheidung zwischen einer indifferenten und interaktiven Klassifikation vgl. Hacking (2002). Er weist darauf hin, dass „die in den Naturwissenschaften benutzten Klassifikationen indifferente Arten betreffen, während es sich bei den in den Sozialwissenschaften gebrauchten Klassifikationen meistens um interaktive Arten handelt." (Ebd.: 171) Bei natürlichen Arten wie Schwefel, Pferd, Tiger usw. handelt es sich um indifferente Arten. „Indem ich bestreite", so Hacking weiter, „daß *Pferd* eine interaktive Art ist, leugne ich nicht, daß Personen und Pferde interagieren. Vielmehr behaupte ich, daß es für die Pferde keinen Unterschied macht, daß sie als Pferde klassifiziert werden." (Ebd.: 169)

3.4 Weisen der Überwältigung des Fremden

Überwältigungsbemühungen gehören zu den Grundzügen der Geschichte der Fremdheitsproblematik und der sozialwissenschaftlichen Thematisierungen. Wichtige Hinweise zur wesentlichen Formen dieser Überwältigungsbestrebungen lassen sich exemplarisch in Waldenfels' Schriften finden. Die Überwältigung des Fremden habe seit der Neuzeit um zwei Pole gekreist, nämlich um das eigene Ego und um den ‚allgemeinsamen' Logos: „Das Fremde ist bedroht durch Rückführung auf das Eigene und durch Eingliederung in ein Ganzes, wobei beide Instanzen, das Ego und der Logos, sich vielfach verbünden" (Waldenfels 1995b: 52). Egozentrismus, Ethnozentrismus und Logozentrismus gehören zu den Grundformen von Überwältigungsbestrebungen, wobei es entweder um eine Zentrierung auf das Selbst (Egozentrismus), auf die eigene Ethnie (Ethnozentrismus) oder auf die Vernunft (Logozentrismus) geht. Der Logozentrismus wiederum setzt, anders als Ego- und Ethnozentrismus, auf ein „Eigenes und Fremdes übergreifendes Allgemeines" (Waldenfels 1999b: 49). Während in Ego- und Ethnozentrismus das Fremde auf das Eigene zurückgeführt wird, werden im Logozentrismus „Eigenes und Fremdes einem Allgemeinsamen eingegliedert" (ebd.). Im Hintergrund dieser „Zentrismen" stehe eine „spezifische Form des *Eurozentrismus*", der das Wunder bewerkstellige, „im Eigenen das Allgemeine und im Allgemeinen das Eigene" (Waldenfels 1995b: 52) zu finden. Auch die Universalismus/Kulturalismus-Kontroverse (s. dazu Gutmann 1995) sei nicht in der Lage, den Bann der Überwältigung zu brechen:

> „Ob man ein Makrozentrum oder eine Vielzahl von Mikrozentren ansetzt, um Zentrierung handelt es sich allemal. Ob man die Vergleichbarkeit von Lebens- und Kulturformen betont oder deren Unvergleichbarkeit, man hält sich hier wie dort an das *Vergleichen*, also an ein Gleichmachen, das den Unterschied zwischen Eigenem und Fremdem einebnet" (Waldenfels 1995a: 618f.).[103]

Waldenfels zählt ökonomische Formen der Überwältigung des Fremden zu den effektivsten, die von der Ausscheidung des Fremden bis hin zu seiner

---

[103] Waldenfels' Annahme, dass Vergleichen einem Gleichmachen und einer Einebnung der Unterschiede gleichkomme, ist nicht nur irreführend, sondern auch unzutreffend. Das Vergleichen ist nicht nur eine fruchtbare Methode der Erkenntnisgewinnung, der Interpretation und des Verstehens von Ereignissen, Prozessen, Zusammenhängen und Handlungen, sondern auch der intersubjektiven Verständigung. Daher sollte das ‚Vergleichen' als eine Methode der Erkenntnisgewinnung und der Verständigung nicht voreilig fallengelassen werden. Kritisch zum Eurozentrismus bzw. zur Kritik an Eurozentrismus vgl. Lambrecht (1996: 58). Es gilt vielmehr, bei einem konkreten Vergleich beispielsweise zweier ‚Kulturen' darauf zu achten, ob Differenzen, Heterogenität und Pluralität innerhalb eines vorgestellten Kulturkreises vernachlässigt, verdrängt oder der betreffende ‚Kulturkreis' als eine homogene Einheit betrachtet und beschrieben wird. Zu einer weiterführenden Diskussion der Problematik des Vergleichens im Zusammenhang mit der Inter- vs. Intrakulturalitätsproblematik vgl. a. Onuki (1997: 83f.).

Vernichtung reichen. Überwältigung des Fremden erweist sich auf Dauer entweder als eine wirksame Form der Abwehr, indem sie verspricht, das Fremde zu wahren, tatsächlich aber das Fremde instrumentell verarbeitet und absorbiert (Waldenfels 1999b: 49). Zusammenfassend können in Anlehnung an Waldenfels vier Überwältigungsformen unterschieden werden:

(1) Herunterspielen des Gegensatzes von Eigenem und Fremdem;
(2) Aufhebung des Gegensatzes von Eigenem und Fremdem in einer angeblich universalen Ordnung;
(3) Überbewertung des Gegensatzes von Eigenem und Fremdem als Motor einer Gesamtentwicklung, die einer Versöhnung zustrebt und
(4) Entschärfung des Gegensatzes von Eigenem und Fremdem durch einen Rekurs auf universale Normen (ebd.: 52).

Während Waldenfels darauf hinweist, wie theoretische Reflexionen über Fremde und Fremdheit mit Überwältigungsstrategien einhergehen können, macht die britische Theoretikerin Sara Ahmed auf weitere Ambivalenzen aufmerksam. Sie verweist auf drei diskursive Überwältigungstendenzen: Idealisierung, Fetischisierung und Ontologisierung.

Zur Illustration von *Idealisierungstendenzen* verweist Ahmed auf Kriminalitäts- und Multikulturalismusdiskurse, welche gegensätzliche Haltungen gegenüber der Fremdheit und dem Fremden an den Tag legen. In den Kriminalitätsdiskursen werden Fremde in Verbindung mit Kriminalität, Gewalt und Unordnung dargestellt und für die aktuellen Gefährdungen der eigenen Gesellschaft für verantwortlich erklärt. In Multikulturalismusdiskursen dagegen werden Fremdheit und Fremde mit Vielfalt, Toleranz und friedliches Miteinander in Verbindung gebracht und als Ursache von Differenz, Vielfalt, Kreativität und Pluralität zelebriert. Diese vermeintlich gegensätzliche Haltungen des Ausstoßens und des Begrüßens von Fremden und Fremdartigen läuft jedoch auf dasselbe hinaus: Durch die Stigmatisierung (im Kriminalitätsdiskurs) und Zelebrierung (im Multikulturalismusdiskurs) werden Menschen sichtbar gemacht und zu ihrer Markierung als Fremde Vorschub geleistet bzw. zur Legitimierung bestehender Fremdheitszuschreibungen und Statuszuweisungen beigetragen (Ahmed 2000: 4). Gegenüber dem Versuch, das Irritationspotential von Fremdheit und Fremden durch eine *Ethik der Alterität* (Bauman) zu entschärfen, wendet sie zu Recht ein, dass solche Bestrebungen bestenfalls gegen Kriminalitätsdiskurse, nicht aber gegen Multikulturalismusdiskurse greifen können (ebd.: 4).

Unter *Fremdenfetischismus* versteht Ahmed eine Denkgewohnheit, welche verkennt, dass Menschen zu Fremden gemacht werden, d.h. dass Fremde von sozialen Beziehungen, Fantasien und institutionellen Praktiken hervorgebracht werden: „Stranger fetishism is a fetishism of figures: it invests the figure of the stranger with a life of its own insofar as it cuts ‚the stranger' off from the histories of its determination" (ebd.: 5).

Der Begriff *Ontologisierung* bezieht sich auf jene Tendenz innerhalb der Sozialwissenschaften, die Fremden als grundlegende Konstituenten der Gesellschaft vorzustellen, als wären sie eine abgegrenzte Gruppe, die unabhängig „von der sprachlichen Bezugnahme" existiert (ebd.: 3). Damit gerät aus dem Blick, so Ahmed zu Recht, dass es ‚den Fremden' unabhängig von Erfahrungen, Zuschreibungen und gesellschaftlichen Statuszuweisungen nicht gibt.[104] Als ein weiteres Beispiel für die Ontologisierung des Fremden weist sie auf eine Definition von Bülent Diken hin, der in seiner Studie »*Strangers, Ambivalence and Social Theory*« den Begriff des Fremden auf Immigranten, Ausländer und Flüchtlinge bezieht (1998: 123). „This extraordinary statement highlights the problems with granting the stranger the status of a figure which has a referent in the world: it functions to elide substantive differences between ways of being displaced from ‚home'" (Ahmed 2000: 5).

Diese von Ahmed zu Recht kritisierte Perspektive ist insofern problematisch, als sie die soziale Situation des Fremdseins durch Migrationserfahrung bzw. -hintergrund erklärt und dadurch die Mechanismen von Fremdheitszuschreibungen und gesellschaftlichen Statuszuweisungen aus dem Blick verliert. Fremdheit wird Individuen oder sozialen Gruppen nicht zugeschrieben, weil sie Neuankömmlinge sind. Außerdem sind Immigranten, Ausländer und Flüchtlinge nicht immer von Fremdheitszuschreibungen betroffen: Nach dem Zweiten Weltkrieg wanderten z. B. Millionen von Flüchtlingen aus Osteuropa in die Bundesrepublik Deutschland, die weder in der Öffentlichkeit, in den Medien noch im Alltag als Fremde (im Sinne von nichtzugehörig zum vorgestellten ‚Wir' oder zur ‚moralischen Gemeinschaft') wahrgenommen wurden. Die Gleichsetzung von Fremden mit Immigranten, Ausländern und Flüchtlinge impliziert eine Verdinglichung des Fremden, weil dadurch ‚die Fremden' als reale Gruppe, als „Dinge-in-der-Welt" und nicht als „Perspektiven auf die Welt" betrachtet werden (vgl. Brubaker 2007: 13).

---

[104] Gleichwohl sollte dies nicht dahingehend verstanden werden, dass jede Form der Fremdwahrnehmung, d.h. Wahrnehmung von Menschen, Gegenständen oder Gedanken, auf Zuschreibungs- und Kategorisierungsakte zurückzuführen sind. Wenn hier argumentiert wird, dass ‚die Fremden' und ‚die Fremdheit' nicht unabhängig von der sprachlichen Zuordnung vorgestellt werden können, werden sie nicht im Sinne des Unvertrauten bzw. individueller Furcht vor dem Unbekannten, sondern im Sinne einer sozialen, kulturellen und politischen Kategorisierung gemeint.

3.5 Schlussfolgerungen

Ausgangspunkt dieses Kapitels war die Kontroverse um die analytische Relevanz der Begriffe Fremdheit und Fremde. Nach einer Erörterung ihrer Unzulänglichkeiten wurde für eine Substitution mit der Trias Fremdheitszuschreibung, Fremdheitserfahrung und gesellschaftliche Statuszuweisung plädiert. Darüber hinaus wurde auf die gegensätzlichen Intentionen von Fremdheitszuschreibungen hingewiesen und eine weitere Differenzierung vorgenommen, um ihre Bedeutungen abzugrenzen. Im weiteren Verlauf der Arbeit richtet sich daher das Hauptaugenmerk auf die Fremdheitszuschreibungen im Sinne von sozialen Klassifikationen und Kategorisierungen, welche auf Typisierung, Entindividualisierung, Substantialisierung, Abstraktion, Reduktion und moralische Degradierung beruhen.

Erörtert wurden auch objektivistische und subjektivistische Definitionsversuche sowie ihre Grenzen. Weder durch einen Rückgriff auf ‚natürliche‘ und ‚primäre Differenzen‘ noch auf ‚fluide, wechselhafte, temporäre und willkürliche Konstruktionsakte‘ lassen sich Fremdheitszuschreibungen verstehen. Die natürlichen und primären Differenzen sind notwendige, aber nicht hinreichende Bedingungen von dauerhaften Fremdheitszuschreibungen; dementsprechend sollen im Folgenden sowohl subjektive als auch objektive Aspekte in die Analyse der Fremdheitsproblematik einbezogen werden.

Im folgenden Kapitel sollen nun exemplarisch anhand der Klassiker der Soziologie die grundlegenden Aspekte und Strukturelemente der Fremdheitsproblematik erläutert werden. Es geht also um die Fremdheit im Sinne von negativen Fremdheitszuschreibungen, aus denen sich praktische Konsequenzen für die Betroffenen ergeben. Zur Orientierung dient dabei die Frage, wie und durch welche Mechanismen und Handlungsvollzüge Menschen sichtbar gemacht und als fremd markiert werden.

4. Strukturelemente der Fremdheitsproblematik

4.1 Ursprung und Entwicklung des Begriffs

Die Klassiker der Soziologie von Georg Simmel über Robert Ezra Park, Alfred Schütz bis Norbert Elias, welche die Fremdheitsproblematik in die Soziologie eingeführt und weiterentwickelt haben, blieben der Erfahrungssituation des späten 19. und frühen 20. Jahrhunderts verhaftet. Daher erscheint es sinnvoll, der Begriffsgeschichte eine Vergegenwärtigung des historischen Kontextes voranzustellen. Ein Stichwort, unter dem dieser Kontext verhandelt werden kann, ist Krise, die durch die Große Transformation (Polanyi) hervorgerufen wurde. Diese bezeichnet die Entstehung des industriellen Kapitalismus und die Entwicklung der bürgerlichen Gesellschaft. Im Zuge der industriellen Revolution lösten sich sowohl die vormodernen Sicherungssysteme, als auch die familiären und nachbarschaftlichen Netzwerke auf und erzeugten eine bis dahin unbekannte soziale Unsicherheit. Das Irritationspotential, welches die Fremdheitsproblematik während dieser Zeit hervorgerufen hat, lässt sich auf die Ängste und Interessen, die diese *große Transformation* ausgelöst hat, zurückführen. An die Stelle der vormodernen sozialen Zusammenhänge und Netzwerke zur Absicherung bzw. Abfederung von sozialen Verwerfungen traten allmählich die modernen sozialen Sicherungssysteme, die durch und um den (Sozial-)Staat organisiert wurden (vgl. Castel 2008).

Der Aufstieg des Industriekapitalismus wurde vom Nationalismus begleitet, welcher in der „organisierten Moderne" (vgl. Wagner 1995) der Staats- und Nationsbildung als Legitimationsstütze zur Seite gestellt wurde, war – programmatisch wie historisch – ein territorialer Nationalismus. Die Standardversion dieser territorial konzipierten nationalen Ideologie und Programmatik basierte auf dem Modell des territorialen Staates der Französischen Revolution (Hobsbawm 1987: 147). Nach der herrschenden Auffassung dieser Zeit war es der Staat, der die Nation konstruierte und nicht umgekehrt (Hobsbawm 1987: 148). Xenophobie, nationalistische Reaktionen und Hysterien waren häufig die Folgen für Nations- und Nationalstaatsbildung. Hobsbawm bezeichnet in »*Age of Empire*« (1987) die zweite Hälfte des 19. Jahrhunderts als eine klassische Ära der Xenophobie und der nationalistischen Reaktion gegen Fremde. Die Gründe hierfür sieht er in der massiven sozialen Mobilität, der Migration und in den sozialen Spannungen, die diese Zeit kennzeichneten (ebd.: 152). Hobsbawm macht weiter auf die für diese Zeit charakteristische positive Auffassung von Assimilation aufmerksam:

> „‚Assimilation' for most of the nineteenth century was far from a bad word: it was what vast numbers of people hoped to achieve, especially among those who wanted to join the middle classes. One obvious reason why numbers of some nationalities refused to ‚assimilate' was because they were not allowed to become members of the official nation" (ebd.: 151).

Die Ära des Hochimperialismus (1875-1914, vgl. Hobsbawm 1987), die den Erfahrungshorizont der Klassiker der Soziologie des Fremden ausmacht, bildet eine wichtige Übergangsphase in zweierlei Hinsichten: Zum einen den Übergang von einer liberalen Epoche relativer ‚Staatsfreiheit' im europäischen Wanderungsgeschehen zur protektionistischen staatlichen Migration- und Arbeitsmarktpolitik:

> „In den im Industrialisierungsprozeß fortgeschritteneren europäischen Nationalstaaten Mittel- und Westeuropas wurde das Verhältnis von Staat, Wirtschaft und Gesellschaft auf dem Weg zum organisierten Kapitalismus zeit-

gleich überformt durch die neue Struktur des modernen Interventionsstaats. Sie entfaltete sich seit der Wende vom Liberalismus zum Protektionismus in den 1870er/80er Jahren: Auf der einen Seite standen wirtschaftliche Interventionen. Dazu gehörten die staatlichen ‚Schutzzölle' auf den nationalen Binnenmärkten ...[zum] ‚Schutz der nationalen Arbeit' gegen ausländische Billigprodukte [...] Auf der anderen Seite standen Interventionen im gesellschaftlichen Bereich. Am wichtigsten war hier die Herausbildung der nationalstaatlichen Wohlfahrtsagentur, die später ‚Sozialstaat' genannt wurde. Der Weg dahin führte nicht nur zu einer verstärkten Trennung der Ansprüche von eigenen und ausländischen ‚Staats-Angehörigen' (Bade 2002: 210).

Zum anderen ist dieses Zeitalter des Hochimperialismus gekennzeichnet durch die Abwendung von „nationalrevolutionären Ideen" und Hinwendung zu einem „ethnischen Nationalismus" (ebd.: 186, s. dazu a. Hobsbawm 1998). Die nationale Idee implizierte am Anfang des 19. Jahrhunderts den Traum von der Einheit und Freiheit friedlicher Völkergemeinschaften. Im Zeitalter des Imperialismus steigerten sich die nationalen Ideen in Weltanschauungen und Ideologien bis hin zu aggressiven nationalistischen Vorstellungs- und Bewertungsmustern mit doppelter Funktion: *Erstens* zur innenpolitischen Befriedung und Stabilisierung herrschender gesellschaftlicher Strukturen unter dem Hinweis auf latente oder akute Gefahren für die Nation von außen; *zweitens* zur Legitimation eines *sacro egoismo* bei der machtpolitischen Vertretung ‚nationaler Interessen' nach außen. Dem ethnischen Nationalismus wurde im frühen 20. Jahrhundert ein „imperialer Darwinismus" zur Seite gestellt, der die internationalen Beziehungen „ins Licht eines nationalen Existenz- bzw. Überlebenskampfes" rückte (ebd.: 209).

Der Nationalismus des frühen 19. Jahrhunderts schuf einen neuen Typus des Fremden: den *politischen Flüchtling*. Mitglieder und Aktivisten nationaler, demokratischer und liberaler Bewegungen wurden verfolgt wegen ihrer politischen Überzeugungen und Aktivitäten. Der ethnische Nationalismus im späten 19. und frühen 20. Jahrhundert brachte den Typus des *Vertriebenen* hervor, der für etwas verfolgt wurde, was er nach Einschätzung seiner Verfolger war (ebd.). Als sich mit Simmel die Soziologie sich der Fremdheitsproblematik annahm, befand diese sich bereits in den meisten europäischen Staaten auf der politischen Tagesordnung.

Mit dem ‚Exkurs zum Fremden' von Georg Simmel (1992, zuerst 1904) findet die Fremdheitsproblematik Eingang in die Soziologie. Andere Klassiker der Soziologie (s. Kaesler 1999) wie Weber oder der Wirtschaftswissenschaften wie Werner Sombart wandten sich der Fremdheitsproblematik im Zusammenhang mit der Ethik, d.h. als eine exklusive ‚Sondergemeinschaft' mit einer Binnen- und Außenmoral sowie im Zusammenhang mit dem kapitalistischen Unternehmertum. Beide interessierten sich für die Thematik jedoch

nur für kurze Dauer; einen theoretischen Ansatz zur gesellschaftlichen Konstruktion des Fremden haben beide nicht formuliert. Der Fremdentypus ist für
Sombart allein wegen seiner „Eignung zum kapitalistischen Unternehmer"
interessant (Bielefeld 2001: 27). Er porträtiert den Fremden in knappen Ausführungen als das bindungslose, und daher schrankenlose, kühne und wage-
mutige kapitalistische Wirtschaftssubjekt par excellence. Für Sombart (1987)
ist der soziale Typus des Fremden lediglich bezüglich seiner Anschlussfähig-
keit zum ‚Fremdkapital' bedeutsam.[105]

Ulrich Bielefeld hält es für möglich, aus den verschiedenen Texten von
Max Weber „eine implizite Theorie des Fremden" herauszuarbeiten (Bielefeld 2001: 28). Für Weber sind Beziehungen zwischen der Mehrheit und den
Minderheiten bzw. zwischen den Einheimischen und Fremden in erster Linie,
wie später auch für den Soziologen Norbert Elias (s. Teil II, Abschn. 4.5),
Macht- und Herrschaftsbeziehungen. Aus der Unterdrückung der Minder-
heitsgruppe durch die Mehrheit entstehen Ressentiments, welche die Mitglieder der Minderheit auf Rache sinnen lassen, zur Veränderung der Machtver-
hältnisse motivieren und sie als Gruppe zusammenhalten. Aus Webers Überlegungen zum deutschen Großmachtstaat lässt sich, so Bielefeld, eine implizite Erklärung für die Konstruktion des Fremden gewinnen (ebd.: 29).

Weber und Sombart wurden in späteren soziologischen Ansätzen von
Park, Schütz oder Elias kaum berücksichtigt. Außerdem wurden die von Weber angesprochenen Aspekte von Elias ausführlicher thematisiert. Daher wird
in dieser Arbeit auf eine ausführliche Beschäftigung mit Weber und Sombart
verzichtet. Sinnvoller ist es, statt Weber Elias zu diskutieren. Diesen Autoren
kommt das Verdienst zu, den Diskurs über den Fremden nachhaltig geprägt
und die grundlegenden Aspekte und Strukturelemente der Fremdheitsproblematik erörtert zu haben.

Im Folgenden wird zunächst auf *Simmel* genommen, um die Frage nach
dem Zusammenhang von Raum und Fremdheit zu diskutieren. Simmels‘
raumsoziologischer Ansatz sieht Fremdheit im Verhältnis von Raumgestaltungen und sozialen Vorgängen begründet (4.2). Im folgenden Abschnitt
wird anhand *Parks* stadt- und kultursoziologischen Ansatzes der Zusammenhang von Kultur und Fremdheit erörtert, der in Simmels Ansatz vernachlässigt wird (4.3). Anschließend soll exemplarisch an *Schütz'* Ansatz die Frage

---

[105] Diesbezüglich heißt es bei ihm: „Und der Fremde ist durch keine Schranke in der Entfaltung
seines Unternehmergeistes gehemmt, durch keine persönlichen Rücksichten: in seiner Umgebung, mit der er in geschäftliche Beziehungen tritt, stößt er wieder nur auf Fremde. Und unter
Fremden sind überhaupt zuerst gewinnbringende Geschäfte gemacht worden, während man dem
Genossen half: zinstragende Darlehen gibt man nur dem Fremden, sagt noch Antonio zu Shy-
lock, denn nur vom Fremden kann man Zinsen und Stammsumme rücksichtslos zurückfordern,
wenn sie nicht bezahlt werden" (Sombart 1987: 887).

nach dem Zusammenhang von Fremdheit und Gruppenbildungsprozessen sowie Wissens- und Relevanzstrukturen der Ankunftsgesellschaft erörtert werden (4.4). Ziel des folgenden Abschnittes ist eine theoretische Erörterung des Zusammenhangs von Fremdheit, Machtdifferenzen und reflexive Interessen anhand der Etablierten-Außenseiter-Theorie von *Elias* (4.5). Das Kapitel schließt mit einem Zwischenresümee (4.6.).

4.2 Der Fremde als potentieller Wanderer

Raumtheoretische Typenbildung

Simmel thematisierte die Fremdheitsproblematik aus einer raumtheoretischen Perspektive und im Rahmen einer Modernisierungs- und Individualisierungstheorie. Seine theoretischen Reflexionen waren geleitet durch die Annahme eines engen Zusammenhanges zwischen „Raumgestaltungen und sozialen Vorgängen" (Simmel 1995c: 201).[106] In seinem Beitrag zu *‚Soziologie des Raumes'* (zuerst 1903) schreibt Simmel:

> „Die Nähe oder die Entfernung, die Ausschließlichkeit oder die Vielfachheit, die das Verhältnis der Gruppe zu ihrem Grund und Boden aufweist, ist deshalb vielfach die Wurzel und das Symbol ihrer Struktur" (1995b: 138).

Simmel betont in seiner Raumsoziologie den Zusammenhang von Raumgestaltungen und Vergesellschaftungsformen. Der Begriff Vergesellschaftung soll die Dynamik und Prozesshaftigkeit des Sozialen hervorheben,[107] um auf diese Weise eine substantialistische Vorstellung der Gesellschaft zu vermeiden.[108] Dieser Perspektivenwechsel ermöglicht es, die Gesellschaft als ein so-

---

[106] Simmels ‚Exkurs über den Fremden' ist ein Unterabschnitt des Kapitels „Raum und die räumlichen Ordnungen der Gesellschaft" seiner »*Soziologie. Untersuchungen über die Formen der Vergesellschaftung*« (zuerst 1908). Darin wird die Bedeutung der Raumkonfiguration für die Vergesellschaftungsform im Allgemeinen und für die Bestimmung des Fremden im Besonderen betont (Simmel 1992). An anderer Stelle heißt es: „Zunächst sind es einige Grundqualitäten der Raumform, mit denen Gestaltungen des Gemeinschaftslebens rechnen" (Simmel 1995b:134). Vgl. dazu a. den Aufsatz ‚Soziologie des Raumes' aus dem Jahre 1903 (ebd.).

[107] Zentral für Simmels Soziologie ist auch der Begriff der Wechselwirkung. „[A]ls regulatives Weltprinzip müssen wir annehmen, daß Alles mit Allem in irgendeiner Wechselwirkung steht, daß zwischen jedem Punkte der Welt und jedem andern Kräfte und hin- und hergehende Beziehungen bestehen." (Simmel 1890: 13) Er versteht die Soziologie dementsprechend nicht als die Wissenschaft von der Gesellschaft, sondern von den Vergesellschaftungsformen und -prozessen. Der Zusammenhang zwischen Vergesellschaftung und Wechselwirkung besteht hierin: Von der Vergesellschaftung lässt sich dort sprechen, wo mehrere Individuen in Wechselwirkung zueinander treten und durch ihr soziales Handeln soziale Einheiten zustande bringen, die sich von anderen sozialen Einheiten abgrenzen lassen (vgl. hierzu a. Loycke 1992: 111).

[108] ‚Substantialistisch' ist eine Denkweise, welche die Eigenschaften, „die für bestimmte Individuen oder Gruppen einer bestimmten Gesellschaft zu einem bestimmten Zeitpunkt kennzeichnend sind, als substantielle, ein für allemal in irgendeinem biologischen [...] oder kulturellen *Wesen* angelegte Merkmale" behandelt (Bourdieu 1998: 16).

ziales Makrogebilde, d.h. als die Gesamtheit von Wechselwirkungen, vorzustellen, das einem „immerwährenden Wandel in den Wünschen, Interessen
und Zielen von Individuen und sozialen Gebilden" (Korte 1995: 89) unterworfen ist.

Simmel nahm an, dass bei einem bestimmten historischen Stadium ein
Übergang von der Vergesellschaftung nach Bluts- und Stammesverwandt-
schaftsprinzip zum Raum- und Territorialprinzip als primäre Differenzierungsform stattfinde. Dies hat zur Folge, dass die Hauptkonfliktlinie der
menschlichen Existenzweise nicht mehr zwischen Stämmen und Blutsver-
wandten verläuft, sondern zwischen sesshaften und mobilen Gruppen. Erst
durch diesen Übergang wird der Raumbezug zum wichtigen Faktor der Zuschreibung und des Erlebens von Fremdheit (vgl. Simmel 1995c: 201 f.).

Zur Veranschaulichung dieses von ihm postulierten Zusammenhangs zwi-
schen dem Raum und der Vergesellschaftungsform verweist Simmel auf ein
historisches Beispiel: auf den Konflikt zwischen Nomaden und Sesshaften.
Die räumliche Mobilität und Zerstreuung der Gruppe stelle die strukturelle
Bedingung für die soziale Abwertung und den Machtverlust von Frauen dar.
Ein weiteres Beispiel zur Illustration der Wechselwirkung von Raum- und
Vergesellschaftungsform verkörpere die für das Nomadentum wesentliche
männliche Leitung des Nahrungserwerbs. Simmel interpretiert es als eine wesentliche Grundlage für den männlichen Despotismus im Nomadentum. Der
mangelnde Rückhalt am Boden, die räumliche Zerstreuung und die hohe
„Mobilität des Besitzes" würden Nomadenstämme zu Subjekten und gleichzeitig zu Objekten des Räubertums machen. Damit werde das tägliche Leben
als etwas Labiles und Wurzelloses wahrgenommen, was wiederum die Sehnsucht nach charismatisch autoritären Führerpersönlichkeiten beflügelt (Simmel 1995b: 167 f.).

Simmel überträgt diese Dichotomie der Mobilität vs. Fixiertheit auf die Situation des Fremden und charakterisiert in ‚Exkurs zum Fremden'[109] den
Fremden durch das Merkmal der räumlichen Mobilität. Doch sein Interesse
gilt nicht dem aktuellen, sondern dem potentiell Wandernden. Fremde ist daher nicht derjenige,

---

[109] Dieser kurze, aber in seiner Bedeutung kaum zu überschätzende Exkurs wird von Almut Loycke treffend als ein intellektueller Ausdruck von Simmels gesellschaftlicher Schlüsselerfahrung
gedeutet. Der Fremde ist in Simmels Ansatz der Freiere und der Objektivere, der seinen nüchter-
nen Blick mit dem Preis, ein einfaches Angriffsziel der ihn umgebenden Gesellschaft zu sein,
bezahlen muss. Loycke weist darauf hin, dass diese Feststellung auch auf seine eigene Lebensge-
schichte zutraf. Obwohl Simmel ein Berliner und deutscher Staatsgehöriger war, fühlte er sich
aufgrund der Ressentiments seiner Universitätskollegen als Fremder (Loycke 1992: 111f.) Er
war ein Abkömmling der zweiten Generation einer assimilierten und christlich getauften jüdischen Familie, dem später eine Karriere als deutscher Universitätsprofessor verweigert wurde.

„der heute kommt und morgen geht, sondern [...] [der], der heute kommt und morgen bleibt – sozusagen der potenziell Wandernde, der, obgleich er nicht weitergezogen ist, die Gelöstheit des Kommens und Gehens nicht ganz überwunden hat" (Simmel 1992: 764).

Soziologisch bedeutsam ist für Simmel nicht der Wanderer, der von einem Ort zum nächsten weiterzieht, sondern der Gast, der sich in einem Ort niederlässt. Denn erst dadurch baut sich jene Spannung auf, die Simmel als Einheit von Nähe und Ferne bezeichnet (ebd.: 765). Unter Fremdheit versteht er dementsprechend ein soziales Verhältnis zwischen Einheimischen und Neuankömmlingen, die sich in einem Ort dauerhaft niederzulassen beabsichtigen, und einen sozialen Status, der Zugehörigkeit und Nichtzugehörigkeit kombiniert. In der oben zitierten Definition hebt Simmel drei Grundmerkmale des Fremdseins hervor: Gleichzeitigkeit von räumlicher Beweglichkeit und sozialer Mobilität, Spannung zwischen Nähe und Distanz sowie Innen und Außen. Das Verhältnis der Einheimischen zu dem Fremden ist einerseits durch soziale Distanz charakterisiert: Da der Fremde aus der Ferne kommt, symbolisiert er die Gelöstheit aus lokalen sozialen Zusammenhängen und erinnert mit seiner Ankunft an die Zerbrechlichkeit der Sicherheit, der Einheit und der Abgeschirmtheit, die Einheimische mit ihrem Ort assoziieren. Andererseits aber steht der Fremde den Einheimischen nahe: Er ist keine Randfigur, der unter sozialer Beziehungslosigkeit leidet, sondern „ein Element der Gruppe selbst" (ebd.). Der soziale Status des Fremden verweist also auf ein Geflecht sozialer Beziehungen, das die Gegenpole der Zugehörigkeit und Nichtzugehörigkeit, der Nähe und Distanz sowie des Drinnen und Draußen umfasst.

Durch diese Charakterisierung hebt Simmel den relationalen Aspekt des Fremdseins hervor: Der Fremde ist zwar objektiv durch seine Eigenschaft der Nichtfixiertheit bestimmt, doch die Fremdheitszuschreibung erfolgt nicht nur aufgrund dieser Eigenschaft, sondern durch seinen bekundeten Willen, sich niederzulassen. Würde der Wanderer weiterziehen, d.h. wäre seine Präsenz nur auf eine bestimmte Zeit begrenzt, wäre er von den Einheimischen nicht als Fremder betrachtet.[110] Die Frage, wie viel Zeit notwendig ist, damit die Position des Fremden als ‚fixiert' betrachtet werden kann, wird nicht behandelt. Eine weitere Frage wäre, inwiefern Fremdheit als ein temporärer Status, der verhandelbar oder aufhebbar ist, gesehen werden kann oder ob es eine

---

[110] Kritisch dazu vgl. Sölter 1997. Nach seiner Lesart gehört neben dem Hauptaspekt des Raumes der Aspekt ‚Kultur' zu den wesentlichen Elementen des Fremden. Er schreibt, dass Simmel den Fremden als jemand betrachte, „der kulturell nirgendwo ganz hingehört. Er bleibt der eigenen Kultur auch in der Fremde verhaftet, die er überall hin mitnimmt" (ebd.: 28). Diese Interpretation ist problematisch, da Simmel bei der Erörterung der Strukturelemente des Fremdseins die Kultur kaum berücksichtigt.

Ohnmachtsituation beschreibt.[111] Darauf ist bei Simmel keine zufriedenstellende Antwort zu finden.

Das Verhältnis des Fremden zu den Autochthonen ist nicht eindeutig bestimmbar. Er ist einerseits ein „Element der Gruppe", andererseits wird ihm die vollwertige Zugehörigkeit verwehrt. Beziehungen, die der Fremde zu den Mitgliedern der autochthonen Gruppe unterhält, bleiben eher auf funktionale, nämlich vorwiegend ökonomische, beschränkt. Auf Dauer gestellte vertraute Bindungen zu den Autochthonen kommen nicht zu Stande. Das Fremdsein drückt eine systemische Teilintegration in Gestalt einer institutionellen Teilhabe am Markt und eine partielle Einbettung in die sozialen Netzwerke aus (vgl. hierzu a. Reuter 2002a: 83).

Vagabund, Abenteurer, Fremder

Simmel nimmt drei Varianten in den Blick, die zu den am „stärksten ausgeprägten Gestalten" des Wanderertypus gehören: Vagabunden, Abenteurer und Fremde. Alle drei Kategorien zeichnen sich durch ihr ambivalentes Verhältnis zum Raum aus. Der Fremde unterscheidet sich von dem Vagabunden und Abenteurer durch Merkmale, die nach Simmel eher positiv zu bewerten sind. Dazu zählt die „eindeutige Indifferenz" gegenüber dem Boden[112] und den lokalen Verwandtschafts- und sozialen Zusammenhängen. Im Gegensatz zu den ‚einseitigen Tendenzen' der Einheimischen besitzt der Fremde, beispielsweise in der Rolle des Händlers, eine ‚objektive' Haltung, weil er nicht in lokalen Zusammenhängen verwurzelt ist. Er befindet sich in einer kreativen Spannung zwischen Ferne und Nähe, Gleichgültigkeit und Engagiertheit.[113] Diese Indifferenz macht ihn zum bevorzugten Akteur des wirtschaftlichen Verkehrs. In vorkapitalistischen Gesellschaftsformationen, die nicht primär auf Geldwirtschaft basieren, ist der Händler der Prototyp des Fremden. In einer Natural- bzw. Subsistenzwirtschaft, in der die wirtschaftlichen Betätigungen in kleineren Interaktionskreisen stattfinden, kommt dem Händ

---

[111] Ein Punkt, der, einer von vielen geteilten Meinung nach, eine „grundlegende Unschärfe" Simmels Analyse zum Ausdruck bringt (vgl. Merz-Benz und Wagner 2002: 16).

[112] „Der Fremde ist eben seiner Natur nach kein Bodenbesitzer, wobei Boden nicht nur in dem physischen Sinne verstanden wird, sondern auch in dem übertragenen einer Lebenssubstanz, die, wenn nicht an einer räumlichen, so an einer ideellen Stelle des gesellschaftlichen Umkreises fixiert ist" (Simmel 1992: 766).

[113] Simmel verweist diesbezüglich auf ein historisches Beispiel: Sowohl im Mittelalter als auch in der Neuzeit war es in italienischen Städten eine gängige Praxis, die Richter von ‚auswärts' zu berufen. Dies hatte seinen Grund darin, dass angenommen wurde, dass Eingeborene „von der Befangenheit in Familieninteressen und Parteiungen" nicht frei waren (1992: 767).

ler die Aufgabe zu, den Güteraustausch zwischen geschlossenen Wirtschafts-
räumen zu gewährleisten.[114]

Es gilt jedoch festzuhalten, dass die ‚Objektivität' des Fremden keineswegs eine Nicht-Teilnahme bedeutet, sondern vielmehr „eine positiv-
besondere Art der Teilnahme" (Simmel 1992: 767). Sie wird als die Grundlage der Freiheit interpretiert. Begründet wird dies damit, dass der Fremde an
keine sozialen Festlegungen oder Konditionen gebunden ist, die seine Aufnahme, sein Verständnis und seine Abwägung des Gegebenen präjudizieren
könnten. Die ‚Veranlagung' zur Objektivität und zur Freiheit kommt jedoch
dem Fremden keinesfalls nur als Händler zu Gute, sondern auch als modernes
Individuum, Großstädter und Intellektuelle (ebd.). An Simmels Betonung
dieser ‚Veranlagung' zur Objektivität und Freiheit wird deutlich, dass der
Begriff des Fremden gegensätzliche Bedeutungen hat: Fremde im Sinne des
Nichtzugehörigen vs. Fremde im Sinne eines distanzierten Beobachters und
als Protagonisten moderner Beziehungen. Aufgrund dieser modernistischen
Ausrichtung des Fremdheitsbegriffs ist es problematisch, ihn vorbehaltlos auf
Nichtzugehörige sowie auf Adressaten von negativen und stigmatisierenden
Fremdheitszuschreibungen zu beziehen.

Simmel als Makrosoziologe und Theoretiker der Moderne hebt neben der
räumlichen Mobilität die Geldwirtschaft als ein konstitutives Unterschei-
dungskriterium für moderne Vergesellschaftungsformen hervor, die dementsprechend auch konstitutiv für die Ordnungen des Eigenen und des Fremden
ist (Simmel 1958: 541). Seiner Interpretation nach verkörpert die Tradition
die ‚gemütlichen Sozialbeziehungen', die Moderne, insbesondere aber die
Großstadt, steht dagegen für die ‚sachlichen Sozialbeziehungen'. Simmel betrachtet Geld nicht nur als Tauschmittel, sondern hauptsächlich als Kommu-
nikationsmedium, das die Barrieren physischer Entfernung auflöst und an deren Stelle die abstrakten Kategorien der Erreichbarkeit, Pünktlichkeit und
Verfügbarkeit stellt (Simmel 1958: 541, 532)[115]. Das modernisierende Mo-

---

[114] „Solange im Wesentlichen Wirtschaft für den Eigenbedarf herrscht oder ein räumlich enger
Kreis seine Produkte austauscht, bedarf es innerhalb seiner keines Zwischenhändlers; ein Händler kommt nur für diejenigen Produkte in Frage, die ganz außerhalb des Kreises erzeugt werden"
(Simmel 1992: 765). Bezüglich der Rolle, die Fremde in der kapitalistischen Wirtschaft gespielt
haben vgl. Werner Sombarts »Der moderne Kapitalismus« (zuerst 1916), insbesondere das 61.
Kapitel des zweiten Halbbandes. Darin ist unter anderem zu lesen, dass „Wanderung den kapitalistischen Geist durch den Abbruch aller alten Lebensgewohnheiten und Lebensbeziehungen
[entwickelt]." (Sombart 1987: 885) An anderer Stelle heißt es: „Und der Fremde ist durch keine
Schranke in der Entfaltung seines Unternehmergeistes gehemmt, durch keine persönlichen Rücksichten: in seiner Umgebung, mit der er in geschäftliche Beziehungen tritt, stößt er wieder nur
auf Fremde." (ebd.: 887) Er unterstreicht – wie zuvor Simmel – die Pionierrolle des Fremden in
der Entfaltung des kapitalistischen Geistes.
[115] Zur de-territorialisierenden Funktion des Geldes s. a. Giddens (1996) und Harvey (2000).

ment des Geldes besteht darin, eine „Objektivierung der Lebensverhältnisse"[116] herbeigeführt zu haben. Dies wiederum bringt soziale Beziehungen hervor, die dem Individuum „eine früher unbekannte Freiheit gestatten" (Simmel 1991: 720f.). Dadurch wird ein neuer Individuumstypus hervorgebracht, welcher dem Fremden ähnlich ist: Der Großstädter als Träger neuer Verhaltensstile und kultureller Orientierungen.

Der blasierte Großstädter

Simmels Großstädter und Fremde tragen zum Teil ähnliche Charakterzüge. Der blasierte Großstädter lebt auf Distanz zu seinen Mitmenschen, ist aber keine Randfigur, sondern der Prototyp einer modernen Vergesellschaftung. Der Konstruktion des Großstädters geht die analytische Differenzierung zwischen Land- und Kleinstadtleben auf der einen Seite und großstädtisches Seelen- bzw. Innenleben auf der anderen voraus. Dem Kleinstadt- und Landleben mit seinem langsameren, gewohnten, gleichmäßiger fließenden Rhythmus des sinnlich-geistigen Lebensbildes (Simmel 1995a: 117) steht das Großstadtleben mit seiner Temporalisierung, Ephemeralisierung und Dissoziierung gegenüber, das von den Individuen als „Steigerung des Nervenlebens" erfahren wird (ebd.: 116f.). Während Kleinstädter und Landbewohner auf die sinnlichen Strömungen und Diskrepanzen ihres äußeren Milieus mit dem Gemüte reagieren, reagieren Großstädter mit Verstand und Blasiertheit. Die letztgenannten Reaktionsweisen sind wiederum eine Folge „jener rasch wechselnden und in ihren Gegensätzen eng zusammengedrängten Nervenreize" (ebd.: 121). Der von Simmel im Rahmen seiner Stadtanalysen geprägte Terminus Blasiertheit bezeichnet eine für die Großstadt gängige Geisteshaltung, d.h. eine „psychologische Distanzierung", ohne die modernes Großstadtleben unerträglich wäre (1958: 543). Sie ist eine Reaktion auf die Unfähigkeit des Großstädters

> „auf neue Reize mit der ihnen angemessenen Energie zu reagieren [...] Das Wesen der Blasiertheit ist die Abstumpfung gegen die Unterschiede der Dinge [...] [D]ie Innenseite dieser äußeren Reserve [ist] nicht nur Gleichgültigkeit, sondern [...] eine leise Aversion, eine gegenseitige Fremdheit und Abstoßung, die in dem Augenblick einer irgendwie veranlaßten nahen Berührung sogleich in Haß und Kampf ausschlagen würde." (Simmel 1995a: 122f.)

Simmel interpretiert das Großstadtleben mit seiner Tendenz zur Individualisierung und Reserviertheit im Umgang mit Fremden nicht im kulturpessimis-

---

[116] „Mit Hilfe des Geldes können wir den Wert des Objekts in jede beliebige Form gießen, während er vorher in diese eine gebannt war; mit dem Geld in der Tasche sind wir frei, während uns vorher der Gegenstand von den Bedingungen seiner Konservierung und Fruktifizierung abhängig machte" (Simmel 1958: 443).

tischen Ton als Dissoziierung oder Fragmentierung, sondern würdigt es als eine der „elementaren Sozialisierungsformen" moderner Vergesellschaftung. Er rühmt diese Tendenzen als Zeichen „eines viel allgemeineren Geisteswesens der Großstadt", die den Individuen und Großstädtern ein gewisses Maß an persönlicher Freiheit gewähren (ebd.: 123f.). Das Großstadtleben beschreibt er nicht nur als eine Stätte des Individualismus, sondern zugleich als eine der persönlichen Sonderart.

> „Es ist die Funktion der Großstädte", so Simmels Interpretation, „den Platz für den Streit und für die Einungsversuche beider herzugeben, indem ihre eigentümlichen Bedingungen sich uns als Gelegenheiten und Reize für die Entwicklung beider offenbart haben." (Ebd.: 131)

Zusammenfassend lässt sich sagen, dass in Simmels Ausführungen der Fremde sich durch drei Charaktereigenschaften auszeichnet:

(1) durch seine distanzierte Haltung gegenüber lokalen Zusammenhängen,
(2) durch seine relative Autonomie gegenüber sozialen Fixiertheiten und
(3) durch Teilintegration in die Gesellschaft – vollständige Integration in formellen, defizitäre Integration in informellen Zusammenhängen.

Der Fremde „ist frei für relativ unbeschränkten sozialen Verkehr, aber auch frei von der sozialen Unterstützung und Positionszuweisung, die den Autochthonen ausmacht" (Nassehi 1995: 444). Fremdheit ist also ein janusköpfiges Phänomen: Zum einen beschreibt Simmel Fremdheit positiv, d.h. im Sinne struktureller Ressource, als blasierte Distanz und Indifferenz, ohne die nach einem Verständnis keine liberale, individualisierte und kulturell pluralistische Gesellschaft geben kann (vgl. a. Nassehi 1997: 12, vgl. a. Sennett 1977, dt. 1983). In dieser Sichtweise wird Fremdheit als „produktive Irritation" (Sölter 1997: 30) vorgestellt, die ein „Potenzial an (Selbst-)Aufklärung" bereitstellt: Fremdheit fördere eine kritische Haltung gegenüber dem Eigenen und bewahre vor erstarrten Formen der Identität, vor Fixierung sowie vor dem Ego- und Ethnozentrismus, indem sie die Relativität eigener Kultur und Weltsicht ins Bewusstsein bringt. Der Fremde ist nicht der Gegenpol des Selbst, wie beim populären Wortgebrauch, sondern ein zentrales Moment in der Konstitution des Selbst (ebd.: 30f.).

Zum anderen wird Fremdheit aber auch als soziales Problem[117] beschrieben, welches vorkommt, wenn ein Individuum eine relativ stabile Struktur verlässt und auf eine gleichermaßen stabile, aber andere Struktur trifft. Diese Handlung wird von den Einheimischen als fehlende Fixiertheit interpretiert.

---

[117] Simmel geht es nicht allgemein um die Fremdheit, sondern um den Fremden als einen Persönlichkeitstypus. Im Mittelpunkt seiner Soziologie steht nicht die „individuell empfundene Fremdheit, sondern die soziologisch bedeutsamere kollektive Form von Fremdheit" (Kleinert 2004: 34).

Daher erscheint der Fremde in den Augen der Einheimischen als ein „notorisch Unentschlossener", was das eigentliche Irritationspotential des Fremden ausmacht (vgl. a. Reuter 2002a: 85).

Festzuhalten ist, dass Simmels' Erörterungen zum Fremden auf den Zusammenhang von räumlichen Aspekten der Vergesellschaftung und der Fremdheit (als Status und Prozess) verweisen. Entgegen unzähliger Positionen in der Fremdheitsdebatte wird der soziale Status des Fremden nicht auf askriptive Merkmale wie ‚Rasse', Kultur oder Ethnizität zurückgeführt. Er konzeptualisiert Fremdheit nicht durch die Bezugnahme auf primäre Differenzen wie Hautfarbe, Kultur, Sprache oder Ethnizität, sondern in erster Linie durch einen Bezug auf die räumliche Positionierung einer Person und ihren erklärten Willen, sich in einem gegebenen Ort niederzulassen. In diesem Zusammenhang ist daran zu erinnern, dass Simmels Ansatz eher den subjektivistischen Definitionsbemühungen (s. Teil II, Abschn. 3.2) zuzuordnen ist, macht er doch eher den subjektiven Faktor – den Willen zur Niederlassung – für die Fremdheit einer Person verantwortlich, wenn auch andere, objektive Faktoren wie Raum und gesellschaftlicher Wandel hervorgehoben werden. Auch wenn Simmel die positiven Aspekte des Fremdseins betont und dem Fremden im Modernisierungsprozess eine Vorreiterrolle zuschreibt, wird der Fremde von ihm als machtlos gegenüber dem Fremdenstatus konzipiert. In seinem Ansatz ist Fremdheit eine Zuschreibung der Einheimischen an die Neuankömmlinge: Neuankömmlinge werden als Fremde kategorisiert, nachdem sie ihre Bleibeabsicht kundgetan haben. Wie sich aber die Fremden die ihnen zugeschriebene Fremdheit aneignen, internalisieren, untergraben oder umwandeln bzw. die Möglichkeit dazu haben, wird nicht erörtert.

Einzuwenden ist gegen Simmels Ausführungen außerdem, dass Fragen nach dem Zusammenhang von Kultur (kulturelle Sozialisation, Integration und Akkulturation) und Fremdheit nicht erörtert werden. Welche Rolle die primären Differenzen wie Hautfarbe, kulturelle Praktiken, Sprache und Ethnizität bei den Fremdheitszuschreibungen spielen, wird ebenfalls nicht genügend thematisiert. Für eine Erörterung des Zusammenhanges von Kultur und Fremdheit sowie von konfliktuellen Seinsweisen der Fremdheit soll nun der stadt- und kultursoziologische Ansatz von Park herangezogen werden.

4.3 Der Fremde als kultureller Hybride

Robert E. Park behandelt die Fremdheitsproblematik aus einer kultur- und stadtsoziologischen Perspektive. Dabei knüpft er an Simmels Analysen zum Fremden und zum modernen Großstadtleben an, entwickelt sie jedoch weiter im Rahmen einer Stadtsoziologie.[118] Im Gegensatz zu Simmel deutet Park die Individualisierung eher als Gefahr denn als Bereicherung für das soziale Zusammenleben. Die Stadt wird in seiner Stadtsoziologie nicht als ein Raum zum Ausleben von Freiheit und Individualität interpretiert, wie etwa bei Simmel, sondern als ein Raum, in dem die natürlichen Triebe und angeborenen Dispositionen zum Zuge kommen (vgl. Häußermann 1995: 93). Aus Parks Optik betrachtet, erscheinen Individualismus und Gemeinschaftsbildung als die zwei Gegenpole des modernen Stadtlebens. Die Funktion der Gemeinschaftsbildung in einer modernen Großstadt besteht darin, dem Individualismus Schranken zu setzen und die moralischen Distanzen zwischen Individuen zu regulieren. Aus dieser Warte betrachtet, erscheint die Großstadt als ein Mosaik sozialer und kultureller Welten, das Großstadtleben als ein permanenter Kampf und Wettbewerb zwischen Gemeinschaften.[119] Park sieht „in der Segregation von Gruppen" nicht die Tendenz zur Dissoziierung und Fragmentierung, sondern „eine Voraussetzung für die soziale Integration in der Großstadt" (ebd.: 94)[120].

Die moderne Großstadt mit ihrem sozialen und kulturellen Pluralismus bildet den historischen Kontext, welcher den neuen Persönlichkeitstypus – den Fremden als Grenzgänger zwischen zweier oder mehrerer Kulturen – hervorbringt. Park interpretiert diese Entwicklung als Symptom von tiefer greifenden Wandlungsprozessen. Er konzipiert den Typus des Fremden als ein kultureller Hybride, der nirgendwo vollständig hingehört und daher permanent an psychischen Krisen leidet. Der kulturelle Hybride ist jedoch kein

---

[118] Park besuchte 1899 Vorlesungen von Simmel in Berlin, baute später an der Universität von Chicago die Soziologie als akademische Disziplin mit auf. Thematisch beschäftigte er sich mit Anpassungsproblemen schwarzer Amerikaner, osteuropäischer und anderer Einwanderer an die Gesellschaft der USA. 1928 übersetzte er den ‚Exkurs über den Fremden' als ‚The Stranger' ins Amerikanische, der die „epistemologische Ausgangsbasis zahlreicher soziologischer Studien zur Problematik des Fremden, der Einwanderer und der Ethnizität" bildet (Loycke 1992: 117).
[119] Mit der Vorstellung der (Groß-)Stadt als ein Mosaik erliegt Park einer Denkgewohnheit, auf die in der aktuellen sozialwissenschaftlichen Literatur mit dem Begriff ‚Gruppismus' hingewiesen wird. Mit Gruppismus wird die Tendenz bezeichnet, „die gesellschaftliche und kulturelle Welt [bei Park die (Groß-)Stadt/Y.A.] als multichromes Mosaik darzustellen, das aus monochromen ethnischen, rassischen und kulturellen Blöcken besteht." (Brubaker 2007: 17) Die kulturelle Heterogenität in der (Groß-)Stadt wird von Park als ein Nebeneinander nach innen homogener, nach außen abgegrenzter Blöcke vorgestellt. Theoretisch und analytisch fruchtbar wäre demgegenüber die Frage, ob der von Park postulierte Kampf und Wettbewerb zwischen Gemeinschaften nicht effizienter als Kampf und Wettbewerb zwischen Akteuren, die diesen Gemeinschaften gehören, der Amtsinhaber von Organisationen, die vorgeben, für diese Gemeinschaften zu sprechen, beschrieben werden könnte (ebd.: 35).
[120] Park schreibt dazu: „The city always has been a prolific source of clinical material for the study of human nature" (1967: 12).

Außenseiter, der am Rande des gesellschaftlichen Lebens[121] steht oder aus sozialen Systemen ausgeschlossen ist, sondern eine zentrale Figur im Modernisierungsprozess, ein „produktives Element der Gesellschaftsstruktur" (Beck-Gernsheim 2004: 102) und ein wichtiger „Faktor des sozialen Wandels" (Reuter 2002a: 99). Anders als Simmel, der die objektive Beobachterposition des Fremden hervorhebt, würdigt Park den ‚marginal man' wegen seiner hybriden Identität, die mehrere Kulturen und Herkunftsländer verbindet (vgl. Beck-Gernsheim 2004: 102 und Nassehi 1995: 445).

Traditionale vs. moderne Vergesellschaftung

Park konstatiert – wie zuvor Simmel – eine Wechselwirkung zwischen der Beschaffenheit des Raumes und der Vergesellschaftungsform. Er unterscheidet diesbezüglich zwei strukturelle Ordnungsmuster: Der traditionellen sozialen Ordnung bzw. Vergesellschaftungsform, die auf Gewohnheit, Brauchtum und Tradition beruht, stellt er die moderne soziale Ordnung entgegen, die auf planmäßige Konstruktion beruht – im Sinne eines pragmatisch und experimentell erzeugten Artefaktes. Räume, in der traditionelle Vergesellschaftungsformen dominieren, bezeichnet er als natürliche Gebiete.[122] Mit der Bezeichnung ‚natural area' bezieht sich Park auf Gebiete mit einer auf Verwandtschaft, Brauchtum und Familie beruhenden sozialen Ordnung, denen gegenüber städtische Gebiete mit modernen Vergesellschaftungsformen stehen (Park 1967: 15). Städte sind demnach nicht nur das Habitat des zivilisierten Menschen, sondern gleichzeitig Zentren des sozialen Wandelns.[123] Der städtische Raum ist ein „Laboratorium der Gesellschaft", das, im Sinne einer „Menschenwerkstatt" (Lindner 1999: 221), eine Vielfalt an Lebensformen und Lebensstilen, unter anderem den neuen Persönlichkeitstypus des kulturell Hybriden hervorbringt.

Park weist bezüglich des Zusammenhangs von strukturellem Wandel und Kultur darauf hin, dass ‚Rassen' Erzeugnisse von Isolation und Inzucht sind,

---

[121] Parks Schüler Everett Stonequist stellte 1937 in seiner Studie »The Marginal Man« fest, dass Simmels Konzeption des Fremden ins Amerikanische als ‚marginal man' übersetzt und anders als Simmels Fremder weitgehend als eine bindungslose, leicht zu kriminalisierende Person missverstanden wurde. Später wurde dieser Exkurs von dem aus Nazi-Deutschland geflohenen Kurt Wolf erneut ins Englische übersetzt und somit die frühe amerikanische Fehlinterpretation, verursacht durch Parks nicht sehr genaue Übersetzung, korrigiert (Loycke 1992: 117f.).

[122] „A region is called ‚a natural area' because it comes into existence without design, and performs a function, though the function, as in the case of the slum, may be contrary to anybody's desire" (Park 1967: 9).

[123] „Occidental civilization is based on the city [...] and is political rather than familial in origin. It was in the city states of Greece and Rome that society organized on kinship, custom, and the family was superseded by a society based on civil rights and a political organization" (Park 1967: 15).

während die Zivilisation ein Erzeugnis grenzübergreifender Kontakte und Kommunikation ist.[124] Daraus zieht er die Schlussfolgerung, dass Gesellschaften in sich ein Ferment benötigen, das bei Individuen kreative Energien entfesselt. Eine solche Fermentfunktion schreibt Park auf der strukturellen Ebene der Migration und der Institutionalisierung von Wettbewerb, Konflikt und Kooperation zu (Park 1967: 195). Die Migration entfalte, so wie politische Revolutionen, ein enormes Transformationspotential. Der Unterschied bestehe nur in dem Punkt, dass während bei einer Revolution der Zusammenbruch der sozialen Ordnung von politischen Eliten und Massen bewerkstelligt wird, wird dieser Zusammenbruch der sozialen Ordnung im Falle der Migration durch den demographischen Wandel und den dadurch erzeugten sozialen Druck einer hinzukommenden Bevölkerung bewirkt (Park 1950: 348f.). Festzuhalten ist, dass Parks Begriff der Migration sich nicht allein auf die räumliche Mobilität (d.h. auf einen Residenzwechsel), sondern zugleich auf einen (relativen) Bruch mit den sozialen Bindungen der Heimat bezieht.

Fremder als kultureller Hybride

Migration und soziale Mobilität werden nicht nur als zentrale Faktoren des sozialen Fortschritts interpretiert, sondern gleichzeitig als Geburtshelfer eines neuen Persönlichkeitstypus – den Fremden als kultureller Hybride, der nicht nur ein modernes, sondern zugleich ein geteiltes Selbst ist. Das prototypische Beispiel dieses Persönlichkeitstypus ist der vom Ghettoleben emanzipierte ‚europäische Jude'.[125] Park interpretiert den historischen ‚Aufbruch' der europäischen Juden aus den mittelalterlichen Ghettos als freiwillige Bestrebung zur Partizipation im kulturellen Leben des jeweiligen Landes:

> „[A] cultural hybrid, a man living and sharing intimately in the cultural life and traditions of two distinct peoples; never quite willing to break, even if he were permitted to do so, with his past and his traditions, and not quite accepted, because of racial prejudice, in the new society in which he now sought to find a place." (Park 1967: 205)

Der ‚emanzipierte Jude' ist nicht nur der prototypische Fremde im Sinne des Nichtdazugehörigen, des labilen Status, sondern zugleich Kosmopolit und Weltbürger. An anderer Stelle vergleicht Park den historischen Typus des emanzipierten Juden mit dem des Großstädters von Simmel:

---

[124] „Whenever we see a people [...] not living in contact and reciprocal action with others, we shall generally find certain stagnation, a mental inertness, and a want of activity, which render any change of social and political condition next to impossible" (Park 1967: 197).
[125] Auch Park greift als Anschauungsmaterial auf die Geschichte und Gegenwart europäischer Juden zurück.

„Most if not all the characteristics of the Jew, certainly his pre-eminence as a trader and his keen intellectual interest, his sophistication, his idealism and lack of historic sense, are the characteristics of the city man, the man who ranges widely, lives preferably in a hotel – in short, the cosmopolite." (Ebd.)

Festzuhalten ist, dass Park den Fremden nicht nur als ein Protagonist der Modernisierung, sondern gleichzeitig als ein Seismograph des sozialen Wandels und der damit verbundenen Krisen, Konflikten und Verwerfungen konstruiert. In der Psyche des Fremden manifestieren sich die moralischen Unruhen der interkulturellen Kontakte in modernen (Groß-)Städten (ebd.). Er bemerkt diesbezüglich, dass die Erfahrung von persönlichen Krisen und Instabilitäten in der Gemütslage von Individuen als eine Folge des sozialen Wandels und die damit einhergehenden sozialen Krisen universell sind und nicht nur die Immigranten betreffen, jedoch bei ihnen auffälliger zum Vorschein kommen.[126]

Die Zugehörigkeit zu einer Kultur bei gleichzeitiger Abwesenheit einer vollständigen Identifikation mit ihr gehört zum wesentlichen Charakteristikum des Fremden, was ihn zu einer kritischen Distanz befähigt. Zurückgeführt wird diese fehlende Identifikation und die kritische Distanz, oder in Simmels Worten ‚Blasiertheit', auf die ‚biographische Zweigleisigkeit' des kulturell Hybriden, worunter eine multikulturelle und bilinguale Herkunft verstanden wird.[127]

Der Prozess der Hybridbildung, d.h. das Oszillieren zweier Kulturen, begründet in Parks Theorie die kulturelle Innovation, die vom Fremden ausgeht (vgl. hierzu a. Stichweh 1992: 297). Gelingt es dem Fremden, Nischen und Chancen zur kulturellen Entfaltung zu finden, ist er kein Fremder mehr. Wird ihm umgekehrt die Akzeptanz verweigert, so ist der kulturelle Konflikt auf Dauer gestellt. Das Ergebnis ist in diesem Falle Anomie und Devianz als Folge einer eingefrorenen Marginalität (ebd.: 297). Dies zeigt, dass Parks Fremdheitsbegriff (wie auch Simmels) gegensätzliche Bedeutungen hat. Der Fremde wird einerseits als produktives Element der Sozialstruktur, als Faktor des sozialen Wandels dargestellt, andererseits wird Fremdsein mit dauerhaften kulturellen Konflikten in Verbindung gebracht. Fremdheit wird einerseits als eine kulturelle Innovation, andererseits als ein defizitäres Übergangsphä-

---

[126] „But in the case of the marginal man the period of crisis is relatively permanent. The result is that he tends to become a personality type. [...] It is in the mind of the marginal man that the moral turmoil which new cultural contacts occasion manifests itself in the most obvious forms. It is in the mind of the marginal man – where the changes and fusions of culture are going on – that we can best study the processes of civilization and of progress." (Park 1967: 206)

[127] „He is biologically the product of divergent racial stocks, but just because of that fact he is, at the same time, the cultural product of two distinct traditions. He is [...] a cultural as well as a racial hybrid." (Park 1950: 382)

nomen thematisiert, das allmählich aufzuheben gilt, um Kulturkonflikte und Identitätskrisen zu vermeiden. Gleichwohl besitzt sein Ansatz einen Vorzug gegenüber dem von Simmel: Der Hinweis auf die Ambivalenz des modernen Großstadtlebens, nämlich die Gleichzeitigkeit von Individualisierung und Gemeinschaftsbildung.

Gegen Parks Ansatz lässt sich anmerken, dass diesem eine zweifache Tendenz zur theoretischen Überwältigung des Fremden innewohnt: *Erstens* wird der Gegensatz von Eigenem und Fremdem als Motor einer Gesamtentwicklung (Modernisierung und soziokulturelle Transformation) überbewertet. *Zweitens* wird die Versöhnung von Eigenem und Fremdem und damit die Aufhebung von Fremdheit zu einer Norm stilisiert. Aus diesem Grunde wurde gegen Park zu Recht eingewendet, sein Ansatz sei integrationistisch bzw. assimilatorisch ausgerichtet.[128] Dieser Einwand ist begründet, da sein Integrationsmodell für Fremde in der Tat auf Assimilation, welche die höchste Form der Integration darstellt, abzielt. Für einen visuellen Überblick auf sein Integrations- und Assimilationsmodell soll die untere Tabelle (2) dienen.

Tabelle 2: Integrations- und Assimilationsmodell bei Park

				Assimilation
			Anpassung ↗	
		Annäherung ↗		
INTEGRATIONSSTUFEN	Ankunft ↗			
INTEGRATIONSMODUS	Arbeitsmarktintegration	Soziale Integration	Politische Integration	Kulturelle Integration
	Eingliederung in die Arbeitswelt	Nähere Kontakte mit Einheimischen	Erlernen und Wahrnehmung staatsbürgerlicher Regeln und Rechte	Akkulturation an die Dominanzkultur
INTEGRATIONSEBENE	Ökonomie	Alltag	Zivilgesellschaft	Kultur

Quelle: Eigene Darstellung

---

[128] Vgl. hierzu Wieviorka (2003). Er kritisiert Parks Integrationsansatz zu Recht als ein Modell, das „mit einem Evolutionismus beladen" ist (ebd.: 137). Er verweist in diesem Zusammenhang auf moderne Individuen, die trotz Assimilation aufgrund ihrer Physiognomie von der Mehrheit nicht akzeptiert werden (ebd.: 138)

In Parks Ansatz ist es die multikulturelle und multiethnische Großstadt, die einen neuen Fremdentypus hervorbringt: Den kulturell Hybriden. Damit werden einerseits die objektiven Faktoren wie kulturelle Vielfalt und ethnische Pluralität hervorgehoben. Andererseits wird auf subjektive Aspekte wie Assimilationswille, fehlgeschlagene Annäherung an die Dominanzkultur in der Großstadt hingewiesen, die das Individuum zum Fremden machen. Mögliche Ursachen für das Nichtgelingen der Annäherung an die Dominanzkultur oder das Scheitern der Assimilation werden bei Park jedoch nicht hinreichend diskutiert. Zu Erörterung dieser Fragen soll nun im folgenden Abschnitt Alfred Schütz' wissenssoziologischer Ansatz herangezogen werden.

4.4 Der Fremde als Zuwanderer

Alfred Schütz behandelt die Fremdheitsproblematik aus einer wissenssoziologischen Perspektive. Ihm gelingt dabei insofern eine Weiterführung der Diskussion gegenüber Simmel und Park,[129] als er auf den Faktor ‚Wissen' und verstärkt auf die psychologische Dimension des Fremdseins hinweist. Die Orientierung an einem anderen Wissenstypus ist ein wichtiger Faktor der Zuschreibung und des Erlebens von Fremdheit. Der Fremde wird jedoch erst als solcher wahrgenommen, sobald er sich an eine In-Group[130] annähert, um von dieser aufgenommen zu werden.[131] Bei Schütz ist der Fremde kein Grenzgänger, der zwischen zwei Kulturen lebt, sondern ein Neuankömmling, der einen Kulturkreis verlässt und in einen anderen Kulturkreis aufgenommen werden möchte. Er macht in seiner Analyse deutlich, dass ein auf Dauer gestellter Fremdenstatus zur Depersonalisation und psychischen Instabilität führt. Zu zentralen Merkmalen der Fremdheitserfahrung gehören der Wechsel des gewohnten Umfeldes, Unvertrautheit und das Bewusstsein, Fremder

---

[129] Schütz schließt bei seiner Analyse sowohl an Simmels ‚Exkurs zum Fremden' als auch an Parks Ausführungen an. Ähnlich wie in Simmels Analyse spiegelt sich in Schütz' Ansatz die eigene biographische Situation wider. Auch er kam als Kind einer jüdischen Familie zur Welt und erlebte Fremdheit am eigenen Leibe (vgl. hierzu Hanke 2002: 130).

[130] Die Unterscheidung ‚In-Group' und ‚Out-Groups' entlehnt Schütz dem Park, die auch mit Husserls Einteilung der Lebenswelt in ‚Heimwelt' und ‚Fremdwelt' korrespondiert. Schütz' speziell soziologische Phänomenologie geht auf Husserls allgemeine Phänomenologie zurück, von der er hauptsächlich den Begriff der Lebenswelt übernimmt. Während ‚Lebenswelt' bei Husserl auf die Gegebenheiten der bloßen Wahrnehmungswelt, auf das selbstverständlich Vorausgesetzte, d.h. auf die vorwissenschaftliche Basis bezieht, ist für Schütz die Lebenswelt „die fraglos gegebene Wirklichkeit: sie ist sowohl Schauplatz wie Ziel meines bzw. unseres Handelns" (Treibel 1995: 119).

[131] Auch Schütz betont, wie zuvor Simmel und später Elias, die subjektiven Dimensionen des Fremdwerdens; es ist in erster Linie die Niederlassungs-, Integrations- oder Assimilationsabsicht, die dazu führt, dass der Andere als ‚Fremde' wahrgenommen wird.

unter Fremden zu sein (Schütz 1972c: 70). Schematisch lässt sich der Prozess des Fremdwerdens nach Schütz' Ansatz wie folgt darstellen:

Abbildung 2: Prozesses des Fremdwerdens bei Alfred Schütz

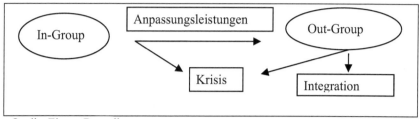

Quelle: Eigene Darstellung

Fremdheit als allgemeine Auslegungskategorie

Fremdheit hat bei Schütz eine soziale und eine Sachdimension; sie wird nicht nur auf soziale Beziehungen und Verhältnisse bezogen, sondern zugleich als eine allgemeine Kategorie zur Auslegung der Welt verstanden (Schütz 1972b: 69). Fremdheit ist zunächst das verkehrte Spiegelbild zur Vertrautheit. „Vertrautheit bezeichnet somit die Wahrscheinlichkeit der Beziehung neuer Erfahrungen hinsichtlich ihrer Typen auf den habituellen Vorrat des schon erworbenen Wissens" (Schütz 1971: 93). Der Begriff ‚Vertrautheit' hat eine subjektive Bedeutung; mit ihm kommt zum Ausdruck, dass ein Individuum mit einem Gegenstand der Erfahrung genügend vertraut ist. In diesem Sinne bezieht sich der Gegenbegriff Fremdheit auf einen konkreten und bestimmten Weltausschnitt, der für ein bestimmtes Subjekt „noch einer weiteren Untersuchung" wartet (ebd.: 96). Fremdheit als kognitive Kategorie markiert neue Gegenstände der Erfahrung bzw. neue Tatsachen, die sich aus der gewohnten Wissensordnung herausragen und sich wie eine Störung dazu äußern, da deren Sinn noch zu erfassen sind. Somit bildet das Erleben der Fremdheit den Ausgangspunkt eines Erkenntnisprozesses: Der Erfahrung des Unbekannten folgen zunächst die Definition der neuen Tatsache und schließlich die Erfassung ihres Sinnes. Parallel dazu wird das allgemeine Auslegungsschema der Welt auf solche Weise verwandelt, dass

> „die fremde Tatsache und ihr Sinn mit all den anderen Tatsachen unserer Erfahrung und mit deren Sinnbedeutungen verträglich werden und zusammengehören können. Wenn wir dabei erfolgreich sind, dann wird die früher fremde Tatsache und das unser Bewußtsein aufreizende Problem in ein neues Element unseres gesicherten Wissens verwandelt werden" (Schütz 1972b: 69).

Auf diese Weise findet eine Erweiterung des eigenen Erfahrungshorizontes statt; Fremdheit wird schrittweise überwunden, die als fremd wahrgenommenen Erscheinungen werden vertraut. Fremdheit bezeichnet nach Schütz' Verständnis ein Übergangsphänomen, das durch die Erfassung ihres Sinnes aufzuheben gilt. Ihr wird zudem ein kognitives Transformationspotential[132] zugeschrieben, da sie als Ausgangspunkt einer Verschiebung des Erfahrungs- und Wissenshorizonts gedeutet wird.

Schütz setzt das Begriffspaar Vertrautheit vs. Fremdheit bei der Auslegung der sozialen Welt synonym zum Begriffspaar Heimat vs. die Fremde ein. Heimat wird durch die Kategorien Intimität und Vertrautheit beschrieben, welcher der Fremde gegenübersteht.[133] Zu betonen ist an dieser Stelle, dass Heimat nicht nur eine geographische, sondern gleichzeitig eine psychologische Dimension hat. Sie wird mit emotionalen Gefühlen verbunden und mit normativen Erwartungen aufgeladen. Zu den emotionalen Konnotationen gehören Gefühle wie ‚zu Hause' sein, sich ‚heimelig' fühlen oder die Vorstellung des Heims als „Ausdruck für den höchsten Grad der Vertrautheit und Intimität" (Schütz 1972c: 72). Was das Leben zu Hause von einem Leben in der Fremde unterscheidet, ist das Befolgen eines Routinemusters, während beim Letzteren solch ein bewährtes Muster für den Immigranten nicht gibt. Das Leben zu Hause hat seine wohl bestimmten Zwecke und gut ausprobierten Mittel zur Bewältigung verschiedener Lebenssituationen: Tradition, Gebräuche, Institutionen und bewährte Zeitpläne für Tätigkeiten (ebd.).

Relevanzstrukturen und Wissenstypen

Ausgehend von einem an Husserl anknüpfenden Wirklichkeitsverständnis als „ein Erfahrungsstil der alltäglichen Lebenswelt [...] die im Sinne einer Ausprägung spezifischer Relevanzstrukturen für den Menschen sinnhaft erscheinen", formuliert Schütz eine „Kartographie der gesellschaftlichen Wirklichkeit, die er in zahlreiche Ingroups unterteilt" (Reuter 2002a: 106).[134] Das Leben in der Heimat ist ein Leben als Mitglied einer In-Group; in Schütz' Worten, „ein Leben in aktuellen oder potentiellen primären Gruppen" (Schütz 1972c: 76), in der alle dasselbe Relevanzsystem teilen. Das Relevanzsystem, verstanden als die Gesamtheit aller Elemente, mit der die Handelnden die so-

---

[132] Obwohl diese Zuschreibung allgemein zutrifft, impliziert sie die Gefahr, den Fremden zu intellektualisieren, ihm eine kognitive Überlegenheit und Unparteilichkeit im Sinne eines Erkenntnisprivilegs anzudichten und somit zu idealisieren. Es lassen viele Beispiele dafür finden, dass der ‚fremde Blick' oder das Fremdsein nicht notwendigerweise mit Unparteilichkeit oder kognitiver Distanz einherzugehen hat. Zur Intellektualisierung des Fremden vgl. Pels (1999)

[133] „Das Heim ist sowohl der Ausgangspunkt wie auch Endpunkt. Es ist der Nullpunkt des Koordinatensystems, womit wir die Welt überziehen, um uns in ihr zurechtzufinden" (Schütz 1972c: 71f.).

[134] Indem Schütz die gesellschaftliche Wirklichkeit in In-Groups unterteilt ohne ihre Entstehung zu problematisieren, erliegt er – wie zuvor Park – dem Gruppismus (s. Fn. 119).

ziale Welt wahrnehmen und kognitiv ordnen (Schütz 1972b: 55), ermöglicht die Antizipation von Handlungen und Reaktionen anderer Gruppenmitglieder: „Wir können nicht nur voraussagen, was morgen passieren wird, sondern wir haben auch eine faire Chance, einigermaßen genau die weitere Zukunft zu planen" (Schütz 1972c: 73). Ein Relevanzsystem, das von allen Gruppenmitgliedern geteilt wird, reduziert die Kontingenz des Alltagslebens und macht es überschaubar. Der von Charles H. Cooley adaptierte Begriff der „primären Gruppe" (Cooley 1909) bezeichnet soziale Einheiten, deren Mitglieder miteinander durch Gesichtsfeldbeziehungen (face-to-face-relationship) verbunden sind. Zu den wesentlichen Elementen einer primären Gruppe gehören neben Gesichtsfeldbeziehungen auch Intimität und Rekursivität. Voraussetzung einer Gesichtsfeldbeziehung ist die Anwesenheit aller Kommunikationsteilnehmer, so dass das Bewusstseinsleben des Anderen über seine Gesichtsausdrücke und Gesten (als Symptome von Gefühlen und Empfindungen) beobachtbar wird (Schütz 1972c: 73ff.).

Ein wesentlicher Faktor der Zuschreibung und des Erlebens von Fremdheit ist der Wissenstypus, der sich von dem des sozialen Umfeldes, der Heimatgruppe unterscheidet. Menschen greifen in ihren Handlungen routiniert auf drei verschiedene Wissensvorräte zurück, nämlich auf Gewohnheits- bzw. Alltags-, Fertigkeits- und Gebrauchs- bzw. Rezeptwissen, deren Grenzen fließend sind. Obwohl sie nur geringe Kohärenz, Konsistenz und Klarheit aufweisen, haben sie für die Mitglieder den

> „Schein genügender Kohärenz, Klarheit und Konsistenz .... Jedes Mitglied, das in der Gruppe geboren oder erzogen wurde, akzeptiert dieses fix-fertige standardisierte Schema kultureller und zivilisatorischer Muster, das ihm seine Vorfahren, Lehrer und Autoritäten als eine unbefragbare Anleitung für alle Situationen übermittelt haben, die normalerweise in der sozialen Welt vorkommen" (Schütz 1972b: 57).

Die Funktion dieser Kultur- und Zivilisationsmuster besteht darin,

> „ermüdende Untersuchungen auszuschließen, indem es fertige Gebrauchsanweisungen anbietet, um die schwer zu erreichende Wahrheit durch bequeme Wahrheiten zu ersetzen und um das Selbstverständliche mit dem Fragwürdigen zu vertauschen." (Ebd.: 58)

Dieses Denken-wie-üblich hat solange Bestand, solange angenommen wird,

(1) dass das soziale Leben weiterhin immer so sein wird wie bisher;
(2) dass auf das Wissen der Eltern, Lehrer, Regierungen, Traditionen, Gewohnheiten usw. verlassen werden kann;
(3) dass der normale Ablauf der Dinge genügend über den allgemeinen Typus oder über den Stil der Ereignisse aussagen und

(4) dass sowohl die Rezept-Systeme, d.h. Auslegungs- und Anweisungs-schemen, als auch die ihnen zugrunde liegenden Grundannahmen von anderen Mitmenschen akzeptiert und angewandt werden (ebd.: 58f.).

Es wird unwirksam, wenn auch nur eine dieser Annahmen sich nicht mehr bewährt oder die „Relevanzsysteme mit einem Mal" umstürzen. Dies führt dann zu einer Krisis, die „den Fluß der Gewohnheiten unterbricht und die Bedingungen sowohl des Bewußtseins wie auch der Praxis ändert" (ebd.: 59).[135] Der Fremde zeichnet sich dadurch aus, dass er diese Grundannahamen der alltäglichen Auslegungs- und Anweisungsschemen nicht teilt. Er stellt daher alles in Frage, was „den Mitgliedern der Gruppe, der er sich nähert, un-fraglich erscheint" (ebd.). Die Zivilisations- und Kulturmuster der Gruppe er-scheinen dem Fremden nicht als ein erprobtes Relevanzsystem, weil er „an der lebendigen geschichtlichen Tradition" der Gruppe nicht teilnimmt. Hierin unterscheidet sich der Heimkehrer von dem Immigrant. Obwohl beide Typen *Fremdheit* erfahren, nähert sich der Heimkehrer an die Gruppe, deren Zivilisations- und Kulturmuster ihm früher bekannt waren, während der Immigrant sich der „anderen Gruppe wie ein Neuankömmling im wahrsten Sinne des Wortes" (ebd.) annähert.

Heimkehrer und Immigrant

Schütz unterscheidet zwei Grundtypen des Fremden: den Heimkehrer und den Immigranten. Als prototypisches Beispiel für den Heimkehrer betrachtet Schütz die epische Figur des Odysseus, der nach jahrelanger Abwesenheit zurückkehrt, seine Heimat Ithaka jedoch als einen fremden Ort erlebt. Beide Grundtypen des Fremden gleichen sich im dem Gefühl, in einem fremden Land und ein Fremder unter Fremden zu sein, unterscheiden sich jedoch in der zeitlichen Orientierung. Der Immigrant ist primär von einer optimisti-schen Zukunftsorientierung geleitet, der Heimkehrer dagegen von einer nos-talgisch gehauchten Vergangenheitsorientierung. Während der Heimkehrer sich wähnt, „in eine Umwelt zurückzukehren, von der er […] intime Kennt-nis besitzt", nähert sich der Immigrant an die Gruppe der Einheimischen mit der Absicht, Mitglied der Gruppe zu werden (Schütz 1972c: 70f.).

Schütz prototypischer Fremde ist der Immigrant, der seine Heimat ver-lässt, um sich in der Fremde niederzulassen. Zu den Kernelementen der Situ-ation des Fremdseins als Immigrant gehören, neben dem Entschluss zur Mig-ration, die Bekundung eines Integrationswillens und des Wunsches, ein Mit-glied der Gruppe zu werden. Der Begriff Fremder bezeichnet in Schütz' So-ziologie „einen Erwachsenen unserer Zeit und Zivilisation […] der von der

---

[135] Schütz übernimmt den Begriff ‚Krisis' von W. I. Thomas, über den genaue Angaben fehlen.

Gruppe, welche er sich nähert, dauerhaft akzeptiert oder zumindest geduldet werden möchte" (Schütz 1972b: 53). Der Begriff des Fremden bezieht sich bei Schütz jedoch nicht nur auf den Immigranten, sondern umfasst auch diejenigen, die sich um die Mitgliedschaft in einem geschlossenen Club bewerben, den zukünftigen Bräutigam, der in die Familie seiner Frau aufgenommen werden möchte, den Jungen vom Land, der in einer unbekannten Stadt auf die Universität geht oder die Familie, die in einer wirtschaftlich expandieren Stadt Arbeit sucht. All diese sozialen Kategorien und Personengruppen werden unter dem Begriff des Fremden zusammengefasst. Ein Unterschied zwischen diesen Personen besteht allerdings in der Intensität der „typischen Krisis", die bei Immigranten schwieriger verläuft als bei anderen Personengruppen (ebd.).

Die Fremdheit des Immigranten ist an die typische Situation gebunden, in der er versucht, „sein Verhältnis zur Zivilisation und Kultur einer sozialen Gruppe zu bestimmen und sich in ihr neu zurechtzufinden" (ebd.). Die Voraussetzung von Assimilation in eine In-Group ist soziale Nähe. Gleichwohl begründen gerade der Assimilationswille und die Assimilationsleistungen die soziale Distanz und führen die Nichtzugehörigkeit des Immigranten vor Augen. Anders als der Gast, der „heute kommt und morgen geht" (Simmel), der keine dauerhafte Nähe oder Integration verlangt (Schütz), fordert der Fremde die Aufnahme in die Gruppe.

Objektivität und fragwürdige Loyalität des Fremden

Der Fremde steht vor zwei Alternativen: Entweder übernimmt er die Kultur- und Zivilisationsmuster der Gruppe und wird so zum Vertrauten oder er bleibt für immer ein Fremder. Beide Wege sind jedoch problematisch und haben ihre Tücken: Die neuen Kultur- und Zivilisationsmuster, die der Immigrant übernehmen will, können ihm keine Orientierung garantieren. Der Fremde hat sich daher jedes Mal darüber zu vergewissern,

> „ob auch die vom neuen Schema vorgeschlagenen Lösungen die gewünschte Wirkung für ihn und seine spezielle Position als Außenseiter und Neuankömmling bewirken werden, der das ganze System der Zivilisationsmuster noch nicht in seinen Griff bekommen hat, sondern vielmehr von deren Inkonsistenz, Inkohärenz und deren mangelnder Klarheit verwirrt wird" (Schütz 1972b: 66).

Die neuen Kultur- und Zivilisationsmuster der aufnehmenden Gruppe erscheinen ihm als risikoreiches Experimentier- und Abenteuerfeld. Das ambivalente Verhältnis des Fremden zu den neuen Kultur- und Zivilisationsmustern begründet nicht nur dessen objektive Haltung, sondern auch den Zweifel, der von den Mitgliedern der In-Group an seiner Loyalität gehegt wird. Da die

Fremden mit den Einheimischen weder dieselbe Sozialisation noch dieselben
Erfahrungen teilen, erscheint ihnen der normale Gang des Lebens in der Ankunftsgesellschaft nicht als gesichert.[136] Die ‚zweifelhafte Loyalität' des
Fremden ist daher Schütz zufolge „mehr als ein Vorurteil seitens der fremden
Gruppe" (ebd.: 68). Dies gehe insbesondere auf die Unfähigkeit des Fremden
zurück, „die neuen Zivilisationsmuster vollständig anstelle der der Heimatgruppe zu setzen". In diesem Falle bleibt der Fremde ein „kultureller Bastard
an der Grenze von zwei verschiedenen Mustern des Gruppenlebens, der nicht
weiß, wohin er gehört" (ebd.).[137]

Illoyalitätsvorwürfe mischen sich mit dem Unverständnis, warum der
Fremde sich weigert, die ihm Schutz und Obdach ‚garantierenden' Kultur-
und Zivilisationsmuster vollständig anzuerkennen. Was Mitglieder der In-
Group nicht verstehen, ist, dass der Fremde, insbesondere in der Übergangs-
zeit, diese Muster vielmehr als ein Labyrinth und nicht als schützendes Obdach erfährt. Hat der Fremde den Prozess der sozialen und kulturellen Anpassung erfolgreich absolviert, d.h. die neuen Kultur- und Zivilisationsmuster
angeeignet, dann sind diese Muster eine Selbstverständlichkeit und bieten
ihm Orientierung. „Aber dann ist der Fremde kein Fremder mehr" (ebd.: 69).

Zusammenfassend kann gesagt werden, dass Schütz' Ansatz sich gegenüber den zuvor diskutierten Ansätzen von Simmel und Park durch die Erörterung von Prozessen des Fremdwerdens auszeichnet. Zwar wird in diesen Ansätzen darauf hingewiesen, dass das Individuum aufgrund seiner Entscheidung, sich dauerhaft niederzulassen (Simmel) oder an die Dominanzkultur zu
assimilieren (Park), auffällt und durch das Scheitern der Assimilation zum
Fremden wird. Offen bleibt jedoch, an welchen strukturellen Bedingungen
Personen scheitern. Schütz macht dies an der mangelnden Sicherheit und O-
rientierung fest, welche die neuen Kultur- und Zivilisationsmuster dem in-
tegrations- bzw. assimilationswilligen Immigrant anbieten. Es ist die zögerli-
che Aufnahme der Kultur-, Zivilisations- und Wissensmuster bzw. die distanzierte Haltung diesen gegenüber, die bei den Mitgliedern der In-Group
Zweifel hinsichtlich der Loyalität und des Integrations- und Assimilations-
willens des Immigranten aufkommen lässt. Problematisch ist jedoch an diesem Bild, dass es einem essentialistischen Kulturbegriff verhaftet ist. In- und
Out-Groups werden als quasi geschlossene Welten mit eigenen Kultur- und
Zivilisationsmuster ohne Kontakt- und Berührungsflächen dargestellt (vgl. a.

---

[136] „Deshalb bemerkt der Fremde häufig mit einer schmerzlichen Klarsichtigkeit das Herauf-
kommen einer Krise, welche den ganzen Grund der ‚relativ natürlichen Weltanschauung' bedroht, während alle Symptome von den Mitgliedern der in-group, die sich auf die Kontinuität
ihres üblichen Lebensstils verlassen, unbeachtet bleiben" (Schütz 1972b:68).
[137] Die Bezeichnung ‚kultureller Bastard' wird von Park entlehnt, was erneut den Einfluss der
Chicagoer Schule auf Schütz zeigt.

Nassehi 1995: 445; Stichweh 1992: 297). Außerdem lässt sich Schütz entgegnen, dass eine erfolgreiche Übernahme der Kultur-, Zivilisations- und Wissensmuster der In-Group nicht unbedingt zur Akzeptanz als gleichwertiger Interaktionspartner, zur Aufhebung des Fremdheitsstatus bzw. der Fremdheitszuschreibung zu führen hat. Es liegen konkrete Fälle vor, in denen eine vollständige Assimilation nicht zur Anerkennung und Akzeptanz als gleichwertiges Mitglied führt, wenn ein Individuum zum Beispiel durch äußeres Aussehen auffällt oder wenn Konflikte um knappe Güter oder Machtasymmetrien im Spiel sind. Um es pointierter auszudrücken: Weder bei Simmel, Park noch bei Schütz werden Fragen nach dem Zusammenhang von Machtgefällen, reflexive Interessen, Kämpfe um Domänenwahrung und Fremdheit erörtert. Grund genug, um im folgenden Abschnitt auf Elias Bezug zu nehmen, der die letztgenannten Aspekte ausführlich diskutiert.

4.5 Der Fremde als Außenseiter

Etablierten-Außenseiter Figurationen

In Norbert Elias' Figurationstheorie stellt sich die Fremdheitsproblematik als eine Frage ungleicher Machtbalance zwischen gesellschaftlichen Gruppen dar, die er zusammen mit seinem Schüler John E. Scotson am Beispiel einer englischen Vorortgemeinde – bezeichnet als Winston Parva – studierte und sie mit dem Terminus Etablierten-Außenseiter-Figuration belegte.[138] Zentral für diesen Ansatz ist die Erklärung der sozialen Ungleichheit[139] aus der Dynamik zwischenmenschlicher Verflechtungs- und Machtbeziehungen (vgl. hierzu a. Baumgart und Eichener 1991: 132). ‚Fremder' bezeichnet in diesem Ansatz Neuankömmlinge in einem Ort, die in den Augen der Alteingesesse-

---

[138] Der Begriff Figurationen bezeichnet Beziehungsgeflechte von Menschen, welche durch viele gegenseitige Abhängigkeiten (Interdependenzketten) aneinander gebunden sind. Elias bezieht sich mit diesem Begriff auf Gemeinden, Wohnbezirke und Nachbarschaften, die er als einen bestimmten Figurationstyp bezeichnet (Elias und Scotson 1993: 265; zum Begriff der Figuration s. auch Treibel 1995: 186). „Von Etablierten und Außenseiter ist immer dann zu sprechen, wenn eine abgrenzbare, kohärente soziale Gruppe einen Machtüberschuß gegenüber einer anderen Gruppe oder einzelnen Individuen auf Dauer aufrechtzuerhalten vermag" (Baumgart und Eichener 1991: 132).

[139] Figurationen von Etablierten und Außenseitern sind anwendbar auf zahlreiche Beziehungen zwischen gesellschaftlichen Gruppen wie etwa Adlige vs. Bürgerliche, Kapitalisten vs. Arbeiter, Reiche vs. Arme, Weiße vs. Schwarzen usw. oder auf der internationalen Ebene Industrieländer vs. Schwellenländer. In einem Artikel, welcher der deutschen Ausgabe von »*Etablierten und Außenseiter*« (1993) hinzugefügt ist, beschäftigt sich Elias mit weiteren Facetten der Etablierten-Außenseiter-Beziehung, worin er nicht nur theoretische Abgrenzungen gegen Marx' Erklärung von Gruppenkonflikten aus ökonomischen Machtverhältnissen heraus vornimmt, sondern mit seinem Figurationsmodell die Beziehungen zwischen ‚Weißen' und ‚Schwarzen' in Vereinigten Staaten analysiert (Elias und Scotson 1993: 291-314).

nen als Eindringlinge (Elias und Scotson 1993: 82) behandelt werden. Sie sind in dreifacher Hinsicht Fremde: *Erstens* ruft ihr Anderssein, das lediglich in der Wohndauer zum Ausdruck kommt, bei den Alteingesessenen Irritation und Handlungsbedarf hervor. *Zweitens* werden sie von den Alteingesessenen als Fremde behandelt, als Außenseiter, die nicht dazugehören (ebd.: 9). Damit geht der Versuch der Alteingesessenen einher, die Neuankömmlinge auszuschließen, „die ihren gemeinsamen Glauben nicht anerkannten und in vieler Hinsicht ihr Wertempfinden verletzten" (ebd.: 144). *Drittens* waren die Neuankömmlinge nicht nur in den Augen der Alteingesessenen, sondern auch füreinander Fremde.

In *»Etablierte und Außenseiter«* (zuerst 1965) wird die Wohndauer als der zentrale Faktor der Grenzziehung zwischen den Etablierten und Außenseiter interpretiert. Die Ursachen für diese Grenzziehung liegen nicht in den askriptiven Differenzen (wie Herkunft, Sprache, Hautfarbe, Religionszugehörigkeit), sondern beruhen auf reflexiven Interessen (Machterhalt, Aufrechterhaltung von Gruppensolidarität, Gruppenidentität und sozialer Zusammenhalt usw.) der Gruppenmitglieder. Der Konflikt zwischen den Alteingesessenen und Neuankömmlingen ging im Wesentlichen auf die Ankunft der letzteren Gruppe zurück, die Bedrohungsgefühle bei den Etablierten hervorrief. Denn während die Neuankömmlinge versuchten, ihre Lebenssituation zu verbessern, waren die Alteingesessenen darauf aus, ihren erreichten Lebensstandard und ihre Machtposition zu verteidigen. Sozialer Aufstieg für Neuankömmlinge bedeutete geringere Aufstiegsmöglichkeiten für die Alteingesessenen. Nicht nur aufgrund des Begehrens nach sozialem Aufstieg, sondern auch ihrer Abweichung von Verhaltensnormen und -standards, welche die Bewohner der Gemeinde im Laufe der Jahrzehnten entwickelt hatten, sahen die Altansässigen ihren Status und ihre Normen als gefährdet. Die Etablierten sahen sich somit „einem dreifachen Angriff ausgesetzt: gegen ihre monopolisierten Machtquellen, gegen ihr Gruppencharisma und gegen ihre Gruppennormen" (ebd.: 56).

Die Reaktionen auf diese Situation reichen von Abwehrhaltungen, Schließung der eigenen Reihen gegen die Neuankömmlinge bis Demütigung und identifikativen Abgrenzungen. Den Neuankömmlingen wiederum gelingt es aus drei Gründen nicht, sich dagegen zu wehren: *Erstens* können sie die bestehenden Kommunikations- und Interaktionsbarrieren nicht oder nur partiell überwinden, da sie aus unterschiedlichen Regionen herkommen und füreinander fremd sind. *Zweitens* verfügen sie nicht über den erforderlichen Kohäsionsgrad und über eine starke Gruppensolidarität, was ihnen ein starkes Wir-Gefühl gegeben und somit Widerstand ermöglicht hätte. *Drittens* verinnerlichen sie die negativen Zuschreibungen der Etablierten: Die stigmatisierende Behandlung und Bezeichnung der Neuankömmlinge als Außenseiter und als niedrige Statusgruppe, macht es den Neuankömmlingen schwierig, „ein Interesse an ihrer neuen Gemeinde zu entwickeln und die Schranken ihrer anfänglichen Isolation zu überwinden" (ebd.: 150).

Techniken des Ausschlusses: Vorurteil, Klatsch und Stigmatisierung

Zu den Techniken der Ausgrenzung gehören neben Vorurteilen und Verbreitung feindlicher Einstellungen zwecks Aufbaus starker Gefühlsbarrieren gegen die Neuankömmlinge auch Stigmatisierung und moralische Degradierung. Aus ihren Beobachtungen in der englischen Vorortgemeinde Winston Parva ziehen Elias und Scotson die Schlussfolgerung – für die sie universale Geltung beanspruchen – dass an Macht überlegene Gruppen vielfach glauben, dass sie auch im Hinblick auf menschliche Qualität besser als die an Macht unterlegenen sind (ebd.: 7). Sie konstatieren, dass „die kleinformatigen Probleme der Entwicklung einer Gemeinde und die großformatigen der Entwicklung eines Landes nicht voneinander zu trennen sind. Es hat nicht viel Sinn, Gemeinde-Entwicklungen zu untersuchen, als spielten sie sich in einem sozialen Vakuum ab" (ebd.: 61).

Die Frage, die sich hier stellt, lautet, wie es dazu kommt, dass es der überlegenen Gruppe nicht nur gelingt, den Glauben an moralischer Überlegenheit aufrechtzuerhalten, sondern auch die Außenseiter dazu zu überreden. Elias und Scotson bringen gegen Theorien, die Machtdifferentiale[140] „allein aus der monopolistischen Verfügung über nicht-menschliche Objekte" erklären, den Einwand entgegen, dass sie figurationale Aspekte (Unterschiede im Organisationsgrad der beteiligten Menschen) vernachlässigen (ebd.: 11). Da Alteingesessene seit mehreren Generationen in der Nachbarschaft leben und einander vertraut sind, verfügen sie auch über einen stärkeren Gruppenzusammenhalt, was gerade den Neuankömmlingen fehlt. Die Machtüberlegenheit der Etablierten basiert auf dem größeren Kohäsionspotential, das die Gruppe der Alteingesessenen in die Lage versetzt, die wichtigen Ämter für die eigenen Gruppenmitglieder zu reservieren. Die Begünstigung der eigenen Gruppenmitglieder und Ausschluss der anderen verstärkt umgekehrt den sozialen Zusammenhalt der Etablierten (ebd.: 12).

Der Ausschluss der Neuankömmlinge aus den alltäglichen Interaktionen erfolgt durch Schimpf- und Lobklatsch. Klatsch hat nicht nur einen hohen Unterhaltungswert, was bei den Interaktionspartnern ein starkes Vertrautheits- und Intimitätsgefühl hervorruft, sondern zugleich eine integrierende

---

[140] Unter Macht versteht Elias monopolartige Kontrolle über Ressourcen. Macht haben nicht nur die Starken, sondern auch die als machtlos bezeichneten Menschen. Zur Macht gehört immer Gegenmacht, deren Verhältnisse sich ständig verschieben (Elias und Scotson 1993: 241; Treibel 1995: 188).

Funktion gegenüber Regelbrechern. Dadurch werden vorhandene Gruppenbanden reproduziert und gestärkt (ebd.: 171). Der Schimpfklatsch ist nicht nur ein „überaus wirksames Instrument der Ablehnung", sondern auch ein „effektives Mittel zur Kränkung und Demütigung von Mitgliedern einer anderen Gruppe und zur Behauptung des eigenen Vorrangs vor ihnen" (ebd.: 181) Dem Schimpfklatsch ist eine Tendenz zur stereotypen Herabsetzung inhärent, dem Lobklatsch eine Tendenz zu Idealisierung (ebd.: 185). Bei dem Binnengruppenklatsch geht es wiederum um den Austausch von Neuigkeiten über Freunde und Bekannte (ebd.: 168). Der Klatsch hat somit Unterhaltungs-, Abgrenzungs-, Integrations- und Identitätsfunktionen.

Elias und Scotson lehnen es ab, soziale Stigmatisierung zu individualisieren und sie als Vorurteil bzw. als Abneigung eines Individuums gegen andere zu interpretieren. Die Gründe für Stigmatisierung liegen weniger in der Persönlichkeitsstruktur, als vielmehr „im Muster ihrer Interdependenz" (ebd.: 14). „Andere Gruppen als minderwertig abzustempeln, ist eine der Waffen, die überlegene Gruppen in einem Machtbalance-Kampf verwenden, zur Behauptung ihrer sozialen Überlegenheit." (Ebd.)

,Rassenbeziehungen' werden ebenfalls als Etablierten-Außenseiter-Beziehungen eines bestimmten Typs interpretiert. Dass Individuen sich in ihrem körperlichen Aussehen oder in ihrer Sprache voneinander unterscheiden, habe lediglich eine die Stigmatisierungsneigungen verstärkende Wirkung. Physische und kulturelle Differenzen machen „die Angehörigen der Außenseitergruppe leichter als solche kenntlich" (ebd.: 26). Elias und Scotson interpretieren physische und kulturelle Differenzen daher als Nebenaspekte, während sie die Machtunterschiede als zentral für Gruppenbeziehungen einschätzen.[141] Ein theoretischer Gewinn dieser Sichtweise besteht darin, dass sie ein Deutungsangebot an die Hand gibt, in dem ethnische, kulturelle oder rassische Konflikte nicht als Konflikte zwischen ethnischen, kulturellen und rassischen Gruppen, sondern als ethnisch, kulturalistisch und rassisch interpretierte Konflikte beschrieben werden. Das Machtgefälle zwischen Gruppen wird somit nicht statisch, sondern dynamisch betrachtet; die Außenseiter werden nicht als Opfer einer ungleichen Machtbalance porträtiert, sondern als Subjekte, die über das Potential verfügen, die Machtbalance zu ihren Gunsten zu verändern. Die Etablierten-Außenseiter-Figurationen sind Machtbeziehungen, die verhandelbar und veränderbar sind (ebd.: 15).

---

[141] „Es scheint, daß Begriffe wie ,rassisch' oder ,ethnisch', die in diesem Zusammenhang sowohl in der Soziologie als auch in der breiteren Gesellschaft weithin gebraucht werden, Symptome einer ideologischen Abwehr sind. Durch ihre Verwendung lenkt man die Aufmerksamkeit auf Nebenaspekte dieser Figuration (z.B. Unterschiede der Hautfarbe) und zieht sie ab von dem zentralen Aspekt (Machtunterschieden)" (Elias und Scotson 1993: 27).

Ein weiterer bedeutender Aspekt von Etablierten-Außenseiter-Beziehungen ist die Komplementarität von (eigenem) Gruppencharisma und (fremder) Gruppenschande (ebd.: 16). Die Machtüberlegenheit einer Etabliertengruppe basiert auf Monopolisierung von Schlüsselpositionen in örtlichen Einrichtungen, auf höheren Grad an Zusammenhalt, Mobilisierung starker Solidarität sowie auf eine stärkere Einheitlichkeit, Ausarbeitung von Normen, Glaubensdoktrinen und einen strafferen Fremd- und Selbstzwang (ebd.: 241 f.). Ein höherer Grad an Selbstzwang fällt häufig mit einem höheren Grad an Umsicht, Voraussicht und Gruppenkohäsion zusammen.[142]

Zusammenfassend lässt sich sagen, dass Elias und Scotsons Ausführungen insofern zu einer weiterführenden Erörterung der Fremdheitsproblematik beitragen, als in ihr die Kohäsions- und Integrationsdifferentiale als zentrale Aspekte von Machtdifferenzen zwischen den Gruppen thematisiert werden. Grenzziehungsprozesse gegenüber ‚den Fremden' werden durch reflexive Interessen (Machterhalt, Erzeugung und Aufrechterhaltung von Gruppensolidarität und Domänenwahrung) erklärt, Beziehungen zwischen Einheimischen und Fremden als ungleiche Gruppenbeziehungen dargestellt. Fremdheit wird in diesem Zusammenhang als eine Zuschreibung der an Macht überlegenen Gruppe betrachtet, wobei die Machtüberlegenheit der Etablierten wiederum auf ihr größeres Kohäsionspotential zurückgeführt wird. Die Stabilität von Fremdheitszuschreibungen wird dadurch erreicht, dass die Etablierten die an Macht unterlegenen Gruppen dazu bringen, die ihnen zugeschriebene Fremdheit zu verinnerlichen.

Gegen Elias und Scotson lässt sich allerdings einwenden, dass sie physische und kulturelle Differenzen zum Nebenaspekt von Grenzziehungen erklären bzw. den Machtunterschieden unterordnen. Eine weitere Schwäche dieses Ansatzes besteht darin, dass die Etablierten und Außenseiter als voneinander klar abgrenzbare, kohärente soziale Gruppen vorgestellt werden, wodurch ihnen implizit Geschlossenheit, Homogenität und Gleichheit zwischen ihren Mitgliedern zugeschrieben wird.

In den zurückliegenden Abschnitten wurde die Fremdheitsproblematik anhand von vier Ansätzen erläutert. Im folgenden Abschnitt sollen nun die Erträge, Grenzen und normative Implikationen dieser Ansätze zusammenfassend herausgestellt werden.

---

[142] „Rangniedere Menschen neigen dazu, Tabus zu brechen, die zu beachten den ranghöheren von Kindheit an eingeschärft wurde. So werden Tabubrüche zu Zeichen sozialer Unterlegenheit und Minderwertigkeit" (Elias und Scotson 1993: 243).

4.6 Zwischenresümee: Würdigung und Kritik

Bezüglich der Unterschiede kann resümiert werden, dass bei Simmel raumtheoretische Überlegungen im Vordergrund stehen. Der Begriff des Fremden verweist bei ihm auf räumlich mobile Gruppen und dabei speziell auf die Händler. Durch den Hinweis auf den Händler als prototypischer Fremde der Vormoderne verweist Simmel auf die ökonomischen Funktionen des Fremdenstatus. Fremdheit und Fremde geraten somit nicht nur als ein prekärer Status bzw. als Außenseiter, sondern zugleich als soziale Ressource bzw. als Träger gesellschaftlich nachgefragten Wissens und eines bevorzugten Habitus in den Blick. Bei Robert Ezra Park verweist der Begriff des Fremden auf kulturell hybride Subjekte, die weitgehend in der Kultur und Tradition zweier Völker leben. Schütz fokussiert – aus einer wissenssoziologischen Perspektive – auf die dominanten Kultur- und Zivilisationsmuster der Gesellschaft. Sein Begriff des Fremden verweist auf den assimilationswilligen Einwanderer, der in eine Fremdgruppe aufgenommen werden möchte. Anders als bei Simmel wird bei Schütz die Erfahrung des Fremdseins nicht nur in positiven Begriffen, sondern als individuelle Krisis beschrieben. Der Andere wird als Fremder wahrgenommen, weil er sich einer In-Group nähert, von der er integriert werden möchte. Er steht vor der Wahl zwischen einer Assimilation oder einem Leben in psychischen Krisen; einen dritten Weg gibt es in Schütz' Ansatz nicht.

Die Interpretation der Zuschreibung und des Erlebens von Fremdheit, wie sie von Simmel, Park und Schütz vorgeschlagen werden, vermögen jedoch nicht – da sie den Machtfaktor ausblenden – die Fremdheitsproblematik im Zusammenhang mit gesellschaftlichen Konflikten und sozialen Ungleichheiten zu thematisieren. Diese Aspekte werden in Elias' Ansatz der Etablierten-Außenseiter-Figuration berücksichtigt. Der Begriff des Fremden wird dabei auf Neuankömmlinge bezogen, die von den Alteingesessenen als Fremde (Eindringlinge und Außenseiter) bezeichnet werden. Elias zählt Macht und reflexive Interessen zu den wesentlichen Faktoren der Fremdheitszuschreibung.

Die Klassiker der Soziologie benennen vier Differenzkriterien von Fremdheit und Fremdsein: Raum, Kultur, Wissen und Macht. Der Fremde unterscheidet sich:

- durch sein ambivalentes Verhältnis zum Raum (Gleichzeitigkeit von Nähe und Distanz, von Innen und Außen sowie Beweglichkeit),
- durch sein ambivalentes Verhältnis zur Dominanzkultur (kulturelle Hybridität, Leben in der Tradition zweier Kulturen),
- durch sein ambivalentes Verhältnis zum etablierten Wissenstypus (Relevanzstrukturen der Ankunftsgesellschaft) und

-   durch seine Machtunterlegenheit gegenüber den Etablierten (Macht und reflexive Interessen).

Simmel, Park und Schütz geht es nicht darum, historische Prozesse des Fremdwerdens, respektive soziale Prozesse der Klassifizierung empirisch nachzuzeichnen. Ihr zentrales Anliegen war vielmehr die Konstruktion eines theoretischen Modells, das als ein begriffliches Instrumentarium einer soziologischen Analyse dienen sollte. Daher sind sie besonders geeignet, um in die allgemeine Struktur der Fremdheitsproblematik einzuführen. Elias wiederum versuchte, soziale Prozesse des Fremdwerdens und der Fremdheitszuschreibung am Beispiel einer englischen Vorortgemeinde empirisch nachzuzeichnen. Er bleibt jedoch keinesfalls dabei, sondern entwickelt seine empirischen Befunde zu einem theoretischen Erklärungsmodell mit universaler Geltung. Im Folgenden sollen diese Modelle im Hinblick auf die in dieser Arbeit behandelten Fremdheitsproblematik berücksichtigt und in die Analyse eingebunden werden.

Positiv hervorzuheben sind auch die normativen Implikationen der oben diskutierten Ansätze: der Fremde wird weder bei Simmel noch bei Park und Schütz als Gegenpol des Eigenen behandelt. „Simmel's stranger is not the ‚barbaric' alien who lacks any commonality with the group and completely falls outside of it (as in Schmitt's vision of the stranger as existential enemy" (Pels 1999: 68). Der Status des Fremden wird nicht als gegeben betrachtet bzw. essentialistisch aufgefasst, sondern in seiner Genese und mit seinen hervorbringenden Faktoren thematisiert. Allerdings muss hier eingewendet werden, dass sich aus den Ansätzen von Park und Schütz ein praktisches Programm ablesen lässt, in dessen Zentrum die Assimilation steht. Schütz und Park zielen in ihren Ansätzen darauf ab, Assimilation als einzigen Ausweg aus dem Status des Fremdseins und den damit zusammenhängenden Problemen hervorzuheben (vgl. kritisch dazu Wieviorka 2003: 137).

Problematisch ist auch, dass Fremdheit allein als Fremdzuschreibung diskutiert wird. Dass Fremdheit auch Ergebnis selbst gewollter (etwa religiöser) Abgrenzung sein kann, wird von den Klassikern nicht berücksichtigt (vgl. Brown 1998). Obwohl die Ansätze von Simmel, Park, Schütz und Elias im Rahmen einer Handlungstheorie und auf der Mikro- und Mesoebene die wesentlichen Dimensionen der Zuschreibung und des Erlebens von Fremdheit sowie ihre wesentlichen Funktionen erklären können, bleiben vor allem folgende Fragen offen:

-   Welche Bedeutung kommt der religiösen Differenz als einen möglichen Faktor der Zuschreibung und des Erlebens von Fremdheit zu?

- Welche Rolle spielt die Religionszugehörigkeit als Faktor von Einschluss und Ausschluss oder bei der Öffnung der sozialen Gruppen für Fremde?
- Welche Bedeutung kommt der politisch-rechtlichen Zugehörigkeit als Faktor der Zuschreibung und des Erlebens der Fremdheit zu?
- Welche Rolle spielt die Praxis der Staatsbürgerschaftsvergabe?
- Welche Bedeutung kommt den dominanten gesellschaftlichen Selbstbeschreibungsformeln und nationalen Einschlusssemantiken zu?
- Last but not least: Welche Bedeutung kommt der Kontingenz politischer und wirtschaftlicher Entwicklungen bei der Zuschreibung und beim Erleben von Fremdheit zu?

In den folgenden Teilen sollen aktuelle Theorien und Forschungen danach untersucht werden, welche Antworten sie auf diese Fragen liefern bzw. welche mögliche Antworten aus ihnen rekonstruieren lassen. Bezugspunkt dieser Fragen ist also die sozialwissenschaftliche Debatte in Deutschland und Großbritannien.

III. Aktuelle Theorien zur Fremdheitsproblematik

In diesem Teil werden zwei exemplarische Theorieansätze zur Fremdheitsproblematik diskutiert. Für eine theoretische Annäherung bieten sich zunächst der poststrukturalistische Ansatz von Zygmunt Bauman und systemtheoretische Ansätze aus drei Gründen an. *Erstens*, weil sie in der aktuellen Fremdheitsdebatte eine prominente Stellung einnehmen. *Zweitens*, weil sie nicht nur wegweisende Anregungen zum Verständnis der Fremdheitsproblematik geben, sondern auch neue Analysewege aufzeigen. *Drittens* sind sie geeignet, um Grenzen und Leerstellen des Fremdheitsbegriffs herauszuarbeiten. Um es vorwegzunehmen: In beiden Ansätzen wird die Frage nach der Handlungsfähigkeit derjenigen, die von Fremdheitszuschreibungen betroffen sind, ausgeblendet. Dies verweist auf postkoloniale Theorieansätze, die in angelsächsischen Theoriediskussionen eine prominente Stellung einnehmen. Homi K. Bhabhas Reflexionen bieten sich an, das Verständnis der Fremdheitsproblematik zu schärfen und die zuvor diskutierten Ansätze um die Dimension der Handlungsmacht zu erweitern. Vorab sei hier erwähnt, dass es in beiden Ansätzen die Fremdheitsproblematik im Kontext von Modernisierung thematisiert und die Moderne als eine Zäsur in der Fremdheitsproblematik interpretiert wird.

Nach einem allgemeinen Überblick über die Renaissance der Fremdheitsdebatte sollen vier Thesen hinsichtlich aktueller Tendenzen in der Fremdheitsproblematik diskutiert werden (*Kapitel 5*). Anschließend wird die Fremdheitsproblematik mit Bezug auf Baumans poststrukturalistischen Ansatz im Zusammenhang von Ambivalenz und Moderne diskutiert (*Kapitel 6*). Danach geht es anhand von exemplarischen systemtheoretischen Ansätzen um eine Diskussion von Fremdheitsproblematik im Zusammenhang funktionaler Differenzierung und Selbstthematisierung der Gesellschaft (*Kapitel 7*). Zuletzt geht es um die Frage, welche Konsequenzen sich aus diesen Ansätzen für eine Soziologie der Fremdheitsproblematik ergeben. Dabei wird auch der Versuch unternommen, die diskutierten Ansätze um die zuvor analysierten Reflexionen von Simmel, Elias und die noch zu diskutierenden Reflexionen von Bhabha zu erweitern und eine alternative Begriffsbestimmung vorzuschlagen (*Kapitel 8*).

5. Fremdheitsproblematik am Übergang ins 21. Jahrhundert

5.1 Zur Renaissance der Fremdheitsdebatte

Fremdheitsproblematik und Modernisierungstheorien[143] ziehen seit den frühen 1970er Jahren wieder das Interesse nicht nur von Sozial- und Kulturwissenschaftlern, sondern auch von Politikern, Pädagogen und Erziehungswissenschaftlern auf sich.[144] Eine mögliche Erklärung für die Aktualität der Fremdheitsthematik liefert ihre politische Relevanz. Es lässt sich sagen, dass die massenhafte Zuwanderung zunächst von Arbeitsimmigranten, dann ihrer Familien und später von politischen und Bürgerkriegsflüchtlingen sowie die damit verbundenen Probleme wesentlich mit dazu beigetragen haben, dass Fremdheit zu einem *Topthema* geworden ist. In der Anfangsphase der Debatte handelte es sich in erster Linie um politische Fragen: „Was ist das Fremde und wie soll man mit ihm umgehen?" (Wierlacher 1993: 33) Dementsprechend wurde die Fremdheitsproblematik in den 1970ern und 1980ern in praktischer Absicht zum Gegenstand sozialwissenschaftlicher Untersuchungen und gesellschaftstheoretischer Reflexionen.[145] Das Interesse galt der Frage nach dem ‚richtigen' Umgang mit Fremden[146] (Integration, rechtliche Eingliederung usw.) und in diesem Zusammenhang auch der Fremdenfeindlichkeit. Für viele Studien aus dieser Zeit gilt, dass sie weder einen expliziten Ansatz des Fremden formulieren, noch dass sich aus ihnen ein brauchbarer

---

[143] „Thema der Modernisierungstheorie sind die globalen Prozesse, in deren Verlauf sich in den letzten zweihundert Jahren jener ‚moderne' Gesellschaftstyp herausgebildet hat, der die Länder Westeuropas, die Vereinigten Staaten und seit einigen Jahrzehnten Japan kennzeichnet", lautet die Definition von Klaus Müller (1991: 263). Obwohl der Modernisierungstheorie Parsons' scher Provenienz die Dependenz- und Imperialismustheorien entgegengestellt wurden, war sie dennoch Diskussionsgegenstand. In den späten 1960ern setzte die Selbstkritik der Modernisierungstheorie ein (z.B. mit Schmuel Eisenstadt) und ging in den 1970ern in eine allgemeine Kritik am Eurozentrismus der Modernisierungstheorie und zum Teil in eine allgemeine Aufklärungsskepsis und Wissenschaftskritik über (ebd.: 275). In den späten 1980ern und 1990ern gelang ihr ein überraschendes Comeback, das auf das ‚Modernisierungsdefizit' osteuropäischer Staaten zurückgeführt wird (ebd.: 261). Zwar geht es in Baumans Theorie der Moderne nicht allgemein um die Analyse der sozialen Prozesse, die „auf dem Weg von traditionalen zu modernen Gesellschaften" durchlaufen wurden. Allerdings kann Baumans Ansatz im Sinne einer allgemeinen Aufklärungsskepsis und Wissenschaftskritik noch dem Diskurs der Modernisierungstheorien zugeordnet werden. Ihm geht es vielmehr um eine Offenlegung der Schattenseiten der Moderne (vgl. Bauman 1991). Mehr zur Modernisierungstheorie und ihrer Aktualität s. Zapf 1996.

[144] In Bezug auf die Aktualität von Modernisierungstheorien lässt sich sagen, dass sie hauptsächlich aus zwei Quellen gespeist wird: Zum einen aus dem – bereits erwähnten Modernisierungsdefizit osteuropäischer Staaten – und aus den Diskussionen um die Transformationsprozesse, die unter dem Begriff Globalisierung verhandelt werden. Zum anderen wird sie aus der Kontroverse um die Moderne vs. Postmoderne bzw. aus der kulturell-symbolischen Bewegung, die als Postmodernismus bezeichnet wird, gespeist.

[145] S. bspw. »*Interkulturelle Erziehung und Menschenrechte*« (Wakounig und Busch 1992).

[146] S. hierzu etwa Schäffter 1991 und Böversen 1997.

Ansatz rekonstruieren lässt. Oft fehlt es ihnen auch an einem theoretisch anspruchsvollen Begriff des Fremden. Mit der Bezeichnung Fremde verweisen sie auf unterschiedliche Personengruppen wie ‚Gastarbeiter', ‚Ausländer' und ihrer Familien hin, wobei häufig ‚Fremder' mit ‚Ausländer' gleichgesetzt wird.[147]

Eine wichtige Analyse der Fremdheitsproblematik lieferte der Migrationssoziologe Hans-Joachim Hoffmann-Nowotny mit seinem Werk »*Soziologie des Fremdarbeiterproblems*« (1973). Darin behandelte er die Fremden als Chiffre für die Krisentendenzen kapitalistischer Vergesellschaftung. Fremde sind demzufolge ‚Aufhänger' für interne Probleme hoch entwickelter Einwanderungsgesellschaften. Nach Hoffmann-Nowotnys Interpretation liegen diese Probleme

> „im schnellen, die Tradition lösenden, sozialen Wandel und den daraus resultierenden, durch Zuwanderung verstärkten Spannungen. Hierauf reagieren gewisse davon betroffene Menschen mit einer kontrafaktischen Bekräftigung der Tradition, d.h. traditionalistisch, und es sind diese Personen, denen Ausländer und Ausländerrinnen in vielerlei Hinsicht als Gefahr und Bedrohung, als Ursache und Wirkung des ‚Gesellschaftsverfalls' zugleich, erscheinen" (2000: 15).

In neueren Ansätzen wird die Fremdheitsproblematik ebenfalls im Zusammenhang des gesellschaftlichen Wandels analysiert. Dabei wird untersucht, welche Folgen Modernisierung und Globalisierung auf die Wahrnehmung, Zuschreibung und auf das Erleben von Fremdheit haben.[148] In der aktuellen Fremdheitsdebatte, in der die Fremdheit im Zusammenhang mit der Modernisierung thematisiert wird, lassen sich drei Lesarten unterscheiden, von denen die letzten beiden systematisch diskutiert werden sollen.[149]

(1) In der ersten Lesart, die auf die These der *reflexiven Moderne* zurückgeht, wird Modernisierung als zunehmende Individualisierung, De- und Retraditionalisierung beschrieben (Ulrich Beck). Der Begriff reflexiver Modernisierung deutet auf einen gesellschaftlichen Umbruch hin. „Eine Epoche der Moderne verschwindet und eine zweite", so Beck, „noch namenlose entsteht, und zwar nicht durch politische Wahlen, Regierungssturz oder Revolution, sondern als latente Nebenwirkung des Normalen, Bekannten" (1993: 57). Unter Rückgriff auf Hans Joas konstatiert Beck weiter, dass in der gegenwärtigen reflexiven Modernisierung Subjekte aus Gesellschaftsstrukturen freige-

---

[147] Darauf wurde bereits im Teil II, Abschn. 3.1 eingegangen, s. dazu Fn. 89.
[148] S. hierzu Kleinert 2004, Diken 1998, Beck 1993, Bauman 1991, Beck-Gernsheim 2004, Nassehi 1995, Stichweh 1992, Stichweh 2004.
[149] Auf Ulrich Beck wird im Folgenden aus zwei Gründen nicht systematisch eingegangen. *Erstens* weil er sich vielfach auf Bauman bezieht, *zweitens* weil die Aspekte, auf die er eingeht, von Bauman ausführlicher thematisiert werden.

setzt werden. Dies wiederum erfordere eine Re-Definition der Kategorie des sozialen Handelns als „kreatives Handeln" (Hans Joas) (Beck 1994: 15). Bezüglich der Wahrnehmung und Konstruktion des Fremden schreibt Beck, dass Individualisierungsprozesse die Voraussetzungen nationaler Entgegensetzungen von Eigenheit und Fremdheit aufheben. Die Grenzziehungen zwischen den Eigenen und Fremden werden unscharf, enttraditionalisiert und schlagen „ins Konstruktivistische und Aktivistische" um (1993: 121). Fremde sind diejenigen, die in keine nationale, territoriale und kulturelle Schablone passen, Gegensätze unterlaufen und Grenzen relativieren. „Die Kategorie ‚Fremde' meint mit anderen Worten das Querliegen, Zwischen-allen-Stühlen-sitzen schlechthin: Ambivalenz als Existenz" (Beck 1996: 328). Aus diesen Überlegungen geht hervor, dass Beck Fremdheit nicht nur positiv besetzt, sondern auch als Symptom einer neuen kosmopolitischen Vergesellschaftungsform, d.h. einer postnationalen Lebensweise zelebriert.

(2) In der von Systemtheoretikern vorgeschlagenen Lesart wird Fremdheit im Zusammenhang mit zunehmender Systemdifferenzierung, d.h. Differenzierung nach funktionalen Kriterien, und der Weltgesellschaft thematisiert.

(3) Die dritte Lesart geht auf Überlegungen von Bauman zurück, die er in verschiedenen Werken angestellt hat. Modernisierung wird verstanden als unabschließbarer Prozess der Ambivalenzbewältigung und Ordnungskonstruktion, Fremdheit im Sinne einer wirkungsvollen Zuschreibung und Nichtzugehörigkeit ist das Nebenprodukt der Ambivalenzbewältigung und Ordnungskonstruktion.

Modernisierungsansätze nehmen nicht nur in theoretischen Ansätzen, sondern auch in empirischen Sozialforschungen eine prominente Stellung ein. Darin werden negative und stereotype Wahrnehmungen sowie ausgrenzende und diskriminierende Umgangsweisen in Bezug auf Fremde auf gesellschaftliche Modernisierungsprozesse zurückgeführt. Träger ausgrenzender, diskriminierender und gewaltbereiter Einstellungen und Handlungen gegenüber Fremden werden als Opfer aktueller Modernisierungsprozesse dargestellt. Auffallend ist dabei auch die Bezugnahme auf Individualisierungstheorien und auf die These von der Auflösung traditioneller sozialstruktureller Milieus. Ressentiments und Gewaltbereitschaft gegenüber den Fremden werden somit auf die durch Modernisierungsprozesse verursachte Orientierungslosigkeit zurückgeführt. Individualisierungsprozesse würden Handlungsunsicherheiten, Ohnmachts- und Vereinzelungserfahrungen mit sich bringen und diese wiederum Aversionen und Ressentiments gegen Fremde hervorrufen.[150]

---

[150] Vgl. dazu die Studien und Beiträge von Wilhelm Heitmeyer (1991), Martina Althoff (1998), von Klönne (1989) und Willems (1993).

Weitere thematische Kontexte, in deren Zusammenhang die Fremdheitsproblematik analysiert wird, sind (individuelle und kollektive) Identitätskonstruktionen bzw. Identitätsangebote[151], Selbstthematisierungen der Gesellschaft, Nationalismus,[152] politische und mediale Diskurse.[153] Fremdheit und
Fremde werden aber auch im Zusammenhang mit Chancen und Grenzen des
Multikulturalismus diskutiert. Der Bezugsrahmen dieser Debatten sind die
Herausforderungen einer multikulturellen Bevölkerungsstruktur. Dabei geht
es in erster Linie um die Frage nach der Integration von Fremden und der
Anerkennung ihrer ‚Andersartigkeit'. Der Fremde wird hier überwiegend unter dem Aspekt von Möglichkeiten und Grenzen der kulturellen Differenzen
bzw. der ‚Andersartigkeit' innerhalb der Gesellschaft thematisiert.[154]

Methodisch wird in den neueren Ansätzen die Fremdheitsproblematik ü-
berwiegend aus einer sozial konstruktivistischen Perspektive, d.h. als Produkt
gesellschaftlicher Konstruktion, thematisiert.[155] Der Vorteil dieser Perspektive besteht darin, dass in ihr der Fremde nicht mehr als gegeben vorausgesetzt, sondern dessen konstruierter Charakter hervorgehoben wird. Ein weiterer analytischer Gewinn der *konstruktivistischen Wende* besteht in der Freile-
gung des analytischen Blicks auf Prozesse der Fremdheitszuschreibung und
Konstruktion. Es bleibt bei diesen Studien des Weiteren keinesfalls bei einer
Konstatierung des Konstruktcharakters von Fremdheit; der Konstruktions-
prozess wird ebenfalls zum Gegenstand der Analyse.

Bisher wurden die Entstehung und Gegenwart der Fremdheitsdebatte und
die darin verhandelten Begriffe und Erklärungsansätze sowie ihre Grenzen
diskutiert. Im folgenden Abschnitt sollen aktuelle Tendenzen in der Fremdheitsproblematik skizziert werden.

5.2. Aktuelle Tendenzen in der Fremdheitsproblematik

Nach einer weitverbreiteten Auffassung wenden sich Sozialwissenschaften
immer dann sozialen Phänomenen zu, wenn sich die gesellschaftliche Praxis
längst verändert hat.[156] Wenn dies stimmt, dann deutet die Vielzahl der Ver-
öffentlichungen zur Fremdheitsproblematik auf einen grundlegenden Wandel

---

[151] Vgl. hierzu verschiedene theoretische Beiträge von Bauman (1991, 1997a, 1997b und 1999b).
[152] Hierzu zählen vor allem die Studien von Alois Hahn (1994), Dieter Gosewinkel (2001 und 2004), Erna Appelt (2001) und von Nora Räthzel (1997).
[153] Vgl. dazu die Studien von Andreas Klärner (2000), Ingela K. Naumann und Aydin Süer (2004), Edith Pichler und Oliver Schmidtke (2004), Valentin Rauer (2004a und 2004b), Georg Ruhrmann und Jochem Kollmer (1987), Farrokhzad Schahrzad (2006).
[154] Zur Fremdheitsproblematik im Zusammenhang des Multikulturalismus s. Kiesel u.a. (1999), Bukow (1999) und Wallisch-Langlotz (2000).
[155] Hierzu zählen die Studien von Kleinert (2004), Altvater u.a. (2000) und Althoff (1998).
[156] Zur Nachträglichkeit der Semantik gegenüber der Gesellschaftsstruktur vgl. Luhmann (1980).

hin. In der aktuellen Fremdheitsdebatte sind Stimmen zu vernehmen, nach welchen heute die Grenzen gegenüber den ‚Fremden' anders gezogen werden.[157] Im Folgenden sollen nun exemplarisch vier Thesen diskutiert werden, die auf neue Tendenzen in der Fremdheitsproblematik hinweisen. Die Individualisierungs-, Universalisierungs-, Existentialisierung- und Tribalisierungsthese.

(1) Vertreter der *Individualisierungsthese* nehmen an, dass alle stabilen Orientierungen (Klasse, Kultur, Nation und Familie) aufbrechen und dass dies den einzelnen Menschen bei der Gestaltung seines Lebens und der Identitätsbildung in einer Situation der Ungewissheit und Risiken lässt. Dies stützt sich auf die Vorstellung des Nationalstaates als eine große „Individualisierungsinstanz", der soziale Strukturen und kollektive Identitäten zerstört und Menschen vereinzelt (Wagner 1995: 266). In Bezug auf die Wahrnehmung von Fremden wird unterstellt, dass Individualisierungsprozesse gleichzeitig die Voraussetzungen aufheben, „nationale Entgegensetzungen von Eigenheit und Fremdheit aufzubauen und zu erneuern" (Beck 1993: 121). Ulrich Beck unterstellt diesbezüglich eine Tendenz zur Enttraditionalisierung von Fremdheitszuschreibungen und konstatiert, dass die kulturellen Fremdheitsbeziehungen zunehmend durch soziale Konkurrenz oder politische Strategien subsumiert werden. Für die Phase der ‚reflexiven Modernisierung' gelte, dass Fremdheitszuschreibungen sowie Kämpfe zwischen Gruppen nicht mehr Kulturkämpfe, sondern Machtkonflikte seien.

> „Die von festen kulturellen Bindungen freigesetzten Individuen konstruieren Eigenes und Fremdes danach eher willkürlich, fluide, temporär und wechselhaft, und zwar eher nach Maßgabe der Konkurrenz um Vorteile (Rechte) und Ressourcen und der Ausübung von Macht als nach dem Grad der Irritation über kulturelle Fremdheiten" (ebd.: 124).

Im Gegensatz zu dieser These, um es hier vorwegnehmend zu unterstreichen, legen die im Teil IV analysierten Forschungsergebnisse nahe, dass Grenzziehungen und Fremdheitszuschreibungen keinesfalls nur willkürlich verlaufen, sondern sich von strukturellen Aspekten beeinflussen lassen.

(2) Systemtheoretische Stimmen in der Fremdheitsdebatte konstatieren für die gegenwärtige funktional differenzierte Weltgesellschaft eine ‚*Universalisierung*' bzw. ‚*Generalisierung von Fremdheit*'. Die Bedingungen dieser Generalisierung sind die Aufhebung der Fremdheit als Sonderstatus und ihre Umwandlung in eine strukturelle bzw. alltägliche Beziehung. Die Generalisierung bzw. Universalisierung von Fremdheit wird als Resultat der durch funktionale Differenzierung entstandenen Individualisierung beschrieben.

---

[157] Vertreten werden solche Auffassungen von Theoretikern und Theoretikerinnen wie Julia Kristeva (1990), Ulrich Beck (1993), Markus Schroer (1997) und Rudolf Stichweh (1997).

Die These besagt, dass das Ideal der Offenheit und Mobilität, welches gewissermaßen im Fremden personifiziert war, heute als eine selbstverständliche Lebenspraxis gilt (Schroer 1997: 28). Zygmunt Bauman konstatierte diesbezüglich, dass die Lebensbedingungen, die einst für den Fremden reserviert waren, heute zum ganz selbstverständlichen Erfahrungshaushalt eines jeden Individuums geworden sind. Fremde waren einst ausgezeichnet durch Merkmale wie „Heimatlosigkeit, Wurzellosigkeit und die Notwendigkeit der Selbstkonstruktion" (Bauman 1991: 158). Unter den Bedingungen der ‚Postmoderne',[158] so Bauman, gehören sie zu den Eigenschaften und Aufgaben eines jeden Individuums. Universalisierung bedeutet jedoch nicht, worauf Bauman bereits hingewiesen hat, dass die

> „Versuche, die eigene Lebenswelt von Fremden freizuhalten, aufgehört hätten. Gerade das Gegenteil ist wahr: die endemische Unsicherheit, die weiterhin von der Anwesenheit von Fremden ausgeht, findet ihr Ventil in dem kontinuierlichen Bemühen, sich die Kontrolle über die Verteilung des sozialen Raumes zu verschaffen – d.h. die Freiheit der Fremden einzuschränken und zu reglementieren und sie insgesamt ‚da zu halten, wo sie hingehören'" (Bauman 1995: 237).

Moderne Gesellschaften sind nicht in der Lage, ohne Fremdheit auszukommen. Damit alltägliches Leben reibungslos funktionieren kann, ist die Kultivierung einer strukturellen Fremdheit unumgänglich. Insbesondere für das moderne Stadtleben sind strukturelle Fremdheit und die mit ihr einhergehende Haltungen, die als blasierte Distanz (Simmel), prinzipielle Reserviertheit und interesselose Indifferenz bezeichnet werden, die Garanten für eine demokratische, freizügige und kulturell liberale Gesellschaft. Denn sowohl die Bürger- und Menschenrechte als auch die liberalen Prinzipien der individuellen Freizügigkeit hängen von dem ‚Recht auf Fremdheit' ab. Das Recht auf Fremdheit besagt, dass in demokratischen Gesellschaften Individuen ein Recht darauf haben, unbehelligt Fremde unter Fremden zu bleiben. Die moderne, städtische Lebensform ist geradezu darauf angewiesen, merkt Nassehi treffend an, dass Individuen untereinander als Funktionsträger und nicht als Brüder und Schwestern ein und derselben Gemeinschaft kommunizieren können (1997: 10).

Die These von der Universalisierung des Fremden wird auch von Stichweh vertreten. Er konstatiert, dass in der gegenwärtigen Weltgesellschaft die Fremdheit alltäglich und selbstverständlich geworden ist und ihr Irritationspotential verloren hat. Zwar gebe es „einen Diskurs über den Fremden [...]

---

[158] Die Bezeichnung Postmoderne ist hier zwecks Distanzierung in Anführungszeichen gesetzt, weil sie das Ende der Moderne suggeriert. Demgegenüber wird in dieser Arbeit mit Wagner die These vertreten, dass die Gegenwart weiterhin von der modernen „Bedeutungsumgebung von individueller Autonomie und rationaler Herrschaft geprägt" ist (Wagner 1995: 253).

der dessen Beunruhigungsqualität semantisch zu kontinuieren versucht, dass es aber nicht leicht fällt, jemanden zu nennen, den man in diesem Sinne als Fremden zu identifizieren bereit wäre" (Stichweh 2004: 38). Die These, Fremdheit habe ihren Irritationscharakter verloren, lässt sich allerdings nur aufrechterhalten, wenn man diese Aussage nur auf die strukturelle Fremdheit im Sinne alltäglicher Unvertrautheit und Nichtintimität bezieht. Wird dagegen die Dimension der Nichtzugehörigkeit berücksichtigt, kommt ihr keine empirische Relevanz zu. Demgegenüber wird hier die These vertreten, die in Teil IV noch zu begründen sein wird, dass weder Fremdheit noch Fremde ihren Irritations- und Störungscharakter verloren haben.

Die These, Fremdheitszuschreibungen seien zu einem allgemeinen Los geworden, das alle gesellschaftlichen Gruppen gleichermaßen treffen könne, ist unhaltbar. Gleichwohl wird in der Literatur auf Entwicklungen hingewiesen, die eine partielle Normalisierung von Fremdheit bewirkt haben. Der Verzicht vieler europäischer Zuwanderungsländer, „eine aktive, auf kulturelle Homogenisierung zielende Assimilationspolitik im Sinne der Herstellung einer nationalen Gemeinschaft" zu betreiben (Bade und Bommes 2004: 9), wäre ein Beleg dafür. Ein anderer Beleg wäre die von Soysal analysierte Ausdehnung bürgerlicher und sozialer Rechte auf Nichtstaatsbürger. Sie weist diesbezüglich darauf hin, dass es in der Nachkriegszeit in den meisten europäischen Staaten zu einer Standardisierung von Rechten durch eine gezielte Politik der Inkorporation von Nichtstaatsangehörigen gekommen ist (Soysal 1994: 119f.). Wenn auch eine vollständige politische Partizipation weiterhin an die Staatsbürgerschaft gekoppelt ist – mit der Ausnahme des lokalen Wahlrechts für Angehörige von EU-Staaten – sei sie juristisch kein bedeutender Faktor bei der Wahrnehmung von ökonomischen und sozialen Rechten sowie beim Zugang zu sozialen Gütern. „The foreigner's legal status and physical presence are the most important factors, whereas formal citizenship is the least", lautet Soysals Fazit (ebd.: 123f.). Ihr Anhaltspunkt ist der Inkorporationsprozess, in dessen Folge die ‚Gastarbeiter' in die Rechtssysteme jeweiliger Gesellschaften integriert wurden:

> „Incorporation is a wider process that takes place independently of the integration of individuals or perception of such integration. Second, to explain incorporation, I look at the institutions of a host society, rather than at the cultural background or individual characteristics of migrants. Hence I propose that the institutionalized modes and organization of membership in host countries should be studied as the principal determinants of the incorporation of migrants." (Ebd.: 30f.)

Allerdings stehen Normalisierungstendenzen Prozesse der Existentialisierung und Essentialisierung gegenüber, wofür ebenfalls Belege in der Forschung vorliegen.

(3) Bielefeld verweist in seinen Studien zur Fremdheitsproblematik auf Existentialisierungs- und Essentialisierungsbemühungen,159 zu deren bevorzugten Zielscheiben die „kollektivierten Flüchtlinge" ohne tatsächliche Aufnahme und ohne reale Rückkehrchancen zählen, welche „zu einem neuen Typus eines auf Dauer unsicher gestellten heimatlosen Fremden" gehören (Bielefeld 2004: 399). Der kollektivierte Flüchtling ist heute zum Eindringling par exellence, der Moslem zum idealtypischen Andersgläubigen avanciert. Bielefeld ist zuzustimmen, wenn er die Rückkehr der – durch die Aufklärung und Menschenrechte als überwunden erachteten - Doppelmoral, was Weber als Differenz von Binnen- und Außenmoral bezeichnete, konstatiert (ebd.: 404).

(4) Richard Sennett verweist auf den Zusammenhang von Fremdheit und Zivilisiertheit: Nach ihm sind beide untrennbar miteinander verbunden. Zivilisiertheit bedeutet die Fähigkeit, über die kulturelle Distanz hinweg, mit Fremdheit und Fremden umzugehen und eine gesellschaftliche Beziehung zu ihnen aufzubauen (1983: 299). modernes Stadtleben bietet einerseits Raum für strukturelle Fremdheit, provoziert andererseits den Wunsch nach einer „Rückkehr ins Stammesleben" (ebd. 382). Sennett diagnostiziert für die Gegenwart eine Psychologisierung und Intimisierung der Öffentlichkeit, die in einer „intimen Gesellschaft" (ebd.: 296) mündet, welche in kleine, gut bewachte Gemeinschaftsinseln aufgeteilt ist. In diesen Gemeinschaftsinseln gelte der

> „Umgang und Austausch mit Fremden … allenfalls als langweilig und unergiebig, wenn nicht gar als unheimlich. Der Fremde selbst wird zu einer bedrohlichen Gestalt, und nur wenige Menschen finden Gefallen an jener Welt von Fremden, die ihnen in der kosmopolitischen Stadt entgegentritt" (ebd.: 15).

Sennett verweist mit „gut bewachten Gemeinschaftsinseln" auf die Segregations- und Fragmentierungstendenzen in den gegenwärtigen (Groß-)Städten, die auch von unzähligen Sozialwissenschaftlern beobachtet werden. Eine Tendenz zur Aufwertung der Gemeinschaft wird auch von Bauman beobachtet.[160] Er führt diese Tendenz jedoch auf den Übergang von der staatlichen zur privaten Ambivalenzbewältigung zurück. In der ‚Postmoderne' habe der Nationalstaat darauf verzichtet, Ambivalenz öffentlich zu bekämpfen (Bau-

---

[159] Mit ‚Existentialisierung' und ‚Essentialisierung von Gruppenzugehörigkeiten' verweist Bielefeld (2003: 377ff.) auf aktuelle diskursive und politische Bestrebungen in der Weltgesellschaft, die Fremdheit von Fremden als essentielle Wesenheit zu präsentieren und konflikthafte Begegnungen mit ihnen als existentialistische Gefahr für die eigene individuelle sowie kollektive Identität zu präsentieren. Vgl. dazu a. Bielefeld (2004).

[160] In der Gesellschaftstheorie kommt diese Tendenz in der Kommunitarismusdebatte zum Ausdruck. Vgl. dazu Etzioni (1993 und 1995).

man 1991: 197). Die ‚postmoderne' Gesellschaft habe sich mit der Paradoxie und Allgegenwärtigkeit der Ambivalenz abgefunden (ebd.: 230). Dies wiederum bekräftige Individuen in ihrer Suche nach neuen Formen der Gemeinschaftlichkeit und trage zu einer Aufwertung der Gemeinschaftsidee bei.[161] Hierauf wird im Folgenden noch einzugehen sein (*Kapitel 6*). Vorwegnehmend sei unterstrichen, dass Baumans Betonung der staatlichen Ambivalenzbekämpfung bei der Erklärung der Ursachen der Fremdheitskonstitution in der Moderne aus zwei Gründen problematisch ist. *Erstens* stützt sich diese Vorstellung auf ein dichotomes Begriffspaar: Dort die Moderne mit ihrer feindlichen Haltung zur Ambivalenz und ihrer Ordnungsbesessenheit, hier die ‚Postmoderne' mit ihrer Einsicht in die Aussichtslosigkeit der Ambivalenzbewältigung und staatlichen Ordnungskonstruktion. *Zweitens* ist die These vom Verzicht des Staates auf Ambivalenzbewältigung, wenn darunter staatliche Grenzziehungsprozesse, Klassifizierungen der Bevölkerung und Beteiligung an der Konstruktion von Fremden gemeint sind, nicht nur irreführend, sondern auch unzutreffend.

Im Teil IV wird hierauf anhand von Forschungsergebnissen aus Deutschland und Großbritannien ausführlicher eingegangen, um die Grenzen der hier vorgestellten Thesen zu diskutieren. In den folgenden Kapiteln sollen jedoch zunächst die poststrukturalistischen und systemtheoretischen Perspektiven zur Konstruktion und Zuschreibung von Fremdheit diskutiert werden.

6. Fremdheitsproblematik zwischen Ambivalenz und Ordnung

Bauman formulierte in »*Modernity and Holocaust*« (1989) und »*Modernity and Ambivalence*« (1991), eingebettet in eine Theorie der Moderne, eine Soziologie des Fremden, die er in einzelnen Abhandlungen und Essays weiter ausführte. Später versuchte er in »*Postmodern Ethics*« (1993), durch eine Dekonstruktion des Kantischen kategorischen Imperativs eine *Ethik der Alterität* zu formulieren, in der es um eine Moral der Begegnung geht, die auf Erweckung von Solidarität unter Fremden und auf begriffliche Überwindung gewaltförmiger Begegnungen abzielt.[162]

---

[161] Bauman bezieht sich darauf mit dem Begriff des Neotribalismus (Maffesoli 1996).

[162] Vgl. dazu Taureck 2002; Junge 2002; Junge und Kron 2002; Reese-Schäfer 2002. Mit »*Modernity and Ambivalence*« unternimmt Bauman den ersten Schritt zu einer ‚Soziologie der Postmoderne', mit »*Postmodern Ethics*« verlässt er den Bereich der Soziologie und wechselt in die Ethik hinüber. Gegenüber Kants Pflichtethik vertritt er in »*Postmodern Ethics*« die These, dass der kategorische Imperativ auf der Idee der gesetzgebenden Vernunft beruht und deswegen unter ‚postmodernen' Bedingungen nicht mehr der Realität des menschlichen Daseins gerecht wird, „die durch Ambivalenz, Irrationalität und eine unüberschaubare Menge an Konsequenzen ein-

Baumans Theorie der Moderne bringt, im Gegensatz zu den gängigen Modernisierungstheorien,[163] die Schattenseiten der Moderne zum Vorschein: Die Konsequenzen moderner Strategien der Ambivalenzbewältigung und der Rationalisierung.[164] In diesem historischen Kontext, d.h. im Spannungsfeld zwischen den Ambivalenzen der Moderne und staatlicher Ambivalenzbewältigung, entsteht die moderne Fremdheitsproblematik. Indem Bauman diese Aspekte in den Blick nimmt, beleuchtet er zugleich die Grenzen moderner Ordnungskonstruktionen und thematisiert die Fremdheitsproblematik als eine Folge der Modernisierung. Ambivalenz, Ordnung und Vergesellschaftung sind die zentralen Kategorien seiner Theorie der (‚Post-‘)Moderne und seiner Soziologie des Fremden. Daher gilt es, zunächst diese Kategorien zu erläutern (6.1), um anschließend Baumans Analyse der Fremdheitsproblematik zu diskutieren (6.2).

6.1 Ambivalenz, Ordnung und Vergesellschaftung

Fremdheit und Ambivalenz

Zu einer ersten Annäherung an das Verständnis von Fremdheit, auf welches Baumans Soziologie des Fremden basiert, ist darauf hinzuweisen, dass er Fremdheit im Sinne von Ambivalenz begreift. ‚Ambivalenz‘ bezeichnet bei Bauman zunächst eine sprachspezifische Unordnung, d.h. eine Doppel- bzw. Mehrdeutigkeit.[165] Sie ist ein permanenter Begleiter, eine normale Bedingung der Sprache – ihr *alter ego*. Bauman zufolge besteht die Hauptfunktion der

---

zelner Handlungsentscheidungen ausgezeichnet ist". Bauman ist der Ansicht, dass ethisches Räsonieren in Form des kategorischen Imperativs der Komplexität ethischer Entscheidungen nicht genügen könne (Junge 2005: 73).

[163] Unter ‚gängigen Theorien‘ der Moderne werden die Ansätze von Talcot Parsons, Walt Whitman Rostow, Wolfgang Zapf, Karl Polanyi, Shmuel Noah Eisenstadt usw. verstanden, welche die globalen Prozesse, in deren Verlauf sich jener ‚moderne‘ Gesellschaftstyp herausgebildet hat, zum Gegenstand haben. Mehr dazu s. Fn. 143.

[164] Der Preis für die kritische Thematisierung der Moderne und für den Verweis auf ihre Schattenseiten ist jedoch ein einseitiger Modernitätsbegriff. Diesem gegenüber wird hier in Anlehnung an Alain Touraine die These vertreten, dass die Moderne sich keinesfalls auf ein einziges Prinzip reduzieren lässt. Zur Moderne gehören nicht nur die Prinzipien der Rationalität, Produktivität oder nur die Institutionen der Sozialtechnologie, rationale Bürokratie, sondern auch die Organisierung der Gesellschaft nach dem Prinzip der Freiheit. Daher erscheint es als eine verkürzte und dem Prozess der Modernisierung nicht entsprechende Sichtweise, Moderne mit ideologischer Zurichtung, Homogenisierung und Uniformierung gleichzusetzen. Freiheits- und Subjektivitätsgewinn und Emanzipation gegenüber den Traditionsbeständen gehören ebenfalls zu den Kennzeichen der Moderne (vgl. hierzu Touraine 1995: 1-6 und Wagner 1995). Der Einseitigkeitsvorwurf wurde gegen Bauman mehrmals erhoben (vgl. diesbezüglich a. Rommelspacher 2002: 394).

[165] Baumans Theorie der Moderne lässt sich als eine kritische Sozialtheorie der Ordnung unter Berücksichtigung von Dialektik und Ambivalenz bezeichnen (vgl. hierzu Junge 2002). Die Hervorhebung von Ambivalenz als Schlüsselkategorie impliziert jedoch die Unmöglichkeit von Eindeutigkeit – auch der soziologischen Theoriesprache.

Sprache in der Benennung und Klassifikation von Gegenständen, Handlungen, Sachverhalten, Gefühlen, Qualitäten usw. „To classify […] is to give the world a structure: to manipulate its probabilities; to make some events more likely than some others; to behave as if events were not random, or to limit or eliminate randomness of events" (Bauman 1991: 1).[166]

Ambivalenz liegt demnach vor, wenn ein Sachverhalt oder ein Ereignis mehr als nur einer Kategorie zugeordnet werden kann. Sie bezeichnet somit das Versagen der Nenn- und Trennfunktion der Sprache, wodurch die Berechenbarkeit von Ereignissen und Handlungen erschwert und die Relevanz von Handlungsstrukturen durcheinander gebracht werden (ebd.). Die Nenn- und Klassifizierungsfunktion der Sprache bemisst sich an der Exaktheit ihrer Trennungen zwischen Klassen, an der Präzision ihrer definitorischen Grenzen und an der Vermeidung von Zweideutigkeit (ebd.: 2).

Mit dem Versagen der Nenn- und Trennfunktion der Sprache, d.h. wenn die verwendeten Begriffe sich als inadäquat erweisen, setzt Ambivalenzbewältigung ein. Die unscharfen Definitionen und inadäquaten Begriffsbestimmungen werden sodann durch adäquatere Begriffe ersetzt, bis die durchgeführten Trennungen und Klassifikationen sowie die neu konzipierten Begriffe sich ebenfalls als inadäquat erweisen. Indes werden weitere Ambivalenzen erzeugt, indem versucht wird, durch einen reflexiveren Gebrauch der Sprache und durch eine exaktere Handhabung der Begriffe die ihnen anhaftenden Doppel- und Mehrdeutigkeiten zu eliminieren. Bei der Ambivalenzbekämpfung handelt es sich folglich um eine fortwährende, universale und unausweichliche Doppelbewegung: Jede Aktivität der Ambivalenzbewältigung ist letztlich die Quelle weiterer Ambivalenzen; sie bringt weitere Schübe der Ambivalenz hervor (ebd.). Es ist daher Junge zuzustimmen, wenn er konstatiert, dass in Baumans Soziologie der Moderne zwischen der Ordnung und der Freiheit das Feld der Mehrdeutigkeiten und der Ambivalenzen aufgespannt ist (vgl. Junge 2005: 68).

Ambivalenz wird jedoch nicht nur als ein sprachliches Problem, sondern als ein konstitutives Moment moderner Vergesellschaftung und Ambivalenzbewältigung als eine wesentliche Aufgabe des modernen Nationalstaates thematisiert. Bauman versteht den Kern der Kultur als einen beständigen Kampf gegen Ambivalenz, Uneindeutigkeit und gegen das Nichtklassifizier-

---

[166] Bauman nimmt damit an, dass die soziale Welt keine von der sprachlichen Bezugnahme unabhängige Struktur besitzt. Sie wird als Ergebnis sprachlicher Klassifikation und Kategorisierung begriffen. Damit läuft er Gefahr, in einen Sprachidealismus zu verfallen: Somit gerät aus dem Blick, dass Beobachter die soziale Welt nicht beliebig interpretieren können, sondern der Klassifikationspraxis durch die soziale Welt und durch die in ihr existierenden Dinge Grenzen gesetzt sind. Zu einer Kritik des Poststrukturalismus unter erkenntnistheoretischen Aspekten s. Sayer 2000.

bare. Gegen die Bestimmung des Fremden durch die Ambivalenz lässt sich einwenden, dass damit die Aussichtslosigkeit einer Aufhebung der Fremdheit als sozialer Status impliziert wird: Wenn Ambivalenz eine sprachinterne Qualität, ein normaler Begleiter der Sprache ist, ist sie als solcher unüberwindbar. Da Fremdheit durch Ambivalenz bestimmt ist, ist sie prinzipiell nicht aufhebbar.[167]

In »*Modernity and Ambivalence*« differenziert Bauman die soziale Welt in drei Kategorien: „There are friends and enemies. And there are strangers" (1991: 53).[168] Aus dieser Einteilung ergibt sich eine Definition, in der der Fremde als ein Persönlichkeitstypus beschrieben wird, der sich weder als Feind noch als Freund bestimmen lässt – er gehört nirgends hin und durchbricht in dieser Eigenschaft die binäre Ordnung der sozialen Welt (vgl. Bielefeld 1993). Diese Begriffsbestimmung wiederum weist auf die gesellschaftlichen und staatlichen Klassifikations- und Kategorisierungsbemühungen hin. Zentral für die Fremdheitszuschreibungen und für die Konstitution des sozialen Status des Fremden sind auch die gesellschaftlichen Abgrenzungs- und Grenzziehungsbemühungen. Diesbezüglich bemerkt Bauman, dass die Trennungslinien zwischen Freunden und Feinden, zwischen Eigenen und ‚den Fremden' willkürlich und je nach politischen oder anderen instrumentellen Bedürfnissen der Mächtigen gezogen werden. Die Trennungslinie zwischen Freunden und Feinden – ebenfalls oft willkürlich und nach instrumentellen

---

[167] Folgendes Zitat verdeutlicht Baumans Annahme von der Resistenz der Fremdheit: „The notorious restlessness of the stranger cast in the position of ambivalence which he has not chosen and over which he has no control ... is thereby socially produced. [...] It is not the outcome of cultural difference, but an affliction caused by an attempt to efface it: an endemic malady of the assimilatory pressure and of the unrealistic dreams of reclassification, admission and acceptance. One may conclude that defining the strangeness as a *cultural* phenomenon is the starting point of a process which leads relentlessly to the ‚revelation' that ambivalence cannot be wished out of existence, that strangeness has foundations much more solid and much less manipulable than ‚merely cultural', transitory and man-made differences in style of life and beliefs. The more successful the practice of cultural assimilation – the quicker this ‚truth' will be ‚discovered', as the increasingly stubborn incongruity of the culturally assimilating stranger is itself an artefact of his assimilation" (Bauman 1991: 73f.).

[168] Die Affinität zur Carl Schmitts Freund-Feind-Unterscheidung liegt auf der Hand, obwohl Bauman nirgends auf ihn verweist oder ihn zitiert. Schmitt rückte die Unterscheidung zwischen Freund und Feind als Leitdifferenz ins Zentrum seines Begriffs des Politischen. Er stellte die Behauptung auf, dass „die Völker sich nach dem Gegensatz von Freund und Feind gruppieren, daß dieser Gegensatz auch heute noch wirklich und für jedes politisch existierende Volk als reale Möglichkeit gegeben ist" und dass dies ‚vernünftigerweise' nicht geleugnet werden könne (Schmitt 1996: 29). Allerdings sollte die Feststellung einer Ähnlichkeit zwischen Bauman und Schmitt nicht dazu führen, die Unterschiede aus dem Blick zu verlieren. Bauman geht es nicht darum, die Freund/Feind-Unterscheidung im Sinne einer existentiellen Situation zu deuten oder gar um eine Rechtfertigung von Fremd- und Feindetikettierungen von Individuen, Gruppen oder historischen Kollektiven. Zur Figur des Fremden bei Carl Schmitt s. a. Balke (1992).

Bedürfnissen gezogen – ist klar und eindeutig. Demgegenüber sei die Trennungslinie zu den Fremden unklar, nichteindeutig und problematisch.

Bauman führt gesellschaftliche Klassifikations- und Abgrenzungsbemühungen auf die Ambivalenzbekämpfung des modernen Nationalstaates zwecks Ordnungskonstruktion und Rationalisierung aktueller Ordnungen zurück.

> „The stranger is one (perhaps the main one, the archetypal one) member of the family of *undecidables* – those baffling yet ubiquitous unities that, in Derrida's[169] words again, ‚can no longer be included within philosophical (binary) opposition, resisting and disorganising it, *without ever* constituting a third term, without ever leaving room for a solution in the form of speculative dialects'" (Bauman 1991: 55).

Fremdheit ist nach Bauman einerseits durch eine semantische ‚Überbestimmtheit', andererseits durch eine ‚Unterbestimmtheit' charakterisiert, die jede effiziente Kategorisierung zunichte machen. „The strangers exhaled uncertainty where certainty and clarity should have ruled" (1997a: 18). Fremde rebellieren gegen den „behaglichen Antagonismus" und gegen das konflikthafte Zusammenspiel von Freunden und Feinden und bedrohen somit die Vergesellschaftung (ebd.: 55).

Fremdheit und Ordnungskonstruktion

Im Zentrum von Baumans Soziologie des Fremden steht die Konstruktion einer gesamtgesellschaftlichen Ordnung, welche die moderne Fremdheitsproblematik hervorbringt. Bauman schreibt der Moderne nicht Fortschritt und Zivilisierung, sondern Barbarei und Vernichtungsfeldzug gegen Ambivalenz zu. Moderne zeichnet sich durch Ambivalenzbekämpfung, Ordnungskonstruktion, Uniformierung und Homogenisierung der Bevölkerung, nämlich als ein Zwangssystem aus. Modernisierung zeigt sich als ein unvollendetes (und ein unvollendbares) Ordnungsprojekt. Nach Bauman kann eine Existenz als modern bezeichnet werden, sofern sie in Ordnung vs. Chaos gespalten ist bzw. die Alternative Chaos oder Ordnung enthält.[170]

Ordnung bezeichnet zunächst einen stabilen, dauerhaften und ganzheitlichen Zusammenhang von Teilen und Elementen. Bauman bestimmt seinen

---

[169] Bauman bezieht sich hier auf »*Of Grammatology*« (Derrida 1974: 143).

[170] Bauman lehnt sich dabei an Stephen L. Collins (1989) an, demzufolge das moderne Ordnungsbewusstsein am deutlichsten in Hobbes' politischer Theorie zum Ausdruck kommt (Bauman 1991: 5). Allerdings schweigt Baumans Theorie der Moderne über die gesamtgesellschaftlichen Voraussetzungen der Ordnungskonstruktion. Demgegenüber wird in dieser Arbeit angenommen, dass die Moderne durch die kapitalistischen Produktionsverhältnisse geprägt ist und hinter modernen Ordnungskonstruktions- und Rationalisierungsbemühungen die Bedürfnisse des ausreifenden kapitalistischen Systems zu suchen sind.

Ordnungsbegriff als Gegenstück zum Chaos, Chaos wiederum bestimmt er als „reine Negativität", als „Verneinung von allem, was Ordnung anstrebt" (1998: 45). Die Negativität des Chaos ist ein „Produkt der Selbstkonstitution der Ordnung", dessen Nebeneffekt, Ausschluss und zugleich *conditio sine qua non* seiner Möglichkeit: „Ohne die Negativität des Chaos gibt es keine Positivität der Ordnung; ohne Chaos keine Ordnung" (ebd.). Eine weitere Präzisierung des Chaos erfolgt durch die Begriffe Nichtdefinierbarkeit, Inkohärenz, Inkongruenz, Inkompatibilität und Unlogik. Zu den wesentlichen Begriffen der Ordnungskonstruktion und der modernen Vergesellschaftung gehören wiederum: Entwurf, Gestaltung, Verwaltung und (Sozial-)Technologie (Bauman 1991: 15).[171]

Konstitutiv für die moderne Vergesellschaftung ist ein fortdauernder Kampf um Ordnung, um begriffliche Bestimmung gegen die Mehrdeutigkeit und um semantische Präzision gegen die Ambivalenz. Ordnung wird daher von den Eliten und Intellektuellen nicht als ein aktueller oder erreichbarer Zustand, sondern als ein gesellschaftliches Projekt aufgefasst, das auf der Einsicht in die totale Ambivalenz der Wirklichkeit, in die Zufälligkeit der Geschehnisse und in die Faktizität des Chaos beruht (ebd.: 7).

Ordnung ist zwar keine genuin moderne Erscheinung, doch erst in der Moderne wird sie als etwas Konstruierbares begriffen und avanciert zu einem hegemonialen politischen Projekt.[172] Die Vorstellung einer allumfassenden kognitiven, moralischen, ästhetischen, politischen und ökonomischen Ordnung, die Bauman zufolge zu den Hauptaspekten des Modernitätsprojekts gehört (Bauman 1991: 5f.). Die Bürokraten und Staatseliten, die sich bei der Ordnungskonstruktion einer Sozialtechnologie bedienten, zählen zu den Trägern der modernen Ordnungskonstruktionsbemühungen.[173]

---

[171] In seiner früheren semiotischen Kulturtheorie konstatiert Bauman, dass der Mensch sich in der Welt nur orientieren kann, wenn es ihm gelingt, „innerhalb vielfältiger Bedeutungs- und Sinnzusammenhänge einzelne Sinnbereiche oder -zuschreibungen eindeutig zu fixieren" (Junge 2005: 67). Vorangetrieben werden kann dieser Prozess durch den Einsatz von kultureller Deutungsmacht, weil Sinnzuschreibung nicht nur ein Prozess der Wahl zwischen Sinnhorizonten, sondern ein Prozess der Limitierung, der Begrenzung von erlaubten Sinnmöglichkeiten ist. Diese Einschränkung kann nur mittels des Einsatzes von Deutungsmacht gelingen. „Am Anfang jeder Kulturentwicklung steht also ein Prozeß der Generierung von Bedeutung durch den machtgestützten Ausschluß anderer Bedeutungen und die machtgestützte Zuwendung zu einem bestimmten Deutungshorizont. Durch diesen machtgestützten Ausschluß von Bedeutungen wird soziale Ordnung erzeugt, indem der potentiell unbegrenzte Möglichkeitsraum von Bedeutung limitiert wird." (Ebd.)

[172] Als hegemonial kann eine Idee nicht erst dann bezeichnet werden, wenn sie sich vollständig durchgesetzt hat, sondern wenn Alternativen undenkbar sind (vgl. Marchart 1998: 14). In diesem Sinne ist nach Baumans Analyse die Ordnungskonstruktion hegemonial in der Moderne, weil sie das Denken von Alternativen bzw. eine andere politische Artikulation erschwert.

[173] Obwohl Bauman Soziologie als eine emanzipatorische Wissenschaft würdigt, wirft er der klassischen Soziologie vor, sie sei eine Wissenschaft der Unfreiheit. In »*Legislators and Inter-*

Bauman (1991) führt die ‚strukturelle Intoleranz' der Moderne auf deren Ordnungsbesessenheit und Perfektionisierungsdrang zurück. Er verweist diesbezüglich auf die asymmetrische Grundstruktur von Ordnungsprojekten, welche nicht nur kognitive Fehlleistungen, sondern gleichzeitig machtgestützte Dichotomien hervorbringen, indem sie die soziale Welt in gegenüber stehende Gruppen einteilen. Dabei würden dominante Gruppen mit Ordnung, Kontrollierbarkeit, Eindeutigkeit identifiziert, so Bauman, während nichtdominanten Gruppen Eigenschaften wie Unkontrollierbarkeit, Widersinnigkeit und Ambivalenz zugeschrieben und sie als zu überwindende Widerstände beschrieben werden. Individuen und Gruppen, welche aus dem Raster aktueller Ordnungsvorstellungen und -konstruktionen fallen, werden als ‚Fremde' markiert, entsubjektiviert und aus dem Universum gegenseitiger Verpflichtungen ausgeschlossen.

„This Other, born of the ‚operation of order and harmony', the left-over of classificatory endeavour, is cast on the other side of that universe of obligation which binds the insider of the group and recognizes their right to be treated as carriers of moral rights" (ebd.: 38).

Fremdheit und Vergesellschaftung

Bauman konstatiert, wie zuvor Carl Schmitt im Zusammenhang mit dem Begriff des Politischen, dass Freund-Feind-Unterscheidungen und Abgrenzungen gegenüber den Fremden konstitutiv für menschliche Vergesellschaftung[174] sind. Er unterscheidet in groben Zügen drei Vergesellschaftungstypen,[175] die sich durch ihre dominante Grenzziehungsform, d.h. durch die Re-

---

preters« (1987) zeichnet er die realgesellschaftliche Entwicklung der Soziologie nach und weist darauf hin, dass sich „die Soziologie im Zuge ihrer Entfaltung von einer gesetzgebenden Wissenschaft schrittweise zu einer Wissenschaft transformiert hat, die allen gesellschaftlichen Gruppen Interpretationsangebote zur Verfügung stellt" (Junge 2005: 68). Die Soziologie habe das Konzept der planenden Vernunft für die Gesellschaft fruchtbar gemacht, um Freiheit in der Gesellschaft zu ermöglichen. Dabei habe sie jedoch übersehen, dass Planung letztlich freiheitseinschränkend ist. Das Modell der Sozialwissenschaften als ‚Gesetzgeber der sozialen Realität' verweist im Moment seines Scheiterns auf das Modell der Sozialwissenschaft als hermeneutische Wissenschaft und als Entwicklerin von Interpretationsangeboten. Der Zusammenhang von beiden Modellen lässt sich als Übergang von der Idee der ‚Emanzipation durch Gestaltung' zu der Idee der ‚Emanzipation durch Reflexion' beschreiben (ebd.: 69).

[174] Den Begriff Vergesellschaftung übernimmt Bauman von Simmel, der ihn als Alternative zum Gesellschaftsbegriff einführt. Simmels Hauptintention ist dabei, wie zuvor (Teil II, Abschn. 4.2) diskutiert, die Dynamik und Prozesshaftigkeit des Sozialen stärker zum Vorschein zu bringen.

[175] Die Nähe zu Durkheims Typologie ist offensichtlich; der Unterschied besteht darin, dass dieser lediglich zwei Gesellschaftstypen unterscheidet: einfache, segmentär differenzierte und komplexere, arbeitsteilige Gesellschaften. Zentral für die Vergesellschaftung in einfachen, segmentär differenzierten Gesellschaften ist die *mechanische Solidarität*, für die Vergesellschaftung in den komplexer arbeitsteiligen Gesellschaften hingegen die *organische Solidarität* (vgl. Durkheim 1988; mehr dazu s. Schimank 1996). Bauman erweitert Durkheims zweigliedrige Typologie um einen weiteren Vergesellschaftungstypus: die postmoderne Vergesellschaftung.

gelung der Zugehörigkeit und Mitgliedschaft voneinander unterscheiden. Für die vormodernen Gesellschaften ist eine dichte Soziabilität charakteristisch, die nicht mit der von Ferdinand Tönnies beschriebenen Vergesellschaftungsform verwechselt werden sollte, die auf Intimität, geistiger Harmonie und uneigennütziger Kooperation beruht oder gar als eine Gemeinschaft, in der keine Feindschaft existiert (Bauman 1991: 61). Der Unterschied vormoderner Gesellschaften mit einer dichten Soziabilität gegenüber moderner und ‚postmoderner' Vergesellschaftung besteht darin, dass ihre soziale Welt ‚dicht', d.h. fast vollständig mit Freunden und Feinden gefüllt ist und sich durch Grenzziehungen gegenüber Fremden konstituiert:

> „Little room, a marginal room if at all, was left in the life-world for the poorly defined *strangers*. … The community effectively defended its dense sociability by promptly reclassifying the few strangers coming on occasion into its orbit as *either* friends *or* enemies." (ebd.: 62)

6.2 Fremdheitsproblematik in der Moderne und ‚Postmoderne'

Moderne

Bauman unterscheidet in Anlehnung an Lévi-Strauss zwei vorherrschende Strategien im Umgang mit Fremdheit und Fremden in der Moderne. Die erstere ist eine Assimilationsstrategie, die letztere eine Ausschlussstrategie. Der *antropophagisch*en Strategie geht es um eine Aufhebung von Fremdheit, sei es durch Verschlingen in die dominante Mehrheitskultur, durch Gleichmachen und Beseitigen kultureller und sprachlicher Unterschiede oder durch Verbot von Traditionen und Treuebindungen. Der *anthropoemischen* Strategie geht es dagegen um die Verbannung des Fremden hinter die Grenzen der geordneten Welt, d.h. um Ausschluss von der alltäglichen Kommunikation. Zu ihren historischen Erscheinungen gehören Ghettobildung, Vertreibung und Vernichtung (ethnische, religiöse oder kulturelle ‚Säuberung') (Bauman 1997a: 18f.).

Fremdheitsproblematik ist keine Erfindung der Moderne, gleichwohl kommt es in ihr zur qualitativen Veränderungen in der Art und Weise ihrer Konstitution. Bauman beschreibt die Moderne als dreifachen Prozess der Ordnungskonstruktion: Staatenbildung, Nationsbildung und Bürokratisierung. Bei der Erläuterung der Fremdheitsproblematik im historischen Kontext fokussiert er auf gesellschaftliche Konstruktions- und Klassifikationsprozesse. In diesem Zusammenhang verweist er auf das interne Abgrenzungsbedürfnis von Gesellschaften, wodurch unter den Mitgliedern unterschieden werden. Indem die gesellschaftlichen bzw. politischen Institutionen Grenzen ziehen und kognitive, ästhetische und *moralische Landkarten* entwerfen, um Vergesellschaftung zu ermöglichen, bringen sie Menschen und

Gruppen hervor, die diese Grenzlinien verdecken. Die Missachtung dieser Grenzlinien wiederum erzeugt Unbehagen bei den Gesellschaftsmitgliedern, da diese sie für ein geordnetes Leben als unverzichtbar erachten (ebd.: 17).

Bauman konzipiert den Fremden als eine „reale historische Gestalt", welche die binären Codierungen der modernen Gesellschaft zu sprengen droht (vgl. dazu Bielefeld 1993). Dabei bezieht er sein historisches Anschauungsmaterial – wie zuvor die Klassiker der Soziologie außer Elias – aus der Geschichte der europäischen Juden. Er verweist in diesem Zusammenhang darauf, dass die Bezeichnung ‚Jude' in antisemitischen Diskursen als eine „semantisch überbeanspruchte Kategorie" fungiere, ohne eine eindeutige Bedeutung und einen genauen Sinn zu haben. „The conceptual Jew carried a message; alternative to this order here and now is not another order, but chaos and devastation." (Bauman 2000c: 39) Für Bauman sind die europäischen Juden vor allem aus diesem Grund die Fremden *par excellence*: Weil sie keiner Kategorie, keiner Nation eindeutig zuzuordnen sind und Grenzziehungen unterlaufen, sind sie weder Gastgeber noch Gast, weder Einheimische noch Ausländer.[176] Bezüglich des Zusammenhanges von europäischen Nationsbildungsprozessen in der späten Neuzeit und Stigmatisierung europäischer Juden konstatiert Bauman eine strukturelle Ähnlichkeit zwischen dem gesellschaftlichen Status der europäischen Juden und dem der Fremden:

> „And as nationhood became the paramount basis of group self-constitution, they came to undermine the most basic of differences: the difference between ‚us' and ‚them'. Jews were flexible and adaptable; an empty vehicle, ready to be filled with whatever despicable load ‚them' were charged of carrying [...] Jews, indeed, were the very epitome of Simmel's stranger – always on the outside even when inside, examining the familiar as if it was a foreign object of study, asking questions no one else asked, questioning the unquestionable and challenging the unchallengeable." (2000c: 52f.)

Diese Textstelle ist dahingehend zu interpretieren, dass Bauman Nationalität als ein zentrales Moment moderner Selbstkonstruktion und als konstitutives Element von modernen Fremdheitszuschreibungen betrachtet.[177] Es ist in ers-

---

[176] Die Behauptung von der Nichtkategorisierbarkeit von Juden scheint ein Widerspruch in sich zu sein. Dass sie als ‚Jude' bezeichnet werden, geht ja bereits auf eine Kategorisierung zurück. An anderer Stelle spricht Bauman vom ‚konzeptuellen Juden' als eine „semantically overloaded entity, comprising and blending meanings which ought to be kept apart, and for this reason a natural adversary of any force concerned with drawing borderlines and keeping them watertight." (2000c: 39)

[177] Dagegen lässt sich einwenden, dass der moderne Nationalstaat nicht nur Fremdheit konstituiert hat, d.h. bestimmte Gruppen und Individuen als Fremde markiert und Fremdheitszuschreibungen begünstigt, sondern gleichzeitig bestehende Grenzziehungen (religiös-konfessionelle, lokale, ethnische, sprachliche usw.) konterkariert hat. Es gehört mittlerweile zum allgemeinen Erkenntnisstand, dass Nationalismus und Nationalstaat gleichermaßen inklusiv und exklusiv wirkten. Die Inklusionskraft des Nationalismus respektive der nationalen Orientierungen beruhte

ter Linie der (Nation-)Staat, der durch seine Homogenitätsansprüche den Fremden konstituiert und ihn als Problem präsentiert. Reagiert wird jedoch hierauf mit Lösungsansprüchen, welche die bestehenden Fremdheitszuschreibungen weiter stabilisieren.

Auf den Zusammenhang von (Nation-)Staat, Moderne und Fremdheitskonstruktion soll nun im Folgenden ausführlicher eingegangen werden.

Fremdheitsproblematik im modernen Nationalstaat

Die typischen Fremden der Moderne waren Bauman zufolge Ausschussprodukte des nationalstaatlichen Ordnungseifers. Der moderne Nationalstaat steht von Anfang an – aufgrund der Säkularisierung der Legitimationsgrundlagen seiner Herrschaft – vor einem doppelten Legitimationsproblem: Die politischen Eliten des entstehenden Nationalstaates sind genötigt, die Nation als Legitimationsgrundlage des Staates hervorzuheben, während sie gleichzeitig die Aufgabe vor sich haben, die Nation zu konstituieren. Im Zuge des Nationsbildungsprozesses wurden externe Abgrenzungen gegenüber anderen Völkern und Nationen sowie interne Grenzziehungen zwischen Freunden und Feinden bzw. Fremden betätigt – mit den Folgen wie Ausschluss, Diskriminierung und Ungleichbehandlung von Minderheiten. Interne Grenzziehungen wurden, da sie besonders rechtfertigungsbedürftig waren, unter Rückgriff auf substantialistische Kategorien wie Ethnizität, Rasse, Kultur, Sprache und Geographie legitimiert, um den politisch kontingenten Charakter von nationalstaatlichen Grenzen, Grenzziehungen und Klassifikationen zu kaschieren und ihnen den Anschein von Natürlichkeit und Stabilität zu verleihen. Insofern handelt es sich um eine treffende Metapher, wenn Bauman den Nationalismus als eine Religion der Freundschaft und den Nationalstaat als die Kirche dieser Religion versinnbildlicht (1998: 34).

Bauman konstatiert, dass Nationalismus und Nationalstaat sich zueinander komplementär verhalten: Der moderne Nationalstaat braucht den Nationalismus, um sich und seine Grenzziehungs-, Normalisierungs- und Homogenisierungsbestrebungen zu legitimieren; umgekehrt braucht der Nationalismus den Nationalstaat, um sich durchzusetzen. Zu den Hauptzielen des modernen Nationalstaates gehören, so Bauman, die Realisierung einer rational geplanten Gesellschaft und einer homogenen Bevölkerung. Um den nach Rationalisierung und Homogenisierung strebenden Nationalstaat zu veranschaulichen, greift er auf die Metapher des Gärtnerstaates zurück:

---

auf „dem Versprechen, alle Angehörigen der nationalen Gemeinschaft als prinzipiell gleich anzuerkennen." (Frevert 2003: 273). Insofern ist Baumans Kritik am Nationalstaat, an den nationalen Orientierungen wie auch an der Moderne einseitig, welche der Komplexität dieser Phänomene nicht gerecht wird.

„The modern state was a gardening state. Its stance was a gardening stance. It delegitimized the present (wild, uncultivated) condition of the population and dismantled the extant mechanisms of reproduction and self-balancing. … The design, presumed to be dictated by the supreme and unquestionable authority of Reason, supplied the criteria to evaluate present-day reality." (Bauman 1991: 20)

Bauman ist der Ansicht, dass die Existenz von Fremden innerhalb eines Nationalstaates konsequenterweise nur als eine zu korrigierende Anomalie behandelt werden könne. Die strukturelle Logik des Nationalstaates schließe die Möglichkeit einer dauerhaften Duldung und Anerkennung von Fremden von vornherein aus. Die moderne Vorstellung einer umfassenden Ordnung fand ihr Pendant in der Lebenswelt in der Vorstellung eines projektorientierten Lebens (Bauman 1997a: 19). Zu den Versprechungen der Moderne gehörte es auch, das Individuum von seiner ererbten Identität zu befreien. Obwohl das *Projekt der Moderne* (Habermas) der Vorstellung einer stabilen Identität nicht widersprach, wandelte sich die Identität im Laufe der Modernisierung zu einer persönlichen Leistung und wurde zu einer individuellen Aufgabe in der Verantwortung eines jeden. Nicht nur die politische Ordnung, sondern auch die individuelle Identität ist, so Bauman, als ein Lebensprojekt entworfen (ebd.: 20).

Fremdheitsproblematik in der ‚Postmoderne'

Bauman konstatiert, dass heute die Voraussetzungen einer Ordnungskonstruktion durch den Staat nicht mehr gegeben sind. Doch damit ist die Spannung zwischen Ordnung und Chaos, Eindeutigkeit und Ambivalenz, Einheimischen und Fremden nicht abgebaut. Die Wahrnehmung von Fremden als Problem besteht weiterhin, Fremdheitszuschreibungen gehen weiterhin mit Entsubjektivierung, Diskriminierung, Exotisierung und Dämonisierung einher. „Der systematisierende Zwang zur Ordnung und der systematisierende Zwang der Ordnung äußern sich nun aber ‚rassistisch'" (Bielefeld 1993: 36). Die Moderne beweist zwar die Aussichtslosigkeit kultureller, religiöser und ethnischer Homogenität. Allerdings wird der Homogenisierungsdrang auch in der ‚Postmoderne' keinesfalls stillgelegt; der Unterschied besteht nun darin, so Bauman, dass dieser Homogenitätsdrang auf der kulturellen Ebene zum Zuge kommt, ohne sich mit dem Staat zu verbinden (ebd.: 37).

Zu den Ambivalenzen der ‚Postmoderne' zählt Bauman die weltweite Unübersichtlichkeit, universelle Deregulierung, Schwächung sozialer Sicherheitsnetze und, damit zusammenhängend, eine tief greifende soziale Unsicherheit (Bauman 1997a: 22ff.). Kennzeichnend für die Institutionen der ‚postmodernen' Welt ist demnach, dass sie nicht in der Lage sind, die Zuverlässigkeit von Rahmenbedingungen für individuelle Lebensentwürfe und Identitätskonstruktionen zu gewährleisten. ‚Postmoderne' ist demnach ein Leben ohne moralische Verbindlichkeit, normative Autorität und Alternative – ein Leben in Unsicherheit (ebd.: 21). Der ‚postmodernen' Welt sind, so Bauman, Solidarität, Kontinuität und Sicherheit, die noch zu den Kennzeichen moderner Strukturen gehörten, abhanden gekommen. Heute ist das vorherrschende Gefühl eine neue, „existentielle" Art von Ungewissheit (ebd.: 22)[178]. Das Neue an der ‚postmodernen' Spielart der Ungewissheit ist, so Bauman, dass sie nicht als vorübergehendes, durch politische Maßnahmen abzumilderndes oder zu überwindendes Übel vorgestellt wird (ebd.).

An anderer Stelle greift Bauman auf Baudrillards Begriff der „Implosion sinnstiftender Gegensätze" zurück, um die Dimensionen ‚postmoderner' Ungewissheit zu beschreiben: Der Zusammenbruch der Gegensätze von Wirklichkeit und Simulation, Wahrheit und Repräsentation gehe einher mit der Verwischung von Unterschieden zwischen dem Normalen und dem Unerwarteten, dem Gewöhnlichen und dem Wilden sowie dem Vertrauten und Fremden. In der Gegenwart werden die Fremden nicht mehr autoritativ durch eine staatliche Vorauswahl bestimmt, definiert und ausgesondert, wie es in der Moderne der Fall war, als es überwiegend um zentrale Ordnungskonstruktion durch staatlich gelenkte Programme ging. An die Stelle staatlicher Ordnungskonstruktion tritt in der ‚Postmoderne' die persönliche Identitätsbildung. Die Fremden sind heute Nebenprodukte und Produktionsmittel im, „nie abschließbaren" Prozess der Identitätsbildung (ebd.: 25). Hauptcharakteristikum der ‚postmodernen' Welt sei ein Leben mit einem ungelösten Identitätsproblem, das durch den chronischen Mangel an Ressourcen, die zu einer beständigen Identität notwendig sind, zusätzlich erschwert wird (ebd.: 26).

Der Unterschied zwischen dem modernen und ‚postmodernen' Umgang mit Fremden lässt sich in Anlehnung an Bauman folgendermaßen formulieren: Während die modernen Fremden zur Vernichtung, Assimilierung oder Exklusion vorgesehen waren und die vorrückende Grenzlinie der entstehenden Ordnung markierten, gilt es heute, den Fremden mit seiner Fremdartigkeit zu erhalten (ebd.: 30). Dies gehe auf die Einsicht in die Notwendigkeit

---

[178] Die These von einem verstärkten Bewusstsein für wirtschaftliche Unsicherheit wird auch in der soziologischen Exklusionsdebatte vertreten. Luc Boltanski und Ève Chiapello (2003: 29) konstatieren in »Der neue Geist des Kapitalismus« (zuerst 1999) eine „wachsende Skepsis" über die Zukunft und ein starkes Unsicherheitsgefühl. Der Fortschrittsglaube, der im 19. Jahrhundert mit dem Kapitalismus assoziiert wurde, sei im späten 20. Jahrhundert einem Unsicherheitsgefühl gewichen. „Obwohl diese Extremsituationen derzeit nur einen relativ geringen Personenkreis unmittelbar betreffen, verstärken sie das Gefühl der Unsicherheit bei all jenen […] die den Eindruck haben, dass sie entweder persönlich oder aber dass einer ihrer Angehörigen, in erster Linie der Ehepartner oder die Kinder, von einem Arbeitsplatzverlust bedroht sind" (ebd.: 26). Vgl. diesbezüglich a. Castel 2008. Die typische soziale Frage des Industriezeitalters war die nach der Ausbeutung und den Produktionsverhältnissen, heute ist es das Problem der Ausschließung und Unsicherheit (précarité) (Wieviorka 2003: 47).

des Zusammenlebens mit Fremden zurück; es geht nicht mehr darum, alles Fremde loszuwerden, Fremde in vertraute Beziehungen einzubinden, sondern um das ‚Wie' des alltäglichen Umgangs mit ihnen. Ein wesentliches Charakteristikum der ‚postmodernen Zeit' besteht in der fast generellen Übereinstimmung darüber, dass kulturelle Differenz und Fremdheit nicht nur unvermeidlich, sondern auch wertvoll und daher schützens- und kultivierenswert sind. Doch damit wird die Fremdheitsproblematik nicht gelöst – weder werden Fremdheitszuschreibungen individualisiert, ihre Folgen für die Adressaten abgemildert noch werden sie zu einem allgemeinen Los. Fremdheit und Fremde werden zwar positiv akzentuiert, doch damit zugleich in das Zentrum der Aufmerksamkeit gerückt. Xenophilie kann zudem auch die Forderung nach Anpassung implizieren und jederzeit in Xenophobie umschlagen.

Bauman konstatiert, dass Fremdheitskonstruktionen von der staatlichen auf die gesellschaftliche Ebene der Gemeinschaftsbildung und der partikularen Zugehörigkeiten übertragen worden sind.[179] Allerdings interpretierte Bauman diese Situation kritisch als Renaissance von Partikularismen in Form eines Neotribalismus (ebd.: 31). Er verweist gleichzeitig auf die Ambivalenz des ‚postmodernen' Zelebrierens von Fremdheit und Fremden: Fremden wird mit Faszination begegnet, wenn sie Lieferanten von Annehmlichkeiten sind, mit Furcht hingegen, wenn sie Lieferanten von Unannehmlichkeiten sind. Im letzteren Fall werden Fremde mit dem *Schleimigen* und *Klebrigen* assoziiert (Bauman 1999a: 55f.).[180]

> „Der Eindruck von Fremdartigkeit und die Heftigkeit, mit der man sich daran stößt, verschärfen sich mit relativer Machtlosigkeit und vermindern sich mit Zunahme relativer Freiheit. Je weniger die Menschen also ihr Leben beherrschen und Kontrolle auch über ihre eigene, ihrem Leben haltgebende Identität haben, desto mehr, so steht zu erwarten, werden sie andere als klebrig wahrnehmen und um so hektischer versuchen, sich von jenen zu lösen und zu befreien, die sie als an ihnen haftende, sie erstickende, herabziehende, formlose Masse erfahren." (Ebd.: 54).

Die Assoziation von Fremden mit Klebrigkeit und Schleimigkeit verhandelt Bauman unter dem Begriff des Fremdenhasses, den er als analytische „Wei-

[179] Dagegen lässt sich einwenden, dass der aktuelle Nationalstaat in diesem Bereich weiterhin aktiv ist und sich an der Konstitution des Fremden beteiligt. Aus der im Teil IV (Kapitel 9) analysierten Literatur ergibt sich ein anderes Bild, als es von Bauman gezeichnet wird. Vorwegnehmend sei erwähnt, dass der Staat weiterhin durch die Regelung der Staatsangehörigkeit und des Zuganges zu gesellschaftlichen Bereichen (Arbeits- und Wohnungsmarkt, Politik usw.) sowie durch Gesetzgebung (Ausländerrecht, Inländerprimat usw.) die gesellschaftliche Konstitution von Fremdheit als Status und Fremdheitszuschreibungen maßgeblich beeinflusst.
[180] Bauman verwendet Schleimigkeit und Klebrigkeit als Metapher für Irrationalität. Dabei bezieht er sich auf Jean-Paul Sartres Analyse des Klebrigen in »Das Sein und das Nichts« (1991: 1041-1052).

terentwicklung der Heterophobie" begreift. Er unterscheidet des Weiteren Heterophobie und Fremdenhass vom Rassismus, den er als ‚moderne Waffe' im Dienste eines Kampfes begreift. Zentral für seinen Rassismusbegriff ist die Verknüpfung dessen mit dem Entwurf einer perfekten Gesellschaftsordnung und mit konsistenten planerischen Bemühungen zu ihrer Realisierung (Bauman 2000c: 66). Demnach wäre Rassismus in der ‚Postmoderne' nicht vorhanden, denn er setzt einen rationalen Entwurf einer perfekten Gesellschaftsordnung und planerische Bemühungen zu ihrer Realisierung voraus, die in der ‚Postmoderne' nicht vorhanden sind. Dies impliziert, dass in der ‚Postmoderne' der Rassismus nicht vorhanden bzw. nicht wirksam ist, weil heute eine Ordnungskonstruktion durch den Staat nicht mehr angestrebt werde (Bauman 1999a: 39). In der ‚Postmoderne' ist es das Stigma, das zum Zweck der Warnung vor einer Verwischung der eigenen Grenzen gegenüber den Fremden und zum Zweck kultureller Ausgrenzung wirksam ist. „The essence of stigma is to emphasize the difference; and a difference which is in principle beyond repair, and hence justifies a permanent exclusion." (Bauman 1991: 67)

Problematisch ist diese Sichtweise nicht nur, weil darin der Rassismus als ein rein modernes Konstrukt ohne historische Vorläufer (s. Fredrickson 2004) konzipiert wird, sondern auch, weil der Einzelne vom Rassismus freigesprochen wird (Kastner 2000: 88), da der Rassismus ‚primär' als ein politisches Programm und nur ‚sekundär' als eine Ideologie begriffen wird (Bauman 2000c: 74). Ein an ein politisches Programm oder eine politische Ideologie gekoppelter Rassismusbegriff lässt sich nicht auf individuelle Einstellungen und Überzeugungen beziehen, die Differenzen „für angeboren, unauslöschlich und unveränderbar" erklären oder „ethnische Differenzen, die in der Sprache sowie in Bräuchen und Verwandtschaftsbeziehungen wurzeln, zu Wesensmerkmalen eines imaginären Kollektivs" umdeuten (Fredrickson 2004: 13).

Bauman thematisiert Fremdheit auch im Zusammenhang mit dem ‚postmodernen' Stadtleben, welches er als ein „Leben unter Fremden" spezifiziert (1997b: 205f.). Gleichwohl gehöre der „Krieg" gegen Fremde zum Hauptcharakteristikum der modernen Stadtplanung, ungeachtet der Tatsache, dass gemäß dem Sinn von Stadtbegegnungen die Fremdheit des Fremden nicht zu tilgen, sondern zu schützen gilt (ebd.: 215).

Zwei Strategien des Umgangs mit Fremden unterscheidet Bauman in der ‚postmodernen' Stadt: Die *erste* Reaktion auf die Anwesenheit von Fremden

in der ‚postmodernen' Stadt ist ein ‚blasiertes Abstandhalten'[181] zu den
Fremden, die *zweite* eine Reaktualisierung der Gemeinschaft als wiederent-
deckte Heimat der Menschlichkeit (Bauman 1999: 61). In Anlehnung an eine
Studie von Phil Cohen konstatiert Bauman, dass „jede Darstellung des Fremden als Feind [...] auf den idealisierten Begriff eines sicheren Zuhauses als
sinngebender Metapher zurückgreift" (Bauman 1997b: 219). Das Bild vom
sicheren Zuhause transformiert das „Außerhalb des Zuhauses in ein Gelände
voller Gefahr und die Bewohner dieses Draußen zu Trägern der Bedrohung"
(ebd.). Dies wiederum mobilisiert den Traum von einem „wehrhaften Raum",
d.h. von einem Ort mit klaren und sicheren Grenzen und semantischer Trans-
parenz (ebd.: 220).

6.3 Würdigung und Kritik

Resümierend lässt sich sagen, dass Bauman nicht nur die Schattenseiten der
Modernisierung in seine soziologische Theorie der Moderne integriert, sondern auch die Ambivalenz als ein Moment der Ambivalenzbewältigung, das
Chaos als ein Moment der Ordnungskonstruktion und die Heterogenität als
ein Moment der Homogenisierungsbemühungen ins Blickfeld gerückt hat.
Damit hat er den ambivalenten und konflikthaften Charakter der Vergesellschaftung in das soziologische Bewusstsein gerufen, wozu auch die Fremdheitszuschreibungen bzw. -konstruktionen gehören.

Baumans Zugriff auf die Fremdheitsproblematik stellt, um es noch einmal
zu betonen, auf die Konstruktions- und Konstitutionsbedingungen des Fremden ab. Fremde werden nicht als gegeben vorausgesetzt, Fremdheitszuschreibungen nicht allein nach ihren Folgen hin befragt, wie es in vielen Ansätzen
der Fall ist. Ihm geht es auch nicht um die Konstruktion eines Idealtypus des
Fremden oder um eine Thematisierung des Fremden unter einem bestimmten
Aspekt – des Außenseiters, Randständigen, Flüchtlings oder Eindringlings.
Indem er die Perspektive wechselt und nicht mehr nur danach fragt, *wer* respektive *welche* soziale Gruppen von Fremdheitszuschreibungen hauptsächlich betroffen sind, sondern auf den Konstruktions- und Konstitutionsbedingungen konzentriert, vermeidet er eine Substantialisierung des Fremden.[182]

Bauman thematisiert den Fremden und die Fremdheit als Chiffren für das
Nichtkategorisierbare, welches ‚die Vergesellschaftung' gefährdet, indem es
binäre Schematismen unterläuft und damit für Ambivalenz sorgt. Dabei stellt

---

[181] Diesen Begriff entlehnt Bauman dem Simmel, ohne es kenntlich zu machen. Simmel benutzt
die Bezeichnung blasierte Distanziertheit, um auf neue Verhaltensstile und kulturelle Orientierungen großstädtischer Vergesellschaftungsformen zu verweisen (s. Teil II, Abschn. 4.2).
[182] Von einer Substantialisierung ist zu sprechen, wenn Fremdheit als Eigenschaft thematisiert
wird, als hafte sie einer Person, Gruppe oder Sache an (vgl. Bergmann 2001).

er – bei Simmel ansetzend – die Wechselwirkung großformatiger sozialer Zusammenhänge mit mikrosozialen Prozessen in den Vordergrund: National-staats- und Nationsbildung, staatliche Praxis der Ambivalenzbewältigung und Ordnungskonstruktion gehen mit individuellen Fremdheitszuschreibungen einher. Aus dieser Warte betrachtet sind die Fremden Hervorbringungen staatlicher Homogenitätsbestrebung, Ambivalenzbewältigung und Ordnungs-konstruktion in der Moderne. In der ‚Postmoderne' hingegen sind sie Ergeb-nis und Mittel von Identitäts- und Gemeinschaftskonstruktionen. Aus Bau-man Ansatz ergeben sich zwei relevante Analyseebenen der Fremdheitsprob-lematik, die in den klassischen soziologischen Ansätzen keine und in vielen (empirischen) Studien zur Fremdheit und Fremdenfeindlichkeit wenig Beach-tung finden:

(1) Prozesse der Identitäts- und Gemeinschaftsbildung und
(2) Prozesse staatlicher Klassifizierung und Kategorisierung.

Im Hinblick auf kritische Potentiale von Baumans Soziologie des Fremden bleibt eines abschließend anzumerken: Baumans Zugriff eignet sich nicht nur, um analytisch nachzuzeichnen, wie Fremdheitszuschreibungen und -konstruktionen verlaufen und wie sie von Makro-Zusammenhängen beein-flusst werden. Seine Reflexionen über Fremdheitszuschreibungen im Zu-sammenhang mit der Identitätsbildung können auch als eine Kritik des Mul-tikulturalismus und Neotribalismus gelesen werden (s. Bauman 2001).

Indem Bauman Fremdheit und Fremde durch die Kategorie der Ambiva-lenz bestimmt, läuft er Gefahr, die Fremden permanent in der Position der Ambivalenz zu blockieren. Die Bestimmung des Fremden durch die Ambiva-lenz impliziert die Aussichtslosigkeit, dem sozialen Status des Fremden zu entkommen: Wenn Ambivalenz eine sprachinterne Qualität, ein normaler Begleiter der Sprache ist, ist sie als solcher unüberwindbar. Baumans Inter-pretation der Ambivalenz als eine universale Bedingung der Sprache und Vergesellschaftung blockiert theoretisch den Weg für die Möglichkeit einer Infragestellung des Fremdenstatus bzw. von Fremdheitszuschreibungen. Die-se problematische Sichtweise beinhaltet jedoch insofern einen Wahrheitsge-halt und hat in diesem Sinne eine Berechtigung, als dass sie auf die Aus-sichtslosigkeit staatlicher bzw. politischer Assimilationsprogramme und -strategien hinweist. Doch warum sollte ein evolutionär verlaufender Assimi-lationsprozess als unmöglich oder als normativ verwerflich erachtet werden? Beweisen historische Erfahrungen der Kreolisierung, Hybridbildung, Assimi-lation und die historischen Beispiele gelungener Integration ehemaliger

Fremde und Minderheiten (wie beispielsweise der Hugenotten) nicht das Gegenteil von dem, was Bauman postuliert?[183]

Eine mögliche Ursache für diese Defizite ist Baumans allzu starke Fokussierung auf die historischen Erfahrungen europäischer Juden. Kritisch anzumerken ist auch, dass er die Struktur gefährdenden Qualitäten von Fremden und Fremdheit überbewertet. Bezüglich des Verhältnisses von Fremdheit und Ordnung verweist Stichweh im Gegensatz zu Bauman auf ihre Ordnung stabilisierenden Aspekte (vgl. Stichweh 2001). Problematisch ist auch Baumans Fixierung auf die staatlichen Homogenisierungsbemühungen und dass die Staatsbürgerschaftsvergabe keine angemessene Berücksichtigung findet.

7. Fremdheitsproblematik zwischen Strukturwandel, Autopoiesis und Selbstbeschreibung

Gegenstand dieses Kapitels sind systemtheoretische Reflexionen zur Fremdheit. Sie bieten sich für eine Erörterung der gegenwärtigen Fremdheitsproblematik an, weil sie

- *erstens* die Fremdheitsproblematik im Zusammenhang mit der Gesellschaftsstruktur in den Blick nehmen;
- *zweitens* den Zusammenhang zwischen dem evolutionären Wandel der Gesellschaftsstruktur und den Veränderungen in der gesellschaftlichen Wahrnehmung, Konstruktion und im Umgang mit Fremdheit und Fremden thematisieren;
- *drittens* die Fremdheitsproblematik im Kontext einer umfassenden Gesellschafts- und Evolutionstheorie analysieren;
- *viertens* eine Einengung der Problematik auf nationalstaatliche Grenzen vermeiden. Indem die moderne Gesellschaft als Weltgesellschaft thematisiert wird, wird nicht auf einen Gesellschaftsbegriff rekurriert, der, im Sinne eines Container-Modells (vgl. Beck 1997: 49, Löw 2001), die Grenzen einer Gesellschaft mit nationalen Grenzen gleichsetzt. Dadurch werden die Fallstricke des *methodologischen Nationalismus* (vgl. Beck-Gernsheim 2004: 201) gemieden.
- *Last but not least*, in der systemtheoretischen Perspektive geraten Fremdheit und Fremde, im Gegensatz zu Bauman, der deren Ordnung bedrohenden Aspekte hervorhebt, als funktionales Element der gesellschaftlichen Ordnung in den Blick. Gleichzeitig werden Auffächerungen und Differenzierungen von Fremdheit mitgedacht, die durch Umstellungen in

---

[183] Siehe dazu die Studie von Roeck (1993), in der, im Zusammenhang einer Analyse der Randgruppen in der Neuzeit, auf Beispiele gelungener Integration und Assimilation hingewiesen wird; s. auch Terkessidis (2004: 51f.)

der primären Differenzierungsform erzeugt werden (vgl. hierzu a Reuter 2002a: 41).

In den systemtheoretischen Analysen zur Fremdheitsproblematik hat der Begriff Fremdheit nicht nur unterschiedliche, sondern auch konträre Bedeutungen. Armin Nassehis Begriff der Fremdheit bezieht sich auf die Außenseite der vertraut/unvertraut-Unterscheidung. Dies hat zur Folge, dass die Fremdheit zunächst unbestimmt bleibt und ihre Konturen nur durch eine Kontrastierung gegenüber der Innenseite der Unterscheidung vertraut/unvertraut gewonnen werden können. Dieser Begriffsbestimmung zufolge ist der Fremde derjenige, der aus dem Raum gesellschaftlicher Vertrautheit herausfällt. Diese an Zygmunt Baumann angelehnte Begriffsbestimmung impliziert folgende Umstellung in der Vorgehensweise: „Wer das Fremde als Fremdes verstehen will, muß nach Bedingungen fragen, unter denen gesellschaftliche Strukturen und Prozesse als vertraut gelten" (Nassehi 1995: 449). Diese Bedingungen wiederum verweisen auf die Gesellschaftsstruktur und auf ihren Wandel. Der Systemtheoretiker Rudolf Stichweh dagegen bezieht sich in seinen Studien auf Ambivalenz, Ungewissheit, Irritation und Handlungsbedarf, um den Begriff des Fremden zu definieren und ihn gegenüber dem Begriff des Anderen abzugrenzen. In seiner Begriffsbestimmung wird der Andere zum Fremden, wenn seine Existenz als Irritation erfahren wird. Das „Kriterium der Irritation" ist demnach „konstitutiv für Fremdheit" (Stichweh 2004: 35).

Zur Bezeichnung der ersten Auffassung, d.h. Fremdheit als Außenseite der vertraut/unvertraut Unterscheidung, wird im Folgenden die Bezeichnung der ‚strukturellen Fremdheit', für die letztere Auffassung die Bezeichnung der ‚negativen Fremdheitszuschreibung', im Sinne einer ‚essentialisierenden Typisierung', gebraucht. Bei der strukturellen Fremdheit geht es um die Fremdheit im Sinne der Unvertrautheit oder Unbekanntheit, die als Bedingung der Möglichkeit für individualisierte Lebensformen und relativ freie persönliche Orientierungen ästhetischer, ethischer, religiöser und sexueller Art gilt (Nassehi 1997: 10). Bei der „Irritation auslösenden Fremdheit" im Sinne negativer, typisierender Zuschreibung liegt „Fremdheit nur dann vor, wenn die Andersheit eines alter Ego als Irritation oder als Störung empfunden wird" (Stichweh 2004: 35).

Im Folgenden geht es zunächst um eine Einführung der zentralen Begriffe der soziologischen Systemtheorie, nämlich den Begriffen der Kommunikation, der funktionalen Differenzierung und der Autopoiesis (7.1). In einem zweiten Schritt wird die systemtheoretische Analyse der Fremdheitsproblematik diskutiert (7.2.). Zuletzt soll eine resümierende Bilanz über die Möglichkeiten und Grenzen systemtheoretischer Reflexionen hinsichtlich der Fremdheitsproblematik gezogen werden (7.3.).

7.1 Kommunikation, funktionale Differenzierung und Autopoiesis

In diesem Abschnitt geht es – ohne Anspruch auf Vollständigkeit – um die
zentralen Begriffe der soziologischen Systemtheorie von Luhmann, soweit es
die hier behandelte Fremdheitsproblematik erfordert. Dies ist auch deswegen
notwendig, weil diese Begriffe zum einen prägend für die Theoriebildung
und Analysen von den in dieser Arbeit behandelten Systemtheoretikern wie
Stichweh, Nassehi und Hahn sind und zum anderen, weil insbesondere Nassehi in der soziologischen Systemtheorie ein Instrumentarium sieht, „das es
erlaubt, die sozialen Konstitutionsbedingungen des Fremden zu untersuchen"
(1995: 448). Er wirft in diesem Zusammenhang den Klassikern der Soziologie vor, dass ihnen eine Gesellschaftstheorie zugrunde liegt, welche „die Gesellschaft als normativ integrierten Verband mit stabilen Mustern und reziproken sozialen Verhältnissen" versteht (ebd.: 446). Suchte man eine Alternative zu diesem normativen Gesellschaftsbegriff, so wäre dazu kaum ein anderer Gesellschaftsbegriff geeigneter als der von Luhmann.

Gesellschaft und Kommunikation

Luhmann entfaltet seine Gesellschaftstheorie in vielfacher Abgrenzung gegenüber der herkömmlichen Soziologie. Zwei dieser Abgrenzungen, die für
die Behandlung der Fremdheitsproblematik von Bedeutung sind, seien hier
erwähnt: Er plädiert *erstens* dafür, soziale Systeme nicht als Handlungs-, sondern als Kommunikationssysteme vorzustellen. Die Luhmannsche Systemtheorie bezieht sich auf Kommunikationen und nicht auf Handlungen, unter
anderem auch deswegen, weil Handlungen sich nicht einem bestimmten
Funktionssystem zuordnen lassen; sie können an mehreren Funktionssyste-
men beteiligt sein. Nur durch eine Umstellung von Handlung auf Kommunikation werde es notwendig, die Elementareinheiten der Systembildung rekursiv durch Bezug auf andere Operationen desselben Systems zu definieren
(Luhmann 1997: 608). *Zweitens* plädiert er für eine Umstellung vom Subjekt
auf Kommunikation. Gegenstand der Systemtheorie sind weder Objekte noch
Subjekte oder Sachverhältnisse, sondern nur Unterscheidungen von systemi-
schen Operationen (ebd.: 60ff.). Die erste Abgrenzung ermöglicht eine theoretische Verschiebung in der Thematisierung der Fremdheitsproblematik insofern, als Fremdheit nicht mehr nur als ein durch die Handlungsvollzüge der
Individuen hervorgebrachter Sachverhalt im Sinne einer Zuschreibung, sondern zugleich als eine kommunikativ erzeugte Zuordnung in den Blick gerät.
Durch die Umstellung von Sachverhältnissen auf Unterscheidungen systemi-
scher Operationen wird Nassehis unterscheidungstheoretische Konzeptualisierung von Fremdheit erst möglich.

Bei der Entfaltung seines Gesellschaftsbegriffs setzt sich Luhmann von vier herkömmlichen Annahmen der Soziologie ab:

(1) Von der Idee, dass Gesellschaften aus konkreten Menschen und aus Beziehungen zwischen ihnen bestehen,

(2) dass sie sich durch Konsens von Menschen, durch Übereinstimmung ihrer Meinungen und durch Komplementarität ihrer Zweckbestimmungen konstituieren,

(3) dass sie territorial begrenzte Einheiten sind und

(4) dass sie wie etwa Gruppen oder Territorien von außen beobachtet werden könnten (ebd.: 24f.).[184]

Diesen Annahmen setzt Luhmann die Vorstellung entgegen, dass Gesellschaften bzw. Gesellschaftssysteme sich allein durch die Operation ‚Kommunikation' produzieren und reproduzieren. Ohne Kommunikation gibt es keine Gesellschaft und ohne Gesellschaft kann es umgekehrt keine Kommunikation geben. In sozialen Systemen werden Kommunikationen in einem rekursiven Netzwerk (re-)produziert, welches die Einheit des Systems definiert. Mit Kommunikation ist zunächst einmal ein historisch-konkret ablaufendes, also kontextabhängiges Geschehen gemeint (Luhmann 1997: 70). Als Letztelement bzw. spezifische Operation sozialer Systeme besteht Kommunikation aus der Synthese dreier Selektionen: (a) Information, (b) Mitteilung und (c) Verstehen der Differenz zwischen Information und Mitteilung (ebd.: 195).

Aus diesen Abgrenzungen ergeben sich folgende Konsequenzen für die Analyse der Fremdheitsproblematik: Damit ist *erstens* jeglichem Verständnis der Gesellschaft als einem „normativ integrierten Verband mit stabilen Mustern und reziproken sozialen Verhältnissen", wie Nassehi (1995: 446) den Klassikern vorwirft, der Boden entzogen. Demnach kann der Fremde nicht mehr als jemand thematisiert werden, der eine stabile Struktur (im Sinne einer geschlossenen Entität) verlässt und auf eine andere stabile Struktur zugeht wie es etwa bei Schütz der Fall ist. Mit der Ablehnung der Vorstellung der Gesellschaft als eine territorial begrenzte Einheit, wird *zweitens* einem methodologischen Nationalismus[185] und einer Gesellschaftsvorstellung nach dem Containermodell ausgewichen (vgl. Nassehi und Schroer 1997: 97).

---

[184] Der letzte Punkt impliziert, dass jede soziologische Beobachtung und Beschreibung der Gesellschaft eine Selbstbeobachtung und Selbstbeschreibung der Gesellschaft ist. Diese Annahme spiegelt sich auch in dem Titel »*Die Gesellschaft der Gesellschaft*« (1997) wider. Diese Überschrift impliziert, dass es keinen außergesellschaftlichen Standpunkt gibt, von dem aus der Beobachter die Gesellschaft und die in ihr stattfindenden Operationen beobachten könnte: „Unser Ausgangspunkt ist, daß keine Gesellschaft sich selbst mit ihren eigenen Operationen erreichen kann" (Luhmann 1997: 866).

[185] Den Begriff des methodologischen Nationalismus entlehnt Luhmann Smith (1979: 191).

Strukturwandel als funktionale Differenzierung

Nassehi stellt in seinen Analysen zur Fremdheitsproblematik – wie bereits erwähnt – auf die „sozialen Konstruktions- und Konstitutionsbedingungen" ab, die „den Fremden zum Fremden machen" (1995: 443). Dazu zählen in der Moderne in erster Linie die „nationalistischen Semantiken" (ebd.: 451) im Sinne von „Vertrautheitsstrategien der Moderne" (ebd.: 453), die „eine Folge der funktionalen Differenzierung der Gesellschaft" sind (ebd.: 451). Deshalb erscheint es sinnvoll, auf den Begriff der funktionalen Differenzierung bei Luhmann näher einzugehen. Im systemtheoretischen Sprachgebrauch bezeichnet die Gesellschaftsstruktur:

(1) die Form der Differenzierung einer Gesellschaft in Teilsysteme,

(2) die Form der Wechselseitigkeit der Verhältnisse der Teilsysteme untereinander,

(3) die Form der Wechselseitigkeit der Verhältnisse der Teilsysteme zum Gesamtsystem und

(4) die Form der Wechselseitigkeit der Verhältnisse eines Teilsystems zu sich selbst (Kneer und Nassehi 2000: 122).

Zur Bezeichnung der Gesellschaftsstruktur greift Luhmann auf den Begriff der primären Differenzierungsform zurück. Funktionale Differenzierung ist die Form der Gesellschaftsstruktur moderner Gesellschaften, die das Ergebnis einer Evolution ist. Strukturell-evolutionäre Veränderungen werden von Luhmann auf der Grundlage dreier Mechanismen beschrieben: (a) der Variation, (b) der Selektion von Variationen und (c) der Stabilisierung. Von Evolution kann man demnach sprechen, wenn diese drei Mechanismen voneinander unterschieden werden können (s. Luhmann 1997, Kapitel 3). Die gesellschaftliche Evolution wird als Umstellung von Differenzierungsformen beschrieben, wobei Luhmann unter gesellschaftlicher Differenzierung nicht wie Emile Durkheim einen Vorgang der Dekomposition eines Ganzen in spezialisierte Einheiten, sondern als Emergenz[186] begreift.

Aus dem Blickwinkel Luhmannscher Systemtheorie bilden komplexe Systeme Strukturen aus, ohne die sie nicht existieren können (Luhmann 1984: 382). Strukturen haben dabei die Funktion, die prinzipiell unendliche Anzahl von Möglichkeiten für Anschlusskommunikationen und den Horizont der eigenen Möglichkeiten auf Erwartbares einzuschränken, und auf diese Weise die Beliebigkeit innerhalb eines strukturierten Systems einzuschränken. Luhmanns Theorie autopoietischer Systeme schließt sich nicht dem traditionellen soziologischen Sprachgebrauch an, in dem die Struktur für die invariable, der Prozess für die variable Seite eines sozialen Phänomens gehalten

---

[186] Gemeint ist mit Emergenz das Auftreten respektive Auftauchen vorher nicht vorhandener Eigenschaften. Siehe dazu Luhmann (1997: 134f.).

wird. Er dynamisiert den starren Strukturbegriff und spricht in diesem Sinne von einer „dynamischen Stabilität" autopoietischer Systeme (Luhmann 1985: 403). Die Dynamisierung des Strukturbegriffs zwingt die Gesellschaftstheorie, die Ausbildung gesellschaftlicher Strukturen als einen zentralen Aspekt des gesellschaftlichen Prozesses zu begreifen. Daher hat eine Gesellschaftstheorie, die auf autopoietischen Systemen aufbaut, notwendig eine evolutionstheoretische Perspektive einzunehmen (Kneer und Nassehi 2000: 117).

Die für die Fremdheitsproblematik relevante Unterscheidung vertraut/ unvertraut stellt sich, wie andere Unterscheidungen auch, als Folge von Systemdifferenzierungen ein und wird unter Rückgriff auf Systemdifferenzierung erklärt (Luhmann 1997: 597). Systemdifferenzierung bezeichnet dabei die Fähigkeit von sozialen Systemen, Subsysteme zu bilden; sie ist „nichts anderes als eine rekursive Systembildung, die Anwendung von Systembildung auf ihr eigenes Resultat. Dabei wird das System [...] rekonstruiert durch eine weitere Unterscheidung von Teilsystem und Umwelt" (ebd.).

Den Wandel in der Gesellschaftsstruktur entfaltet Luhmann mit dem Begriff Differenzierungsform und in einem historischen Dreischritt. Differenzierungsform bezeichnet die Art und Weise, wie in einem Gesamtsystem das Verhältnis der Teilsysteme zueinander geordnet ist (ebd.: 609). Luhmann unterscheidet vier Differenzierungsformen:

(1) Segmentäre Differenzierung unter dem Gesichtspunkt der Gleichheit gesellschaftlicher Teilsysteme;

(2) Differenzierung nach Zentrum und Peripherie;

(3) stratifikatorische Differenzierung unter dem Gesichtspunkt rangmäßiger Ungleichheit der Teilsysteme und schließlich

(4) funktionale Differenzierung unter dem Gesichtspunkt sowohl der Ungleichheit als auch der Gleichheit der Teilsysteme (ebd.: 607). Gleichheit der Teilsysteme bedeutet, dass alle Subsysteme ausschließlich *eine* Funktion erfüllen, Ungleichheit bedeutet, dass ein Subsystem immer eine *andere* Funktion erfüllt als andere Subsysteme.

Die erreichbare Komplexität eines Gesellschaftssystems hängt von der Form seiner Differenzierung[187] ab (Luhmann 1980: 22). Dabei ist zu beachten, dass

---

[187] Differenzierung in Luhmanns soziologischer Systemtheorie lässt sich von dem Differenzierungsbegriff anderer Sozialtheoretiker (wie etwa Emile Durkheim, Georg Simmel und Max Weber) dadurch unterscheiden, dass sie von der Systemdifferenzierung abgeleitet wird. Zu den Folgen zunehmender Differenzierung gehört die Zunahme von Abhängigkeiten, Unabhängigkeiten und „systemeigener Kontrolle der Hinsichten, in denen man abhängig bzw. unabhängig ist" (Luhmann 1997: 599). Ein weiterer Unterschied besteht in der Vorstellung der Differenzierung: In der Luhmannschen Systemtheorie wird gesellschaftliche Differenzierung nicht als Dekomposition eines Ganzen in Teile bzw. Teilbereiche (Herrschaft, Ökonomie, Kultur usw.), sondern als ein emergenter Prozess thematisiert. Luhmann stellte – deutlicher als Durkheim – heraus, dass die Differenzierungsformen einander evolutionär nicht ersetzen.

Systemdifferenzierungen kontingent verlaufen, wobei der Hinweis auf Kontingenz auf die Möglichkeit verweist, dass etwas auch anders sein kann, als es ist (Kneer und Nassehi 2000: 115).

Autopoiesis und strukturelle Kopplung

Soziale Systeme zeichnen sich durch Autopoiesis aus; d.h. sie produzieren und reproduzieren die Elemente, aus denen sie bestehen (Luhmann 1985: 403). Autopoiesis weist auf das allgemeine Organisationsprinzip hin, das für alle Lebewesen Gültigkeit hat. Autopoietische Systeme sind lebende Gebilde, die sich selbst herstellen und am Leben halten; d.h. sie sind selbstreferentiell. Die Selbstbezüglichkeit lebender Systeme lässt sich wiederum mit dem Begriff der Rekursivität begreifen. Rekursiv ist ein Reproduktionsprozess, der die Produkte und Ergebnisse seiner Operationen ständig als Grundlage weiterer Operationen verwendet. Demnach sind autopoietische Systeme in sich geschlossene Systeme. Gleichzeitig können sie aber auch als offene Systeme bezeichnet werden, weil sie mit ihrer Umwelt in einem fortwährenden Kontakt stehen. Die Geschlossenheit autopoietischer Systeme ist damit gleichzeitig die Voraussetzung für ihre Offenheit. Autopoietische Systeme sind autonom, aber nicht autark, da sie in einer bestimmten Umwelt, in einem bestimmten Milieu existieren, auf deren materielle und energetische Zufuhren sie angewiesen sind. Sie sind aber autonom, insofern die Aufnahme bzw. Abgabe von Energie und Materie allein von den Systemoperationen eigengesetzlich bestimmt wird (Kneer und Nassehi 2000: 51).

Funktionssysteme vollziehen ihre eigene Autopoiesis anhand von Codes und symbolisch generalisierten Kommunikationsmedien. Das Wirtschaftssystem sichert seine Identität und Autopoiesis[188] durch den binären Code bezahlt/unbezahlt, das Wissenschaftssystem durch wahr/falsch, die Politik durch Amtsinhabe/keine Amtsinhabe, das Rechtssystem durch recht/unrecht usw. Zur Identitätswahrung und Autopoiesis einzelner Subsysteme dienen auch symbolisch generalisierte Kommunikationsmedien wie Eigentum und Geld (*Wirtschaftssystem*), Wahrheit (*Wissenschaftssystem*), Recht (*Rechtssystem*), Macht (*Politik*) usw. (Luhmann 1997: 752).

Selbstreferentialität und autopoietische Schließung verweisen auf die Frage, wie die unterschiedlichen Subsysteme sich zueinander verhalten. Auf dieses Problem bezieht sich der Begriff der strukturellen Kopplung. Mit dem von Humberto R. Maturana entlehnten Begriff der strukturellen Kopplung

---

[188] In »*Die Gesellschaft der Gesellschaft*« heißt es dazu: „Die Autopoiesis besteht in der Reproduktion (=Produktion aus Produkten) der elementaren Operationen des Systems, also zum Beispiel von Zahlungen, von Rechtsbehauptungen, von Kommunikation über Lernleistungen, von kollektiv bindenden Entscheidungen usw." (Luhmann 1997: 752).

wird zunächst das Verhältnis eines Systems zu seinen Umweltvoraussetzungen bezeichnet, die gegeben sein müssen, damit Autopoiesis sich fortsetzen kann. Strukturelle Kopplungen zwischen den funktional differenzierten Teilsystemen können weiterhin aus Leistungen füreinander bestehen oder aber negative Externalitäten darstellen (vgl. Schimank und Volkmann 1999: 13). Die strukturelle Kopplung zwischen Politik und Wirtschaft wird durch Steuern und Abgaben, zwischen Recht und Politik durch die Verfassung, zwischen Recht und Wirtschaft durch Eigentum und Vertrag geregelt, Wissenschafts- und Erziehungssysteme werden durch die Organisationsform der Universitäten gekoppelt, für die Verbindung von Politik und Wissenschaft sorgt die politisch-administrative Rekrutierung von wissenschaftlichem Nachwuchs, die strukturelle Kopplung zwischen Erziehungssystem und Wirtschaft erfolgt durch Zeugnisse und Zertifikate (Luhmann 1997: 776-788).

Nach der Diskussion relevanter systemtheoretischer Begriffe soll nun auf systemtheoretische Ansätze zur Fremdheitsproblematik eingegangen werden.

7.2 Fremdheit als Produkt gesellschaftlicher Selbstbeschreibung

Fremdheit: das Andere der Vertrautheit

Nassehi entwickelt seinen Ansatz zur Fremdheitsproblematik in einer Abgrenzung gegenüber den Klassikern der Soziologie wie Georg Simmel, Robert Ezra Park und Alfred Schütz. Diesen stehe das Verdienst zu, die wesentlichen Strukturelemente von Fremdheit und Fremdwerden theoretisch beleuchtet und damit das Grundwissen für eine weiterführende soziologische Auseinandersetzung offen gelegt zu haben. Gleichwohl kritisiert er die Klassiker aber *erstens* wegen der Thematisierung des Fremden lediglich als einen sozialen Typus, *zweitens* wegen der Reduzierung des Fremden auf die Aspekte der Marginalität und Randständigkeit und *drittens* wegen der Identifizierung des Fremden mit bestimmten Personengruppen (Händler, Gastarbeiter, Exilanten, Flüchtlinge usw.) (Nassehi 1995: 444f.). Die Ursachen für die Grenzen klassischer Theorieansätze sieht er in deren Prägung durch die Probleme und Erfahrungskonstellationen des späten 19. und frühen 20. Jahrhunderts sowie in deren defizitären Vorstellungen von der Gesellschaft. Auf das Problem der defizitären Vorstellung von der Gesellschaft wurde bereits oben eingegangen. Gemeint ist damit, um es hier noch einmal zu unterstreichen, dass die Klassiker der Soziologie, allen voran Alfred Schütz, die Gesellschaft mit territorialer Geschlossenheit, normativer Integrität der Mitglieder, Stabilität der Wertmuster und Reziprozität ihrer sozialen Verhältnisse identifizierten. Folgt man diesem Verständnis, so wird der Fremde erst dadurch zum Fremden, indem er „eine stabile Struktur verlässt und eine neue aufsucht, die einen als *fremd* qualifiziert" (Nassehi und Schroer 1999: 105). Dies trifft ins-

besondere auf Schütz zu, während Simmels Ansatz ebenfalls Theoriedefizite
aufweise, allerdings dessen Begriff des Fremden vielmehr

> „an konkreten historischen Fällen geschult [sei] …und damit wohl zu eng [ge-
> rate] … Sowohl Park als auch Simmel haben nämlich eine ganz bestimmte
> Gruppe von ‚Fremden' im Blick: emanzipierte Juden sowohl in den Vereinig-
> ten Staaten als auch in Europa" (Nassehi 1995: 446).

Die Fremdheit des Anderen werde entweder auf räumliche bzw. soziale Mobilität respektive auf die Migration von einem geschlossenen Gesellschafts-
und Gemeinschaftskreis in einen anderen zurückgeführt. Weder die Her-
kunfts- noch die Ankunftsgesellschaft werde in diesen Ansätzen problematisiert, sondern im Sinne eines euklidisch dreidimensionalen, geschlossenen
Behälter-Raums bzw. Container-Modells (vgl. Löw 2001) als gegeben vorausgesetzt. Die Analysen der Klassiker würden sich mit einer theoretischen
Beleuchtung wesentlicher Strukturelemente von Fremdheit und Fremden o-
der Konsequenzen des Fremdseins begnügen, ohne die gesellschaftlichen
Bedingungen der Genese der Fremdheitsproblematik in den Blick zu nehmen
(Nassehi 1995: 446 f.). Diese Defizite der klassischen Erklärungsansätze lassen sich Nassehi zufolge durch eine konstruktivistische Methode (Löw 2001)
beheben, „die soziale Räume und Probleme ihrer Lokalität entbindet und damit auf ein völlig neues gesellschaftliches Ordnungsprinzip verweist, das den
geopolitischen Normalfall des schlagbaumbewehrten Nationalstaats ins Reich
der Fabel verweist" (Nassehi und Schroer 1999: 107).

Der Einwand, dass die Klassiker der Soziologie in ihren theoretischen Ü-
berlegungen der Erfahrungssituation des späten 19. und frühen 20. Jahrhunderts verhaftet geblieben sind, wird auch von Rudolf Stichweh vorgetragen.
Die leitenden Begriffe der Klassiker der Soziologie können, so wendet er
weiter ein, „dem sozialen Wandel, der sich in Gegenwartsgesellschaften vollzogen hat" (Stichweh 1992: 300) nicht gerecht werden. Darüber hinaus hebt
er zwei weitere Defizite hervor, die nicht nur die Klassiker der Soziologie,
sondern auch die theoretischen Überlegungen von Zygmunt Bauman betreffen. Stichweh weist *erstens* darauf hin, dass in den Überlegungen und Be-
schreibungen sowohl der Klassiker als auch Baumans ein Kernsachverhalt,
nämlich die Institutionalisierung von Umgangsformen mit Fremden, von der
Frühen Neuzeit bis zur Moderne systematisch unberücksichtigt bleibt. Dazu
gehören Institutionen der Gastfreundschaft und des herrschaftlichen Fremdenschutzes. Die Begriffe der Klassiker seien zwar durchaus dynamisch konzipiert, bemerkt Stichweh *zweitens*, da sie die „Interaktionskonstellation als
eine sich verändernde" (ebd.) beschreiben. Sie sind jedoch nicht im engeren
Sinne *evolutionär*, weil sie die Struktur bildenden Effekte einer dynamischen
Konstellation und das Hineinwirken „selegierter Strukturen" in spätere und

möglicherweise andere Interaktionskonstellationen vielfach aus dem Blick verlieren (ebd.).

Aus den Defiziten sowohl klassischer als auch gegenwärtiger Erklärungen zieht Nassehi die Schlussfolgerung, dass die Rede von ‚den Fremden‘, aus einem soziologisch-theoretischen Blickwinkel betrachtet, problematisch ist. Die zu stellende Frage ist nicht mehr die nach dem ‚Was‘, ‚Wer‘ oder nach der ‚Lebensart‘, sondern die soziologisch bedeutsameren und interessanteren Fragen lauten: „Was macht Andere zu Fremden?", und „Wie wird der Fremde zum Feind?" Es geht also um die Frage, „in welchen sozialen Strukturen und Prozessen Personen oder Personengruppen als *fremd* behandelt werden und – genauso entscheidend – in welchen nicht" (Nassehi 1995: 443).

In Anlehnung an Baumans Begriffsbestimmung schlägt Nassehi vor, den Fremden soziologisch auf der Außenseite der Unterscheidung vertraut/unvertraut zu verorten. Er setzt bei der von Bauman geprägten binären Unterscheidung Freund/Feind vs. Fremde an. Feinde sind bekannt, daher fällt es leicht, sie in ein kognitives Schema einzuordnen; der Fremde erscheint dagegen als der ganz Andere, Unbekannte und Unerwartbare. „Der Fremde gehört nicht zu diesem Raum der vertrauten Unterschiede und Konflikte" (ebd.: 447). In der Unterscheidung vertraut/unvertraut und in der Bestimmung der Fremdheit als die Außenseite dieser Unterscheidung fungieren die Fremden als eine gesellschaftliche Chiffre:

> „Indem diese Unterscheidung lediglich als Chiffre innergesellschaftlicher Differenzen, Konflikte, Grenzen und Positionen fungiert, eröffnet sich theoretisch die Möglichkeit, das Fremde im Hinblick auf das Vertraute zu denken, denn wenn das Fremde lediglich die Außenseite der Unterscheidung *vertraut/fremd* ist, wird deutlich: Der Fremde ist lediglich in der Weise fremd, als er negativ auf das Vertraute bezogen wird. […] Die Unterscheidung *vertraut/fremd* setzt das Vertraute nicht schlicht voraus, sondern fragt danach, wie bestimmte Formen gesellschaftlicher Vertrautheit korrespondierende Formen des ‚Fremden‘ hervorbringen" (ebd.: 448).

Wie wird der Andere zum Fremden?

Vertrautheit ist nicht gegeben, sie wird durch gezielte Kommunikationen und Interaktionen erzeugt. Als fremd erscheint dann alles, was aus dem Raster dieser kommunikativ bzw. interaktiv erzeugten Vertrautheiten heraus fällt. Aus dieser Perspektive betrachtet gilt es, zunächst nach den Bedingungen zu fragen, unter denen Fremdheit sich von Vertrautheit unterscheidet. In einfachen Sozialformen, die sich weitgehend durch Interaktionen (face-to-face Beziehungen) und durch unmittelbare Reziprozität ihrer Mitgliedschaftsrollen reproduzierten, galt der Fremde als der Unbekannte schlechthin. In einer Sozialform, die auf Interaktion und Reziprozität aufgebaut ist, hängt die

Fremdheit mit der Abwesenheit von Fremden im sozialen wie im geographischen Nahbereich zusammen. Eine derartige Sozialform ist darauf angewiesen, die Ungewissheit unmittelbar zu kompensieren (Nassehi 1995: 449). Komplexere Sozialformen sind dagegen nicht auf Reziprozität angewiesen. Mit dieser Begriffsbestimmung werden gesellschaftliche Wahrnehmungen und Konstruktionen von Fremdheit und Fremden an die Gesellschaftsstruktur gebunden. In einer Gesellschaft mit segmentärer Systemdifferenzierung fallen andere Personengruppen als Unvertraute auf und werden als Fremde markiert als in stratifikatorisch oder funktional differenzierten Gesellschaften.

Nassehi konstatiert in diesem Zusammenhang, dass sich mit dem Übergang zur modernen, funktional differenzierten Gesellschaft die gesellschaftlichen Konstitutionsbedingungen des Fremden radikal gewandelt haben. Zum Verständnis moderner Fremdheitsproblematik hält er überdies eine Beschäftigung mit dem Nationalstaat für erforderlich, dessen Beginn Nassehi mit der Französischen Revolution ansetzt, da diese mit ihrer Formulierung der Universalität des Menschen den Nationalstaat moderner Prägung semantisch begründet hat. Der Erklärung von Menschen- und Bürgerrechten (August 1789) kommt das Verdienst zu, in ihrer ersten beiden Artikeln „alle früheren partikularen Inklusionsformeln durch den universalistischen Begriff des Menschen und seines Derivats, der Menschenrechte" (ebd.: 451) zu ersetzen. Nach dieser neuen Inklusionsformel werden alle Rechte wie Freiheit, Eigentum, Sicherheit und Widerstand aus „der Universalität des Inklusionsfaktors Mensch abgeleitet" (ebd.). Diesem Text gelinge es jedoch nicht, seinen Universalismus durchzuhalten. Nassehi weist diesbezüglich darauf hin, dass bereits im dritten Artikel ein weiterer Begriff eingeführt wird, der die

> „zivilreligiöse Funktion des Begriffs Mensch politisch-praktisch einschränkt: Der Ursprung aller Souveränität geht von der ‚Nation' aus, also von dem politisch verfaßten Gemeinwesen, das den Quell jeder Autorität darstellt und das aus dem Menschen Bürger macht." (Ebd.)

Kennzeichnend für die Moderne ist einerseits der „Kosmopolitismus der europäischen Vernunftaufklärung", andererseits der „Nationalismus des modernen Nationalstaates". „Der – zumindest semantische – Egalitarismus der modernen Nationen produziert automatisch die Exklusion des Fremden, weil dieser aufgrund seines Status als Nicht-Bürger nicht zum Egalisator Nation gehört", bemerkt Nassehi (ebd.).

Der moderne Nationalismus wird von Nassehi als eine Konsequenz der funktionalen Differenzierung interpretiert. In der funktional differenzierten Gesellschaft werden Personen nicht mehr als ganze Menschen, sondern als Funktionsträger thematisiert und als solche in Kommunikationszusammenhänge einbezogen. Die Funktionstüchtigkeit spezifischer Kommunikationen in verschiedenen Subsystemen basiert auf struktureller Fremdheit der jeweiligen Kommunikations- und Interaktionspartner. Das heißt, die wesentlichen Verkehrs-, Kommunikations- und Interaktionsformen erfordern unter ihren Teilnehmern keine Vertrautheit. Die strukturelle Fremdheit ist im Alltag einer modernen, funktional differenzierten Weltgesellschaft kein Sonderfall mehr. Sie ist vielmehr eine Ressource, „um bürokratische, politische, rechtliche oder ökonomische Transaktionen vornehmen zu können; d.h. um sie von personalen Ressourcen abkoppeln zu können" (ebd.: 454). Alois Hahn weist hierauf mit dem Begriff *Generalisierung der Fremdheit*[189] hin (Hahn 1994: 162f.). Die Kehrseite dieser Generalisierung in der modernen, funktional differenzierten Gesellschaft ist die Aufhebung von Fremdheit als politischer ‚Sonderstatus'. Auch wenn es paradox klingt: Die Aufhebung des Fremdenstatus ist die Bedingung der Universalisierung struktureller Fremdheit. Die These von der Generalisierung von Fremdheit weist zudem auf die Unfähigkeit funktional differenzierter Gesellschaften hin, die Zuschreibung des Fremdenstatus für bestimmte Gruppen oder für einzelne Personen zu rechtfertigen. Damit würde der moderne Verfassungsstaat mit Menschen- und Bürgerrechten in Konflikt geraten. Die Universalisierung der Menschen- und Bürgerrechte ist also die „rechtliche Fassung" dieses Paradoxes (ebd.).

Diese auf die Vertrautheitsbedingungen von Fremdheit abstellende Perspektive deckt einen weiteren Sachverhalt auf, den Nassehi als strukturelle Fremdheit bezeichnet. Die Betrachtung der Fremdheit als Gegenstück zum vertrauten Raum der Autochthonen (*Fremdheit als Nichtzugehörigkeit*) beteilige sich an jener Identitätspolitik, „die so tut, als seien Nationen oder auch lokale soziale Räume wie Städte Gemeinschaften, also auf die direkte Reziprozität und Gemeinsinn aufgebaute Gemeinwesen, deren Mitglieder ein gemeinsames, Vertrautheit spendendes Band verbindet" (Nassehi 1997: 9). Davon unterscheidet Nassehi eine andere Form der Fremdheit (*strukturelle Fremdheit*), die er als Gegenstück zu Vertrautheit, Bindung und Dauerhaftigkeit betrachtet (ebd.). Die Funktion struktureller Fremdheit besteht in der Ermöglichung einer reibungslosen Kommunikation unter Personen, die sich

---

[189] Die These von der Generalisierung des Fremden sollte jedoch keineswegs mit einem Verschwinden des „empirische[n] Fremde[n] im Sinne des Migranten, des Ausländers, des Nicht-Bürgers" verwechselt werden. Was mit der Generalisierung des Fremden verschwindet, ist „die semantische Plausibilität", den Fremden „zum Fremden zu machen" (Nassehi und Schroer 1999: 106). Um es pointierter auszudrücken: Generalisiert werden nicht diejenigen Fremden, die im Sinne Simmels Definition „heute kommen und morgen bleiben", sondern die, „die immer schon da sind". „Urbane Sozialformen sind konstitutiv darauf angewiesen, daß sich hier Menschen als Fremde begegnen und daß sie sich darauf verlassen können, Fremde unter Fremden bleiben zu können, auch und gerade dann, wenn sie sich über den Weg laufen." (Nassehi 1997: 9). Kennzeichnend für die soziale Stellung der Fremden im Sinne der Neuankömmlinge, Nichtautochthonen und Nichtzugehörigen ist die Behandlung als solche. Nassehi verweist hier auf Migrantenfamilien, die in der zweiten und dritten Generation hier leben und weiterhin mit der Frage konfrontiert werden, ob sie irgendwann wieder zurückgehen werden (ebd.).

in der modernen funktional differenzierten Gesellschaft als Funktionsträger und nicht als ganze Menschen begegnen (Nassehi 1995: 454). Die strukturelle Fremdheit wird also als Ressource genutzt, um reibungslose bürokratische, politische und rechtliche Kommunikationen oder ökonomische Transaktionen zu ermöglichen (vgl. hierzu a. Hahn 1994: 156ff.).

> „Die Kehrseite dieser Destandardisierung und Desintegration von Lebensformen ist ohne Zweifel eine der entscheidenden Modernisierungsfolgen, deren kurative Behandlung kaum möglich erscheint, deren symptomatische Milderung aber nicht zuletzt durch die Konstruktion des Fremden als Differenzierungsfokus erfolgt, der eine Identität stiftet, die es letztlich nicht gibt" (Nassehi 1995: 454).

Parallel zum Prozess der Nationsbildung fanden die Ausdifferenzierung des politischen Subsystems und der Wandel in seiner Legitimationsbasis statt. In der systemtheoretischen Terminologie wird dies als Übergang des politischen Systems von Fremdreferenz zur Selbstreferenz beschrieben. Dies führte dazu, dass nicht mehr eine außerhalb des politischen Systems liegende Kodifizierung der Welt (etwa die Religion) den Referenzhorizont der Politik ausmachte (vgl. hierzu Luhmann 2000: 69 ff., Kapitel 3). Diese Säkularisierung erhob die Nation zu einer wesentlichen Legitimationsgrundlage staatlicher Machtausübung. Die Idee der Nation ist wiederum geknüpft an das Prinzip der Gleichheit unter den Staatsbürgern. Dieser ‚semantische Egalitarismus' moderner Nationen bringt jedoch Menschen hervor, die nicht zum ‚Egalisator' Nation gehören: Fremde. Die in der Moderne dominante Selbstbeschreibung der Gesellschaft als eine nationale Einheit mit klaren geographischen, sprachlichen, kulturellen und rechtlichen Grenzen erzeugte wiederum eine mit dieser *Selbstbeschreibung* korrespondierende Zuschreibung von Fremdheit: Zum Prototyp des Fremden wurde in der funktional differenzierten Gesellschaft der „Ausländer im Inland" (Hahn 1994: 163).

Der Zusammenhang von funktionaler Differenzierung und Fremdheitsproblematik soll hier nicht weiter ausgeführt werden, da dies an anderer Stelle (*Teil I, Kapitel 9*) im Zusammenhang mit historischem Wandel in der Gesellschaftsstruktur diskutiert wurde. Hier seien nur einige Konsequenzen der systemtheoretischen Perspektive und Begriffsbildung für die Analyse der Fremdheitsproblematik genannt. Aus dem systemtheoretischen Ansatz ergeben sich neue Analysewege: Um zu beantworten, was den Anderen zum Fremden macht, ist es erforderlich, die Vertrautheitsstrategien einer Gesellschaft in den Blick zu nehmen. Mit Stichweh kann diese Vorgehensweise weiter in vier mögliche Analyseebenen der Wahrnehmung und Konstruktion von Fremden und Fremdheit differenziert werden. Für eine Analyse kommen zunächst in Betracht

(1) die gesellschaftlichen Selbstthematisierungen bzw. -beschreibungen,
(2) die Ebene der kollektiven Erfahrung und der Zurechnungsakte,
(3) die explizite Institutionalisierung von sozialen Rollen und die korporativen Statuszuschreibungen für Fremde und schließlich
(4) das makrostrukturelle Muster der Eingliederung von Fremden in die Gesellschaft (Stichweh 1997: 53f.).

Im vierten Teil (*Kapitel 9*) wird auf die gesellschaftlichen Selbstthematisierungen in Deutschland und Großbritannien eingegangen. Die Institutionalisierung von sozialen Rollen und die Eingliederung von Fremden in Teilsysteme werden ebenfalls im vierten Teil (*Kapitel 10*) thematisiert. Darin geht es um die Analyse, wie und inwieweit die Fremden im Sinne von Allochthonen in die primären Teilsysteme der bundesrepublikanischen und britischen Gesellschaft integriert werden. Zu analysieren ist ebenfalls, wie sie in diesen gesellschaftlichen Bereichen von den dominanten Akteuren und den Allochthonen als Fremde behandelt werden. Zunächst geht es jedoch mit der Frage weiter, wie der Fremde zum Feind wird.

Wie wird der Fremde zum Feind?

Gegen Nassehis Ableitung der Fremdheit aus den Vertrautheitssemantiken der Moderne lässt sich einwenden, dass sowohl Fremdheit als auch die Fremden gleichzeitig Produkte von Fremdheitszuschreibungen und sozialen Klassifikationen sind, die von Akteuren betrieben werden. Stichweh wird diesem Sachverhalt eher gerecht, indem er die Fremdheit als eine soziale und sachliche Irritation versteht. Fremdheit liegt demnach vor, wenn die Andersartigkeit des Anderen als Irritation empfunden wird, wenn sie Handlungsbedarf auslöst (Stichweh 2004: 35). Fremdheit im Sinne essentieller Typisierung und negativer Zuschreibung wird von Nassehi mit der Bezeichnung ,Feindschaft' thematisiert. Damit macht er auf die fließenden Übergänge zwischen Fremdheit und Feindschaft aufmerksam; Fremdheit kann unter bestimmten Gegebenheiten in Feindschaft umkippen, Fremde können zu Feinden werden. Dieser Begriff von Fremdheit erinnert an die Definition von Alfred Schütz, in dessen Ansatz dem Immigranten Fremdheit zugeschrieben wird, wenn er von einer In-Group aufgenommen werden möchte, jedoch die Zivilisationsmuster dieser In-Group nicht vollständig übernehmen kann. Also erst dann, wenn er eigentlich kein Fremder (im Sinne der Unvertrautheit) mehr ist. Bei Nassehi wird der Fremde zum Feind, wenn er nicht mehr Fremder ist, wenn er also soweit ein Vertrauter in der Ankunftsgesellschaft geworden ist, dass er mit den Autochthonen in einen Wettbewerb um knappe Güter eintreten kann. Es sind also die Konflikte mit der Mehrheitsbevölkerung, die ihn in den Augen der Mehrheit ,sichtbar' machen.

„Während die *strukturelle Fremdheit* der Welt durch semantische Kompensa-
tionen letztlich unsichtbar gemacht wird, indem die Konstruktion kultureller
und gesellschaftlicher Einheit und Konsistenz für vertraute Räume sorgt, fungieren diejenigen, die jenseits des *vertrauten Antagonismus* von Freund und
Feind positioniert sind, als *sichtbare Fremde*. […] Die *Feindschaft des Fremden*, die seine Fremdheit letztlich *aufhebt*, muß also im Sinne jener Vertrautheitsstrategien gedacht werden, die für die moderne Gesellschaft charakteristisch ist" (Nassehi 1995: 455).

Als Fremde werden diejenigen wahrgenommen, um es hier noch einmal zu
unterstreichen, welche die vertrauten Räume transzendieren und die binären
Freund/Feind-Unterscheidungen (Bauman) unterlaufen. Nach dieser Begriffsbestimmung ist der Andere von dem Moment an kein Fremder mehr,
wenn er in den *vertrauten* Freund/Feind-Antagonismus eingeordnet werden
kann. So werden Andere entweder zu Freunden, zu Bekannten, zu Nachbarn,
zu Bürgern oder aber zu Feinden; d.h. erst dann, „wenn die Unterscheidung
Freund/Feind vs. Fremder implodiert" (ebd.). Nassehi bleibt jedoch in seinen
Überlegungen keinesfalls auf dem ‚grundbegrifflichen Fundament' stehen.
Die Transformation des Fremden zum Feind ist ebenfalls im Zusammenhang
mit den für moderne Gesellschaften charakteristischen Selbstthematisierungen und Vertrautheitssemantiken zu denken. Bei der Darlegung des zunächst
theoretisch formulierten Mechanismus der Wandlung des Fremden zum
Feind greift er auf Hartmut Essers[190] im Rahmen einer Wanderungssoziologie
entwickelten Deferenzmodell zurück. Dabei bezieht er sich auf das Spannungsverhältnis zwischen dem Selbstverständnis der Nation und ethnischer
Schichtung (Nassehi 1995: 455).

Beim Deferenzmodell handelt es sich um ein Integrationsmodell, in dem
Einwanderer in die Gesellschaft nur soweit integriert werden, als es die Nischen des Arbeitsmarktes erfordern bzw. ermöglichen. Die Integration von
Einwanderern ist an ökonomischen Erfordernissen orientiert (ebd.: 456). Die
Fremdheit des Fremden bleibt dabei erhalten, der Fremde wird sogar dazu
ermutigt, seine Fremdheit zu bewahren. Der Preis, den er dafür zu zahlen hat,
ist ethnische Schichtung: Er wird nicht als ein potentieller Staatsbürger angesehen und vollständig in die vertrauten Interaktionszusammenhänge eingebunden, sondern seine Anwesenheit wird eher als eine vorübergehende interpretiert – er wird als Gast bezeichnet. In das Wirtschafts-, Wohlfahrts- und
Rechtssystem wird er durch einen Sonderstatus eingebunden.[191] Der Status
des ‚Gastarbeiters', des ‚Ausländers im Inland' wird wiederum intern mehr-

---

[190] Hartmut Esser hat seine Wanderungssoziologie in seinem gleichnamigen Buch »*Aspekte der
Wanderungssoziologie*« (1980) dargelegt. Vgl. diesbezüglich auch Esser (1988) und (1990).
[191] Der Sonderstatus ist auf dem Arbeitsmarkt durch das Inländerprimat, im Rechtssystem durch
das Ausländergesetz institutionalisiert.

fach differenziert in EU-Bürger und Nicht-EU-Bürger, in Besitzer einer Aufenthaltsberechtigung oder befristeter bzw. unbefristeter Aufenthaltserlaubnis. Die Struktur gefährdenden Potentiale dieses Modells werden dadurch entschärft, indem den Fremden im Wirtschaftssystem nur eindeutige Positionen zugewiesen werden, die gesellschaftlich nicht zur Disposition stehen. Teilintegration von Fremden und ethnische Stratifikation sind die zwei Seiten des Deferenzmodells.

Das Deferenzmodell, das für die erste Phase der Arbeitskräftezuwanderung (Anwerbephase, Gastarbeiterperiode) und für die zweite Phase der Konsolidierung der ‚Ausländerbeschäftigung' (Anwerbestopp) charakteristisch ist, geriet in der dritten Phase[192] (in der Migrationssoziologie als Integrationsphase bezeichnet) in eine Krise. Zu den Ursachen der Krise zählen die fortgeschrittene ‚Integration' von Immigranten und die soziale Mobilität, damit zusammenhängend das Begehren von Immigranten und Immigrantinnen zweiter und dritter Generation (die so genannten Gastarbeiterkinder) nach knappen und zur Disposition stehenden beruflichen Positionen und sozialen Gütern. Das Integrationssystem ‚Deferenzmodell' geriet von dem Moment an ins Wanken, als neue Akteure im formal universalistisch ausgerichteten *Sekundärbereich* des institutionellen Bildungs-, Arbeits- und Kulturmarktes auftauchten und Ansprüche auf formalrechtliche Gleichheit geltend machten. Die Aspiration zur sozialen Mobilität ließ die bisher latent gehaltenen Knappheitskonflikte manifest werden. „*Der Fremde, vormals Anbieter einer durch Autochthone nicht zu befriedigenden Nachfrage, wird nun selbst zum Nachfrager eines durch Autochthone knapp gehaltenen Angebots*" (Nassehi 1995: 456; hervorgehoben i. O.). Der Fremde wird so zu einer paradoxen Figur; er wird erst dann als Fremder wahrgenommen, wenn er eigentlich kein Fremder mehr ist. Das heißt, wenn er sich bereits soweit in die Gesellschaft integriert hat, dass er in der Lage ist, als formal gleicher Nachfrager um knappe Ressourcen zu ringen, von denen er zuvor ausgeschlossen war. „Zum *tatsächlichen* Feind wird der Fremde dann, wenn es einer Gesellschaft nicht gelingt, Positionszuweisungen innerhalb ihrer Sozialstruktur gemäß dem universalistischen Paradigma einer freien und gleichen Konfliktregelung zu organisieren." (Nassehi 1995: 457)

---

[192] Die erste Phase der ‚Arbeitskräftezuwanderung' markiert die Zeit zwischen 1955 und 1973. Die Zeit danach bis etwa 1979 gilt als die Phase der Konsolidierung mit ihrem Defensivdreieck Zuwanderungsbegrenzung, Rückkehrförderung und Überlegungen zur ‚Integration auf Zeit'. Die dritte Phase gilt als die Phase der Integrationskonzepte, Integrationsdebatten und des Übergangs von ‚Integration auf Zeit' zu dauerhafter Integration. Mehr dazu s. Bade (2002).

Fremdheitsproblematik in der Weltgesellschaft

Systemtheoretische Stimmen konstatieren, dass sich unter den aktuellen Bedingungen der Weltgesellschaft zwei gegenläufige Tendenzen bezüglich der gesellschaftlichen Wahrnehmung und Konstruktion von Fremdheit und Fremden abzeichnen. Mit ‚Weltgesellschaft' wird zum einen darauf hingewiesen, dass nationalstaatliche Systeme „bereits im Prozess der Durchsetzung der neuen Form politischer Organisation … in die Entstehung eines weltweiten Gesellschaftssystems" (Stichweh 2004: 39) eingebettet sind. Zum anderen wird unter Weltgesellschaft der Sachverhalt verstanden, „dass Kommunikationen heute füreinander im Prinzip weltweit erreichbar sind und es deshalb nur noch ein Gesellschaftssystem auf der Erde gibt" (ebd.). Damit trägt der Begriff Weltgesellschaft der Entstehung weltweiter Zusammenhänge verschiedener Art (sowohl symbolisch als auch materiell) Rechnung. In der Weltgesellschaft kommt es zu Veränderungen in den Erfahrungen und Zuschreibungen von Fremdheit und im Umgang mit Fremden. Hierzu zählt einerseits die Beobachtung einer vermehrten Sichtbarkeit von Fremden, die, zusammen mit der Abwesenheit von staatlichen Assimilationsprogrammen, zur Steigerung der Erfahrung von Fremdheit und Sensibilisierung für kulturelle Differenzen führt (Stichweh 1992: 311). Andererseits ist die Weltgesellschaft im Begriff, „die soziale Figur des Fremden zum Verschwinden zu bringen" (ebd.: 311f.). Eine wesentliche Eigenschaft der funktional differenzierten Gesellschaft ist die Möglichkeit, die potentielle Fremdheit in funktionsspezifische Interaktionen zu zerlegen, „deren jede einzelne für sich relativ gut bewältigbar ist, ohne daß die kompakte Fremdheit des Anderen thematisch werden müßte" (ebd.: 312). Individuen bleiben in ihren alltäglichen Interaktionen Fremde unter Fremden.

Die vermehrte Sichtbarkeit von Fremden bezieht sich auf die Intensivierung der Migration von wirtschaftlich ärmeren in die reicheren Gegenden der Welt. Aus den sozialen und wirtschaftlichen Unterschieden in der Weltgesellschaft bei gleichzeitiger Verfügbarkeit von Transportmitteln ergeben sich Chancen, die von Immigranten genutzt werden (ebd.: 311). Parallel zu der vermehrten Sichtbarkeit von Fremden finde eine Universalisierung des Fremden statt. Damit ist der Sachverhalt gemeint, dass in städtisch geprägten Lebenszusammenhängen die Mehrheit der Interaktionen unter Menschen stattfinden, die zueinander ‚fremd' sind und dass die „Fremdheit des Anderen alltäglich und selbstverständlich wird und den Charakter der Irritation und Störung verliert" (Stichweh 2004: 38). Diese Form der Fremdheit wurde zuvor unter dem Begriff der strukturellen Fremdheit diskutiert. Stichweh spricht in diesem Zusammenhang auch von einer konträren Tendenz, nämlich von einem ‚Verschwinden des Fremden' oder von seiner ‚Unsichtbarkeit'. Gemeint ist, dass es in der Weltgesellschaft „nicht leicht fällt, jemanden zu nennen, den man in diesem Sinn als Fremden zu identifizieren bereit wäre", (ebd.) da sie nicht in ein Innen und Außen geteilt vorgestellt werden kann.

Angesichts der oben erwähnten Tendenzen im Kontext der Weltgesellschaft – nämlich vermehrte Sichtbarkeit der Fremdheit und Universalisierung bzw. Verschwinden der Fremdheit – drängen sich hier zwei weitere Fragen auf: Wie sind die Tendenzen der Reaktivierung von Ethnizität und die Wiederentdeckung unterdrückter kultureller Traditionen zu interpretieren? Sind sie Teil des Versuchs einer Restauration des Fremden? Stichweh zufolge handelt es sich um

> „eine Reaktion auf die subkutan wahrgenommene Verabschiedung des Fremden handelt und vielleicht um eine Angst vor dem Verlust von Andersheit und als solche um einen Versuch, den neuen Leitbegriff der Differenz und damit eine Kultur der Differenz an die Stelle der verlorengegangenen Zentralität der sozialen Figur des Fremden zu setzen" (1992: 313).

In einem Resümee sollen nun die Möglichkeiten und Grenzen der systemtheoretischen Ansätze zur Fremdheitsproblematik zusammengefasst werden.

7.3 Würdigung und Kritik

Welche Einsichten lassen sich aus der systemtheoretischen Perspektive für eine soziologische Analyse der Fremdheitsproblematik unter den Bedingungen der Weltgesellschaft gewinnen? Ein wesentlicher Vorzug der systemtheoretischen Perspektive besteht darin, dass dabei nach den Bedingungen gefragt wird, die den Anderen als einen Fremden erscheinen lassen. Dies spiegelt sich am deutlichsten in der Verschiebung der zentralen Fragestellungen wider: Von ‚Wer sind die Fremden?‘, ‚Wie‘ und ‚Durch welche Merkmale unterscheiden sie sich?‘ hin zu den gesellschaftlichen Bedingungen, die bei der Unterscheidung fremd vs. vertraut zum Tragen kommen. Die Systemtheorie operiert mit binären Unterscheidungen, doch handelt es sich hierbei um formale Differenzierungen. Weder ist die Außenseite der Unterscheidung vertraut/unvertraut negativ, noch ist die Innenseite positiv besetzt, wie es zum Beispiel im Orientalismusdiskurs oder in anderen essentialistischen Diskursen der Fall ist. Nach Luhmann ist das Oppositionspaar ‚vertraut/unvertraut‘ ein Ergebnis kontingenter Unterscheidungen und hat keine absolute Gültigkeit. Was aus dem Blickwinkel eines Subsystems als unvertraut erscheint, bleibt aus dem Blickwinkel eines anderen Subsystems vertraut.

Aus der Perspektive der Systemtheorie betrachtet ist der Fremdbezug nicht als Infragestellung des Eigenen zu verstehen, sondern als die Grenze der Eigenkapazität. Demnach sind die Operationen, die jenseits des eigenen Kapazitätsbereichs liegen, Fremdreferenz; diejenigen, die diesseits liegen, Selbstreferenz. Fremdreferenz ist für Luhmann nicht das absolut Andere der Selbstreferenz, sondern die zeitlich verschobene Selbstreferenz. Das radikal Fremde ist einzig und allein die Operation der Beobachtung, die aus der Sicht des Beobachters ein untilgbarer blinder Fleck bleibt. Durch diese Akzentuierung bleibt die Systemtheorie offen für Fremdheit, welche die Grenzen des operativen Könnens markiert (vgl. hierzu a. Waldenfels 2001). Um es anders auszudrücken: Was einmal als unvertraut klassifiziert und aus dem Kompetenzbereich eines sozialen Systems ausgeschieden wurde, bleibt latent vorhanden und wartet auf sein ‚re-entry'.

Systemtheoretische Ansätze verweisen nicht auf die sichtbaren Unterschiede wie etwa kulturelle Gepflogenheiten und Praktiken oder physische Differenzen, um zu erklären, warum der Andere als Fremder wahrgenommen wird. Es sind die Selbstthematisierungen und Vertrautheitsstrategien der modernen Gesellschaft, die einen Raum von Vertrautheiten hervorbringen. Diejenigen, die aus diesem vertrauten Raum herausfallen, geraten als Fremde in den Blick. Dasselbe gilt auch für die Erklärung, wie der Fremde zum Feind wird.[193] Verdienstvoll ist auch die Thematisierung der Fremdheitsproblematik als ein „Problem der zunehmenden Destabilisierung gesellschaftlicher, persönlicher und biographischer Zukunftsorientierungen" (Nassehi 1995: 460). Allerdings bleiben die Ursachen dieser ‚Destabilisierung' ungeklärt.

Die Thematisierung negativer Fremdheitszuschreibungen als ein mit der Destabilisierung von Lebenslagen zusammenhängendes Problem ermöglicht es, die Frage nach der Möglichkeit ihrer Entschärfung anders zu stellen. Aus dem Blickwinkel der Systemtheorie betrachtet wäre es illusionär, dieses Problem durch eine Veränderung des Bewusstseins (Aufklärung) zu entschärfen, wie es zum Beispiel in der Debatte um *Interkulturelle Pädagogik* (vgl. Burkhardt 1988 und Hamburger 1994) gefordert wird. Aus der systemtheoretischen Perspektive betrachtet, sind Fremdheitszuschreibungen weder auf einen ‚Mangel an Wissen', noch auf naive Wahrnehmungsmuster zurückzuführen. Es handelt sich dabei vielmehr um bewusste Ritualisierungen zur Übersetzung externer Ungewissheiten in einen internen Schematismus. „Diese Ritualisierungen dürften es auch sein, die fremdenfeindliche Einstellungen gegen Aufklärung und gegen universalistische Moralforderungen immun machen" (ebd.). Es besteht aus Nassehis Sicht kein Anlass anzunehmen, dass eine Reaktivierung universalistischer Inklusionsformeln zur Entschärfung des

---

[193] Nassehi meidet den Begriff ‚Fremdenfeindlichkeit' und spricht von der Transformation des Fremden zum Feind, wenn es darum geht, soziale Distanzierungen, Diskriminierungen und Abwehr gegen bestimmte Personenkreise und Gruppen zu thematisieren. Damit wird ‚Fremdenfeindlichkeit' nicht als gegeben angenommen, sondern im Zusammenhang mit Fremdheitskonstruktion thematisiert und somit ihre Genese mitgedacht. Denn erst „die gesellschaftliche Konstruktion des Fremden [macht] Vorurteile und gefühlsmäßige Abwehr, soziale Distanzierung und Diskriminierung auf der Ebene des Einzelnen möglich" (Kleinert 2004: 275).

Problems nachhaltig beitragen könnte, wie etwa Stichweh es behauptet (Stichweh 1992: 313).

Festzuhalten ist, dass sich die soziologische Systemtheorie aufgrund ihres hohen Abstraktionsgrades bei der Analyse der Fremdheitsproblematik auf verschiedenen gesellschaftlichen Ebenen anwenden lässt. Dies ist zugleich ihre Schwäche, denn darunter leidet ihr Erklärungspotential und lässt für das Verständnis aktueller Fremdheitsproblematik wichtige Fragen offen.

Problematisch ist auch die Interpretation, dass Zuwanderer und Ausländer deswegen als negative Identifikationsfolie fungieren, weil nationalistische Einstellungsmuster hohen Strukturwert besitzen. Warum werden dann bestimmte Zuwanderer bzw. ‚Ausländer' als Fremde, d.h. als einer Fremdgruppe zugehörig wahrgenommen, thematisiert und zu ‚prototypischen' Fremden erklärt, andere wiederum nicht? Warum erfahren einige Zuwanderergruppen in Medien eine hohe Aufmerksamkeit, andere wiederum kaum? Engländer, Schweizer, Amerikaner und Franzosen sind formal juristisch gesehen genauso ‚Fremde' bzw. ‚Ausländer' wie Türken, Kurden, Inder, Araber, Afrikaner usw. Allerdings werden sie weder in den Medien als solche thematisiert, noch zum Gegenstand öffentlicher Debatten gemacht. Dies sind Fragen, auf welche die systemtheoretischen Ansätze von Nassehi, Stichweh u. a. keine überzeugenden Antworten liefern.

Die Theorie sozialer Systeme vernachlässigt zudem aufgrund des mit ihr verbundenen Verständnisses der gesellschaftlichen Selbstorganisation bei der Thematisierung der gesellschaftlichen Konstruktionen von Fremdheit und Fremden zwei wichtige Aspekte: Der eine betrifft den antagonistischen Charakter der Vergesellschaftung im hoch entwickelten Kapitalismus, der zwar im Zusammenhang mit dem *Deferenzmodell* von Esser angedeutet, jedoch nicht weiter ausgeführt wird. Der andere vernachlässigte Aspekt betrifft die Raumdimension. Angesichts der mit dem Begriff der Globalisierung umschriebenen Momente gegenwärtiger Umwandlungsprozesse ist die Raumdimension nicht unwesentlich für eine Darlegung der Konstruktion von Fremdheit und Fremden. Indem Luhmann in seiner Theorie sozialer Systeme mit einem territorial undifferenzierten Begriff von Weltgesellschaft operiert, vernachlässigt er räumliche Veränderungen, auf die in soziologischen Debatten kontrovers mit den Begriffen der ‚Raum-Zeit-Verdichtung' (vgl. Harvey 1990: 260ff.) und der ‚Raum-Zeit-Ausdehnung' (vgl. Giddens 1996) Bezug genommen werden.

Damit geraten markante Veränderungen von Interaktionsbeziehungen aus dem Blickfeld, die durch die Umstrukturierung der Räume (Schrumpfen von Weltdistanzen, Erhöhung der Durchschnittsgeschwindigkeit, De- und Reterritorialisierung usw.) bewirkt werden. Kommunikation – das Substrat der Weltgesellschaft – ist als Ereignis eine durch Zeit und nicht durch Raum bestimmte Kategorie. Luhmanns illustrative Bezüge zur grenzüberschreitenden Kommunikation als Beleg für eine „Abschwächung von Raumschranken" (Luhmann 1997: 809) können kaum als ein Beitrag zur Klärung der Kategorie des ‚Raumes' in Anspruch genommen werden.[194] Die Reduktion des „restringierenden Charakters" (ebd. 315) bestimmter Raumwiderstände (Distanzen und Staatsgrenzen) ist zweifellos aus historischer Sicht unbestreitbar. Aber es ist ebenso unbestreitbar, dass Raumwiderstände weiterhin bestehen und einen restringierenden und das Soziale strukturierenden Einfluss ausüben (vgl. dazu Graham und Marvin 2001).

Im Hinblick auf die normativen bzw. politischen Potentiale ist Kritikern beizupflichten, wenn diese anmerken, die Systemtheorie eigne sich zwar analytisch zur Nachzeichnung gesellschaftlicher Differenzierungsprozesse, biete jedoch kaum Raum für normative Fragen.[195] Übertragen auf die Fremdheitsthematik lässt sich sagen, dass sich die systemtheoretischen Ansätze zur Nachzeichnung von Konstruktionen und Zuschreibungen von Fremdheit sowie von politischen, institutionellen und alltäglichen Umgangsformen mit Fremden eignen, die zunehmend unter den Druck funktionaler Zwänge und unter Klassifikationsbemühungen und Grenzziehungsprozesse des Nationalstaates geraten.

8. Konsequenzen für eine Soziologie der Fremdheitsproblematik

Welche theoretischen und analytischen Konsequenzen ergeben sich aus den bisher diskutierten Ansätzen für eine Soziologie der Fremdheitsproblematik? Zunächst lässt sich sagen, dass die beiden aktuellen Theorieansätze zur Fremdheitsproblematik an die Klassiker der Soziologie des Fremden anknüpfen, ihre Fallstricke jedoch vermeiden. Das begriffliche Instrumentarium (z.B. der Gesellschaftsbegriff der Systemtheorie, die Kritik des methodologischen Nationalismus oder der modernen und ‚postmodernen' Vergesellschaftung bei Bauman) und der analytische Blickwinkel (Berücksichtigung relevanter Ebenen der Fremdheitsproblematik wie nationalstaatliche Klassifikations- und Kategorisierungsbemühungen, individuelle Identitätsbildung bei

---

[194] In Luhmanns Systemtheorie erscheint der Raum als unhintergehbar der Umwelt der Gesellschaft zuzurechnendes Phänomen. Er darf deswegen nicht als grenzbestimmend für Sozialsysteme gedacht werden. Rudolf Stichweh hält diese Auffassung des Raumes von Luhmann nicht für überzeugend und bemüht sich um eine Neubestimmung (Stichweh 2000: 190).

[195] Vgl. hierzu exemplarisch Schimank (1996). Uwe Schimank weist darauf hin, dass Luhmann, wenn er ein Subsystem unterscheidet, davon ausgeht, dass diese Unterscheidung von Akteuren selbst getroffen wird. In diesem Sinne ist ihm zuzustimmen, wenn er von einer phänomenologischen „Rekonstruktion des Alltagswissens über Gesellschaft" spricht (1996: 154).

Bauman und Vertrautheitssemantiken bei systemtheoretischen Ansätzen) dieser Ansätze sind angemessener als die der Klassiker. Bezüglich des Verhältnisses von Baumans poststrukturalistischem Ansatz zu systemtheoretischen Ansätzen ist folgendes festzuhalten: Während Bauman sich – abgesehen von einigen Zitaten aus »*Liebe als Passion*« (1982) in »*Modernity and Ambivalence*« – nicht auf die Systemtheorie bezieht, nehmen systemtheoretische Autoren Baumans Reflexionen zum Ausgangspunkt eigener Überlegungen oder grenzen sich gegenüber diesen ab: Stichweh setzt sich mit Baumans Reflexionen zum Fremden kritisch auseinander, verweist auf deren Grenzen und Leerstellen, Nassehi knüpft an Baumans differentialistische Unterscheidung Freund/Feind vs. Fremde an. Anders als Bauman, der die Einteilung der sozialen Welt in Freund/Feind und Fremder aus der Struktur der Sprache (Ambivalenz) ableitet und die Fremdheitsproblematik mit Klassifizierungs-, Kategorisierungs- und Homogenisierungsbemühungen des modernen Nationsstaates erklärt, verweisen Nassehi und Stichweh auf den Zusammenhang von Fremdheitsproblematik, Gesellschaftsstruktur (Differenzierungsform) und Semantik (nationale Selbstthematisierungen im Sinne von Vertrautheitsstrategien). Insofern ergänzen sich beide Theorierichtungen auch in der Erklärung der Fremdheitsproblematik gegenseitig. Während Bauman verstärkt auf den Homogenisierungsdruck des Nationsstaates verweist, der den Fremden hervorbringt und in einem Sonderstatus hält, zeigen Stichweh und Nassehi, dass die Kategorisierung von Menschen als Fremde nicht nur auf den Homogenisierungsdruck des Nationalstaates zurückzuführen ist. Auch ohne Homogenisierungsabsicht beteiligt sich der Nationalstaat z.B. durch die Regelung der Staatsangehörigkeit an der Konstruktion von Fremden (s. Teil IV, Kapitel 9).

Gleichwohl beinhalten systemtheoretische Ansätze zur Fremdheitsproblematik und die poststrukturalistische Soziologie des Fremden von Bauman wichtige Leerstellen wie etwa die Unfähigkeit, eine akteurstheoretische Perspektive einzunehmen. Die Systemtheorie Luhmannscher Provenienz zeichnet sich gerade dadurch aus, dass sie das Handeln von Akteuren zugunsten einer Autopoiesis von Kommunikationszusammenhängen ausblendet (vgl. Schimank und Volkmann 1999: 15). Die systemtheoretischen Ansätze sind ebenfalls nicht in der Lage, die Macht als eine sich quer durch alle Funktionssysteme hindurch ziehende, das Soziale und damit die Fremdheitszuschreibungen strukturierende Kraft zu thematisieren. Dies gilt mehr oder weniger auch für den poststrukturalistischen Ansatz von Bauman, was wiederum zur Konsequenz hat, dass Handlungsmacht und Widerstandsmöglichkeiten gegenüber negativen Fremdheitszuschreibungen aus dem Blick geraten.

Demgegenüber wird hier die Ansicht vertreten, dass diesen Defiziten mit einer Erweiterung um eine akteurstheoretische Perspektive und um die Aspekte der Macht und der reflexiven Interessen begegnet werden kann. Eine akteurstheoretische Perspektive würde es ermöglichen, Fremdheitszuschreibungen im Zusammenhang mit reflexiven Interessen der beteiligten gesellschaftlichen Akteure zu thematisieren. Anregungen für Erweiterungen lassen sich aus den bereits diskutierten Überlegungen von Simmel und Elias und aus dem noch zu diskutierenden postkolonialen Ansatz von Homi K. Bhabha gewinnen. Simmels, Elias' und Bhabhas Überlegungen liefern wichtige Anhaltspunkte und Anregungen zum Verständnis der gegenwärtigen Fremdheitsproblematik. Anknüpfend an diese Theoretiker lässt sich die Innen/Außen-Dichotomie durch den Gedanken der Gleichzeitigkeit von Drinnen und Draußen (Simmel) sowie durch den Gedanken der Zwischenräume (Bhabha) überwinden. Anknüpfend an Elias lassen sich wiederum gesellschaftliche Fremdheitszuschreibungen als wirksame Waffen in Interessen- und Statuskämpfen thematisieren.

Auf der Grundlage des bisher gewonnen Reflexionsniveaus lassen sich die Anforderungen an einen theoretisch begründeten und empirisch gehaltvollen Begriff des Fremden, der den Fremdheitszuschreibungen in hoch entwickelten kapitalistischen Gesellschaften angemessen ist, genauer explizieren. Er muss es erlauben, die Fremdheitszuschreibungen im Zusammenhang mit Macht und reflexiven Interessen[196] von Akteuren und als bedingt durch die krisenhafte kapitalistische Vergesellschaftung zu thematisieren. Am Ende dieses Teils soll ein angemessener Begriff in groben Zügen skizziert werden.

8.1 Gleichzeitigkeit von Drinnen und Draußen und Macht

Wegweisend für ein Verständnis der Fremdheitsproblematik ist Simmels Charakterisierung des sozialen Status des Fremdseins als ein „Verhältnis des simultanen Drinnen und Draußen" (Simmel 1983: 368). Fremde sind keine Personen, die von der Gesellschaft exkludiert sind oder unter Beziehungslosigkeit zu ihrer Umwelt leiden. Fremdheit ist für Simmel ein sozialer Status, der die Dazugehörigkeit und Nicht-Dazugehörigkeit kombiniert. Entscheidend für die Situation des Fremdseins ist die Spannung, die sich durch das Bleiben des Fremden aufbaut. Simmel bezeichnete es als „Einheit von Nähe und Ferne" (1992: 765). Aus dieser Warte betrachtet, erscheint die Fremdheit nicht als ein Randphänomen, das sich von den Rändern der Gesellschaft her ausbreitet. Nach Simmel lässt sich die Situation des Fremdseins an den An-

---

[196] Unter reflexiven Interessen sind solche Interessen eines Akteurs bzw. vieler Akteure zu verstehen, die sich auf die Wahrung oder Verbesserung der Bedingungen beziehen, unter denen bestimmte substantielle Interessen verfolgt werden können (Schimank und Volkmann 1999: 18). Stichworte der Kategorie des ‚reflexives Interesses' sind Domänenwahrung, Autonomiesicherung, Aufrechterhaltung oder Steigerung von Einfluss- und Kontrollpotentialen.

spruch auf Zugehörigkeit knüpfen, über den gesamtgesellschaftlich entschieden wird.

Wichtige Anregungen, von denen aus sich weiterdenken lässt, können auch Elias' Ansatz entnommen werden. Elias konzentriert bei der Erklärung des Fremdwerdens und der Fremdheitszuschreibung auf die soziale Spannung, die sich zwischen Neuankömmlingen und Etablierten aufbaut. Den Stoff für Konflikte liefern das Bestreben der Neuankömmlinge nach Statusverbesserung und das Bestreben der Alteingesessenen nach Statuserhalt. In diesem Ansatz (s. Teil II, Abschn. 4.5) geht es bei der Stigmatisierung, Verdinglichung und Entsubjektivierung des Fremden weniger um ein kognitives Wissensdefizit oder um rassistische bzw. ethnozentrische Ressentiments. Letztere sind Elias zufolge eher als Begleiter und Beschleuniger von Fremdheitszuschreibungen zu deuten als deren Ursachen. Durch eine allzu starke Fokussierung auf diese Aspekte werde die Aufmerksamkeit auf Nebenaspekte wie etwa auf Differenzen der Hautfarbe, der Sprache, der Ethnizität usw. gelenkt, wodurch die Machtunterschiede aus dem Blick geraten würden (ebd.: 27). Elias' Reflexionen sind insofern ertragreich, als sie Macht und reflexive Interessen als zentrale Faktoren von Fremdheitszuschreibungen und Fremdheitskonstruktionen in den Blick rücken. Die Übernahme einer akteurstheoretischen Perspektive ist vor allem deswegen wichtig, weil ihre Vernachlässigung die Prozesse des Fremdwerdens und der Fremdheitszuschreibung zu anonymisieren und die dahinter stehenden Interessen zu verklären droht. Allerdings stößt dieser Ansatz bei der Frage nach den Widerstandmöglichkeiten gegen Fremdheitszuschreibungen an seine Grenzen. Für eine Erörterung dieser Frage bietet sich Bhabhas postkolonialer Ansatz an.

8.2 Stereotypisierung und Handlungsmacht

Dem Postkolonialismusdiskurs und dem darin artikulierten Hybriditätskonzept steht das Verdienst zu, das modernistische Selbstverständnis im Umgang mit Eigenheit und Fremdheit problematisiert zu haben.[197] Nach einer in der deutschsprachigen Soziologe üblichen Sichtweise wird implizit angenommen, dass Menschen anderer Herkunft von vornherein ‚anders' sind und sich ununterbrochen als anders wahrnehmen als die Autochthonen, d.h. ‚die Deutschen' (vgl. Terkessidis 2004: 173). Solche Auffassungen wurden im Postkolonialismusdiskurs in Frage gestellt. Bhabha hat diesbezüglich in seinen Schriften zur Kolonialherrschaft und postkolonialen Konstellation darauf hingewiesen, dass im Kolonialismus die zwei scheinbar polaren Kulturen, nämlich die ‚Kultur des Kolonisators' und die ‚Kultur des Kolonisierten',

---

[197] Mehr zu Genese und Strukturelemente des Hybriditätskonzepts vgl. Aydin (2003).

nicht einfach einander gegenüberstehen. Er wies des Weiteren auf die komplizierten Prozesse kultureller Übergänge und Mischformen hin. In Bhabhas Worten: „Wenn wir das Kulturelle nicht als die Quelle des Konflikts – im Sinne differenter Kulturen – sondern als Ergebnis diskriminatorischer Praktiken – im Sinne der Produktion kultureller Differenzierung als Zeichen von Autorität – auffassen, verändern sich sein Stellenwert und seine Erkenntnisregeln" (1994: 169). Übertragen auf die Fremdheitsproblematik würde dies bedeuten, dass

(1) von einer klaren Gegenüberstellung von einem ‚Wir' vs. ‚die Fremden', von ‚Einheimischen' vs. ‚Zugewanderten' nicht die Rede sein kann;
(2) dass das Kulturelle nicht die Quelle von negativen Fremdheitszuschreibungen, -konstruktionen und -erfahrungen ist und
(3) dass gegenseitige Entfremdung als Ergebnis diskriminatorischer Praxis aufzufassen ist.

Bhabha hat in seinen Schriften auf das subversiv-kritische Moment kultureller Begegnungen und auf das Subjektivierungspotential negativer Fremdheitszuschreibungen und Stereotypisierungen hingewiesen. Damit machte er auf die Handlungsmacht und Widerstandsfähigkeit derer aufmerksam, die mit Fremdheitszuschreibungen, Fremdheitskonstruktionen und Stereotypisierungen konfrontiert sind. Er entwickelte seinen Ansatz in Abgrenzung zu Edward Said, der den Postkolonialismusdiskurs nachhaltig geprägt hat.[198] Saids

---

[198] Edward Saids »Orientalism« (zuerst 1978) kann als das ‚Gründungsdokument' der postkolonialen Theorie betrachtet werden. Thema dieser Studie ist der historische Orientalismusdiskurs, d.h. die Gesamtheit westlicher Projektionen des Orients. Dem historischen Orientalismusdiskurs ging es demnach in erster Linie um die Konstruktion eines imaginären Orients als das Andere vom Europa und um die Produktion eines umfangreichen Wissens über den Orient. Saids These ist, dass es sich hierbei weniger um ein reines Erkenntnisinteresse handelt. Es geht vielmehr um eine bewusste Instrumentalisierung dieses Wissens zur kolonialen Herrschaftsstabilisierung (Said 1995: 95, 1, 7).
In »Orientalism« analysiert Said die Verbindungslinien zwischen Wissensproduktion und dem europäischen Imperialismus. ‚Europäische' Strategien des angeblichen ‚Kennenlernens' stellen sich letztendlich als Strategien der Weltbeherrschung heraus (ebd.: 3). Said verbindet den Orientalismusdiskurs mit drei Tendenzen:

(1) Eine homogenisierende Perspektive auf Ost und West, Orient und Okzident, Fremde und Eigene;
(2) ein Wissen über die Signifikanten der Stabilität;
(3) Fantasien über Orient, Orientalen und Fremde (Bhabha 1994: 71; vgl. Said 1995).

Theoretisch basiert Saids Ansatz auf eine Kombination von Michel Foucault und dem Marxisten Antonio Gramsci. Von dem ersteren entlehnt er den Diskursbegriff, von dem letzteren den Hegemoniebegriff. Von Foucault unterscheidet sich sein Machtbegriff jedoch in einem entscheidenden Punkt, nämlich in der Intentionalität. Für Said ist die Dominierung und Beherrschung der Welt durch den Westen ein bewusster und intendierter Prozess individueller und institutioneller Praxis. Saids eigenem Anspruch nach handelt es sich bei seinem »Orientalism« um eine humanistische Studie, der es darum geht, die gewalttätigen Formen des Denkens mit nicht-dominanten und nicht-essentialistischen Formen des Lernens zu überwinden (vgl. Said 1995).

Ansatz, der keinesfalls unumstritten war, wurde hauptsächlich wegen des totalisierenden Impetus seiner Argumentation, dass die territoriale Expansion mit dem Wissen um den Orient Hand in Hand gehe, kritisiert. Damit entzieht Said dem Widerstand theoretisch den Boden und verstrickt sich in Widerspruch mit dem eigenen humanistischen Anspruch, die gewalttätigen Formen des Denkens zu überwinden. „Wenn er aber den hegemonialen Orientalismus als Totalität ohne Referenten und fernab innerer Konflikte beschreibt", wenden Varela und Dhawan zu Recht ein, „dessen alleiniges Ziel die Dominanz über die Anderen ist, dann muss Said einen Widerstand von einem Außen des Systems her denken" (2005: 38 f.).

An diesem Punkt setzt Bhabha seine Kritik an. Im Gegensatz zu Said, der dem kolonialen Diskurs – Orientalismus – eine Totalität zuschreibt, macht Bhabha auf die widersprüchliche und ambivalente Struktur des kolonialen Diskurses aufmerksam. Die intendierte Abgeschlossenheit werde durch ein stetiges Entgleiten sabotiert, die Darstellung des kolonisierten Subjekts sei doppeldeutig:

> „The black is both savage (cannibal) and yet the most obedient and dignified of servants (the bearer of food); he is the embodiment of rampant sexuality and yet innocent as a child; he is mystical, primitive, simple-minded and yet the most worldly and accomplished liar, and manipulator of social forces" (Bhabha 1994: 82).

Bhabhas zentraler Vorwurf gegen Said lautet, dass dieser in »*Orientalism*« das koloniale Subjekt als Effekt dominanter Diskurse begreife, dem keine Handlungsmacht zukommt. Der Hinweis auf die Widersprüchlichkeit des kolonialen Diskurses, auf seine Nicht-Abschließbarkeit, ermöglicht es Bhabha, Saids Vorstellungen von der Totalität des kolonialen bzw. herrschenden Diskurses zu korrigieren und Handlungsmacht in den Blick zu nehmen (ebd.: 71 ff.; vgl. a. Varela und Dhawan 2005: 85f.). Said nimmt eine binäre oppositionelle Struktur zwischen Kolonisatoren und ‚machtlosen' Kolonisierten an, die keinen Raum für Verhandlung und Widerstand zulässt. Bhabha macht dagegen auf die Struktur der Ambivalenz aufmerksam – sowohl auf der Seite des Kolonisators als auch auf der des Kolonisierten. Das koloniale Subjekt kann beides sein, wie es die oben zitierte Textstelle belegt, das Spiegelverkehrte des Selbst, ein unwürdiger und gleichzeitig ein würdevoller Mensch und Objekt der Faszination (Bhabha 1994: 82).

In Saids »*Orientalism*« geht es unter anderem auch um Stereotype der Orientalen bzw. um stereotypisierende Wahrnehmungen und Darstellungen des Orients und des Orientalen. Anders als bei Said stellt ‚Stereotyp' bei Bhabha keine Divergenz zu der realen Komplexität eines Menschen dar. Nach Bhabhas Lesart, in der das Stereotyp im Zusammenhang mit Fetischismus interpretiert wird, ermöglichen Stereotype – sowohl auf der Seite des Stereotypisierenden als auch auf der des Adressaten von Stereotypsierungen – Subjektivität. In Bhabhas Worten:

> „The stereotype, then, as the primary point of subjectification in colonial discourses, for both colonizer and colonized, is the scene of a similar fantasy and defence – the desire for an originality which is again threatened by the differences of race, colour and culture. [...] The stereotype is not a simplification because it is a false representation of a given reality. It is a simplification because it is an arrested, fixated form of representation that, in denying the play of difference (which the negation through the Other permits), constitutes a problem for the *representation* of the subject in significations of psychic and social relations" (ebd.: 75).

Moore-Gilbert differenziert in Bhabhas Ansatz drei Widerstandsmomente:

(1) Unbewusster Widerstand, der durch den Versuch der kolonialen Autorität, absolute Kontrolle auszuüben, hervorgebracht wird;

(2) Widerstand, der sich aus der Instabilität und Variabilität der Sprache ergibt;

(3) Widerstand, der sich aus der Abhängigkeit kolonialer Identität von der Konstitution eines Fremden ergibt (Moore-Gilbert 1998: 131; vgl. dazu a. Bhabha 1994: 22, 109).

Zentral für den kolonialen Diskurs ist die Beständigkeit (fixity) der ideologischen Konstruktion des Fremdseins. Mit anderen Worten: Der koloniale Diskurs operiert, indem er eine starre und unwandelbare Ordnung, aber auch Unordnung, Degeneriertheit und dämonische Wiederholung postuliert (Bhabha 1994: 66). D.h. er stellt eine paradoxe Form der Repräsentation dar. Daran anknüpfend geht Bhabha der Ambivalenz der Stereotypisierung und des kolonialen Diskurses nach. Ihr kommt dabei die Funktion zu, für die Verbreitung und Akzeptanz des kolonialen Stereotyps zu sorgen, dessen Wiederholbarkeit der in sich wandelnden diskursiven Zusammenhänge zu sichern und die Form seiner Strategien der Individualisierung und Marginalisierung zu bestimmen. Bhabha geht es dabei darum, „die Produktivität der kolonialen Macht zu verstehen, ihr Wahrheitssystem zu (re)konstruieren" und nicht darum, „dessen Repräsentationen einer normalisierenden Beurteilung zu unterziehen" (ebd.). Nur so ist die produktive Ambivalenz der Fremdheit zu verstehen, die beides ist: Objekt des Begehrens und der Belustigung. Nur eine solche Lektüre könne, so Bhabha weiter, die Grenzlinien des kolonialen Diskurses enthüllen und zu ihrer Überschreitung beitragen (ebd.: 67).

Für Bhabha ist eine klare binäre Opposition zwischen Kolonisierten und Kolonisatoren, Minderheiten und Mehrheit, Fremden und Einheimischen undenkbar. Er macht deutlich, dass sogar gegenüberstehende Gruppen, Sichtweisen oder Diskurse in einer komplexen Reziprozität gefangen sind. Widerstand und Handlungsmacht sind nach Bhabhas Vorstellung nicht das Ergeb-

nis eines bewussten (Groß-)Subjekts. Es sind vielmehr die Risse in den dominanten Diskursen, die es dem dominierten und kolonisierten Subjekt ermöglichen, „Verhandlungen und Befragungen zu initiieren und damit den kolonialen Prozess zu irritieren" (Varela und Dhawan 2005: 85, vgl. a. Young
2004).

Bhabha interpretiert das Stereotyp als eine Form des Fetischismus. In dieser Lesart kommt der dialektische Charakter sowohl des Fetischs als auch des
Stereotyps zum Vorschein. „The fetish or stereotype gives access to an ‚identity' which is predicated as much on mastery and pleasure as it is on anxiety
and defence, for it is a form of multiple and contradictory belief in its recognition of difference and disavowal of it" (Bhabha 1994: 75). Worum es
Bhabha hier geht, ist die Demonstration,

> „dass der koloniale Diskurs niemals so autoritativ und uniform war, wie er
> vorgab zu sein. Die intendierte Bedeutungsfixierung könne niemals gelingen,
> denn die ‚Übersetzung' (*translation*) partikularer Ideen und Theorien der Met-
> ropolen in die Kolonien, würden zwangsläufig von Hybridisierung im Prozess
> ihrer Reartikulation innerhalb der imperialen Herrschaftsverwaltung begleitet"
> (Varela und Dhawan 2005: 89; vgl. a. Bhabha 1994: 224 ff.).

An anderer Stelle führt Bhabha das Hybriditätskonzept als eine Form des
Widerstands ein. Er beabsichtigt damit, bei der Beschreibung von kolonialen
Beziehungen und kulturellen Begegnungen nicht nur Gegensätze hervorzuheben, sondern auch die Übergänge, Berührungspunkte und Ambivalenzen
zu betonen. Das Hybriditätskonzept impliziert die Vorstellung, dass alle Kulturen, Nationen und ethnische Gruppen ‚unrein', gemischt und hybrid sind
und alle kulturellen Formationen sich in einem kontinuierlichen Prozess der
Hybridbildung befinden (Bhabha 1994: 129).

Zusammenfassend lässt sich sagen, dass Said das koloniale Subjekt als Effekt dominanter Diskurse konzipiert, welches keine Handlungsmacht besitzt,
während Bhabha auf ‚intransitive' Widerstandsmodelle aufmerksam macht
und sowohl die Ambivalenz als auch die transformativen Potentiale der hegemonialen Macht zum Vorschein bringt. Bhabha weist ferner darauf hin,
dass die hegemoniale Macht in ihrem Zentrum destabilisierende Prozesse
freisetzt. Anknüpfend an die Reflexionen von Bhabha lassen sich Fremdheitszuschreibungen als Phänomene kultureller und politischer Begegnungen
thematisieren, die Widerstandspotentiale und Möglichkeiten der kritischen
Verhandlung enthalten. Fremde werden in dieser Lesart nicht als in einer in-
ferioren Position verharrende, machtlose Subjekte, sondern als potentiell zur
Veränderung ihrer Situation fähige Akteure konzipiert. Ein weiterer theoretischer Gewinn dieser Perspektive besteht darin, dass sie die Differenz nicht
auf unterschiedliche, primordiale Zugehörigkeiten zurückführt, sondern als
Ergebnis einer gegenseitigen Entfremdung thematisiert. Indem Bhabha die

Produktion der Differenz als Zeichen der Autorität markiert, verweist er auf die differenzierende Macht, die eine bestimmte Gruppe besitzt, Diskriminierung mit „Autorität zu versehen, welche die Differenzierung in Gang setzt" (Terkessidis 2004: 174).

8.3 Schlussfolgerungen

Welche Anforderungen lassen sich an einem theoretisch gehaltvollen und analytisch anwendbaren Fremden- und Fremdheitsbegriff stellen? Zunächst hat ein derartiger Begriff dem Anspruch zu genügen, die Fremdheitszuschreibungen an bestimmten Personen und ihre Benachteiligung bzw. Diskriminierung in bestimmten gesellschaftlichen Bereichen oder ihre Ausgrenzung aus bestimmten Interaktionszusammenhängen zu erläutern und zugleich die speziellen, von anderen Formen gesellschaftlicher Diskriminierung unterschiedenen Aspekte zu charakterisieren. Es sind Formen der Bevorzugung oder Benachteiligung bestimmter Gruppen vorhanden, auf welche die Sozialwissenschaftler mit Begriffen wie Rassismus, Klassendünkel, Ethnozentrismus, religiöse Unduldsamkeit oder Diskriminierung aufgrund von Geschlecht und Alter hinweisen. Von Fremdheitszuschreibung ist daher zu sprechen nur bei einer Unfähigkeit oder mangelnder Bereitschaft, Individuen oder bestimmten Gruppen aufgrund bestimmter zugeschriebener oder tatsächlicher Merkmale die Zugehörigkeit zu einem politischem Gemeinwesen, einer kollektiven Identität oder die Teilhabe an bestimmten Kommunikations- und Interaktionszusammenhängen zu gewähren. Um Fremdheitszuschreibung handelt es sich auch, wenn Personen bei anderen Personen bestimmte Merkmale herausgreifen, sie als anders oder abweichend markieren, substantialisieren und dies zum Anlass nehmen, diese Personen nicht als gleichwertige Kommunikations- und Interaktionspartner zu behandeln, sie zu typisieren, ihren Subjektstatus und ihre moralische Identität nicht anzuerkennen.

Der Begriff Fremdheitszuschreibung sollte in der Lage sein, negative Fremdheitszuschreibungen von rassistischen Ausgrenzungen, Stigmatisierungen und Dämonisierungen zu unterscheiden. Allerdings ist die hier empfohlene kategoriale Trennung von Rassismus und Fremdheitszuschreibung in der Literatur umstritten. Bei Bauman findet beispielsweise eine derartige kategoriale Trennung kaum Beachtung. Er arbeitet mit einem allzu umfassenden Begriff des Fremden, der nicht nur die Kategorisierung und Behandlung von Menschen als Fremde bzw. negative Fremdheitszuschreibungen, sondern auch rassistische Typisierungen umfasst. Den Begriff des Rassismus substituiert Bauman, wie bereits diskutiert, mit dem Begriff des Stigmas als wirkungsvolles Mittel des Fremdmachens und der sozialen Ausgrenzung. Terkessidis dagegen plädiert dafür, anstelle von Fremden und Fremdenfeindlich-

keit den Rassismusbegriff zu verwenden, um auf negative Fremdheitszuschreibungen und essentialisierende Grenzziehungen zu verweisen.[199]

Entgegen solchen Positionen wird in dieser Arbeit die Auffassung vertreten, dass zwischen rassistisch definierten Fremden und negativen Fremdheitszuschreibungen zwar Berührungspunkte vorhanden sind, gleichwohl a-
ber auch Unterschiede zu beobachten sind, die eine Aufrechterhaltung der ka-
tegorialen Trennung rechtfertigen. In diesem Zusammenhang ist zu unterstreichen, dass es beim Rassismus (als Diskurs und Praxis) auch um Diskriminierung aufgrund zugeschriebener Merkmale und primärer Differenzen
geht. Stigmatisierung, Entsubjektivierung, Nichtanerkennung und Dämonisierung gehören zu rassistischen Praktiken wie zu negativen Fremdheitszuschreibungen. Fremdheitszuschreibungen können an Rassismus anknüpfen
oder sich an rassistischen Einstellungen orientieren. Aversionen, Ressentiments und Feindseligkeiten gegenüber den Fremden können sich rassistisch
oder antisemitisch äußern. In solchen Fällen ist es jedoch sinnvoller, die Begriffe Rassismus bzw. Antisemitismus zu verwenden. In Fällen allerdings, in
denen sich Ressentiments und Aversionen gegen Fremde nicht rassistisch äußern, ist es sinnvoller, anstatt Rassismus den Begriff der negativen Fremdheitszuschreibung zu gebrauchen.

Zwischen rassistischen Formen der Feindseligkeit gegenüber Fremden und
Formen negativer Fremdheitszuschreibung besteht ein wesentlicher Unterschied hinsichtlich der Einstellung zu Differenzen, was eine kategoriale Unterscheidung von Rassismus und Fremdheitszuschreibung erforderlich macht.
Dieser Unterschied besteht in einer (sanktionierten) Art von genealogischem
Determinismus. „Von der Existenz einer rassistischen Einstellung oder Ideologie kann man sprechen, wenn Differenzen, die sonst als ethnokulturelle betrachtet werden, für angeboren, unauslöschlich und unveränderbar erklärt
werden" (Fredrickson 2004: 13).

Zu einer weiteren begrifflichen Präzisierung wird vorgeschlagen, von
Fremdheitszuschreibung nur dann zu sprechen, wenn Individuen beständig
auf ihr Fremdsein zurückgeworfen werden oder wenn das fremdheitskonstituierende Merkmal überbewertet bzw. zum Wesensmerkmal überhöht wird,
hinter dem andere Merkmale resp. Differenzen weitgehend zurücktreten oder
wenn Individuen eine moralisch zweifelhafte Qualität zugeschrieben und ihnen somit eine vollwertige Integration verwehrt wird (vgl. Bergmann 2001).
Im Falle von Beherrschung, Ausschluss und Diskriminierung eines Mitglieds
einer stigmatisierten Gruppe oder eines historischen Kollektivs durch die

---

[199] „Eine relevante theoretische Bestimmung des Gegenstandes", Terkessidis meint damit rassistische Aversionen gegen ‚Ausländer' und ‚Fremde', müsse den Begriff Ausländerfeindlichkeit
zurückweisen. Denn dieser beinhalte eine „ganz bestimmte ‚Gegenstandsgewinnung'", welcher
„dem Gegenstand nicht adäquat" sei (2004: 44).

Mitglieder einer anderen dominanten Gruppe bzw. eines anderen dominanten Kollektivs auf der Grundlage von Differenzen, die für erblich und unveränderbar gehalten werden, sollte dagegen von Rassismus gesprochen werden (vgl. Fredrickson 2004).

Der Begriff Fremdheitszuschreibung, der dieser Arbeit zugrunde liegt, hat zwei zentrale Komponenten: Differenz und Macht. Fremdheitszuschreibung entspringt einer Situation, in der sich Individuen oder Gruppen von einem imaginierten ‚Wir' durch bestimmte relativ dauerhafte Merkmale unterscheiden: Durch Sprache, Kultur, Hautfarbe, Tradition, Lebensstil, Status usw. Diese Differenzen werden verzerrt wahrgenommen, markiert und zum Anlass genommen, einem Individuum oder einer Gruppe Fremdheit zuzuschreiben. Fremdheit liegt also nur dann vor, wenn die Andersheit (sei es sprachliche, kulturelle, physische usw.) des Anderen als Irritation bzw. Störung empfunden wird. Von Fremdheitszuschreibung als einer bewussten Haltung und Praxis ist zu sprechen, wenn das Gefühl der Fremdheit (Irritation und Störung durch Differenzen) einem Individuum oder einer Gruppe ein Motiv bzw. eine Rechtfertigung in die Hand gibt, ihren Machtvorteil einzusetzen, um diese als ‚fremd' wahrgenommenen und bezeichneten Anderen auf eine Art und Weise zu behandeln, die als illegitim oder ungerecht angesehen wäre, wenn Mitglieder der eigenen Gruppe davon betroffen wären.

Resümierend ist festzuhalten, dass der Begriff der Fremdheitszuschreibung sowohl reflexartige Gefühle der Irritation als auch bewusste Strategien sozialer Diskriminierung, Benachteiligung oder Infragestellung von Zugehörigkeit umfasst, die von Machtstärkeren (aber auch von Machtschwächeren) zwecks identitärer Abgrenzung, Domänenwahrung, Aufrechterhaltung oder Steigerung von Kontrollmöglichkeiten eingesetzt werden.

IV. Zur Fremdheitsproblematik in Deutschland und Großbritannien

Zuvor wurden theoretische Ansätze und Modelle in sozialwissenschaftlichen und gesellschaftstheoretischen Debatten zur Fremdheitsproblematik in den Blick genommen. Es wurde diskutiert, welchen Beitrag diese Ansätze zum Verständnis der Fremdheitsproblematik leisten. Im Folgenden werden diese durch ergänzende empirische und historische Studien vervollständigt und kritisch differenziert. Theorien sind auch für diesen Teil weiterhin von Interesse – insbesondere wegen ihres Anspruches, die aktuellen Veränderungen in der Fremdheitsproblematik zu reflektieren. Ziel ist dabei eine weitere Hineinführung in die Fremdheitsproblematik und eine genauere Erfassung der Konvergenzen und Divergenzen zwischen ihren Manifestationen in Deutschland und Großbritannien. Hierzu werden überwiegend empirische und historische Forschungsbefunde aus Deutschland und Großbritannien herangezogen und im Hinblick auf die Fremdheitsproblematik interpretiert. Es wird aber auch darum gehen, die in den vorangehenden Kapiteln dargelegten theoretischen Kontroversen unter Berücksichtigung der Forschungsliteratur zu Staatsbürgerschaft, Nationalität, Inklusions- und Exklusionsverhältnissen und Medienanalysen zu diskutieren. Dabei werden folgende Fragen nachgegangen:

- Wie kommt es, dass bestimmte Personen als ‚Andere‘ im Sinne von (noch) nicht vertrauten Mitmenschen, ‚andere‘ Andere dagegen lediglich als Mitglied einer ‚Fremdgruppe‘ wahrgenommen werden?
- Wie verlaufen die rechtlichen Kodifizierungen, die politischen, sozialen und symbolischen Grenzziehungen und die diskursiven Kennzeichnungen, die Andere als ‚Fremde‘ konstituieren und festschreiben?
- Wie werden in Mediendiskursen kollektive Vorstellungen von ‚Wir‘ und ‚die Fremden‘ symbolisch stabilisiert und legitimiert?
- Zeichnen sich unter den gegenwärtigen Bedingungen des hoch entwickelten, globalisierten Kapitalismus und den spätmodernen kulturellen Bewusstseinsformen qualitative Veränderungen in der Konstruktion, Wahrnehmung und Beurteilung von Fremdheit ab?

Der Vergleich der Fremdheitsproblematik in der ‚deutschen‘ und ‚britischen‘ Soziologie[200] wird am Beispiel von relevanten Themen vorgenommen. D.h.

---

[200] Die Attribute ‚deutsch‘ und ‚britisch‘ sind in Anführungszeichen gesetzt, weil dadurch der Tatsache Rechnung getragen werden soll, dass von einer ‚nationalen Soziologie‘ eigentlich nicht

zu vergleichen sind die Auswirkungen folgender Aspekte auf die Zuschreibung und Erfahrung von Fremdheit in der Bundesrepublik Deutschland und in Großbritannien:

- Staatsbürgerschaftspraxis und nationale Selbstthematisierungen,
- Ausschlussverhältnisse aus gesellschaftlichen Teilbereichen und
- Diskurse über Immigranten und ‚Ausländer'.

Die Vergleichspunkte sind so ausgewählt, dass die sozio-politischen Faktoren der Fremdheitsproblematik und die davon betroffenen Bevölkerungsgruppen in Deutschland und Großbritannien herausgearbeitet werden können. Die Bedingungen der Vergleichbarkeit sind dadurch gegeben, als es sich bei den beiden Ländern, deren Soziologien und Forschungsliteraturen verglichen werden, um zwei unterschiedliche, aber das Kriterium der Nation erfüllende, moderne Gesellschaften handelt. Beide Länder sind als Nationalstaaten organisiert, halten jedoch an unterschiedlichen Konzeptionen der Nation und Staatsbürgerschaft fest. Ein weiterer Unterschied besteht im Umgang mit kultureller Differenz: Die offizielle Politik in Großbritannien ist multikulturell, in Deutschland eher monokulturell ausgerichtet (vgl. Brubaker 2007: 174). Beide Länder stimmen jedoch in ihrer negativen Haltung gegenüber dem Universalismus überein. Der französische Anthropologe und Geschichtswissenschaftler Emmanuel Todd bezeichnet in »*Das Schicksal der Immigranten*« (1998) beide Nationen als differentialistisch. Während es sich im Falle Deutschlands um einen autoritären Differentialismus handele, der keine „Spaltung der Gesellschaft erträgt" (1998: 409), herrsche in England ein „liberales differentialistisches System" (ebd.: 410).[201]

Zunächst geht es um eine Diskussion des Verhältnisses von Staatsbürgerschaft, Selbstthematisierung der Nation und der Fremdheitsproblematik. Es wird diskutiert, wie in der Literatur der Zusammenhang von staatlichen Re-

---

die Rede sein kann. Wenn in dieser Arbeit dennoch von ‚deutschen' und ‚britischen' Soziologien die Rede ist, dann sind damit Soziologien gemeint, die innerhalb der Grenzen der Bundesrepublik Deutschland und Großbritanniens als eine spezielle Fachdisziplin entstanden und institutionalisiert sind und in deren Landessprachen betrieben werden. Es geht also keinesfalls darum, diesen Soziologien einen speziell nationalen Charakter zuzuschreiben, was auch aufgrund der vielfältigen institutionellen Verflechtungen und gegenseitigen theoretischen Bezüge und grenzüberschreitenden Kommunikationen problematisch wäre.

[201] Der Differentialismus einer Bevölkerungsgruppe besteht darin, für sich ein einzigartiges, unnachahmliches Wesen zu beanspruchen und die Gleichwertigkeit der Menschen oder die Verschmelzung der Völker abzulehnen (Todd 1998: 25). Der Universalismus beinhaltet die Vorstellung von der Gleichwertigkeit der Menschen und der Völker und bejaht die Möglichkeit einer Verschmelzung der Völker (ebd.: 21). Im Gegensatz zu Todd wird hier die These vertreten, dass es nicht darum gehen kann, eine Bevölkerungsgruppe oder eine Nation als differentialistisch oder universalistisch zu bezeichnen, weil eine solche Klassifizierung weder empirisch belegbar, noch argumentativ haltbar wäre. Es macht nur Sinn, wenn diese Klassifikation auf die offizielle Politik eines Staates angewandt wird; in dieser Arbeit ist daher die offizielle Politik in Deutschland bzw. in Großbritannien gemeint, wenn von der Bezeichnung *differentialistisch* die Rede ist.

gelungen der Staatsangehörigkeit sowie der nationalen Zugehörigkeit und Zuschreibung von Fremdheit erörtert wird. Gefragt wird auch nach dem Verhältnis zwischen den nationalen Selbstbeschreibungen und Fremdheitszuschreibungen (*Kapitel 9*). Weiter geht es um die Frage nach den Folgen von Aus- und Einschlussverhältnissen für die Zuschreibung und Erfahrung von Fremdheit (*Kapitel 10*). Im folgenden *Kapitel* (*11*) wird das Verhältnis von diskursiven Markierungen, Grenzziehungen und Fremdheitszuschreibungen diskutiert und auf einige Streitpunkte innerhalb der Fremdheitsdebatte eingegangen.

9. Nationale Zugehörigkeit und Fremdheit

Welcher Zusammenhang besteht zwischen nationaler Zugehörigkeit, Staatsangehörigkeit und Fremdheit? Inwiefern ist der moderne Nationalstaat in die Konstitution von Fremdheit und Fremden involviert? Ist es allein der nationalstaatliche Homogenisierungsdruck, der Menschen zum Fremden macht, ihnen Fremdenstatus zuteilt und dies festschreibt? Diesen Fragen wird zunächst allgemein (9.1), dann anhand von Forschungsergebnissen zur Staatsbürgerschaft und Einbürgerungspraxis (9.2), zur nationalen Zugehörigkeit und nationalen Einschlusssemantiken (9.3) in Deutschland und Großbritannien nachgegangen und schließlich die Ergebnisse resümiert (9.4).

9.1 Zum Verhältnis von Staatsangehörigkeit, Nation und Fremdheit

In der Forschung wird konstatiert, dass politische Zugehörigkeitsrechte der „Schlüssel für weitere Statusverbesserungen" sind und „wirtschaftliche und/oder soziale Inklusion bzw. Exklusion" indizieren können (Schnabel-Schüle 2004: 61).[202] Dies ist mitunter ein Grund dafür, warum im Folgenden die Aufmerksamkeit auf die Staatsbürgerschaftspraxis in der Bundesrepublik Deutschland und in Großbritannien gerichtet wird.

Es wurde bereits erwähnt, dass die Entstehung und Stabilisierung moderner Territorialstaaten durch den Nationalismus flankiert wurde. Territorialstaaten mussten fortan ihre Legitimation aus dem Bezug zur Nation und aus einer aktiven Identitätspolitik schöpfen (Holz 2000a: 14). Die nationale Identitätsbildung trug wiederum zur gesellschaftlichen Konstruktion von Fremdheit bei, da jede Selbstbeschreibung einer (kollektiven) Identität Alterität in Anspruch nehmen musste. „Die paradoxe Funktion von ‚Fremden' besteht eben darin, daß sie Selbstidentifikation gestatten" (Hahn 2000: 58). Eine we-

---

[202] Die Auffassung, dass Staatsbürgerschaft von essentieller Bedeutung ist, ist in der Forschungsliteratur umstritten. Kritisch dazu siehe Soysal (1994).

sentliche Funktion des Nationalismus besteht darin, Zugehörigkeitsgefühle zum nationalen Kollektiv zu erzeugen und eine kollektiv verbindliche Identität zu ermöglichen. Staaten betreiben daher, um Legitimation zu schöpfen, eine mit den Mitteln der Bildung und Propaganda forcierte Identitätspolitik. „Die Nutzung staatlicher Politik, um eine bestimmte gesellschaftliche Kultur oder bestimmte gesellschaftliche Kulturen zu fördern" so das Fazit von Will Kymlicka, „ist ein unvermeidlicher Zug eines jeden modernen Staates" (1999: 27).[203] Identitätskonstruktion und Alterität sind zwei verschiedene Seiten derselben Medaille. „Um zu begreifen, wer und was ‚wir' sind", so das Fazit, das in den Theorien zur Staatsbürgerschaft gezogen wird, gilt es abzugrenzen, „wer und was ‚wir' nicht sind" (Holz 2000a: 17).

In der Literatur wird festgehalten, dass Staatsbürgerschaftskonzepte Inklusionsverhältnisse erleichtern oder erschweren und somit vor Exklusion schützen, weil sie Rechte und Pflichten der Bürger festlegen.[204] Thomas H. Marshall analysierte in »*Citizenship and Social Class*« (1950) die historische Entwicklung der modernen Staatsbürgerschaftskonzepte, die zunächst bürgerliche, später politische Rechte umfassten und im 20. Jahrhundert auf soziale Rechte ausgedehnt wurden.[205] Durch diese integrationstheoretische Ausrichtung der Staatsbürgerschaft vom späten 18. bis in die zweite Hälfte des 20. Jahrhunderts traten drei Integrationsmodelle in den Vordergrund:

---

[203] Auch wenn Kymlicka die Vorstellung eines kulturell neutralen Staates als Mythos zurückweist, ist er nicht der Ansicht, dass Regierungen notwendigerweise nur eine gesellschaftliche Kultur fördern müssen. Was gerade die multinationalen Staaten ausmacht, ist, dass sie zwei oder mehrere gesellschaftliche Kulturen in einem einzigen Land unterstützen (Kymlicka 1999: 27).

[204] Integrations- und Inklusionsverhältnisse werden durch das Mitgliedschaftsmodell des jeweiligen Zuwanderungslandes entscheidend mitgeprägt. Zuwanderungsländer können auch danach unterschieden werden, ob sie den Zugang zur politischen Gemeinschaft für Zuwanderer leicht oder schwer machen und danach ob dieser Zugang eine umfassende Assimilation zur Bedingung hat oder nicht. In der Literatur werden drei Arten von Mitgliedschaftsmodellen unterschieden:

- *Assimilationsmodell*: Zugang zur politischen Gemeinschaft wird durch eine Mitgliedschaft, die auf einem zivilen Staatsbürgerschaftsverständnis beruht, ermöglicht. Von Zuwanderern wird eine Assimilation im öffentlichen Bereich erwartet (*Melting Pot* Ansatz). Beispiele: Frankreich und USA.
- *Ausschlussmodell*: Zugang zur politischen Gemeinschaft ist schwierig, weil die Mitgliedschaft auf ethnischer Zugehörigkeit basiert. Beispiele: Deutschland und Schweiz.
- *Multikulturelles* bzw. *plurales Modell*: Zugang zur politischen Gemeinschaft ist leicht, weil dazu keine umfassende Assimilation verlangt wird. Zuwanderer werden als ethnische Gruppen anerkannt und können als solche ihre Interessen vertreten. Beispiele: Kanada, Niederlande, Großbritannien (Sackmann 2004: 173).

[205] Bezüglich der Ähnlichkeiten zwischen Marshalls Staatsbürgerschaftskonzept und britischem Staatsbürgerschaftsverständnis vgl. Favell (1998). Er schreibt diesbezüglich, dass es beim britischen Staatsbürgerschaftsprinzip um eine Kristallisation von Marshalls Ideen handelt. Ziel der britischen Staatsbürgerschaft wie auch Staatsbürgerschaftsmodells von Marshall ist die vollständige Sozialintegration in die Nation (ebd.: 100).

(1) Integration bzw. Inklusion der Staatsbürger als Träger bürgerlicher Rechte,
(2) Einbeziehung der Staatsbürger in den Entscheidungsfindungsprozess politischer Angelegenheiten und
(3) Integration der Staatsbürger in die sozialen Systeme zum Schutz vor Exklusion.

Bryan S. Turner hebt in »*Citizenship and Social Theory*« ebenfalls hervor, dass das Individuum durch die Staatsbürgerschaft Anerkennung erfährt:

„Citizenship may be defined as that set of practices (juridical, political, economic and cultural) which define a person as a competent member of society, and which as a consequence shape the flow of resources to persons and social groups" (Turner 1993: 2).

„Citizenship is concerned with (a) the content of social rights and obligations; (b) with the form or type of such obligations and rights; (c) with the social that produce such practices; and finally (d) with the various social arrangements whereby such benefits are distributed to different sectors of sociality" (ebd.: 3).

Klaus Holz weist – auf Iris Marion Young (1989) Bezug nehmend – darauf hin, dass „durch die Gleichheit des staatsbürgerlichen Status die In- und Exklusionen in die diversen Funktionssysteme der Gesellschaft und [deren] Eigenlogik anheimgestellt werden, während die sozialen Rechte die Chance der Individuen verbessern, an den Leistungen der Funktionssysteme zu partizipieren" (Holz 2000: 19). Yasemin Soysal ist dagegen der Ansicht, dass nationale Staatsbürgerschaft nicht mehr der bestimmende Faktor individueller Rechte und Privilegien ist (1994: 12). Das Fazit, das sie aus der Analyse der Staatsbürgerschaftskonzepte in der Nachkriegszeit zieht, lautet:

„My analysis reveals that the scope and inventory of noncitizens´ right do not differ significantly from those of citizens, and that the rights of noncitizens are increasingly standardized across host polities." (Ebd.: 119f.)

Die Argumente von Soysal sind nicht von der Hand zu weisen; doch eines muss klargestellt werden: Sie analysiert den historischen Prozess der Inkorporation von Immigranten in die gesellschaftlichen Institutionen und in das wirtschaftliche und soziale Leben westlicher Gesellschaften, zu dem vor allem die Durchsetzung sozialer Rechtsstaatlichkeit auf der Grundlage von ‚*universal personhood*‘ gehört. Doch die Inkorporation der Immigranten schafft das Phänomen der sozialen Schließung nicht aus der Welt. Darüber hinaus muss berücksichtigt werden, dass die Inkorporation nicht die vollständige politische Partizipation mit einschließt, was auch von Soysal eingeräumt wird:

„Obviously, all this is not to suggest that the formal categories of alien and citizen have withered away or that their symbolic intensity has eroded." (1994: 166)

In der Forschung wird angenommen, dass das Verständnis von Nation ein weiteres, wesentliches Kriterium beim Umgang mit Fremden ist. Eine heute gültige Typologie[206] von Nationsverständnissen geht von der griffigen Dichotomie von Staats- und Kulturnation aus. Ein kulturelles Verständnis von der Nation begünstigt eher ein essentialistisches, nicht-dynamisches Bild vom *Wir*, erschwert somit die Inklusion von Fremden und überspitzt die Beunruhigungsqualität, die von Fremden und Fremdheit ausgeht. Ein auf den Staat bezogenes Nationsverständnis (Staatsbürgernation) dagegen erzeugt ein durchlässigeres, inklusiveres Bild vom *Wir* und ist mit demokratischen Ideen der Gleichheit, Bürgerrechte und demokratischen Prozeduren eher zu vereinbaren.

Gegen diese Formel hat Gosewinkel zu Recht eingewendet, dass dieser Gegenüberstellung, auch wenn sie „ein griffiges Instrument der Analyse" ist, die „Trennschärfe" fehlt (2004: 213). Er hat darauf hingewiesen, dass die Verwendung von *ius soli* oder *ius sanguinis* als entgegen gesetzte Prinzipien keine maßgeblichen Indikatoren für Offenheit oder Geschlossenheit, Assimilationsgeneigtheit oder Assimilationsfeindlichkeit der Staatsangehörigkeit bereitstellen. Verantwortlich für den Grad von Inklusion und Exklusion von Fremden seien vielmehr „totale, purifikatorische Ideologien" wie Rassismus und multinationale und imperiale Strukturen sowie kriegerische Gewalt und territoriale Verschiebungen (ebd.: 227). Er plädiert für eine Veränderung des analytischen Blickwinkels: Anstatt sich allein auf das Staatsbürgerschaftskonzept und das Erwerbsprinzip zu konzentrieren, müsse die Aufmerksamkeit auf die „vielfältig motivierten" Praktiken der „Inklusion und Exklusion im Verfahren der Einbürgerung und Ausbürgerung" gerichtet werden. Dabei gelte es vor allem, ökonomische, militärische, kulturelle und politische „Zweck- und Homogenitätserwägungen zu berücksichtigen" (ebd.: 228).

Hieran anknüpfend soll im Folgenden exemplarisch anhand von Forschungsergebnissen der Zusammenhang von Staatsbürgerschaft, Einbürgerungspraxis und Nationsverständnis bei der Konstitution von Fremdheit diskutiert werden.

---

[206] Lepsius (2004) unterscheidet vier Nationstypen: (1) *Folk Nation*, die als eine vorpolitische Gemeinschaft mit einem unveränderlichen Wesen konzipiert wird; (2) die *ethnische Nation* als eine Gemeinschaft, die durch kulturelle Charakteristiken, Sprache, Religion oder durch ein gemeinsames historisches Schicksal definiert wird; (3) *Kulturnation*, die durch kulturelle Aspekte definiert und als eine Sprachgemeinschaft vorgestellt wird und (4) die *Staatsbürgernation*, welche als eine politische Vereinigung von Staatsbürgern verstanden wird (ebd.: 481-500).

9.2 Staatsbürgerschaft, Einbürgerung und Fremdheit

In der Forschung zur Staatsbürgerschaft wird die Orientierung am ethnischen Prinzip kritisiert und diese für die restriktive Einbürgerungspraxis verantwortlich gemacht. Die deutsche Staatsbürgerschaft war in der Tat bis Mai 1999 ausschließlich an das Leitprinzip *ius sanguinis* orientiert. Zentral sowohl für das Nationsverständnis als auch für die Staatsbürgerschaftsvergabe war der *Glaube* an eine gemeinsame Herkunft.[207] Die Orientierung am ethnischen Nationsverständnis,[208] das in der Präambel des Einbürgerungsgesetzes festgeschrieben ist, hatte zur Folge, dass die Einbürgerung von ‚Ausländern' nicht gefördert, sondern eher restriktiv gehandhabt wurde. Ferner wurde die Einbürgerung nicht als ein Integrationsinstrument angesehen, sondern an die Erbringung von Assimilationsleistungen gebunden (Layton-Henry und Wilpert 2003: 270). Als Deutscher galt bis Mai 1999 nach dem geltenden Staatsbürgerschaftsgesetz jede Person, die *de jure* im Besitz deutscher Staatsbürgerschaft war, d.h. von Eltern stammte, die sich am 31. Dezember 1937 innerhalb des Deutschen Reiches befanden oder Flüchtling mit deutscher Volkszugehörigkeit war. Dieses Staatsbürgerschaftsverständnis hatte eine restriktive Einbürgerungspraxis zur Folge: Bis 1993 hatten nicht einmal diejenigen, die seit Jahrzehnten einen permanenten Wohnsitz in Deutschland hatten, ein Recht auf Einbürgerung – auch nicht unter besonderen Bedingungen (Wilpert 2003: 251 f.).[209]

Mit der neuen Gesetzgebung vom Mai 1999 wurde das Prinzip des *ius sanguinis* mit dem des *ius soli* ergänzt.[210] Zum ersten Mal in der Geschichte der Bundesrepublik Deutschland wurde die Staatsbürgerschaft von Geburt an vergeben. Kinder haben nach diesem neuen Staatsbürgerschaftsgesetz ein

---

[207] Das Wort Glaube ist zwecks Betonung kursiv gesetzt, denn, wie Max Weber bereits konstatiert hat, ist das Charakteristische einer ethnischen Gruppe nicht die objektive Abstammungsgemeinsamkeit, sondern der subjektive Glaube an sie. Webers Definition der ethnischen Gruppe lautet: „Wir wollen solche Menschengruppen, welche auf Grund von Aehnlichkeiten des äußeren Habitus oder der Sitten oder beider oder von Erinnerungen an Kolonisation und Wanderung einen subjektiven Glauben an eine Abstammungsgemeinsamkeit hegen, derart, daß dieser für die Propagierung von Vergemeinschaftungen wichtig wird, dann, wenn sie nicht ‚Sippen' darstellen, ‚ethnische' Gruppen nennen, ganz einerlei, ob eine Blutsgemeinsamkeit objektiv vorliegt oder nicht. […] Die ethnische Gemeinsamkeit […] ist nicht selbst Gemeinschaft, sondern nur ein die Vergemeinschaftung erleichterndes Moment. Sie kommt der allerverschiedensten, vor allem freilich erfahrungsgemäß: der politischen Vergemeinschaftung, fördernd entgegen." (Weber 1980: 237).
[208] Vgl. dazu das Grundgesetz, das in Art. 116 I GG eine Definition des Deutschseins im Sinne des Grundgesetzes enthält. Deutschsein wird in dieser juristischen Definition formell an die deutsche Staatsangehörigkeit und ethnisch an die deutsche Volkszugehörigkeit geknüpft.
[209] Zu einem Überblick der historischen Entwicklung des deutschen Staatsangehörigkeitsrechts vgl. Edathy (2000).
[210] Im neuen Gesetz wird jedoch das Abstammungsprinzip nicht aufgehoben, sondern durch „Elemente der Territorialitätsprinzipien" ergänzt (Leopold 2006: 127).

Recht auf Staatsbürgerschaft (auch bei Beibehaltung der Staatsbürgerschaft der Eltern), wenn ein Elternteil sich rechtmäßig in Deutschland aufhält. Allerdings müssen sie zwischen dem 18. und 23. Lebensjahr eine eventuell noch bestehende zweite Staatsbürgerschaft aufgeben (ebd.: 252). Die Einbürgerung von Erwachsenen wird weiterhin an Bedingungen wie etwa befriedigende Deutschkenntnisse, ausreichende Einkünfte, Treue zur Verfassung, Straffreiheit sowie an die Bedingung, keine Verbindung zu verfassungsfeindlichen Organisationen zu unterhalten, geknüpft (ebd.: 253).

Der SPD-Vorschlag, die doppelte Staatsbürgerschaft einzuführen (29. April 1993) stieß bei konservativen Parteien auf Ablehnung. Die CDU begründete ihre Ablehnung damit, dass die doppelte Staatsbürgerschaft mit dem Wesen der Staatsangehörigkeit unvereinbar sei. Ferner zeige die Geschichte, dass jedes Volk eine historische Gemeinschaft sei, aus der nicht einfach herausgetreten werden könne. Ergo: der Einbürgerung müsse eine Integration, verstanden als sozialstrukturelle und kulturelle Assimilation, vorangehen.[211]

Kritisiert wurde an dem neuen Staatsangehörigkeitsrecht auch, dass es bei der Vergabe der Staatsbürgerschaft die bisherigen Leistungen, die Personen für das Gemeinwesen erbracht haben, kaum berücksichtigt werden. Während zum Beispiel Zuwanderer mit deutscher Volkszugehörigkeit und ein neugeborenes Kind mit Migrationshintergrund automatisch (qua Geburtsrecht) die Staatsbürgerschaft erhalten, muss eine Person, die seit Jahrzehnten in Deutschland wohnt und Leistungen an das Gemeinwesen (Steuer an den Staat und Beiträge an die Sozialkassen) erbringt, zusätzliche Bedingungen erfüllen. Die restriktive und assimilatorisch ausgerichtete Staatsbürgerschaftsvergabe wird in der Forschung häufig für aktuelle Integrationsdefizite verantwortlich gemacht.[212] So komme es, dass ein beachtlicher Teil der Immigranten die Einbürgerung nicht als attraktive Statusverbesserung und Schlüssel zur Integration und Partizipation ansehen.

Ein wesentlicher Bestandteil des neuen Einbürgerungsgesetzes ist die Ablehnung der doppelten Staatsbürgerschaft, was ein weiteres wesentliches Integrationshemmnis ausmacht. Die Ablehnung der doppelten Staatsbürgerschaft stellt die Immigranten vor eine entweder oder Situation: Entweder die Verbundenheit mit dem Herkunftsland der Eltern oder die Integration in das

---

[211] Siehe Deutscher Bundestag, „Entwurf eines Gesetzes zur Reform des Staatsangehörigkeitsrechts", 16. Mai 1999, Drucksache 14/533. Erinnert sei diesbezüglich auch an eine Äußerung des damaligen Unionsfraktionsvorsitzenden Wolfgang Schäuble: „Wir schöpfen unsere Identität nicht aus dem Bekenntnis zu einer Idee, sondern aus der Zugehörigkeit zu einem bestimmten Volk." (Zit. n. Baumann/Dietl/Wippermann 1999).
[212] Vgl. hierzu Leopold (2006: 130), der die Modernisierung des Staatsangehörigkeitsrechts durch das neue Staatsbürgerschaftsgesetz würdigt, gleichzeitig jedoch weiterhin für ‚reformbedürftig' hält.

Ankunftsland. Dies führt häufig dazu, dass der aktuelle Pass als „Ausdruck der Verbundenheit" mit einer Nation und mit dem Land der Eltern überbewertet wird (Terkessidis 2004: 136).[213] Terkessidis macht weiter auf ein anderes, mit dem Staatsangehörigkeitsrecht zusammenhängendes Problem aufmerksam, nämlich

> „dass die vom Staatsangehörigkeitsrecht und den herrschenden ‚Idiomen' errichtete scharfe Trennung zwischen den Einheimischen und den Migranten jede Entscheidung für die eine oder andere Seite unbefriedigend werden lässt. Das ist wohl auch der Grund, warum Mädchen türkischer Herkunft es oft akzeptieren, dass die Emanzipationsprozesse sehr langsam vorangehen: Sie fürchten das Überwechseln, den scharfen Bruch, die Einsamkeit, die mangelnde Anerkennung. Die viel beschworene Situation des ‚Dazwischen' – sie wird, das hat sich in den verschiedenen Aussagen gezeigt, institutionell etabliert und muss von den betroffenen Personen bewusst ausagiert werden" (ebd.: 143).

Ähnlich argumentiert auch Rogers Brubaker (1992), wenn er diesbezüglich darauf hinweist, dass die Einbürgerung in Deutschland als eine „Veränderung der eigenen Wesensart" und nicht als eine Veränderung im Rechtsstatus begriffen wird. Dieter Oberndörfer wiederum weist darauf hin, dass die Einbürgerungsrate in Frankreich viermal, in den USA zehnmal, in Schweden fünfzehnmal und in Kanada mehr als zwanzigmal so hoch ist als in Deutschland. Er bemerkt in diesem Zusammenhang polemisch zuspitzend, dass „die deutsche Nation ihre ‚Artreinheit' erfolgreich verteidigt" hat (1993: 73).

Die vorgestellten Beispiele legen die Schlussfolgerung nahe, dass das Deutschsein nicht als staatsbürgerlicher Status bzw. Zugehörigkeit zu einer politischen Gemeinschaft angesehen wird, den/die man erwerben und durch Partizipation bestätigen kann. So ist Terkessidis' Feststellung zuzustimmen, dass das Deutschsein vielmehr als quasi unabwendbare, unveränderliche, ethnisch-kulturelle Zugehörigkeit betrachtet werde (2004: 148).

Laut einschlägigen Studien zeigen offizielle Definitionsbemühungen und Vorstellungen der Nation negative Wirkungen auf aktuelle Einbürgerungsverfahren. Bös verweist diesbezüglich auf den ambivalenten Charakter der Einbürgerungspraxis: Einerseits findet mit der Ergänzung des Blutsprinzips durch das Territorialprinzip eine partielle Öffnung der Staatsbürgerschaft statt, andererseits wird diese Öffnung durch eine Ethnisierung des Staatsangehörigkeitsrechts begleitet, die sich hauptsächlich in der Betonung folgender Einbürgerungskriterien widerspiegelt:

---

[213] Die doppelte Staatsbürgerschaft wäre eine optimale Lösung, weil sie das Problem der nationalen Verbundenheit nicht nur entproblematisieren, sondern auch mehrfache Verbundenheiten (mit dem Herkunfts- und dem Ankunftsland) offiziell anerkennen würde (vgl. Terkessidis 2004: 137).

(1)   ausreichende Sprachkenntnisse,
(2)   Zustimmung zum politischen System,
(3)   Kenntnis der Geschichte und
(4)   ökonomische Unabhängigkeit (Bös 2000: 111).

Die Aufstellung dieser Kriterien können als Ethnisierung interpretiert werden, weil es sich dabei um Elemente der Ethnizität handeln: Sprache, Geschichte, Wirtschaftsweise und gemeinsames Schicksal, die den „Kern jeder ethnischen Selbstbeschreibung" ausmachen (ebd.:114). Erinnert sei hier nochmal daran, dass zu den zentralen Aspekten von Ethnizität (a) eine gemeinsame Lebensweise und (b) ein subjektiver Glaube an eine Abstammungsgemeinschaft gehören. Bös beobachtet zutreffend, dass aktuellen Bemühungen, politische Diskriminierungen aufgrund des Geschlechts, der ‚Rasse', der ethnischen Zugehörigkeit oder ökonomischen Leistungsfähigkeit abzubauen, wiederum Bemühungen entgegenstehen, diese Merkmale bei der Definition der „Außengrenze des Nationalstaates" zu verwenden (ebd.).

Vor dem Hintergrund der aufgeführten Beispiele lässt sich mit Terkessidis (2004: 103) resümieren, dass der „überwiegende Teil der Migranten in Deutschland weiterhin durch das sonderrechtliche ‚Ausländerrecht' regiert" wird, d.h. in einem Status der Fremdheit lebt. Staatsbürgerschaftskonzept und Einbürgerungsverfahren dienen nicht dazu, die Integration zu fördern, sondern eher dazu, den Abstand zwischen Einheimischen und Fremden zu bewahren (ebd.: 108). Staatsbürgerschaftskonzepte und Einbürgerungsverfahren tragen dazu bei, dass Immigranten als ‚fremde' Gruppe sichtbar werden.

In der Forschung wird Großbritannien wegen seines liberalen Staatsbürgerschaftsrechts gerühmt, das bis 1983 ausschließlich durch das Prinzip des *ius soli* geregelt wurde. Die britische Staatsbürgerschaft wurde jedem durch die Geburt innerhalb des Territoriums Großbritanniens vergeben. Dieses Territorialprinzip, das auf das 17. Jahrhundert zurückgeht, wurde erst mit dem *British Nationality Act* vom 1981 (1983 in Kraft getreten) revidiert. Bis zu diesem Zeitpunkt war in Großbritannien nicht die Bezeichnung der britischen Staatsbürgerschaft, sondern die Bezeichnung *British Subject* gebräuchlich, die 1603 eingeführt wurde. Ihre Funktion bestand hauptsächlich darin, Treue und Loyalität der Schotten gegenüber der britischen Krone sicherzustellen, die nach der Vereinigung von England und Schottland (1707) das gesamte Großbritannien repräsentierte (Layton-Henry 2003: 62f.). Die Gewährung des Staatsangehörigkeitstitels des *Civis Britannicus* auf der Grundlage der Loyalität gegenüber der britischen Krone lässt sich damit eher durch die Expansions- und Vereinigungspolitik als durch universalistische Motive erklären. Gleichwohl hatte dieser expansive Status *British Subject* einen wichtigen

Vorzug, nämlich die Inklusion und Anerkennung der *New Commonwealth* Bevölkerung als gleichberechtigte Staatsangehörige (ebd.: 75f.).

1914 scheitern auf der *Imperial Conference* die ersten Anläufe zur Etablierung eines einheitlichen Naturalisierungsgesetzes und einer imperialen Staatsbürgerschaft. Eine Zäsur in der Geschichte der Staatsbürgerschaft bildet das *British Nationality Bill* von 1948, welches eine zweigliedrige Staatsbürgerschaft einführt: Es differenziert britische Staatsangehörige in (a) Staatsbürger unabhängiger *Commonwealth States* und (b) Staatsbürger des Vereinigten Königreichs und seiner Kolonien (ebd.: 65). Das *British Nationality Act* von 1948 bestätigt erneut den Erwerb der Staatsbürgerschaft durch *ius soli*, d.h. qua Geburt innerhalb des Vereinigten Königreichs und seinen Kolonien. Bei der Geburt außerhalb des Vereinigten Königreichs und seiner Kolonien wurde die Staatsbürgerschaft nur vergeben, wenn der Vater britischer Staatsbürger war. Die Einbürgerung resp. der Erwerb der Staatsbürgerschaft erfolgte des Weiteren nach dem Ermessen des *Home Secretary*.

Ein weiterer Vorteil dieses Gesetzes bestand darin, dass es einen Ausgleich zwischen den Interessen von Commonwealth Staaten und Großbritannien ermöglichte: Einerseits wurde mit dieser Regelung der Wunsch unabhängiger Commonwealth Staaten nach Vorrangstellung eigener Staatsbürgerschaft anerkannt, andererseits wurde durch den gemeinsamen Staatsangehörigkeitsstatus (*British Subject*) die Einheit des *Commonwealth* betont (ebd.: 66). Die radikalere Zäsur bildet jedoch das *British Nationality Act* von 1981, nicht nur weil damit mit einer alten Tradition gebrochen wurde – es ersetzt nämlich den Status des *British Subject* durch den des *British Citizen* – sondern weil es für Millionen von Menschen eine Statusverminderung mit sich brachte. Der Gesetzesentwurf von 1981 gliedert die Staatsbürgerschaft in drei Hauptkategorien:

(1) British Citizenship,
(2) Citizenship of the British Dependent Territories und
(3) British Overseas Citizenship.

Während die erste Kategorie die vollwertige Staatsbürgerschaft, vor allem das Bleiberecht, beinhaltet, schließen die letzteren Kategorien gerade dieses aus. Es handelt sich also um Kategorien, so Adrian Favell, welche die Bedeutung der Staatsbürgerschaft verringern und sie von den Vorstellungen moralischer Gleichheit, Mitgliedschaft und sozialer Anspruchsberechtigung entkoppeln (1998: 114).

Mit der neuen Staatsbürgerschaft wurde das traditionelle Prinzip des *ius soli* eingeschränkt. Das *British Nationality Act* kann daher als der Kulminationspunkt einer langen Entwicklung angesehen werden; die gesetzlichen Einschränkungen begannen mit dem *British Nationality Act* von 1964, setzen sich mit dem *Commonwealth Immigrant Act* (1969) und dem *Immigrant Act* (1971) fort und erreichten schließlich mit dem *British Nationality Act* (1981) ihren Höhepunkt. Damit wurden zwar die Rechte der bereits in Großbritannien lebenden Immigranten kaum tangiert, aber das großzügige Einreiserecht Schritt für Schritt eingeschränkt (Todd 1998: 149). Die Vergabe der neuen Staatsbürgerschaft beschränkt sich auf diejenigen, die bereits eine ‚enge Bindung' zum Vereinigten Königreich besitzen (Layton-Henry und Wilpert 2003: 6).[214]

Parallel zu den Ethnisierungstendenzen in Deutschland fand in den 1980ern in Großbritannien eine Nationalisierung der Staatsbürgerschaft statt; das Prinzip des *ius soli* wurde zur Diskussion gestellt und dessen Gewichtung bei der Staatsbürgerschaftsvergabe relativiert (Layton-Henry 2003: 71). Doch im Unterschied zu Deutschland wird der überwiegende Teil der Immigranten nicht durch ein sonderrechtliches Ausländergesetz regiert.[215] In Großbritannien ist es zudem einfacher, die *British Citizenship* zu erwerben und somit den Fremden- bzw. den Ausländerstatus zu überwinden. Der Begriff und die Praxis der Staatsbürgerschaft spielen bei den gesellschaftlichen Fremdheitszuschreibungen und der individuellen Erfahrung von Fremdheit eine – im Vergleich zur Bundesrepublik Deutschland – geringere Rolle. Dies lässt sich auch an politischen Debatten ablesen: Während in der Bundesrepublik Deutschland die Debatten über Zuwanderung und Immigranten sich um die Themen Integration, Staatsbürgerschaft und Einbürgerung drehen, geht es in Großbritannien hauptsächlich um Antidiskriminierungsgesetzgebung und „*racial equality*" (Cross 2003: 106).[216] Um die ‚Rassenproblematik' in den Griff zu bekommen und die ‚Rassenbeziehungen' friedlicher zu gestalten, wurde eine Kommission für *Racial Equality* – als das Pendant zum Amt der Beauftragten für Migration, Flüchtlinge und Integration – errichtet, die folgende Ziele verfolgt:

(1) Aufhebung von Diskriminierung,
(2) Ermöglichung von Chancengleichheit und guten Beziehungen zwischen Menschen verschiedener ‚Rassen' und
(3) Überwachung des *Race Relation Act* und Beratung von Gesetzgebern, lokalen Politikern und Behörden (Anwar/Roach/Sondhi 2000: 11).

---

[214] Kritisch dazu s. Baucom 1999. Bei Zig Layton-Henry heißt es beispielsweise: „In the postwar period the trend in Britain has been one of tougher and tougher immigration controls aimed at ending immigration from the Third World and the Indian sub-continent in particular. It has also been towards a more restrictive definition of citizenship. This is because the expansive notion of British subject came to be increasingly untenable as most British subjects in the former Empire lost their right to immigrate to the UK" (2003: 74).

[215] Nach Adrian Favell betrug 1993 die Zahl der nicht eingebürgerten Immigranten in Großbritannien 2 Millionen während sie in Deutschland auf 5,87 Million anstieg (1998: 205).

[216] „In Britain the focus of concern has been on racist violence and ethnic minority racial exclusion, particularly in the labour market" (Layton-Henry und Wilpert 2003: 5).

Diese Beispiele können dahingehend interpretiert werden, dass die Staatsbürgerschaftsvorstellung in Großbritannien einen viel größeren Spielraum bezüglich der Einbürgerung und Integration ermöglicht. Der staatliche Kampf gegen Benachteiligung und Rassendiskriminierung eröffnet Immigranten zudem einen größeren Handlungsspielraum zum Aushandeln des Fremden- bzw. Ausländerstatus. Allerdings wird in der Forschung auch auf unbeabsichtigte Folgen von staatlichen Antidiskriminierungsgesetzen und -maßnahmen hingewiesen: Sie lassen auch den Irrtum, dass es Rassen gibt und die Vorstellung von irreduziblen Differenzen entstehen (vgl. a. Todd 1998: 159).

9.3 Nation, Einschlusssemantiken und Fremdheit

Im vorigen Abschnitt wurde auf der Grundlage der Literatur zum Staatsangehörigkeitsrecht und zur Praxis der Staatsbürgerschaftsvergabe in der Bundesrepublik Deutschland und in Großbritannien argumentiert, dass durch ihre Regelung und Handhabung durch den Staat bzw. staatliche Behörden zur Konstitution von Fremdheit beigetragen wird. Vor allem mit der Regelung des Staatsangehörigkeitsrechts bestimmen Staaten, wer dazu gehört, zur vollständigen Teilhabe am gesellschaftlichen Leben berechtigt ist, die Staatsbürgerschaft zu welchen Konditionen erwerben darf sowie umgekehrt wer nicht dazugehört und den Fremdenstatus beibehält. Auf diese Weise werden Grenzen gezogen, die es gestatten, bestimmte Gruppen als fremd zu markieren. Grenzen werden allerdings auch durch die nationalen Semantiken gezogen, mit der symbolisch eine „spezifische Form der Vertrautheit" (Nassehi 1995: 452) erzeugt wird, um „die unvertraut gewordene Welt mit dem Siegel der Vertrautheit …[zu] versehen" (ebd.). Als Fremde wird derjenige wahrgenommen, der sich jenseits der von nationalen Semantiken gezogenen symbolischen Grenzen befindet (ebd.).

Die deutsche Nation wird offiziell als eine ethnische Gemeinschaft, d.h. durch Rekurs auf askriptive Merkmale wie Sprache, Kultur, Religion, Werte usw. vorgestellt.[217] Dies hat zur Folge, dass Immigranten nicht in das vorgestellte *Wir* eingeschlossen, sondern als *Fremde* wahrgenommen werden. Ethnische Nationskonzeptionen führen häufig dazu, dass Staatsbürgerschaft nur den Mitgliedern der dominanten ethnischen Gruppe zugestanden wird. Denen, die nicht der dominanten Ethnizität angehören, wird die Staatsbürger-

---

[217] Die ideologischen Wurzeln dieses ethnischen Nationskonzepts reichen bis zu deutschem Idealismus und deutscher Romantik des späten 18. Jahrhunderts zurück. Zu den geistigen Vertretern dieser philosophischen Strömungen bzw. kulturellen Bewegungen gehören Herder, Fichte und Schelling. Der ethnische Nationalismus entstand in Deutschland als Antwort auf den französischen Nationalismus und wurde zur Staatsideologie erhoben, um den Kampf um einen unabhängigen Nationalstaat zu forcieren (Oberndörfer 2003: 46).

schaft entweder verwehrt oder an assimilatorische Leistungen geknüpft. Bei Oberndörfer heißt es dazu: „Immigration and the integration of members of different ethnicities are incompatible with the concept of a nation of people with common ethnic origins" (2003: 46).

Die Orientierung an einem ethnischen Nationskonzept macht sich auch in der gegenwärtigen Debatte um die Einwanderung und Integration bemerkbar. In solchen Debatten kommen Sehnsüchte nach einer kulturellen Homogenität zum Ausdruck, was bisher in Deutschland – sieht man von der nationalsozialistischen Gewaltherrschaft ab – niemals realisiert wurde und in der bundesrepublikanischen Gesellschaft kaum zu realisieren ist (ebd.: 51). Nach Möglichkeit sollen demnach nur *Volksdeutsche* als Staatsbürger akzeptiert werden. „Foreigners, by contrast, will continue to be granted a ‚guest status' with rights of residence for different periods under varying conditions" (ebd.: 57).

Ethnisch geprägte Vorstellungen der Nation führen auch zur Dramatisierung der Zuwanderung. Das »Heidelberger Manifest« von 1981, das von acht Hochschulprofessoren verfasst und veröffentlicht wurde, illustriert dies beispielhaft:

> „Mit großer Sorge beobachten wir die Unterwanderung des deutschen Volkes durch Zuzug von vielen Millionen von Ausländern und ihren Familien, die Überfremdung unserer Sprache, unserer Kultur und unseres Volkstums (...) Bereits jetzt sind viele Deutsche in ihren Wohnbezirken und an ihren Arbeitsstätten Fremdlinge in der eigenen Heimat".[218]

Als Lösung wird darin für eine Rückkehrförderung von Immigranten plädiert. Auffallend ist, dass der Zuzug von Immigranten als ein großes Problem dramatisiert wird, während die gleichzeitig stattfindende Zuwanderung von ebenfalls zahlreichen Aus- und Übersiedlern kaum erwähnt wird. Im Gegensatz dazu wurde die Zuwanderung von ‚Volkszugehörigen' von der damaligen CDU/CSU/FDP-Bundesregierung mit Verständnis- und Sympathiekampagnen begleitet (Klärner 2000: 63). Anzunehmen ist, dass hinter solchen dramatisierenden Debatten historisch gewachsene Ängste um die deutsche Identität und Abwehrhaltungen gegenüber allem Fremden stehen, die schon die Einwanderungspolitik des Kaiserreiches prägte.[219]

Die Orientierung an einer ethnischen Nationskonzeption widerspiegelt sich auch in politischen Debatten zur Integration und hat zur Folge, dass die Staatsbürgerschaft an die Bedingung der Integration geknüpft wird, diese wiederum implizit als vollständige Assimilation an den deutschen ‚Kulturkreis' verstanden wird. Von den Immigranten wird auf dem Gebiet der Kultur eine Integration eingefordert ohne zu berücksichtigen, dass ökonomische und

---

[218] Vgl. zum ‚Heidelberger Manifest' Burghardt u.a. (1983: 6-23).
[219] Siehe dazu ausführlicher Bade (2002).

politische Eingliederung und Einbürgerung eine wesentliche Voraussetzung kultureller Integration ist. Problematisch ist diese Forderung nach kultureller Integration auch deswegen, weil sie hegemonial (*top down*) bestimmt wird; ungeachtet dessen, dass der „Bereich der Kultur seinerseits ein Ort der Schließung" ist (Terkessidis 2004: 104). Auf diese Weise wird ein exklusives *Wir-Bewusstsein* erzeugt, das nicht gerade integrationsfördernd ist. Das hegemoniale Verständnis von Kultur verkennt, dass kulturelle Praktiken und Einstellungen erlernbar sind (ebd.: 106). Terkessidis macht diesbezüglich darauf aufmerksam, dass „sich die Verquickung von ‚eigentlicher' Nation und Wertesystem zweifellos gelockert", aber keinesfalls aufgelöst hat (ebd.: 107).

Die Verbindung von Nation und Kultur hat also zur Folge, dass die Nation exklusiv vorgestellt wird, wodurch Fremdheitszuschreibungen begünstigt und zum Teil festgeschrieben werden. Diese Semantik trägt zusätzlich dazu bei, den sozialen Abstand zwischen der Mehrheitsgesellschaft und ihren Fremden zu bewahren. Die Vorstellung von kulturellen Werten als nicht austauschbar sowie von kulturellen Praktiken als nicht erlernbar impliziert, dass der existierende Abstand zwischen der Mehrheit und den verschiedenen Minderheitengruppen ebenfalls als nicht abbaubar vorgestellt wird.

Auf den Zusammenhang zwischen nationaler Identifikation und Fremdheitszuschreibung hat bereits Kleinert hingewiesen: „Je stärker sich eine Person mit ihrer Nationalität identifiziert und je stärker sie diese aufwertet, desto stärker wird diese Person national und ethnisch Nichtzugehörige abwerten, desto feindlicher wird sie gegenüber diesen Fremden eingestellt sein" (2004: 157). Allerdings ist zu berücksichtigen, dass nicht jede Form nationaler Identifikation und jede positive Bewertung der eigenen Nation notwendigerweise eine Abwertung von Fremden impliziert. Es ist eher anzunehmen, dass das klassische Nationalbewusstsein, das sich an kulturellen und geschichtlichen Leistungen oder an nationaler Überlegenheit orientiert, am ehesten eine Tendenz zur Abwertung von Fremdheit und Fremden impliziert. Eine positive Bewertung der Nation, die auf politischen und demokratischen Eigenschaften beruht, wird als resistenter gegenüber ausgrenzenden und aggressiven Fremdheitszuschreibungen beurteilt (ebd.: 158).

In Großbritannien ist das dominante Nationsverständnis durch die imperiale Vergangenheit geprägt. Es wird sowohl in den Selbst- als auch in den Fremdbeschreibungen als ein Nationalstaat thematisiert, obwohl Großbritannien eigentlich ein multi-nationaler Territorialstaat ist. Großbritannien besteht in der Tat aus vier Nationen: der englischen, schottischen, walisischen und nordirischen. Diese Nationen, die wiederum als Teil der britischen Nation gelten, lassen sich durch vier Merkmale voneinander unterscheiden:

- *Erstens* haben alle ihre eigenen nationalen Flaggen;
- *zweitens* besitzen sie eine eigene (kollektive) nationale Identität;
- *drittens* unterscheiden sie sich hinsichtlich der Art und Weise der Konstruktion und Artikulation ihrer eigenen (kollektiven) nationalen Identität. Die schottische nationale Identität ist zum Beispiel stark durch die schottische Kirche, durch die getrennten Bildungseinrichtungen und durch ein von dem Vereinigten Königreich getrenntes juristisches System geprägt. Für die walisische nationale Identität ist wiederum der Erhalt des Walisischen als offizielle Sprache konstitutiv.
- *Viertens* waren die Beziehungen dieser Nationen zueinander nicht immer friedlich, sondern zeitweilig durch Konflikte und Kriege geprägt. Sie besitzen daher unterschiedliche, zum Teil entgegen gesetzte Erinnerungskulturen und Geschichtsbilder, was den Erhalt einer eigenen nationalen Identität begünstigt. In Irland ging zum Beispiel der Proklamation der *Irischen Republik* ein langer Bürgerkrieg voraus, der eine nationale Identitätsbildung bekräftigte.

Es ist daher problematisch, Großbritannien als ein Nationalstaat im Sinne einer Entität, in der die Nation und der Staat deckungsgleich sind, zu bezeichnen (Oommen 1997: 137, s. hierzu a. Bryant 2006). Gleichwohl gilt es zu berücksichtigen, dass jenseits dieser nationalen Identitäten auch eine gemeinsame nationale resp. kollektive Identität existiert, nämlich die, die sich auf das Britischsein und auf Großbritannien bezieht. Dieses Nebeneinander von zwei nationalen Identitäten bringt eine gewisse Flexibilität mit sich: Es lässt mehrfache Identifikationen und Zugehörigkeiten zu und stellt Individuen nicht vor eine Entweder-oder-Situation. „Therefore it is no surprise that the nations in the state territory of Britain sustain separate cultural identities with strong attachments to their respective homelands." (Oommen 1997: 140)

Großbritannien als ein nationaler Territorialstaat basiert auf einer Nationsvorstellung, die sich auf den Staat bezieht (Staatsnation). Der Bezugspunkt staatlicher Legitimität und nationaler Identität ist nicht eine bestimmte ethnische Gruppe, sondern die staatlichen Institutionen wie etwa Parlament und Königshaus. Großbritannien war darüber hinaus ein imperialer Staat in doppelter Hinsicht: Das heißt nicht nur wegen seiner Kolonien, sondern auch wegen seiner hegemonialen Position in der Weltpolitik im 19. Jahrhundert. Andererseits ist Großbritannien auch ein *vereinigtes* Königreich, das aus der politischen ‚Vereinigung'[220] zweier Königreiche hervorgegangen ist, dem sich später Irland und Wales angeschlossen haben: Ein monarchisches Staatenbündnis bzw. ein „internal empire", um hier die Bezeichnung von Hechter (1975) zu gebrauchen.

---

[220] „England in this view was the imperial nation that had annexed the territories and subjugated the populations of Wales, Scotland, and Ireland" (Kumar 2001: 43).

Nationale Identität und kollektive Zugehörigkeit haben in Großbritannien zwei unterschiedliche, zum Teil miteinander konkurrierende Bezugspunkte: ‚Britishness' und ‚Englishness'. Während das Britischsein durch eine gewisse Offenheit gegenüber Immigranten und gegenüber anderen Identitäten gekennzeichnet ist, trägt das Englischsein in stärkerem Ausmaß partikularistische Züge und steht eher abgeneigt gegenüber anderen Identitäten. „Englishness was always a handy tool to use against foreigners, including [...] the Scots and the Irish, who lived among the English themselves" (Kumar 2001: 46). In der Literatur wird festgehalten, dass England und Englischsein von Anfang an eine hegemoniale Stellung in Großbritannien hatten, jedoch nicht in den Vordergrund gestellt, sondern eher stillschweigend mit Großbritannien und dem Britischsein gleichgesetzt wurden. Ein vom britischen Nationalismus unabhängiger englischer Nationalismus ist erst in der zweiten Hälfte des 19. Jahrhunderts in Erscheinung getreten. Es handelte sich hierbei allerdings um eine kulturelle Angelegenheit, die vorwiegend von Dichtern, Schriftstellern, Literaturkritikern, Philologen, Folkloristen und Historikern aufgegriffen und thematisiert wurde (ebd.: 51). In den 1960ern sollte es dann zu einem Aufwachen von partikularen, d.h. englischen, walisischen, schottischen und nordirischen nationalen Identitäten in Großbritannien kommen, dessen Gründe Kumar präzise erläutert:

„The empire was gone, as was Britain's position as an industrial world power. Lacking the stimulus and the bracing influence – not to mention the profits – of a world role, Britishness capitulated in the face of an assertion, with varying degrees of force, of Scottish, Welsh, and Irish nationalism. England, the core nation, stood exposed, no longer protected by surrounding carapace of Britishness. The other nations of the United Kingdom began to envisage a rosier future as separate members of the new European Community. England too was forced to consider this prospect and, in the process, to reassess itself and its future identity" (2001: 52).

Dass die britische Identität und das Britischsein im Vergleich zur englischen Identität und zum Englischsein offener und integrativer sind, wird auch von Bhikhu Parekh unterstrichen (2000: 205). Favell weist bezüglich der Renaissance der englischen, schottischen, nordirischen und walisischen nationalen Identitäten darauf hin, dass sie die Integrität der britischen Gesellschaft gefährden könnten, weil die ‚British Blacks', die ‚Asiaten' und andere Immigranten sich durch die lokalen Nationalismen, aber insbesondere durch den englischen Nationalismus ausgeschlossen fühlen könnten, da lokale Identitäten ihnen kaum Identifikationsmöglichkeiten anbieten (Favell 1998: 217).[221]

---

[221] Zum Verhältnis von Englischsein und Britischsein vgl. a. Baucom (1999) und Easthope (1999).

Großbritannien thematisiert sich als eine ethnisch pluralistische, multikulturelle Nation. Daher ist die offizielle Zuwanderungs- und Integrationspolitik nicht danach bestrebt, die zugewanderten ethnischen Gruppen an die ‚weiße‘ britische Kultur zu assimilieren. Betont wird vielmehr die positive Bedeutung der ethnischen Identität innerhalb eines demokratischen Rahmens, was auf der Einsicht basiert, dass Kulturen und Lebensweisen von ethnischen Gemeinschaften in der Ankunftsgesellschaft weder unverändert bleiben, noch in ihrer Ganzheit erhalten werden können (ebd.: 128f.). Der kulturellen Heterogenität sowohl in England als auch in Großbritannien wird eine Schutzfunktion vor Segregation ethnischer Gruppen zugeschrieben (Todd 1998: 177).

Die Vorstellung der Nation als einer multikulturellen, multiethnischen und pluralistischen Einheit liefert allerdings nicht nur wichtige Voraussetzungen für eine offenere Haltung gegenüber den Immigranten, den kulturell Fremden, sondern erzeugt – quasi als Nebenprodukt – ein Gegenbild zur Nation, das die Immigranten, die Zuwanderer als monokulturell ausgerichtete, nichttolerante und illiberale Fremde darstellt. Betroffen sind von solchen essentialistischen und ausgrenzenden Fremdheitszuschreibungen, die in Feindschaftserklärungen kippen können, in erster Linie Moslems. Muslimen wird in politischen Debatten nicht nur eine wesensmäßige, quasi unüberwindbare Fremdheit zugeschrieben, sondern sie werden, nach dem 11. September 2001 in verstärktem Maße, zu bevorzugten Angriffsflächen. Illustrativ ist hierzu die Unterstellung von O'Brien: „Muslims are regarded as ‚repulsive‘ because they *are* ‚repulsive‘".[222] Bezüglich der Vorurteile über die britischen Moslems und ihrer spiegelverkehrten Wahrnehmung in der britischen Gesellschaft und in den Medien schreibt Alibhai-Brown:

> „Since the Rushdie affair, Muslims in this country are increasingly regarded as the alien wedge within. High-minded thinkers and writers, who would dream of denigrating blacks and Jews, regularly portray all Muslims as barbaric and ill-suited to fit into a secular modern nation" (2000: 193).

In Großbritannien ist in den letzten Jahren neben der Fixierung auf die Hautfarbe zugleich eine Fixierung auf die Religion festzustellen; insbesondere der Islam wird aufgrund der Ereignisse wie etwa die Rushdie Affäre, der 11. September, die Fundamentalismus- und Terrorismusdebatte und der Nahostkonflikt als ‚die fremde Religion‘ wahrgenommen. So geraten die ‚Schwarzen‘ als typisch problematische Fremde in den Blick, während ‚der Muslim‘ zum Inbegriff ‚unüberwindbarer‘ kultureller Differenz avanciert.[223] Ablehnende

---

[222] In *The Times* von 11.05.1989, zitiert nach Alibhai-Brown (2000: 193).

[223] Es liegen auch Forschungsbefunde vor, dass Moslems, dunkelhäutige Afrikaner und andere asiatische Völker am häufigsten zur Zielscheibe von fremdenfeindlichen Diskriminierungen und Gewalttätigkeiten werden: „Basic discrimination continues to blight the lives of young black and Bangladeshi men and, increasingly, Muslims" (Alibhai-Brown 2000: 179).

oder reservierte Haltungen gegenüber diesen Gruppen kommen auch in den Debatten über Fremdenfeindlichkeit und Rassismus zum Ausdruck. Von konservativen Kreisen wird zum Beispiel eingewendet, Benachteiligung, Diskriminierung und zum Teil auch Gewalt, die asiatische, moslemische und afrikanische Gruppen erfahren, seien selbstverschuldet. Verantwortlich für Fremdenfeindlichkeit und Rassismus seien die eigenen, mit einer modernen multikulturellen Gesellschaft nicht kompatiblen kulturellen Werte der Immigranten. In einem Kommentar der britischen Tageszeitung *The Independent* (18. Oktober 1990) hieß es dazu:

> „Our ethnic minorities are not ‚victims of the system'... Prejudice undoubtedly exists – though it is by no means confined to the majority population. But the determining factor in a group's fortunes is not prejudice but the group's own cultural values" (Ray Honeyford; z. n. Alibhai-Brown 2000:181).

Die Multinationalität Großbritanniens und die multikulturelle Ausrichtung der offiziellen Politik erzeugt einerseits ein politisches Klima, das kulturelle Differenzen und die Existenz von Fremden und Fremdheit als Bereicherung thematisiert. Das soll jedoch nicht heißen, dass die britische Gesellschaft aggressive und ausgrenzende Fremdheitszuschreibungen, Vorurteile und Rassismus gegenüber Fremden nicht kennt. Die prinzipielle Offenheit für kulturelle und ethnische Differenzen ist nur die eine Seite der Medaille. Es kommt gleichzeitig zu einer Ausdifferenzierung der Wahrnehmung von Fremdheit: Unterschieden werden die Fremden nach ihrer Kompatibilität mit den westlich-demokratischen Werten und nach ihrer Integrierbarkeit in die britische Gesellschaft. Eine Funktion solcher Differenzierungen besteht darin, die Grenzen der multikulturellen, multiethnischen Nation aufzuzeigen. „[S]uch strangers are assimilated precisely as the inassimilable and hence they allow us to face the ‚limit' of the multicultural nation (‚we' are open to some strangers, but not stranger strangers, who refuse to be ‚native' underneath)" (Ahmed 2000: 106).

9.4 Zusammenfassung

Zusammenfassend lässt sich sagen, dass die Differenzen in den Staatsbürgerschafts- und Nationskonzepten sowie in unterschiedlichen Einbürgerungsverfahren sich in der Art und Weise der gesellschaftlichen Konstitution von Fremdheit niederschlagen. In der Forschung werden für beide Gesellschaften unterschiedliche Faktoren der Konstitution von Fremdheit hervorgehoben. Demnach habe beide Gesellschaften ihre eigenen ‚typischen Fremden': In der britischen Gesellschaft scheint die Hautfarbe (‚Rasse') ein zentraler Faktor der Fremdheitszuschreibung zu sein. Daher können die ‚Schwarzen' und ‚A-siaten' zu jenen Bevölkerungsgruppen zugerechnet werden, die von Fremdheitszuschreibungen besonders betroffen sind. In Deutschland sind es eher die ethnischen Kategorien, die bei Fremdheitszuschreibungen zum Tragen kommen. Die Immigranten aus Nicht-EU-Staaten, vor allem die aus der Türkei und Asylsuchende können zu den Bevölkerungsgruppen zugerechnet werden, die von Fremdheitszuschreibungen besonders betroffen sind. Ein zentraler Unterschied zwischen Deutschland und Großbritannien besteht also in der Differenz, an der die Fremdheit festgemacht wird: In der britischen Gesellschaft ist es die Hautfarbe (Zugehörigkeit zu einer ‚Rasse'), welche die Differenz zwischen dem Eigenen und Fremden markiert, während in der Bundesrepublik diese Funktion von einer essentialistisch vorgestellten Kultur und Ethnie übernommen wird. Fremde sind also diejenigen, soweit lässt sich auf der Grundlage bestehender Forschung sagen, die aus dem Raster der als homogen vorgestellten Kultur fallen.

Ein weiterer Unterschied besteht in der Vorstellung der Nation, d.h. des Deutsch- bzw. Britischseins. Die deutsche nationale Identität wird unter Rückgriff auf askriptive Merkmale definiert. In Großbritannien dagegen bezieht sich die nationale Identität auf den Staat resp. auf das Staatsterritorium, wenn auch auf askriptive Kriterien nicht gänzlich verzichtet wird. Außerdem besteht neben den nationalen Identitäten und Zugehörigkeiten (Englischsein, Irischsein, Schottischsein, Walisischsein), eine diese Identitäten und Zugehörigkeiten überwölbende nationale Identität und Zugehörigkeit (Britischsein). Dies kann Mehrfachidentifikationen und multiple Zugehörigkeiten ermöglichen und somit Minderheiten und Immigranten die Möglichkeit bieten, sich mit dem Land zu identifizieren.

Aus dem bisher Ausgeführten kann der Schluss gezogen werden, dass in Großbritannien die Grenze zwischen dem vorgestellten ‚Wir' und ‚den Fremden' in vieler Hinsicht durchlässiger ist als in Deutschland. Dies hat möglicherweise seine Gründe darin, dass

- *erstens* Großbritannien sich als ein Einwanderungsland beschreibt. Diese Selbstthematisierung hat zur Folge, dass das Dasein von Immigranten nicht als temporärer Zustand angesehen wird, wie es in Deutschland immer noch der Fall ist, wenngleich nicht im selben Ausmaß wie in den 1960ern oder 1970ern.
- *Zweitens* werden die Immigranten als potentielle Staatsbürger und nicht als Gastarbeiter angesehen, die wieder zurückzukehren haben, wenn sie nicht mehr gebraucht werden.
- *Drittens* wird der Erwerb der Staatsbürgerschaft nicht an assimilatorische Leistungen geknüpft.

Zusammenfassend lässt sich sagen, dass in der Bundesrepublik Deutschland die Staatsbürgerschaft (als Konzept und Praxis) und die Vorstellung von der

Nation für die Bewahrung des sozialen Abstandes zwischen der Mehrheitsbevölkerung (Alteingesessene) und den ‚Fremden' (Neuankömmlinge) verantwortlich gemacht werden kann. In Großbritannien scheint sie dagegen eine inklusivere Rolle zu spielen und für die Konstitution von Fremdheit weniger verantwortlich zu sein. Die Frage, inwiefern sich dies auf die alltäglichen
sozialen Interaktionen und Teilhabemöglichkeiten von Fremden auswirkt,
wäre von prinzipiellem Interesse, muss jedoch hier offen bleiben, da es *erstens* den Rahmen dieser Untersuchung sprengen würde und *zweitens* dazu
keine ausreichenden Forschungsergebnisse vorliegen. Stattdessen soll im folgenden Kapitel auf einem begrenzten Ausschnitt sozialer Interaktionen in
drei gesellschaftlichen Teilbereichen eingegangen werden.

10. Ausschlussverhältnisse und Fremdheit

Dieses Kapitel liefert eine Erörterung des Zusammenhangs von Ausgrenzungsverhältnissen beim Zugang zu Ressourcen und Einschränkungen von
sozialen Teilhabemöglichkeiten und Fremdheit. Es geht also um die Frage,
wie diese Verhältnisse dazu beitragen, dass Individuen und Gruppen in den
Augen der Mehrheit als Fremde ‚sichtbar' werden und umgekehrt diese sich
als Fremde empfinden. Zunächst werden allgemeine Überlegungen zum Zusammenhang von Ausgrenzungsverhältnissen, Diskriminierung, Benachteiligung und Fremdheit angestellt (10.1). Anschließend wird dieser Zusammenhang anhand von Forschungsergebnissen zum Arbeitsmarkt (10.2), zum Bildungssystem (10.3) und zum Wohnungsmarkt (10.4) in Deutschland und
Großbritannien diskutiert. Im letzten Abschnitt (10.5) werden die Ergebnisse
dieses Kapitels zusammengefasst.

10.1 Zum Verhältnis von Ausschluss und Fremdheit

Aus den theoretischen Annahmen zur gesellschaftlichen Konstitution von
Fremdheit, die von Bhabha im Rahmen seiner *postkolonialen Theorie* und
von Terkessidis im Rahmen seiner Studien zur Xenophobie und zum Rassismus getroffen wurden, ergibt sich folgendes Bild: Menschen verschiedener
Herkunft nehmen sich weder von vornherein als ‚Fremde' wahr noch empfinden sie ‚ununterbrochen' eine Differenz zueinander. Dies erfolgt erst zu
einem späteren Zeitpunkt der Interaktion und Kommunikation untereinander.
Um es zu unterstreichen: Fremdheit lässt sich nicht allein auf Handlungen der
Zuschreibung und der Kategorisierung zurückführen, die unter anderem
durch reflexive Interessen motiviert sind (Fremdheit im Sinne einer Fremdbeschreibung), sondern durch einen gleichzeitigen Rekurs auf Ausschluss-
und Ausgrenzungsprozesse. Letztere scheint bei den Betroffenen das subjek-

tive Empfinden, ‚Fremder unter Fremden' zu sein, zu bekräftigen. Die so empfundene Fremdheit kann sich zur Selbstbeschreibungsformel steigern, wenn Fremdheitserfahrung (im Sinne von Entfremdung)[224] sich mit Benachteiligung und Diskriminierung[225] verbindet und bei den Betroffenen ein Abgrenzungs- und Distanzierungsbedürfnis erzeugt (vgl. a. Bhabha 1994; Terkessidis 2004).

Zu beachten ist, wie auch die theoretischen Annahmen von Georg Simmel es nahe legen (s. Teil II, Abschn. 4.2), dass Individuen, die in der Öffentlichkeit und Lebenswelt einer Fremdgruppe zugeordnet werden, weder außerhalb der Gesellschaft stehen noch einen vollständigen Ausschluss erfahren. Daher ist es treffender, von einem *Ausschluss durch Einschluss* (Terkessidis) zu sprechen, wobei zu berücksichtigen ist, dass dieser Prozess durch gesellschaftliche Institutionen, Organisationen und Gesetze strukturiert wird. In theoretischen Debatten wird neben dem Arbeitsmarkt auch auf den Wohnungsmarkt und auf das Bildungssystem als primäre Bereiche des Ausschlusses hingewiesen. Hieran anknüpfend sollen im Folgenden die in der Forschung thematisierten Aspekte interpretiert werden, um auf diese Weise die Stichhaltigkeit von theoretischen Annahmen zu diskutieren.

Die Vorstellung von dem Arbeits- und Wohnungsmarkt und Bildungssystem als *Orte des sozialen Ausschlusses* ist sowohl im sozialwissenschaftlichen als auch im politischen Diskurs umstritten. In den auf modernitätstheoretische Annahmen zurückgreifenden Positionen wird z.B. der stratifizierende und segmentierende Charakter des Arbeitsmarktes nicht berücksichtigt. Vielmehr wird ein rein individueller Zugang zum Arbeitsmarkt unterstellt. In

---

[224] ‚Entfremdung' bezeichnet allgemein einen Vorgang, durch den das Individuum gegenüber seiner sozialen und materiellen Umwelt oder sich selbst beziehungslos wird und diese ihm fremd erscheint. Geistesgeschichtlich ist der Begriff und die damit bezeichnete Problematik vor allem mit den Namen Hegel und Marx verbunden (s. Teil I, 2.3), bei denen die Entfremdungsproblematik im Zusammenhang von Arbeit, Privateigentum und Arbeitsteilung behandelt wird.

[225] ‚Benachteiligung' bezieht sich auf eine Situation, in der ein Individuum oder eine Gruppe einen begrenzten Zugang zu bestimmten Ressourcen hat. Von Benachteiligung ist zu sprechen, wenn zum Beispiel ein Arbeitnehmer auf dem Arbeitsmarkt oder ein Mieter auf dem Wohnungsmarkt den ihnen gestellten Anforderungen nicht entsprechen kann und aus diesem Grund einen Arbeitsplatz oder eine Wohnung nicht bekommt. Wenn etwa als Voraussetzung für einen Mietvertrag ein fester Arbeitsplatz verlangt wird und bei einem bestimmten Bevölkerungssegment die Arbeitslosenquote höher ist als bei der Mehrheit, dann liegt eine Benachteiligung, aber keine Diskriminierung vor. ‚Diskriminierung' liegt vor, wenn für den Ausschluss eines Bewerbers ein nicht funktionales Kriterium wie etwa Ethnizität, Geschlechts- oder Staatszugehörigkeit sich als ausschlaggebend herausstellt (Janßen und Polat 2005: 81). Die Bezeichnung ‚Diskriminierung' bezieht sich auf solche Aktivitäten, durch die den Individuen oder den Zugehörigen einer bestimmten Gruppe Ressourcen oder Auszahlungen vorenthalten werden, die anderen zur Verfügung stehen (Giddens 1999: 629). Diskriminierungen können auch als „nichtgerechtfertigte Ungleichbehandlungen von Personen unterschiedlicher Gruppenzugehörigkeit" bezeichnet werden (Esser 2000: 299).

»*Heimat Babylon*« (1992) konstatieren Daniel Cohn-Bendit und Thomas Schmid, dass der Arbeitsmarkt „in gewisser Weise [...] farben- und nationalitätsblind" sei (1992: 55). Ähnliches wird auch von Claus Leggewie konstatiert, wenn er etwa den Arbeitsmarkt als „Ort ethnisch indifferenter Vergesellschaftung" verklärt (1990: 79). Diese Positionen sind Beispiele dafür, den Arbeitsmarkt und die Gesellschaft als ‚glatte Flächen' vorzustellen, auf denen unbeschränkte Mobilität möglich ist. Demgegenüber liegen einschlägige wissenschaftliche Arbeiten vor, in denen auf die Segmentierung,[226] ethnische Schichtung[227] und ethnische Benachteiligung und Diskriminierung[228] auf dem Arbeitsmarkt hingewiesen wird. Auch wenn Uneinigkeit darüber besteht, ob Benachteiligungen von Immigranten und Individuen mit Migrationshintergrund lediglich auf Diskriminierung zurückzuführen sind, wird die ethnische Diskriminierung nicht grundsätzlich in Abrede gestellt.

Den Ausgangspunkt folgender Darstellung bildet daher die Annahme, dass durch ökonomische Benachteiligung, Ausgrenzung und Diskriminierung in den zentralen gesellschaftlichen Bereichen (Arbeits-, Wohnungsmarkt und Bildungssystem), in denen Entscheidungen über zukünftige Erwerbschancen, Verwirklichung persönlicher Lebensziele und Partizipationsmöglichkeiten am gesellschaftlichen Leben getroffen werden, Fremdheit konstituiert wird. Durch formale wie informelle Regelungen und institutionalisierte Praktiken, die für diese Bereiche ausschlaggebend sind, wird bei den betroffenen Personen das Gefühl erzeugt, nicht richtig ‚dazu' zu gehören. Umgekehrt werden

---

[226] Vgl. Blossfeld und Mayer (1988), Doeringer und Piore (1971), Constant und Massey (2003). Die Bezeichnung ‚Segmentierung' bezieht sich auf den Prozess der Aufteilung eines heterogenen Gesamtmarktes in relativ homogene Marktsegmente wie etwa Lohngruppen auf dem Arbeitsmarkt oder Mietergruppen auf dem Wohnungsmarkt usw. ‚Segmentation' bezieht sich auch auf den Prozess der ‚freiwilligen' Abschließung ethnischer Gruppen von der umgebenden Gesellschaft durch Zusammenschluss nach innen. Nach Esser gibt es die Segmentation in drei Formen: als räumliche, als kulturelle und als Institutionalisierung einer ethnischen Gemeinde. Die räumliche Segregation bezieht sich auf die „Konzentration bestimmter ethnischer Gruppen auf bestimmte Regionen oder Stadtteile, wobei für Migranten insbesondere die innerstädtische Segregation, für ethnische Gruppen und sub-nationale Minderheiten vor allem die regionale Konzentration typisch ist" (Esser 2000: 299).
[227] ‚Ethnische Schichtung' verweist auf gesellschaftliche Systeme der systematischen Über- und Unterordnung ethnischer Gruppen in einer ethnisch differenzierten Gesellschaft. Esser konstatiert, dass alle „dauerhaft ethnisch differenzierten Gesellschaften [...] ethnische Schichtungen sind." (2000: 296) Es gebe kaum eine ethnisch differenzierte Gesellschaft, „die nicht gleichzeitig eine ethnisch geschichtete Gesellschaft wäre." (Ebd.) Die Entstehung ethnischer Schichtungen in der Folge von (Arbeits-)Migrationen in modernen Gesellschaften könne zwar „als eine Art von Kastenbildung und von Re-Feudalisierung durch systematische Unterschichtung der einheimischen Bevölkerung" verstanden werden, treffender sei es jedoch, da dafür in der modernen Gesellschaft „jede irgendwie geartete Legitimation" fehle, von Quasi-Kasten und Quasi-Feudalismus zu sprechen (ebd.: 296).
[228] Vgl. Seibert und Solga (2005), Bender und Seifert (1996), Bender und Seifert (2000), kritisch zur Diskriminierungsthese vgl. Kalter (2006), Granato und Kalter (2001).

durch Fremdheitszuschreibungen Benachteiligungen in diesen Bereichen und darüber hinaus auch in den Bereichen des Politischen, Kulturellen, Juristischen usw. legitimiert. Einer Vielzahl sozialwissenschaftlicher Studien kann entnommen werden, dass ein Großteil ökonomischer Benachteiligung und Diskriminierung auf dem Arbeitsmarkt stattfindet, welche negative Auswirkungen auch in anderen Bereichen wie etwa Wohnungsmarkt und Bildungssystem zeigt. Allerdings haben nicht alle Benachteiligungen und Diskriminierungen in den letztgenannten Bereichen ihren Ursprung im Arbeitsmarkt.

10.2 Institutionen des sozialen Ausschlusses I: Arbeitsmarkt

Sowohl in der empirischen Forschung als auch in den Theorien zum deutschen Arbeitsmarkt wird auf die (national-)staatliche Abriegelung des Arbeitsmarktes, die durch das Prinzip des Inländerprimats und durch das Ausländergesetz (AuslG) legitimiert wurde, hingewiesen, um die soziale Schließung auf institutioneller Ebene zu belegen (Terkessidis 2004: 102, mehr dazu s. Offe und Hinrichs 1977, Ewers und Lenz 1977). In Deutschland war bis vor kurzem die Beschäftigung von ‚Ausländern' nur zulässig, wenn arbeitslose Deutsche, Bürger eines Staates der Europäischen Union oder privilegierte Drittstaatenangehörige für die betreffende Stelle nicht in Frage kamen (s. Beauftragte der Bundesregierung 2005: 59). Die Einschränkung des Zuganges zum Arbeitsmarkt stellte die Immigranten vor zusätzlichen Belastungen; sie hatten einer möglichen Prekarisierung ihrer Situation aus eigener Kraft abzuhelfen (Mohr 2007: 101). Als eine weitere Ursache sozialer Schließung gegenüber den Immigranten wird das Wirtschaftsmodell diskutiert: Dem britischen neoliberalen Modernisierungs- und Wirtschaftsmodell steht das relativ korporatistische Modell Deutschlands gegenüber. Korporatistische Institutionen sorgen, so Lash und Urry (1999: 180), für beispielhaftes Wachstum und schwächere Klassendifferenzen, aber auch für eine stärkere Exklusion von Minoritäten aus dem Arbeitsmarkt.

Als einen wichtigen Anhaltspunkt für die Benachteiligung von Immigranten kann die empirisch beobachtbare überproportionale Beschäftigung im sekundären Sektor des Arbeitsmarktes betrachtet werden (Terkessidis 2004: 101; vgl. diesbezüglich a. Beauftragte der Bundesregierung 2005). Laut empirischer Studien sind Immigranten auf dem Arbeitsmarkt stärker der Ausgrenzungsgefahr ausgesetzt als Deutsche. Eine besondere Verwundbarkeit von Immigranten und ‚Ausländern' lässt sich auch in Bezug auf aktuelle negative Entwicklungen auf dem Arbeitsmarkt feststellen: Studien legen nahe, dass sich Entwicklungen wie Arbeitsplatzabbau, Rationalisierung, Umstrukturierung usw. auf Immigranten und ‚Ausländer' im Vergleich zu den Einheimischen negativer auswirken. Zu berücksichtigen ist dabei auch der ökonomisch-politische Kontext, innerhalb dessen diese Benachteiligungen statt-finden. Es sind zwar nicht nur Immigranten und ‚Ausländer‘, die von Ein-kommenseinbußen, geringeren materiellen Ressourcen, und zum Teil da-durch bedingten immer geringer werdenden Optionen auf dem Wohnungs-markt und im Bildungssystem, von längeren Arbeitszeiten, erhöhten physi-schen Belastungen aufgrund schlechter Arbeitsbedingungen, Arbeitslosig-keits- und Prekarisierungsgefahr und von einer stärkeren Gefährdung durch psycho-soziale Probleme betroffen sind. Allerdings sind die Immigranten von solchen makroökonomischen Tendenzen stärker betroffen als die Einheimi-schen (Bremer 2000: 100).

Die hohe Arbeitslosigkeit unter den Immigranten lässt sich zum Teil auf makroökonomische Entwicklungen wie auf den Wegfall von Arbeitsplätzen im industriellen Bereich durch Rationalisierung zurückführen. Dabei konnte der Arbeitsplatzabbau bei den Immigranten durch den Dienstleistungsbereich nur begrenzt bzw. kaum kompensiert werden – unter anderem auch deswe-gen, weil ein Großteil von ihnen nicht im Besitz deutscher Staatsbürgerschaft war (ebd.: 101). Die Benachteiligung von Immigranten beschränkt sich je-doch nicht nur auf den Zugang zur Erwerbsarbeit bzw. auf das höhere Ar-beitslosigkeitsrisiko; ähnliches trifft auch auf die Einkommensstrukturen zu. In der Forschung wird hierauf mit dem Begriff der „ethnischen Unterschich-tung der Einkommenspyramide" Bezug genommen (ebd.: 120). Festzuhalten ist jedenfalls, dass die Einkommensschere zwischen Einheimischen und Im-migranten in den letzten Jahren sich weiter geöffnet hat und, wenn die aktuel-len Tendenzen anhalten, noch weiter öffnen wird. Nadia Granato und Frank Kalter machen diesbezüglich darauf aufmerksam, dass die „Arbeiterposition nach wie vor die typische Stellung bei den Migranten" ist und dass sie auf dem Arbeitsmarkt weiterhin „die niedrigste Kategorie deutlich stärker beset-zen als die Deutschen" (2001: 511).

Es kann zwar nicht bestritten werden, dass ein Großteil der Immigranten in den Arbeitsprozess integriert ist und dass vor allem die nachfolgenden Ge-nerationen einen bedeutenden intergenerationellen Aufstiegsprozess absol-viert haben (vgl. Beck-Gernsheim 2004: 118 f.). Gleichwohl ist nicht zu ü-bersehen, dass ein beachtlicher Teil allochthoner Bevölkerung weiterhin stär-ker als die Einheimischen von der Ausgrenzung bedroht ist. Ein zentraler Un-terschied zwischen der Situation der Immigranten während der ‚Gastarbeiter-phase‘ und in der Gegenwart besteht im Übergang von der Unterschichtung zur Exklusion bzw. Prekarität. In der ‚Gastarbeiterphase‘ unterschichteten die Arbeitsimmigranten das soziale Schichtungssystem dadurch, dass sie in Be-trieben die untersten Positionen besetzten (Bremer 2000: 217). Heute kann von einer Unterschichtung allein nicht die Rede sein, da ein Großteil der Im-migranten entweder die Unterschichtung unterlaufen hat oder aus dem primä-

ren Arbeitsmarkt praktisch ausgeschlossen ist. Was in der ‚Gastarbeiterphase' stattgefunden hat, war eine „Unterschichtung innerhalb des bestehenden
Schichtungssystems" (ebd.: 218), deren Funktion es war, das Arbeitslosig-
keitsrisiko der einheimischen Beschäftigten abzufedern (ebd.: 219). Forciert
wurde diese Tendenz zusätzlich durch den Verzicht der Regierung, eine Angleichung der Lebensverhältnisse der Arbeitsimmigranten an die der Einheimischen anzustreben. Einheimische und Neuankömmlinge bewegten sich in
verschiedenen Bereichen und konkurrierten kaum um Arbeitsplätze oder um
andere soziale Güter (Esser 1980: 250). Die Situation änderte sich allerdings
mit dem Familiennachzug, was faktisch eine Entscheidung für einen dauerhaften Sitz in Deutschland bedeutete. Die Arbeitsimmigranten entwickelten
allmählich Aufstiegsaspirationen und fingen an, mit statushöheren Einheimischen zu konkurrieren (ebd.: 99).

Bei den Bevölkerungssegmenten, die von der Ausgrenzung bedroht sind,
sind die Immigranten, und darunter insbesondere derjenigen aus der Türkei,[229] überproportional vertreten. Dies lässt sich nicht nur auf das „nach wie
vor unterdurchschnittliche Bildungs- und Ausbildungsniveau" (ebd.) zurückführen. Systematische Benachteiligung durch gesetzliche Sonderregelungen
und Diskriminierungen spielen eine ebenso wichtige, wenn nicht viel größere
Rolle als ‚fehlende' oder ‚mangelnde' Ressourcen.

Gleichwohl sind die Immigranten aufgrund niedrigerer Qualifikationen
und aufgrund geringerer sozialer, symbolischer und kultureller Ressourcen,
die sie mobilisieren können, von der Umstrukturierung des Arbeitsmarktes in
stärkerem Maße betroffen (Tucci 2004: 307). Die Benachteiligung geht jedoch nicht nur auf strukturelle Bedingungen und funktionale Kriterien zurück, sondern wird zum Teil auch durch nichtfunktionale Hindernisse bewirkt, die den Wiedereinstieg in das Berufsleben erschweren. In der Forschung werden Diskriminierung und ausländerfeindliche Einstellungen von
Arbeitgebern hervorgehoben (ebd., vgl. a. Seifert 1995; Bremer 2000; Büchel
und Frick 2004).

---

[229] Laut Forschungsergebnissen lebt etwa ein Viertel der türkischen Bevölkerung in Armut (24,9
Prozent). Auch der Anteil der türkischen Haushalte, die von der Armut betroffen sind, ist viel
größer als deutsche Haushalte (Tucci 2004: 311).

Die Diskriminierungsthese ist nicht unumstritten.[230] Zwar werden Diskriminierungen nicht generell bestritten, gleichwohl wird argumentiert, dass sie nicht die einzigen Ursachen für Benachteiligungen und für die „signifikante Schlechterstellung" (Granato und Kalter 2001: 513) des gesellschaftlichen Status von Nichteinheimischen auf dem Arbeitsmarkt sind. Granato und Kalter machen auch auf weitere Mechanismen wie „Unterinvestition der Migranten in Humankapital", dem Arbeitsmarkt „vorgelagerte Diskriminierung" im Bildungssystem und auf „ethnische Präferenzen" der Immigranten (Rückkehroption, ethnische Freundschaftsnetzwerke usw.) aufmerksam (ebd.: 518).

Die Aussage, dass der Arbeitsmarkt ein Ort sozialer Schließung ist, ist durch den Hinweis zu ergänzen, dass ein beachtlicher Teil der Benachteiligung von Immigranten auf dem informellen Arbeitsmarkt stattfindet (vgl. Doeringer und Piore 1971). In der Literatur wird der Arbeitsmarkt in ein primäres und ein sekundäres bzw. informelles Segment (*internal labour markets*) unterteilt.[231] Lash und Urry schreiben diesbezüglich:

> „Whereas German fathers could help their sons secure training places in the plants where they worked, Turkish fathers were mostly semi- and unskilled workers and were active in areas in plants where there were no apprenticeship places. Through such information and contact networks German youths were able to secure training places a full year before the places were registered at the employment office, and hence became available to Turkish youths. Thus the demand side had often been fixed in advance, and Turkish youths were excluded from even competing on the training market" (1999: 189).

Es liegen weitere Forschungsbefunde vor, wonach ein Großteil der Benachteiligung von Immigranten auf die negativen Einstellungen von Arbeitgebern

---

[230] Zwar verbietet der Artikel 3 des Grundgesetzes Diskriminierung aufgrund ethnischer, kultureller und religiöser Zugehörigkeit. Allerdings beschränkt sich dieses Diskriminierungsverbot auf deutsche Staatsbürger. Wilpert bemerkt diesbezüglich, dass die deutschen Gerichte eine Interpretation etabliert haben, nach der auf eine andere Staatsbürgerschaft zurückgehende Diskriminierung nicht verfassungswidrig sei. „To date, the interpretation of Article 3 is that it does not forbid discrimination on the basis of citizenship." (Wilpert 2003: 259) Wilpert weist darauf hin, dass es schwierig ist, gegen die Diskriminierung von nichtdeutschen Jugendlichen, denen zum Beispiel der Eintritt in Diskotheken verwehrt wird, juristisch anzugehen. Theoretisch könnte solchen Diskriminierungspraktiken durch eine sich auf das Gaststättengesetz berufende Kontrolle Einhalt geboten werden, allerdings hätten bisherige Bemühungen kein Erfolg verbuchen können. „To protect their positions, owners need only to demonstrate that permitting the entry of Turks would create conflict between Germans and Turks, leading to disturbance of the peace." (Ebd.: 260)

[231] „Es handelt sich dabei um Teilarbeitsmärkte innerhalb des primären Sektors, die hauptsächlich intern besetzt werden, also durch Personen, die bereits Zugang zu diesem Teilmarkt hatten" (Terkessidis 1998: 189). Lutz und Sengenberger schlagen bezüglich der bundesrepublikanischen Situation eine Dreiteilung zwischen einem Arbeitsmarkt für unspezifische Qualifikationen, einem beruflichen Arbeitsmarkt und betriebsinterne Arbeitsmärkte vor (Lutz und Sengenberger 1980: 291ff., vgl. diesbezüglich auch Blossfeld und Mayer 1988, Sengenberger 1987).

und auf Diskriminierungen[232] bei Einstellungen zurückgeht. Andrea Janßen und Ayça Polat (2005) verweisen auf *Gatekeeper*,[233] die sowohl bei der Arbeitsvermittlung beim Arbeitsamt als auch bei den Einstellungen in Betrieben nach nichtfunktionalen Kriterien wie z. B. nach Ethnizität oder ‚kulturellen Merkmalen' entscheiden würden. Die Verfasser stellen in ihrer Studie, in deren Rahmen sie bundesweit Gatekeeper in verschiedenen Bereichen (Bildungssektor, Arbeits- und Wohnungsmarkt) befragen, fest, dass diese sich häufig gemäß ihren Vorurteilen und Klischees entscheiden.[234] Janßen und Polat schreiben, dass „die Selektivität der Stereotypen von Gatekeepern über Türken" vielfach entscheidender seien als professionelle Kriterien. Sie bemerken, dass Gatekeeper türkischen Immigranten häufig Eigenschaften zuschreiben, „die gerade in den heute expandierenden und höherwertigen Segmenten des Arbeitsmarktes, nämlich in den Dienstleistungen und qualifizierten Berufen besonders negativ bewertet werden" (ebd.: 201).[235]

Außerdem ist in Deutschland im Gegensatz zu Großbritannien eine spürbare öffentliche Abneigung gegenüber religiöser Symbole[236] der Immigranten präsent, welche ihre Chancen auf dem Arbeits-, Wohnungsmarkt und Bildungssystem zusätzlich einschränkt. In Deutschland ist es dagegen kaum vorstellbar, dass eine Frau mit Kopftuch eine Tätigkeit im öffentlichen Sektor ausübt.

Zusammenfassend lässt sich sagen, dass die soziale Schließung gegenüber Immigranten zur Produktion eines Bevölkerungssegments, das zu einem be-

---

[232] Allerdings führen die Verfasser systematische Benachteiligungen, die zum Beispiel Immigranten aus der Türkei betreffen, neben Diskriminierung auch auf den aktuellen Strukturwandel zurück. Sie weisen diesbezüglich darauf hin, dass der Strukturwandel, welcher heute im Arbeitsmarkt stattfindet, den Zugang von Immigranten zur Erwerbsarbeit zusätzlich erschwert (Janßen und Polat 2005: 200). Die Konsequenz ist, dass die Immigranten innerhalb einer Generationszeit einen bedeutenden sozialen und kulturellen Wandel bewältigen müssen, wofür die Immigranten im späten 19. und im 20. Jahrhundert (etwa die ‚Ruhrpolen' oder die europäischen Arbeitsimmigranten der Nachkriegszeit wie etwa die Italiener, Spanier oder Portugiesen) mehrere Generationen Zeit gehabt hatten. Gleichwohl wird, neben Benachteiligungen aufgrund komplexerer Auswahlverfahren mit hohen Anforderungen an Schriftbeherrschung, an deren Hürden türkeistämmige Immigranten laut Forschungsergebnissen und offiziellen Verlautbarungen öfters scheitern, auch auf die weiterhin bestehenden strukturellen Diskriminierungen durch Gatekeeper auf dem Arbeitsmarkt verwiesen.
[233] „Gatekeeper sind Personen, die aufgrund ihrer beruflichen Position über Zugang und Positionierung von Bewerbern in den jeweiligen Märkten entscheiden" (Janßen und Polat 2005: 10).
[234] „[D]ie Zuweisung durch die Gatekeeper [wird] eben nicht nur anhand von Faktoren wie Bildung, Qualifikation und Arbeitserfahrung vorgenommen, sondern auch aufgrund von Meinungen und Bildern, die sie von Migranten haben. Von den Migranten aus den klassischen Anwerbeländern sind Türken eher am Ende der Sympathieskala angesiedelt" (Janßen und Polat 2005: 187).
[235] „Ihnen fehle im Umgang mit Kunden die ‚professionelle Demut', die gerade in Dienstleistungen gefordert sei", lautet vielfach die Meinung von Gatekeepern (Janßen und Polat 2005: 196).
[236] Zu ‚religiösen Symbolen' gehören beispielsweise das Kopftuch (bei muslimischen Frauen), die Halskette mit dem Kreuzsymbol (bei Christen) oder der Turban (bei den Sikhs).

stimmten Segment des Arbeitsmarktes passt, wesentlich beiträgt. Immigranten unterscheiden sich von den Einheimischen durch ihre prekäre Lage auf dem deutschen Arbeitsmarkt. Dies wiederum fördert das Gefühl, nicht dazuzugehören und hat, zusammen mit der medialen Thematisierung (s. Teil IV, *Kapitel 11*), zur Folge, dass sie in das Zentrum der Aufmerksamkeit gerückt und dadurch als eine von der Mehrheit abweichende Gruppe markiert werden. Damit werden sie wiederum zu bevorzugten Objekten negativer Fremdheitszuschreibungen. Daher ist Terkessidis zuzustimmen, wenn er konstatiert, dass sich heute in der Lebensweise der Immigranten „soziale Ungleichheit und ‚Fremdheit' bis zur Ununterscheidbarkeit" vermischen (1998: 193).

Aussagen, die über die Position der Immigranten bzw. ‚Ausländer' auf dem bundesrepublikanischen Arbeitsmarkt getroffen sind, treffen im Großen und Ganzen auch auf die Situation der Immigranten bzw. ethnischer Minderheiten auf dem britischen Arbeitsmarkt zu. Wie einschlägige Studien nahelegen, gehören Benachteiligung, Diskriminierung und Unterschichtung ebenfalls zu den Erfahrungen der Immigranten und ethnischen Minderheiten auf dem britischen Arbeitsmarkt.[237] Die Gemeinsamkeiten sollten jedoch nicht dazu veranlassen, die Unterschiede aus dem Blick zu verlieren. Zunächst gilt es, einige terminologische Unterscheidungen zu klären. Die Bezeichnung ‚Ausländer' ist im britischen Kontext zu unspezifisch, da der überragende Teil der Immigranten die britische Staatsbürgerschaft besitzt. In Großbritannien sind die Bezeichnungen *Immigrant* und *ethnische Minderheiten* gebräuchlich, um Bevölkerungsgruppen, die nicht zur Mehrheitsgesellschaft gehören, zu bezeichnen. In der Fachliteratur wird die Kategorie ‚Immigranten'[238] weiter in Immigranten weißer Herkunft (white backgrounds) und in ethnische Minderheiten differenziert (ethnic minority migrants). Üblich sind auch die Bezeichnungen ‚visible minorities' oder ‚coloured people' bzw. ‚people of colour'.

Es gilt ferner zu beachten, dass in Großbritannien die Trennungslinie nicht in erster Linie zwischen Einheimischen und Immigranten verläuft, sondern vielmehr zwischen ‚weißen' Einheimischen und ethnischen Minderheiten (d.h. Schwarzafrikaner, Kariben, Pakistanis, Bangladeschis, kurz: die ‚farbigen' bzw. sichtbaren Immigranten). In zahlreichen Studien wird nahe gelegt, dass Immigranten mit ‚weißer' Hautfarbe (etwa aus den EU-Ländern) auf dem Arbeitsmarkt und im Erwerbsleben mit den Einheimischen nahezu gleich abschneiden. Immigranten mit schwarzer oder dunkler Hautfarbe (‚co-

---

[237] Mehr dazu vgl. Shields und Wheatly (2003) sowie Raghuram (2002).
[238] „[M]igrants are defined as all those who were born outside the UK [...]" (Kempton 2002: 3). Immigranten werden des weiteren in vier Gruppen eingeteilt: (a) ethnisch minoritäre Immigranten; (b) Immigranten aus Irland oder aus EU-Staaten; (c) weiße Immigranten aus den alten Commonwealth-Ländern und (d) weiße Immigranten aus dem neuen Commonwealth (ebd.)

loured' migrants, ethnic minorities) dagegen haben, wie die Beschäftigungs-
bzw. Arbeitslosigkeitsrate und Berichte nahelegen, eine eher unsichere Position auf dem Arbeitsmarkt und erfahren erhebliche Diskriminierungen vor allem bei den Einstellungen. Zu erwähnen sind diesbezüglich die Forschungsberichte des *Home Office*; demnach ist die Wahrscheinlichkeit für ethnische
Minderheiten, von einheimischen Managern eingestellt zu werden, deutlich
geringer als für Angehörige der dominanten ‚weißen' Bevölkerung und ‚weißen' europäischen Immigranten. In einem dieser Forschungsberichte, der von
Jeremy Kempton im Auftrag des *Home Office* verfasst worden ist, heißt es:

> „[M]igrants from ethnic minority groups are still generally found to have sig-
> nificantly lower levels of employment, participation and wages than the UK-
> born population [...] Ethnic minority migrants are additionally less likely to
> be employed or to participate in comparison to people from the same ethnic
> group who were born in the UK." (2002: 5)

Als ein Indiz für die Benachteiligung von Immigranten wird auch die ausei-
nanderklaffende Schere beim Durchschnittseinkommen sowie bei den Be-
schäftigungs- und Arbeitslosigkeitsraten von Einheimischen und ‚nichtweißen' Immigranten und Minderheiten herangezogen: Ethnische Immigranten
schneiden dabei deutlich schlechter ab als ‚weiße' Bevölkerungsgruppen.
Unterschiede sind auch zwischen den in Großbritannien und im Ausland geborenen Minderheiten zu verzeichnen (ebd.).

Allerdings lassen sich Unterschiede zwischen Immigranten bzw. ethnischen Minderheiten und Einheimischen nicht nur bezüglich des Zuganges
zum Arbeitsmarkt, sondern auch bezüglich der Durchschnittslöhne beobachten. Untersuchungen belegen anhand statistischer Daten, dass der Durch-
schnittslohn bei den ethnischen Minoritäten etwa um 10 Prozent niedriger
liegt als bei den Einheimischen, wobei Bangladeschis und Pakistanis besonders auffallen: Diese Gruppen weisen bezüglich des Einkommens die größte
Differenz zu den Einheimischen auf (ebd.: 6). In diesem Sinne ist es berechtigt, auch im Falle des britischen Arbeitsmarktes von einer ethnischen
Schichtung in der Einkommenspyramide zu sprechen. Zwischen Einheimischen und ‚weißen' Immigranten sind dagegen kaum nennenswerte Unterschiede bezüglich der Beschäftigungsrate, Arbeitslosigkeit und Durch-
schnittslohn zu verzeichnen. In der Forschung wird neben Pakistanis und
Bangladeschis auch auf Schwarzafrikaner und Kariben als die am stärksten
Benachteiligten hingewiesen (ebd.: 18 f., vgl. a. Dustmann u.a. 2003). In einem weiteren Forschungsbericht heißt es diesbezüglich:

> „It is extremely well documented that in broad terms, ethnic minority groups
> in Britain such as Black Caribbeans, Pakistanis and Bangladeshis, are disad-
> vantaged in the labour market. Evidence illustrates that they have inferior
> chances of reaching professional and managerial jobs, and that they are more

likely than their White counterparts to experience unemployment." (Cabinet Office 2001: 1f.)

Als Ursachen der Benachteiligung und der prekären Lage von ethnischen Minderheiten auf dem Arbeitsmarkt wird in der Forschung nicht nur auf den ökonomischen Strukturwandel (De-Industrialisierung, Kommerzialisierung, Privatisierung usw.) und geringere Ausstattung mit Bildung und Sprach-kenntnissen, sondern auch auf Diskriminierungen durch die Gatekeeper auf dem Arbeitsmarkt hingewiesen. Diskutiert werden stereotype Wahrnehmun-gen von sichtbaren bzw. ‚farbigen' Immigranten durch die Arbeitgeber und Gatekeeper. Zu den gängigen Stereotypen bezüglich der Inder gehören zum Beispiel ihre Darstellung als ‚lethargisch' oder bezüglich der Asiaten die Un-terstellung, sie seien „schwach in der mechanischen Zeichnung". Erwähnt werden zudem innerbetriebliche *no go areas*, in denen, Gatekeepern zufolge, ‚weiße' mit ‚schwarzen' Arbeitern angeblich nicht arbeiten möchten. Diese *no go areas* werden hauptsächlich in Bereichen mit qualifizierten Tätigkeiten wie Handwerk, Instandhaltungs- und Aufsichtsaufgaben errichtet (Wrench u.a. 1999: 58f.). Ethnische Minderheiten sind allerdings nicht nur in unattrak-tiven Berufen und Tätigkeiten mit niedrigem Status überrepräsentiert, son-dern auch in der Kategorie der ‚Nichtbeschäftigbaren',[239] die kaum eine Aus-sicht auf einen Berufseinstieg haben (Kushnick 1998: 120).

Es wird ferner darauf hingewiesen, dass Schulabgänger der ethnischen Minderheiten bei gleichem Bildungsstand und gleich erfolgreichem Ab-schluss geringere Erfolgschancen auf dem Arbeitsmarkt haben als Schulab-gänger der ‚weißen' Mehrheitsbevölkerung. Dies wird darauf zurückgeführt, dass Einstellungsentscheidungen nicht allein anhand funktionaler Kriterien, sondern vielfach nach ethnischen Stereotypen und Vorurteilen getroffen wer-den und dass Gatekeeper nicht selten aus rassistischen Präferenzen sich für weiße Bewerber und Bewerberinnen entscheiden (ebd.: 68, vgl. a. Spencer 2003: 64).

Es gilt daher festzuhalten, dass bezüglich der Ungleichbehandlung von Immigranten und ethnischen Minderheiten zwischen den Arbeitsmärkten beider Vergleichsländer kaum nennenswerte qualitative Unterschiede beste-hen. Sowohl auf dem bundesrepublikanischen als auch auf dem britischen Arbeitsmarkt fallen bestimmte, nichtautochthone Gruppen durch ihre beson-dere, prekäre Lage auf. Diese erfahren Diskriminierungen und Benachteili-gungen in verschiedenen Situationen wie etwa Einstellungen oder innerbe-

---

[239] „Ethnic minority unemployment is more than double that of comparable White subpopula-tions […] Black Caribbean graduates are more than twice as likely to be unemployed as White graduates are. One survey found that African men with degrees were seven times more likely to be unemployed than White male graduates." (Cabinet Office 2001: 7-8)

trieblichen Positionszuweisungen.[240] Dies wiederum macht sie zu bevorzugten Objekten von Fremdheitszuschreibungen und fördert ihr subjektives Fremdheitsempfinden.

Gleichwohl gibt es markante Unterschiede hinsichtlich des institutionellen Umganges mit als Fremde wahrgenommenen Personen auf beiden nationalen Arbeitsmärkten; eines davon bezieht sich auf das dominante Modernisierungsmodell. Wie bereits erwähnt, sorgt das neoliberale Modernisierungsmodell in Großbritannien zwar für stärkere Klassendifferenzen, aber zugleich für schwächere Differenzen zwischen Einheimischen und Immigranten bzw. Minderheiten (Lash und Urry 1999). Ein weiterer Unterschied besteht in der Rolle der Staatsbürgerschaft und der legalen Hindernisse beim Zugang zum Arbeitsmarkt. Der Großteil der Nachkriegsimmigranten besaß die britische Staatsbürgerschaft, kam dadurch in den Genuss von vollständigen Bürgerrechten, sodass der Zugang zum Arbeitsmarkt kaum erschwert wurde wie es in Deutschland aufgrund des Inländerprimats lange Zeit der Fall war (Wrench u.a. 1999: 54). In Großbritannien bestand bzw. besteht weder ein explizites Arbeitsverbot für Zuwanderergruppen noch stehen dem Zugang von Immigranten zum Arbeitsmarkt rechtliche Barrieren entgegen (Mohr 2007: 100).

10.3 Institutionen des sozialen Ausschlusses II: Bildungssystem

Das Bildungssystem wird ebenfalls als ein *Ort sozialer Schließung* und als *zentraler Ort der Konstitution kultureller Hegemonie* interpretiert, obwohl es aufgrund der allgemeinen Schulpflicht zur Integration von Einheimischen und Immigranten gezwungen ist. Wie auch zahlreiche Studien nahe legen, strukturiert das Bildungssystem die Berufs- und Einkommenschancen und damit die Entfaltungs- und Partizipationsmöglichkeiten von Individuen. In der Schule wird der Grundstein für die spätere Eingliederung in die verschiedenen Berufssparten und Marktsegmente gelegt. So gehört es mittlerweile zum allgemeinen Erkenntnisstand der Bildungssoziologie, dass Benachteiligungen und Diskriminierungen, die Individuen innerhalb des Bildungssystems erfahren, nachhaltige Auswirkungen in anderen Bereichen wie beispielsweise auf dem Arbeitsmarkt zeigen: Die Vergabe von Bildungstiteln regelt den Zugang zur Erwerbsarbeit, damit wiederum die Einkommensmöglichkeiten und den Zugang zum Wohnungsmarkt. Die zentrale Bedeutung des erworbenen Bildungstitels stellt sich noch deutlicher heraus, wenn berück-

---

[240] „Die Erfahrung von Rassismus ist allen ethnischen Minderheitengruppen gemeinsam. Dass sie sich mit den verschiedensten Formen von Diskriminierung und Benachteiligung (von schlechterer Bezahlung bis zur lebensbedrohenden physischen Gewalt) auseinandersetzen und sie in ihre Lebensgestaltung einbeziehen müssen, unterscheidet den Alltag ethnischer Minderheiten von dem der weißen Bevölkerung." (Berg 2006: 260)

sichtigt wird, dass die Aufnahmefähigkeit des gegenwärtigen Arbeitsmarktes sowie die Nachfrage nach un- bzw. angelernten Arbeitskräften kontinuierlich schrumpfen. Auch im Bildungssystem kann von einer Indifferenz gegenüber nichtfunktionalen Kriterien wie Kultur oder Ethnizität nicht die Rede sein. Aufgrund ethnischer Unterschiede in Bezug auf Leistungen (Bildungstitel usw.) ist es treffender, von einer ethnischen Segmentation (Diefenbach 2003) zu sprechen.

Um die Thesen der ethnischen Segmentation und Benachteiligung zu belegen, wird häufig auf den Bildungsabstand zwischen den Migrantenkindern der zweiten sowie dritten Generation und deutschen Kindern hingewiesen. In diesem Sinne werden auch die Überrepräsentanz nichtdeutscher Schüler mit Migrationshintergrund an Sonderschulen und ihre Unterrepräsentanz an weiterqualifizierenden Schulen (Berufs- und Fachhochschulen) und Universitäten bewertet. Obwohl dieser Abstand sich im Laufe der Jahre verringert hat, kann von einer Angleichung der Situation beider Bevölkerungsteile nicht gesprochen werden (vgl. Thränhardt und Hunger 2000; Thränhardt 2003; Gogolin 2000). In Studien wird außerdem auf der Grundlage statistischer Daten[241] prognostiziert, dass ein Großteil ‚ausländischer' Schüler in Zukunft voraussichtlich dem ‚Subproletariat' angehören werde (Bremer 2000: 153). Bezüglich der prekären Lage von Migrantenkindern schreibt Bremer:

> „Die Schwellen von einem Schulsystem in das nächste, vom Bildungs- in das Ausbildungssystem und vom Ausbildungssystem ins Berufsleben erweisen sich für Ausländer als deutlich höher als bei Deutschen. Innerhalb der jeweiligen Institutionen ist darüber hinaus die Wahrscheinlichkeit, daß Ausländer scheitern, deutlich höher" (ebd.: 154).

Die Unterrepräsentanz von Migrantenkindern „in den anspruchsvolleren Bildungswegen wie der Realschule und dem Gymnasium" und „höhere Übergangsraten zur Hauptschule" wird auch von Cornelia Kristen festgestellt (2002: 548). Als Ursache für die signifikante Schlechterstellung von Migrantenkindern benennt sie verschiedene Mechanismen wie Diskriminierung seitens der Schule, soziale Herkunft, soziales Kapital der Familie und soziales Umfeld:

> „Im unmittelbaren Umfeld dieser Kinder ist der Übergang auf die Hauptschule der Normalfall; ein Realschul- oder gar ein Gymnasialübergang dagegen die Ausnahme. Es gibt kaum erfolgreiche Vorbilder und vermutlich auch seltener wirksame Kontroll- und Sanktionsmechanismen, die bei schlechten

---

[241] Es liegen statistische Daten der SOEP (1998) vor, welche die Ausführungen von Bremer bekräftigen. So erreichen beispielsweise insgesamt nur 5 Prozent der türkischen Bevölkerung ein hohes Bildungsniveau gegenüber etwa 22 Prozent der Deutschen. Die türkische Bevölkerung ist im niedrigen Bildungssegment (Real- und Hauptschule) überrepräsentiert mit 54 Prozent; der Anteil bei den Deutschen liegt etwa bei 20 Prozent.

Leistungen in Kraft treten oder Anreize bieten, die Situation zu verändern" (ebd.: 550).

Gomolla und Radtke berichten diesbezüglich von Behinderungen von Kindern mit Migrationshintergrund seitens der Lehrer auch bei guten Leistungen wie etwa Haupt- bzw. Realschulempfehlung oder vom Fehlen eines normalen Umgangs mit der Herkunft der Schülerschaft (2002: 252). Mit ihrem differenzierten Umgang würden die Lehrer an der Produktion und Reproduktion von Fremdheit mitwirken.[242] Diesbezüglich wird in der Forschung auch konstatiert, dass insbesondere höhere Schulen im Rahmen der kulturellen Hegemonie als ,deutsche Schulen' definiert werden, was wiederum strukturell zur „Herstellung ethnischer Differenz" beitrage (ebd.). Terkessidis macht die Staatsangehörigkeit und die kulturelle Hegemonie sowie die zugehörigen ,Idiome' und Wissensbestände für die (Re-)Produktion der Trennung zwischen ,den Deutschen' und ,den Ausländern' verantwortlich. „Tatsächlich ist das Verhalten der jeweiligen Personen", setzt er fort, ,,,nicht böse gemeint', wie ein Lehrer zu Recht betonte, doch in der strukturellen Wirkung bestätigt es die Spaltungen innerhalb der Gesellschaft" (2004: 165).

Aus diesen Forschungsbefunden kann der Schluss gezogen werden, dass Immigranten im Allgemeinen und Türken im Besonderen im bundesrepublikanischen Bildungssystem aufgrund ihrer prekären Lage ,auffallen' und somit für gesellschaftliche Fremdheitszuschreibungen besonders anfällig werden. Wie auch Elisabeth Beck-Gernsheim (vgl. 1999: 120ff.) hervorgehoben hat, spielen der soziale Status und das Wohlstandsniveau eine wichtige Rolle bei den Fremdheitszuschreibungen. Da die nichteuropäischen Immigranten überwiegend zu unteren Schichten gehören und über ein geringes ökonomisches, kulturelles und soziales Kapital (Bourdieu) verfügen, haben sie ebenfalls geringere Möglichkeiten, die sie gegen Fremdheitszuschreibungen einsetzen könnten.

Das britische Bildungssystem wird ebenfalls als ein Ort des sozialen Ausschlusses, der ethnischen Segmentation, der Benachteiligung und der Diskriminierung von Immigranten und Minderheiten beschrieben, in dem die bestehenden Verhältnisse reproduziert werden.[243] Im Unterschied zum bundes-

---

[242] Hierzu zählt vor allem die Unterstellung, Migrantenkinder säßen ,zwischen zwei Stühlen', wodurch eine markante Trennung zwischen Deutschen und ,Ausländern' vorgegeben und gleichzeitig Zugehörigkeit mit der Abstammung sowie Abstammung mit der Sprache und Kultur verknüpft werden. Ein weiterer Mechanismus ist der Verweis von Migrantenkindern auf ihre ,Sonderrolle', die nicht nur durch den Unterschied zu den ,normalen' Schülern, sondern auch durch den Ausweis einer Unzulänglichkeit in Bezug auf die eigene Herkunft markiert wird (Terkessidis 2004: 163f.).
[243] Vgl. dazu exemplarisch den Runnymede Report ,School Choice and Ethnic Segregation' von Debbie Weekes-Bernard (2007).

republikanischen Bildungssystem laufen die Trennungslinien nicht zwischen Einheimischen und Immigranten, sondern vielmehr zwischen den Einheimischen, den ‚weißen' Immigranten und den ‚farbigen' Immigranten bzw. ethnischen Minderheiten wie z.b. etwa ‚Schwarzafrikaner', ‚dunkelhäutige' Kariben, Pakistanis, Bangladeschis usw. (Kushnick 1998: 122).

In der Forschung wird weiterhin eine beachtliche Differenz hinsichtlich des Bildungserfolges in der Schule, der Lehre und im Studium zwischen den ethnischen Minderheiten (Schwarzafrikaner, Kariben, Pakistanis usw.) und der weißen Mehrheit konstatiert. Allerdings liegen Differenzen auch innerhalb der Gruppe der Immigranten vor, nämlich zwischen den ethnischen Gruppen und den so genannten leistungsfähigen ethnischen Gruppen wie etwa Inder und Chinesen, die als solche eingestuft werden, obwohl Stereotypen und Klischees existieren, die diese Gruppen als lethargisch brandmarken. Im Falle der Letzteren ist sogar von einer Überschichtung die Rede (Cabinet Office 2001: 5).

Darüber hinaus wird auch auf Benachteiligungen und Diskriminierungen hingewiesen, die vor allem beim Zugang zu höheren Bildungseinrichtungen zum Ausdruck kommen. Laut Studien ist die Wahrscheinlichkeit, von traditionellen Universitäten aufgenommen zu werden, für Zugehörige ethnischer Minderheiten deutlich geringer als für Angehörige der weißen Mehrheitsbevölkerung.[244] Es wird außerdem festgestellt, dass hauptsächlich bangladesische, ‚schwarze' und pakistanische Schüler geringere Bildungserfolge erzielen als die Angehörigen der weißen Mehrheitsbevölkerung (ebd.).

> „Black children in Britain were being incorporated into a class-based educational system at the very lowest level. A recent committee set up by the government to investigate black ‚under-achievement' concluded: ‚we are convinced from the evidence that we have obtained that racism, both intentional and unintentional, has a direct and important bearing on the performance of West Indian children in our schools" (Kushnick 1998: 123).

Burgess und Wilson konstatieren, dass das britische Schulsystem einen hohen Grad an ethnischer Segregation aufweist, wobei der Segregationsgrad bei den Schülern indischer, pakistanischer oder bangladesischer Herkunft höher ist als bei den Schülern schwarzkaribischer und schwarzafrikanischer Herkunft (2003: 1). Auf der Grundlage oben diskutierter Studien lässt sich resümieren, dass im Bildungssystem beider Vergleichsländer Immigranten Benachteiligungen und Diskriminierungen ausgesetzt sind und sich dadurch von der

---

[244] „Ethnic minority first-degree graduates are less likely than White graduates to obtain an upper second of first class honours degree (53 % of White graduates obtain the higher classes of degree compared to only 37 % of the ethnic minority graduates)" (Cabinet Office 2001: 6).

Mehrheitsbevölkerung unterscheiden, wodurch sie wiederum zu bevorzugten Objekten negativer Fremdheitszuschreibungen werden.

10.4 Institutionen des sozialen Ausschlusses III: Wohnungsmarkt

Auf dem bundesrepublikanischen Wohnungsmarkt kommt es nicht nur beim Erwerb bzw. bei der Vergabe von Wohnungen zur sozialen Schließung, sondern zugleich bei den medialen Abwertungen von Stadtteilen mit hohem Immigrantenanteil. In diesem Zusammenhang ist insbesondere auf den dominanten ‚Ghettodiskurs' hinzuweisen, der durch eine stigmatisierende und dichotomisierende Repräsentation von Stadtteilen die Denk- und Wahrnehmungsweisen von Individuen maßgebend prägt und somit die kulturelle und ökonomische Entwicklung dieser Stadtteile negativ beeinflusst.[245] In der Forschung wird darauf hingewiesen, dass Stadtteile mit hohem Ausländeranteil in der Öffentlichkeit oft als ‚schlechte Adressen' gelten und die Bewohner dieser ‚schlechten Adressen' wiederum geringere Chancen auf dem Arbeitsmarkt haben (Bremer 2000: 200). Dies lässt die Schlussfolgerung zu, dass ein Großteil sozialer Schließung auf dem Wohnungsmarkt stattfindet.

Gleichwohl ist einzuwenden, dass der Begriff ‚Ausländerghetto' keinesfalls die Alltagsrealität der Stadtteile mit hohem Immigrantenanteil widerspiegelt. Solche Deutungsangebote müssten eigentlich angesichts neuerer Erkenntnisse als überholt gelten, wird doch in der Stadtsoziologie nachgewiesen, dass es in Deutschland streng genommen keine Ghettos gibt, wo nur Angehörige einer Ethnie wohnen oder wo staatliche Einrichtungen nicht präsent sind bzw. wo parallele Einrichtungen existieren. Es gibt zwar Stadtteile mit hohem Anteil an Immigranten oder an Türken, aber keine, in der fast ausschließlich nur Immigranten oder Türken wohnen (ebd.: 223).

Entgegen der herrschenden Auffassung in politischen Debatten über Migration und Integration wird in der sozialwissenschaftlichen Forschung konstatiert, dass segregiertes Wohnen keinesfalls mit sozioökonomischer Marginalisierung, Desintegration und Isolation gleichzusetzen ist. Es wird mit einiger Plausibilität argumentiert, dass segregiertes Wohnen sogar die Integrationsmöglichkeiten erweitern könne (ebd.: 225). Begründet wird diese Sichtweise mit dem Hinweis, dass ethnisch segregierte Stadtteile ihren Bewohnern die Entwicklung wichtiger nachbarschaftlicher Netzwerke und somit die Mobilisierung lebenswichtiger Ressourcen ermöglichen. Ein Großteil ausländischer

---

[245] „Dass der Ghettodiskurs sowohl die Grundlage politischer Entscheidungen auf kommunaler Ebene bildet als auch den wissenschaftlichen Blick prägt", schreibt Erol Yıldız (2006: 51), „ist ein deutlicher Hinweis darauf, dass er die Entwicklung des Quartiers unmittelbar beeinflusst".

Bevölkerung verfüge dank Segregation über soziale Ressourcen, über welche die ‚Einheimischen' nicht mehr verfügen (ebd.: 226).[246]

Diskriminierung von Menschen mit Migrationshintergrund scheint jedoch größtenteils bei der Vergabe von freien Wohnungen stattzufinden. Janßen und Polat (2005: 102) kommen zu dem Ergebnis, dass neben ökonomischen Kriterien auch die ethnische Herkunft des Bewerbers eine Rolle spielt. Als ein weiteres Beispiel für Benachteiligungen und Diskriminierungen von Immigranten wird auf die Quotierung von Haushalten hingewiesen. Wohnungsunternehmen würden vielfach eine Quotierung betreiben, um den Zuzug von Immigranten in bestimmte Stadtteile oder Mietshäuser zu begrenzen.[247] Auch in der Wissenschaft werde die Quotierung als Lösung für segregierte Quartiere favorisiert. Entgegen dieser Sichtweise stellen Janßen und Polat vier negative Konsequenzen der Quotierung fest:

(1) Willkürliche Verengung des zugänglichen Wohnungssegments,
(2) qualitative Verschlechterung von zugänglichen Wohnungen,
(3) Ausschluss von Immigranten von bestimmten attraktiven Standorten und
(4) Behinderung freiwilliger Segregation von Immigranten (ebd.: 103).

Legitimiert werde die Quotierungspraxis durch ökonomische Motive:

„Gatekeeper befürchten selektive Abwanderungen der deutschen Mittelschichten und eine größere Schwierigkeit beim Vermieten einer Wohnung, wenn der Anteil türkischer Haushalte auf Haus- oder Stadtebene einen kritischen Wert überschreitet" (ebd.).

Festzuhalten ist, dass Wohnungsämter und Wohnungsgesellschaften mit ihren offiziellen wie inoffiziellen Quotierungs- und Begrenzungspraktiken (Stichwort: Einzugstop für Ausländer) spätestens seit den 1980ern den zugänglichen Wohnungsmarkt für Immigranten einengen und somit Benachteiligungen hervorbringen (Bremer 2000: 169).

Immigranten und ethnische Minderheiten gehören in Großbritannien ebenfalls zu Bevölkerungssegmenten, die auf dem Wohnungsmarkt strukturellen Benachteiligungen und Diskriminierungen ausgesetzt sind (vgl. Harloe u.a. 1992: 191; Brown 1984; Smith 1989).[248] Es besteht allgemeines Einverneh-

---

[246] Allerdings ist zu erwarten, dass mit zukünftigen Ausdifferenzierungs- und Individualisierungstendenzen diese Ressourcen sich verringern werden und auch dieser Bevölkerungsteil den Ausgrenzungsprozessen der Märkte ausgesetzt wird (Bremer 2000: 226).
[247] Vgl. hierzu auch Winter-von-Gregory (1983: 269), der in seiner Studie, für die er Wohnungsunternehmer befragte, ebenfalls eine ‚Kontingentierung' ausländischer Haushalte feststellt.
[248] „There [in London/ Y.A.] minority groups face widespread racially based discrimination and disadvantage in the housing market, as in the labor market and education" (Harloe u.a. 1992: 190-1).

men darüber, dass der britische Wohnungsmarkt – bezogen auf den Wohnsitz und die Nachbarschaften – ethnisch segregiert ist (vgl. Oc 1987; Burgess/Wilson/Lupton 2004; Burgess und Wilson 2003; Harloe u.a. 1992). Auch wenn es in Großbritannien ebenfalls keine Ghettos gibt, die mit denen in den USA vergleichbar wären, leben ethnische Minderheiten und Immigranten – zusammen mit den ärmsten Angehörigen der weißen *Working Class* – meistens in alten und schlecht ausgestatteten innerstädtischen Vierteln (Berg 2006: 252). Zurückgeführt wird diese Situation von den Stadtsoziologen zum Teil auf die Entscheidungen und Programme der zentralen Regierung bzw. der Stadtverwaltung. Michael Harloe u.a. (1992: 185) schreiben diesbezüglich, dass die herrschende Regierungspolitik die ethnischen Minderheiten und Arme zur Residenz in bestimmten Vororten dirigiere.[249] In ihrem Beitrag, in dem sie den Wohnungsmarkt und die Wohnsituation zweier Globalstädte (London und New York) vergleichen, konstatieren sie bezüglich des Zuganges zum Wohnungsmarkt eine „Polarisation und Restratifizierung" der Londoner Stadtbevölkerung für die Zeit ab den 1980ern (ebd.: 188).

Zu vergegenwärtigen ist, dass Immigranten und ethnische Minderheiten geographisch in starkem Maße in urbanen Gegenden konzentriert sind. Während ein Großteil der Afro-Kariben im Großraum London lebt, residieren Inder und Pakistanis überwiegend weiter nördlich in den Industriestädten des Midlands, Yorkshire und Lancashire (Berg 2006: 252). Laut Studien leben 70 Prozent der ethnischen Minderheiten in heruntergekommenen Gegenden; (Cabinet Office 2001: 5). Im selben Forschungsbericht heißt es weiter:

> „Data show that while there is much variation within and between different ethnic groups [...] people from minority ethnic communities are more likely than others to live in deprived areas and in unpopular and overcrowded housing" (ebd.: 1).

Derselben Studie zufolge gehören derzeit 30 Prozent pakistanischer und bangladesischer Haushalte zu armen Nachbarschaften, während dieser Anteil bei den karibischen 18, den indischen 12 und den weißen einheimischen Haushalten 6 Prozent beträgt. Abschließend lässt sich festhalten, dass die Immigranten und ethnischen Minderheiten auf dem britischen Wohnungsmarkt Benachteiligungen und Diskriminierungen ausgesetzt sind, die ihren Zugang zu attraktiven Wohnmöglichkeiten einschränken.[250]

---

[249] Vgl. auch Odmalm, der diesbezüglich folgendes feststellt: „In the inner cities there is still a high degree of residential segregation in neighbourhoods and, as such, ethnic minorities have restrained certain barriers of cultural mix and political organisation." (2005: 64)

[250] Sebastian Berg konstatiert, dass „die Feindseligkeit der weißen britischen Bevölkerung ... ihre sozioökonomische Wurzel weniger in der Konkurrenz um Arbeitsplätze [hatte] (davon gab es genug), als im Streit um den knappen und in den alten Industriestädten dringend sanierungsbedürftigen Wohnraum" (2006: 252).

10.5 Zusammenfassung

Resümierend kann festgehalten werden, dass Immigranten in den oben analysierten gesellschaftlichen Bereichen Benachteiligungen und Diskriminierungen ausgesetzt sind, die zum Teil durch die offizielle Ausländer- und Integrationspolitik hervorgebracht werden. Auf dem deutschen Arbeitsmarkt war es bis vor kurzem vor allem das Inländerprimat, und es ist nach wie vor das Ausländergesetz und die restriktive Einbürgerungspolitik, welche die soziale Positionierung und Lebenschancen von Nichtdeutschen beeinflussen. In Großbritannien spielt dieser Aspekt, wie zahlreiche Studien es nahe legen, eine viel geringere Rolle, weil

(1)   die Einbürgerungspraxis durchlässiger ist und der überwiegende Teil von Menschen mit Migrationshintergrund die britische Staatsbürgerschaft besitzt,

(2)   nur ein kleiner Teil der Ausländer dem Inländerprimat unterliegt und

(3)   der Hauptkonflikt zwischen den ‚weißen' Einheimischen und ethnischen Minderheiten und ‚nichtweißen' Immigranten nicht auf dem Arbeitsmarkt, sondern eher auf dem Wohnungsmarkt um soziale Wohnungen stattfindet.

Studien legen ebenfalls nahe, dass in beiden Vergleichsländern ein wichtiger Abstand zwischen Einheimischen und Immigranten bzw. ethnischen Minderheiten bezüglich der Erwerbstätigkeit, des Bildungsstandes und des Zuganges zu den zentralen Märkten (Arbeits- und Wohnungsmarkt und Bildungssystem) besteht. Dies hat unter anderem zur Folge, dass Immigranten sich sowohl in ihrem Berufs- als auch Privatleben als eine von der Mehrheitsgesellschaft getrennte Bevölkerungsgruppe wahrnehmen, was wiederum bei ihnen das subjektive Gefühl, ‚Fremder unter Fremden zu sein', stärkt. Auf der anderen Seite werden sie dadurch für die Mehrheitsgesellschaft als eine andere, von ihnen abweichende Gruppe sichtbar. Durch diese ‚Sichtbarkeit' werden sie zur potentiellen Zielscheibe negativer Fremdheitszuschreibung.

Ein wichtiger Unterschied hinsichtlich des Umganges mit Fremden und Fremdheit, worauf in Studien hingewiesen wird, besteht in der Gelassenheit hinsichtlich religiöser Symbole in Großbritannien. Dies hat seine Wurzel vermutlich in dem Selbstbild Großbritanniens als eine multikulturelle Gesellschaft und in der imperialen (kolonialen) Tradition. Gleichwohl ist die Ambivalenz in der britischen Haltung zu Fremden, in der sich weltoffene und tolerante mit autoritären und belehrenden Elementen die Waage halten, bis heute spürbar. Dass öffentliche Einrichtungen in Großbritannien sich als multilingual und multikulturell begreifen, erleichtert allerdings in den oben untersuchten Bereichen das Leben der Immigranten und ethnischen Minderheiten sowie das Zusammenleben von ‚Weißen' und ‚Nichtweißen'. Aufgrund ihres Selbstbildes sind diese Einrichtungen nicht nur für spezielle Bedürfnisse verschiedener ethnischer Gruppen sensibilisiert, sondern versuchen auch, beispielsweise in der Zusammensetzung ihres Personals, die ethnische Vielfalt der lokalen Bevölkerung zu repräsentieren – ein Aspekt, der in Deutschland bisher nicht oder nicht genügend berücksichtigt wird.

11. Symbolische Stabilisierung und Legitimierung von Fremdheitszuschreibungen

Zuvor wurde argumentiert, dass es sich bei dem Phänomen *Fremdheit* um ein gesellschaftliches Konstrukt handelt. Durch den Hinweis auf den konstruierten Charakter wird deutlich, dass es sich bei Fremdheit um Fremdheitszuschreibungen handelt, die allerdings keine subjektiven und willkürlichen Setzungen von Individuen sind. Soll die Analyse nicht bei einer bloßen Konstatierung des Konstruktionscharakters von Fremdheit bleiben, so gilt es, diejenigen Diskurse, die sie hervorbringen, in den Blick zu nehmen. Es gilt auf diese Weise auch, den politisch-kulturellen Kontext, innerhalb dessen Fremdheit thematisiert und Individuen und Gruppen zugeschrieben wird, zu erschließen. Hieraus ergeben sich zwei Fragen, mit denen sich dieses Kapitel auseinandersetzt:

- Welche Bedeutung kommt dem politisch-kulturellen Kontext bei der Konstitution von Fremdheit und Fremden zu?
- Wie beeinflussen politische Diskurse die Fremdheitszuschreibungen?

Zunächst werden allgemeine Überlegungen zum Verhältnis von öffentlichen Diskursen und Fremdheit angestellt (11.1). Anschließend werden einschlägige Diskurs- und Medienanalysen im Hinblick auf symbolische Abgrenzungen durch dramatisierende bzw. stereotypisierende Thematisierung bestimmter Gruppen analysiert. Dabei wird die These vertreten, dass durch die Thematisierung von Immigranten symbolisch Grenzen gezogen werden, wodurch sie als Fremdgruppe ,sichtbar' gemacht werden (11.2). Im letzten Abschnitt werden die Ergebnisse zusammengefasst und auf einige exemplarische Handlungsstrategien gegenüber Fremdheitszuschreibungen eingegangen (11.3).

11.1 Zum Verhältnis von Diskursen und Fremdheit

In theoretischen Diskussionen herrscht kein Konsens darüber, welchen Einfluss der politisch-kulturelle Kontext auf Individuen ausübt. Einige Forschungsbefunde der Medienanalyse deuten darauf hin, dass mediale Wirklichkeitsentwürfe einen erheblichen Einfluss auf das Wissen und die Einstellungen von Rezipienten ausüben. Allerdings muss dabei berücksichtigt werden, dass die Verarbeitung und Bedeutungszuschreibung durch die Rezipienten, trotz Beeinflussung durch die medialen Wirklichkeitsentwürfe, subjektiv und kontextabhängig sind (vgl. Zentrum für Türkeistudien 1995: 157). Nach allgemeinem Erkenntnisstand kann gesagt werden, dass die Medien dazu neigen, die ‚Realität' dramatisierend darzustellen. Gleichwohl ist es irreführend, von einer medialen Verblendung der Individuen zu sprechen. Es ist eher anzunehmen, dass die Rezipienten die medialen Wirklichkeitsentwürfe in der Regel nach eigenem Bedarf selektiv aufnehmen, sie entsprechend ihrer jeweiligen kognitiven Fähigkeiten verarbeiten und für die eigenen Zwecke gebrauchen bzw. missbrauchen. In einer Untersuchung des Zentrums für Türkeistudien heißt es dazu, dass die Individuen

> „aus den Wirklichkeitsentwürfen der Medien das [auswählen], was ihnen für ihre eigenen Lebensentwürfe – für ihre Alltagswirklichkeit – relevant erscheint. Daraus zu schließen, die Medien haben keine Wirkungen, ist genauso voreilig, wie die Behauptung, Medien erzeugen Fremdenfeindlichkeit" (ebd.: 156).

Zusammenfassend lässt sich sagen, dass in Medien und in politischen Diskursen keinesfalls eine einheitliche Sichtweise vertreten wird und dass Subjekte von diesen Diskursen keinesfalls vollständig in ihren Einstellungen und Handlungen beeinflusst werden. Dass die kulturelle Ordnung einer Gesellschaft die Fremdheitszuschreibungen sowie die subjektiven Einstellungen gegenüber den Fremden beeinflusst, dürfte allerdings außer Frage stehen. Anzunehmen ist, dass eine nicht-demokratische, intolerante, purifikatorische kulturelle Ordnung eher ausgrenzende, essentialisierende und aggressive Fremdheitszuschreibungen fördert. In einer derartigen politisch-kulturellen Atmosphäre dürfte es eher möglich sein, Andere als ‚Fremde' zu markieren und ihnen – implizit wie explizit – einen moralisch ambivalenten Charakter zu unterstellen, als in einer demokratisch toleranten Atmosphäre. Gleichwohl ist es nicht die Absicht vorliegender Arbeit, einem Kausalitätsmodell das Wort zu reden, demzufolge der politisch-kulturelle Kontext eine einseitige und absolute Wirkung auf die Individuen ausübt.

Ein möglicher Zugang zur kulturellen Ordnung der Gesellschaft könnte darin bestehen, die öffentlichen Diskurse in den Blick zu nehmen. Rechtfertigen lässt sich diese Vorgehensweise durch den Hinweis, dass kollektive Deutungen in öffentlichen Diskursen verankert sind und Diskurse „das Medium der Produktion von Deutungen sind" (Althoff 1998: 19). Deutungsmuster[251]

---

[251] Unter Deutungsmuster werden sozial verfügbare Formen der Verdichtung und Abstrahierung verstanden, die sich aus Argumenten zusammensetzen. Sie können das Verhalten einzelner Akteure nicht allein erklären, weil für den Verlauf politischer Ereignisse nicht die Handlungen einzelner, sondern generelle Deutungsrahmen Struktur bestimmend sind. Strukturen wiederum sind

repräsentieren „kulturelles Wissen [...] das die Wahrnehmung der sozialen Welt und einen entsprechenden Umgang mit ihr bestimmt", d.h. sie haben „eine wirklichkeits*herstellende* Funktion" (ebd.: 52). Diskurse werden wiederum „beherrscht von den politischen und sozialen Strukturen einer Gesellschaft" (ebd.: 19). Ausgehend von dieser Erkenntnis, geht es in den folgenden Ausführungen um die Darstellung und Diskussion der in öffentlichen Diskursen verankerten kulturellen Deutungsmuster. Hierzu werden Medienanalysen herangezogen, weil Medien in doppelter Hinsicht konstitutiv für das kulturelle Gefüge der Gesellschaft sind: *Erstens* haben sie einen nachhaltigen Einfluss darauf, was in der Gesellschaft als relevant gilt; *zweitens* stellen sie Deutungsangebote bereit, auf die Subjekte zurückgreifen können (ebd.: 81f.).

11.2 Politische Diskurse und Fremdheit

Der Zuwanderungsdiskurs ist für die Analyse des Verhältnisses zwischen politischer Kultur und Zuschreibung und Erfahrung von Fremdheit von großer Bedeutung, weil darin symbolische Grenzziehungen von ‚Wir' vs. ‚die Fremden' betätigt werden. Diese Grenzziehungen tragen wiederum zur Hervorbringung gesellschaftlicher Ab- und Ausgrenzungen und zu ihrer Legitimation wesentlich bei. Matthias Hell (2005) unterscheidet vier große Entwicklungslinien, die für den bundesrepublikanischen Zuwanderungsdiskurs von 1998 bis 2002 konstitutiv sind.

- Dazu zählt *erstens* das Festhalten an dem kulturellen Konzept einer als homogen vorgestellten Nation. Hell stellt in seiner Analyse fest, dass die Staatsangehörigkeit nach wie vor als ein ‚mythisches Band' wahrgenommen und die Aufrechterhaltung gesellschaftlicher Homogenität und Kohäsion weiterhin als nationaler ‚Eigenwert' erfasst werden (ebd.: 167). „Die Verschränkung des Festhaltens an der Homogenität der Nation und der Einforderung von assimilativer Integration erwies sich über sämtliche Phasen der Zuwanderungsdiskussion hinweg als eine der wirkungsvollsten diskursiven Entwicklungslinien" (ebd.: 168).

- *Zweitens* ist die ökonomische Fundierung der Ausländer- und Zuwanderungspolitik in Deutschland zu erwähnen. Diesbezüglich wird von Hell festgestellt, dass die Zuwanderungspolitik über die weiten Phasen der Einwanderungsdiskussion der Wirtschaftspolitik untergeordnet geblieben ist. „Während die Einwanderungspolitik in Zeiten wirtschaftlicher Stagnation vor allem als Bedrohung für das soziale Gefüge Deutschlands

---

durch relative Stabilität gekennzeichnet und stehen in einer engen Beziehung zu ihrer Dauer (longue durée) (Althoff 1998: 258).

wahrgenommen wird, verändert eine Hochphase [...] den gesamten Handlungsspielraum in diesem Politikfeld" (ebd.: 169).

- *Drittens* ist die Befürwortung einer Ausweitung staatlicher Regulierungsansprüche zu erwähnen. Ein grundsätzlicher politischer Impuls zur Erarbeitung eines Zuwanderungsgesetzes und dessen inhaltliche Ausgestaltung als Steuerungs- und Begrenzungsgesetz ist die „Ausweitung staatlicher Zugriffsmöglichkeiten auf Zuwanderung" (ebd.: 170).

- *Viertens* ist auf die parteipolitische Instrumentalisierung der Zuwanderungspolitik hinzuweisen. Die Zuwanderungspolitik – als ein Unterbereich der Ausländerpolitik – kann der nationalen Identität zugerechnet werden, zumal sie ohnehin eine Identität konstruierende Co-Funktion erhalten hat. „Zuwanderungs- und Ausländerpolitik eignen sich somit hervorragend für die diskursive Konstruktion von Identität, wie etwa bei der Diskussion um die Einordnung Deutschlands als Nichteinwanderungs- bzw. Einwanderungsland oder in der Leitkultur-Debatte deutlich wird", lautet die Schlussfolgerung von Hell (ebd.).

Hell stellt des Weiteren fest, dass auch mit dem neuen Zuwanderungsgesetz das „Konzept der Homogenität der deutschen Nation" nicht durchbrochen ist. Vielmehr sei mit der Verankerung von „teilweise obligatorischen Eingliederungsmaßnahmen", die das neue Zuwanderungsgesetz vorschreibt, der „Gedanke einer auf Assimilation zielenden Integration bekräftigt" worden (ebd.: 174).[252] Weitere Medienanalysen weisen darauf hin, dass die mediale Darstellung von Zuwanderern und Flüchtlingen „durch Vorurteile und ausländerfeindliche Alltagstheorien geprägt ist, die eine negative Einstellung der Bevölkerung gegenüber Ausländern herstellen bzw. bestätigen" (Althoff 1998: 62).[253] Inhaltlich lassen sich im Zuwanderungsdiskurs drei übergeordnete Diskursmuster identifizieren: Unterstellung von Integrationsdefiziten, Skandalisierung und Stigmatisierung von Immigranten und Kriminalisierung von Zuwanderern.

Unterstellung von Integrationsdefiziten

Politische Diskussionen und Entscheidungen im Bereich der Migration und Integration bilden eine der zentralen Konfliktlinien in der bundesrepublikanischen Öffentlichkeit (Kleinert 2004: 16f.). Der mediale Zuwanderungsdiskurs ist ambivalent: Die Berichterstattung wirbt einerseits für Sympathien, wenn es um aus ökonomischer Sicht nützliche Zuwanderer geht. Andererseits

---

[252] Hell macht allerdings darauf aufmerksam, dass mit dem neuen Zuwanderungsgesetz der Grundgedanke der Integration erstmals Gesetzesrang erhalten habe (2005: 179).
[253] Vgl. diesbezüglich auch Ruhrmann und Kollmer (1987), Butterwegge und Hentges (2006), Eder/Rauer/Schmidtke (2004) u. Janßen und Polat (2005).

aber werden Aversionen erzeugt, wenn es sich um Flüchtlinge oder Asylbewerber handelt.[254] Ein Maßstab für solche Behandlungen ist, so lässt sich aus der Struktur solcher Thematisierungen schlussfolgern, der aktuelle Integrationsgrad bzw. die angenommene Integrationsfähigkeit von Immigranten. Erfolgreiche Immigranten wie etwa Profisportler, Unternehmer, Politiker werden ausführlich und positiv porträtiert, wobei nicht nur ihre beruflichen Erfolge, sondern auch ihre ‚Bereitschaft‘, dem Aufnahmeland nützlich zu sein, hervorgehoben werden (Hentges 2006: 109).

In der Migrationsforschung wird angenommen, dass der Diskurs um den Integrationsbegriff selbst als ein Medium symbolischer und sozialer Exklusion fungiert, da er die widerstreitenden Ansprüche der Mehrheit und der Immigrantengruppen widerspiegelt (Rauer und Schmidtke 2004: 250).

> „Ohne es explizit zu symbolisieren, bedeutet ‚Integration‘ jenseits seines sozialstrukturellen Inhalts immer auch eine ‚Wir‘/‚Sie‘-Dichotomie. Der implizierte Handlungsimperativ lautet: ‚Werdet so wie wir‘. Gleichzeitig ist ein solcher Rahmen immer auch mit der Konnotation belegt: ‚Ihr seid nicht so wie wir‘" (ebd.: 271).[255]

Bei den Immigranten, insbesondere aber bei denen aus der Türkei, werden in vier Punkten Integrationsdefizite unterstellt, welche in den Medien als Indizien für einen „fortgesetzten Zustand der Segregation" gelten (ebd.: 265). Dies sind:

(1) Mangelnde Sprachkenntnisse,
(2) fehlender Erfolg im Bildungsbereich, Arbeits- und Wohnungsmarkt,
(3) begrenzte Interaktion mit der deutschen Bevölkerung sowie
(4) eine vermeintlich fehlende Identifikation mit Deutschland.

Gegen den letzten Punkt lässt sich einwenden, dass er weder belegt noch widerlegt werden kann. Für die Segregationshypothese scheint einiges zu sprechen. Gleichwohl muss zur Geltung gebracht werden, dass sie sich bei näherer Überprüfung als unzureichend erweist, da bei solchen Diskussionen und Interpretationen die Ursachen der Segregation kaum oder nur verkürzt berücksichtigt werden. Auf Diskriminierung und Benachteiligung wird, wenn

---

[254] Vgl. hierzu Hentges 2006. Hentges analysiert diesen Sachverhalt exemplarisch am Beispiel der Berichterstattung in *Der Spiegel*. Darin richtet sich die Aufmerksamkeit speziell auf den Diskursstrang Zuwanderung, Einwanderung, Flucht und Asyl. Sie kommt dabei zu dem Ergebnis, dass die Berichterstattung über Migration nach Nützlichkeitskalkül differenziert wird. Zeitlich befristete Zuwanderung von Experten werde zum Beispiel als Bereicherung betrachtet, bei der nichtbefristeten Zuwanderung werde dagegen das Augenmerk auf ‚Problemfälle‘ und auf ‚Problemgruppen‘ gerichtet (Hentges 2006: 108 ff.).
[255] In der Literatur wird festgehalten, dass der Integrationsbegriff bei den Immigranten selbst offensichtlich mit illegitimen Identitätsforderungen und Assimilationserwartungen verbunden wird (Rauer und Schmidtke 2004: 271).

überhaupt, nur kursorisch eingegangen, während Selbstausgrenzung und Rückzugstendenzen überbetont werden.

Neuere Medien- und Diskursanalysen zur Zuwanderungsdebatte belegen, dass verschiedene Immigrantenkategorien jeweils im Zusammenhang verschiedener Themen und Problemzusammenhänge thematisiert werden. Edith Pichler und Oliver Schmidtke (2004) beobachten, dass beispielsweise die polnischen Immigranten eher mit Kriminalität im Zusammenhang gebracht werden, während die Frage nach der Integration kaum auftaucht oder Fragen nach kultureller Identität kaum ins Gewicht fallen (ebd.: 60). Dies wird dahingehend interpretiert, dass polnische Immigranten im politischen Bewusstsein kaum als eine ernstzunehmende Herausforderung für die Integration wahrgenommen werden. Sie werden, wie Pichler und Schmidtke weiter ausführen, vorwiegend „als kulturell leicht integrierbar", gleichzeitig aber als „beträchtliche Belastung" für den deutschen Arbeitsmarkt und für die sozialen Systeme wahrgenommen (ebd.). Währenddessen werden zum Beispiel Immigranten aus der Türkei „relativ wenig zum Gegenstand eines sozialen Verteilungskonfliktes gemacht" (ebd.: 61). Im Gegensatz zu den Immigranten aus Polen wird dieser Teil der Bevölkerung überwiegend „mit Blick auf ethnisch-kulturelle Differenz wahrgenommen" (ebd.).

Die Thematisierung der Immigranten türkischer Herkunft erfolgt überwiegend im Zusammenhang von kultureller Differenz sowie sozialer und räumlicher Segregation (Stichworte sind Ghettoisierung und Parallelgesellschaft). Während ihnen fehlende Integrationsbereitschaft unterstellt wird, wird von einer sozialen Belastung für die Gesellschaft nur indirekt gesprochen (ebd.: 65). Als Bereicherung werden hingegen ihre wirtschaftlichen Aktivitäten betont: Sie werden beispielsweise für das ‚flexible Dienstleistungsangebot' gewürdigt. In diesem Zusammenhang wird darauf hingewiesen, dass türkische Immigranten wesentlich zum Wohlstand Deutschlands beigetragen haben (ebd.: 66).[256] Bei den polnischen Immigranten dagegen spielt die ethnisch-kulturelle Identität „keine gewichtige Rolle in der medialen Wahrnehmung", obwohl wiederholt über die „systematische Benachteiligung polnisch stämmiger Migranten auf dem deutschen Arbeitsmarkt" (ebd.: 73) berichtet wird.

---

[256] Pichler und Schmidtke weisen darauf hin, dass die symbolische Macht, die von den Medien ausgeht, vor allem durch eine Willkür von Bewertungskriterien auffällt: „Dass etwa der wirtschaftliche Erfolg bei der einen Gruppe als Indiz fortschreitender und erfolgreicher Integration, bei der anderen aber als unerwünschte Tendenz der Nischenökonomie und Ghettobildung interpretiert wird, vermag einen Eindruck davon zu vermitteln, wie wichtig diese Bewertung für den Status und die Anerkennung einer Gruppe ist" (Pichler und Schmidtke 2004: 71).

Skandalisierung und Stigmatisierung von Immigranten

Neuere Untersuchungen weisen darauf hin, dass die „Medienmacher/innen häufig in einer skandalisierenden und diffamierenden Weise über Zuwanderer berichten" (Butterwegge und Hentges 2006: 9). Hierzu gehören in erster Linie die binären, dichotomisierenden Betrachtungen von Zuwanderern oder das Konstruieren von Dichotomien wie beispielsweise ‚bedeckt' gleich ‚traditionell' vs. ‚nicht bedeckt' gleich ‚modern', die zu den beliebtesten stilistischen Mitteln der medialen Darstellung von Immigranten gehören (vgl. Farrokhzad 2006: 78). Eine weitere Eigenschaft von medialen Darstellungen ist die Stilisierung von Immigranten als das Gegenüber einer bestimmten ‚Normalität'. Das heißt, Zuwanderer werden häufig als in Ghettos lebende, traditionsorientierte, nichtintegrierte und nichtintegrierbare Fremde porträtiert. Diese Ethnisierung sozialer Probleme hat die Übersetzung sozialer Ungerechtigkeit in Fremdheit zur Folge, womit wiederum fremdenfeindlichen Tendenzen Vorschub geleistet wird (Yıldız 2006: 41).

Nach dem 11. September 2001 hat der Diskursstrang ‚Islam' Konjunktur, was zur Folge hat, dass muslimische Zuwanderer im Zusammenhang mit kollektiver Sicherheit, Terrorismus und der Frage nach der Kompatibilität mit westlichen Werten wie Demokratie, Toleranz, Verfassungstreue usw. diskutiert werden. Zuwanderinnen wird wiederum fehlende Bereitschaft zur Integration unterstellt. Schahrzad Farrokhzad, die thematische Verschiebungen in den Darstellungen der Medien am Beispiel des ‚Spiegels' untersucht hat, stellte diesbezüglich fest, dass in medialen Darstellungen die Exotisierungen und Erotisierungen von muslimischen Immigrantinnen zurückgedrängt sind:

> „Im Zuge der Arbeitsmigration wurde … die kopftuchtragende türkische Mutter mit vielen Kindern das vorherrschende Konstrukt der orientalischen Frau. Auffällig ist das Verschwinden der erotischen Affinitäten, die durch abwertende Attribute wie ‚rückständig', ‚unzivilisiert' oder ‚nicht integrationsfähig' ersetzt wurden" (Farrokhzad 2006: 73).[257]

Zusammenfassend lässt sich sagen, dass ‚die Kopftuch tragende muslimische Frau' heute eine willkommene Negativfolie für die Konstruktion ‚europäischer Weiblichkeit' ist, während der muslimische Mann wiederum von europäischen Männern als Kontrast für die eigene Fortschrittlichkeit instrumentalisiert wird (Lutz 1992: 86).

---

[257] Gudrun Hentges schreibt diesbezüglich, dass die im Bundesgebiet lebenden Ausländerinnen „häufig personalisiert durch türkische Frauen, die Kopftücher tragen und meist als Mütter dargestellt" werden (2006: 108). Die Unterstellung von ‚Integrationsdefiziten' verbindet sich mit der Nichtanerkennung der von Zuwanderern geleisteten Integrations- und Anpassungsleistungen.

Kriminalisierung von Zuwanderern

Es liegt eine große Anzahl von Untersuchungen vor, aus denen ein Bild des Ausmaßes der Kriminalisierung[258] von Immigranten in Medien gewonnen werden kann. In einer 1987[259] durchgeführten Inhaltsanalyse der Bielefelder Tageszeitungen kommen Georg Ruhrmann und Jochem Kollmer[260] zu dem Ergebnis, dass während des untersuchten Zeitraumes mehr als ein Drittel der Zeitungsartikel die ‚Ausländer' überwiegend im Zusammenhang mit Kriminalität thematisieren. In 54,8 Prozent der ausländerbezogenen Artikel und 67,2 Prozent der ausländerbezogenen Leserbriefe der beiden Bielefelder Tageszeitungen (Neue Westfälische und Westfalen-Blatt) werde auf das Thema ‚deutsche Ressourcen' (ökonomischer Wohlstand, Sozialleistungen, hohe Arbeitsmoral, Liberalität usw.) und ökonomische Werte verwiesen, in anderen Leserbriefen auch auf Themen wie kollektive Sicherheit und Kriminalität eingegangen. Ruhrmann und Kollmer halten resümierend fest, dass ‚Ausländer' in der Bielefelder Lokalpresse vor allem unter dem Gesichtspunkt der Nützlichkeit für den gesellschaftlichen Wohlstand und unter dem Gesichtspunkt einer aktuellen oder potentiellen Gefährdung kollektiver Sicherheit thematisiert werden (Ruhrmann und Kollmer 1987: 2). Das Bild, das in den Bielefelder Zeitungen von den ‚Ausländern' vermittelt wird, ist geprägt durch Kriminalität und Bedrohung für die ‚deutschen Ressourcen' (ebd.).

Ein weiterer, wichtiger Befund, den diese Studie zutage fördert, ist, dass vor allem die türkischen Immigranten zu bevorzugten Adressaten von negativen Fremdheitszuschreibungen gehören. In den Bielefelder Lokalmedien finde sogar implizit eine Umdefinition des ‚Ausländerproblems' in ein ‚Türkenproblem' statt (ebd.: 141).[261] Es wird ebenfalls festgestellt, dass die Immigranten aus der Türkei sowie Türken mit Migrationshintergrund in Leserbrie-

---

[258] Der Ausdruck ‚Kriminalisierung von Immigranten' bezieht sich auf die bewussten wie unbewussten Anstrengungen in den Medien, Immigranten im Zusammenhang mit Kriminalfällen darzustellen und ihnen – implizit wie explizit – angeborene oder kulturell gefestigte kriminelle Neigungen zuzuschreiben.

[259] Ein Überblick neuerer Studien zeigt, dass diese Analyse nichts an ihrer Aktualität verloren hat. Ähnliche Tendenzen werden auch in neueren Studien beobachtet. Die Beispiele aus aktuelleren Printmedien, welche in der Einleitung dieser Arbeit angeführt wurden, können als weitere Belege für die Aktualität der in Ruhrmann und Kollmers Studie beobachteten Tendenzen gelten.

[260] Ziel der Studie (»Ausländerberichterstattung in der Kommune: Inhaltsanalyse Bielefelder Tageszeitungen unter Berücksichtigung ‚ausländerfeindlichen' Alltagstheorien«) ist die Beschreibung ausländerfeindlicher Inhalte der Bielefelder Presse sowie die Analyse ausländerfeindlicher Alltagstheorien in Presseartikeln und Leserbriefen. Die Verfasser der Studie verstehen unter ‚Ausländerfeindlichkeit' jede Weigerung, den Ausländern die inländischen Rechte einzuräumen, solange diese sich an die inländischen Gepflogenheiten angepasst haben. Unter ‚Ausländerfeindlichkeit' fallen alle Meinungsäußerungen, die sich gegen die Anwesenheit der Ausländer in Deutschland richten (Ruhrmann und Kollmer 1987).

[261] „Die ‚Ausländer' sind die Türken!", heißt es bei Ruhrmann und Kollmer (1987: 3).

fen häufiger als andere Gruppen in Verbindung mit der Ausländerproblematik thematisiert und in der Berichterstattung „häufiger in Verbindung mit negativen Persönlichkeitsmerkmalen und Charaktereigenschaften genannt" werden, während bei anderen Nationen die Darstellung positiver ausfällt (ebd.: 3, vgl. diesbezüglich auch Merten 1987, Althoff 1998).

Zu ähnlichen Ergebnissen kommt auch Martina Althoff in ihrer Studie[262] zur Mediendiskursen. Wichtig sind ihre Befunde vor allem deswegen, weil sie Hinweise zur Bedeutung von politischen Ereignissen für Fremdheitszuschreibungen geben. Sie stellt fest, dass die Gruppen, denen Fremdheit zugeschrieben wird, mit der Verschiebung von gesellschaftlich relevanten Problemen, ebenfalls wechseln. Zum Beleg verweist sie darauf, dass in der Berichterstattung über rechtsextreme Ausschreitungen in Rostock zunächst den Sinti und Roma, dann den Rechtsradikalen und zuletzt den Linksradikalen Fremdheit zugeschrieben wurde. Konstitutiv für solche Deutungsmuster ist, dass darin Fremdheit im Sinne von Nichtzugehörigkeit und Fremde im Sinne von Eindringlingen gebraucht wird. Althoff stellt in diesem Zusammenhang ebenfalls fest, dass die mediale Darstellung der Sinti und Roma als unwillkommene Neuankömmlinge oder als Eindringlinge sich im Alltagsdiskurs fortsetzt. Symbolische Grenzziehungen und negative Fremdheitszuschreibungen seien auf zweckrationale Interessen zurückzuführen, auch wenn dies den Einheimischen nicht immer bewusst ist. Mit negativen Fremdheitszuschreibungen und Abgrenzungen versuchen die Alteingesessenen, sich von bestimmten Gruppen abzugrenzen, deren Ausgrenzung es als konsensfähig erscheinen zu lassen, um das eigene *Wir* vor Verantwortung und Schuldzuweisung zu entlasten (Althoff 1998: 154).[263]

Aus den bisherigen Ausführungen kann die Schlussfolgerung gezogen werden, dass Kriminalisierung als Diskursmuster zur Konsensfähigkeit von ausgrenzenden Fremdheitszuschreibungen wesentlich beiträgt (ebd.: 256).[264]

---

[262] Althoff vertritt die These, dass Fremdenfeindlichkeit die Fremdheitszuschreibung bzw. Fremdheitskonstruktion voraussetze. Damit eine Gruppe oder ein Individuum zur Zielscheibe von Fremdenfeindlichkeit werden kann, muss der Gruppe oder den Individuen ‚Fremdheit' zugeschrieben werden und die Zuschreibung innerhalb der jeweiligen Gesellschaft als ein allgemein anerkanntes Merkmal bestehen (Althoff 1998: 256).

[263] Hentges stellt ebenfalls fest, dass Zuwanderer häufig im Zusammenhang mit Kriminalität thematisiert werden, wobei „die ‚Angst vor fremden Welten im eigenen Land' mobilisiert [wird], indem man die kriminellen Energien und Aktivitäten der Ausländer detailliert aufführt und mit entsprechenden Vorwürfen (Vergiftung von Kindern und Jugendlichen für ein Goldkettchen oder ein Paar Nike-Turnschuhe) verknüpft" (2006: 109 f.).

[264] Althoff schreibt diesbezüglich, dass das Fremdmachen und Kriminalisierung von Asylbewerbern „ein historisch weit zurückreichendes und sich kontinuierlich veränderndes Deutungsmuster ist, das in Form unterschiedlicher Argumentationsmuster in Erscheinung tritt" (1998: 257f.). Die politische Kultur der Bundesrepublik fördere kollektive Deutungsmuster, welche die Asylbewerber als Fremde und Feinde erscheinen lassen (ebd.).

Eine mögliche Ursache für die negativen Fremdheitszuschreibungen von an Zuwanderer, Asylbewerber, Sinti und Roma usw. ist das reflexive Interesse[265] der Akteure, ihnen die vollständige Mitgliedschaft zu verwehren.[266]

Festzuhalten ist, dass Immigranten und Asylbewerber in den Medien als unerwünschte Neuankömmlinge und als Fremdgruppen dargestellt wurden und immer noch werden. Verändert haben sich im Laufe der Jahre lediglich die Begründungen, die herangezogen werden, um den Ausschluss und die Benachteiligung von Immigranten und Asylbewerbern zu legitimieren.[267] Gleichwohl kommen bei Fremdheitszuschreibungen nicht nur gesellschaftliche Deutungsmuster zum Tragen, die Kontingenz sozial-politischer Entwicklungen ist ebenfalls von Bedeutung. Während in den 1970ern und 1980ern gegen politische Asylsuchende aus den Ostblockländern kaum Ressentiments existierten, wurden sie nach dem Zusammenbruch des Ostblocks ebenfalls zur Zielscheibe von Ressentiments und in den Ausgrenzungsdiskurs einbezogen. Eine mögliche Erklärung wäre, dass durch die Auflösung des Ostblocks und die Beendigung des Kalten Krieges ihre bisherige Sonderbehandlung nicht mehr als zweckmäßig erschien.

Resümierend lässt sich sagen, dass in den Mediendiskursen zu Zuwanderung, Migration und Fremdheit ein ‚Teufelskreis' reproduziert wird, den zu durchbrechen schwierig ist: Die symbolischen Grenzziehungen und Abgrenzungen, die von Mediendiskursen ausgehen, flankieren ökonomische Benachteiligungen und Ausschlüsse, was wiederum anomische Verhaltensweisen bei den Betroffenen, d.h. Ausgeschlossenen und Benachteiligten hervorbringen. Diese wiederum rufen moralische Entrüstung bei den Inkludierten hervor, wodurch sie für Ab- und Ausgrenzungen gegenüber den Benachteiligten umso empfänglicher werden (vgl. Eder/Rauer/Schmidtke 2004: 46).

Bisher wurde argumentiert, dass im deutschen Zuwanderungsdiskurs symbolische Grenzen von ‚Wir' vs. ‚die Fremden' gezogen werden, wodurch ideo-

---

[265] Zu ‚reflexiven Interessen' s. Teil II, Abschn. 4.5.

[266] Ausgrenzung gegenüber den Asylbewerbern kommt auch in pejorativen Bezeichnungen zum Ausdruck. In den späten 1970ern wurde die abwertende Bezeichnung ‚Asylant' gebräuchlich, die es ermöglichte, „ein Set an vorhandenen negativen Konnotationen – wie illegale Einreise, Missbrauch des Asylrechts, Flucht aus wirtschaftlichen Motiven, Kriminalität etc. – zu aktivieren. [...] Der Begriff dient vielmehr dazu, die unerwünschten Flüchtlinge zu bezeichnen, also sprachlich eine Differenzierung vorzunehmen. [...] Der Begriff des *Asylanten* setzt sich schließlich soweit durch, daß er selbst von Kritikern des Bedrohungsszenarios verwendet wird. Das Bewußtsein seines abwertenden Charakters geht verloren, *Asylant* wird zu gängigen Bezeichnung für Asylbewerber" (Althoff 1998: 236).

[267] Althoff zeigt in ihrer Studie, dass Medien dazu beitragen, dass Flüchtlinge als eine gravierende Abweichung von der Normalität angesehen werden, so dass „der daraus resultierende Handlungsbedarf geradezu als zwingend erscheint" (1998: 73).

logische Ab- und soziale Ausgrenzungen vorgenommen und legitimiert werden. Ähnliches gilt auch für die britischen Zuwanderungsdiskurse. Allerdings wird dabei auf andere Konzepte, Deutungs- und Argumentationsmuster zurückgegriffen. Hinzuweisen ist *erstens* auf die Bestimmung der Nation – sowohl der englischen als auch der britischen – und *zweitens* auf die Thematisierung von Immigranten und Migration in Rassenkategorien.

Thematisierung der Migration in Rassenkategorien

In seiner Studie »*Migration Policies and Political Participation*« berichtet Pontus Odmalm, dass zwischen 1945 und 1951 die politisch-öffentliche Aufmerksamkeit in Großbritannien sich auf die ‚farbigen' Immigranten gerichtet habe, womit eine klare Verbindung zwischen Rasse und Migration hergestellt worden sei (Odmalm 2005: 66). Später wurde die Aufmerksamkeit neben den ‚Schwarzen' auch auf die ‚Asiaten' gerichtet und diese als die besonders ‚problematische Immigrantengruppe' thematisiert. Mit dem *Commonwealth Immigrations Act* (1968) wurden schließlich Maßnahmen ergriffen, die auf eine entsprechende Begrenzung der Einwanderung zielten (ebd.: 68).

Immigranten mit ‚weißer' Hautfarbe oder mit britischen Vorfahren wurden dagegen, worauf Michael Dummet hinweist, in britischen Medien kaum als Fremde thematisiert. Entscheidend war demnach weder die Wanderung, welche ‚andersfarbige' Gruppen machten, noch ihre Bleibeabsicht, sondern in erster Linie ihre Hautfarbe. Sie wurden aufgrund ihrer Hautfarbe als Fremde klassifiziert (Dummet 2001: 100).[268]

Andy R. Brown weist auf die ‚paradigmatische Wende' hin, welche sich ab 1968 in der parlamentarischen und öffentlichen Zuwanderungsdiskussion abgezeichnet hat. Eine neue Sprache habe sich in der Darstellung der ‚kulturellen Natur' und in der Thematisierung der Konsequenzen von Zuwanderung etabliert und an die Stelle des biologistischen Rassismus alten Typs sei ein neuartiger Rassismus[269] angetreten (Brown 1999: 106). Zu den wesentlichen Kennzeichen dieses neuen Rassismus, als dessen Protagonist der rechtskonservative Parlamentarier Enoch Powell gilt, gehört die Betonung von kulturellen Differenzen und kulturellen Eigentümlichkeiten von Nationen. Zur Abwehr von Zuwanderung wurde auf eine essentialistische Vorstellung zurückgegriffen, wonach jede Kultur auf der Grundlage einer unterschiedlichen,

---

[268] „[T]he British public was desperately opposed to immigration; and by ‚immigration' it understood only the entry of people with black or brown skins" (ebd.: 104).

[269] Über diesen Neorassismus heißt es an anderer Stelle: „Neo-racism was clearly evident in the notion that too much mixing of people with different national characteristics would be harmful and that it was natural to feel this way. Fewer non-white people would make for better race relations" (Doty 2003: 47).

national geprägten menschlichen Natur entstehe und gedeihe. In diesem Zusammenhang wurde auch die Vorstellung einer Rangordnung unter ‚Rassen‘, die zu den zentralen Ideen des Rassismus alten Typs gehörte, durch die Vorstellungen einer Inkommensurabilität und einer unüberbrückbaren Differenz ersetzt (ebd.: 107). Der britische Politiker Barker bemerkte diesbezüglich: „Thus, we aren't superior to black people, just inevitably different" (zit. n. Brown 1999: 107). Brown zufolge ist dieser Bezug auf die menschliche Natur als Symptom einer semi-biologischen Rechtfertigung einer Rassentrennung zu deuten (ebd.).

Ein weiteres, wiederkehrendes Argumentationsmuster ist die Behauptung, dass ‚einfache Engländer‘ Angst davor hätten, im eigenen Land von Immigranten überhäuft zu werden. Daher müsse dem ‚einfachen Engländer‘ zugesichert werden, dass die Regierung sich verpflichte, sich dem Migrationsproblem zu stellen und sie vor einer Überhäufung zu schützen (ebd.: 115). Brown bemerkt, dass es der Neuen Rechten unter der Führung von Powell gelungen ist, ‚Schwarze‘ dramatisierend mit Geburtsraten im Zusammenhang zu bringen und sie somit als Problem auf die Tagesordnung der Migrations- und Integrationspolitik zu setzen (ebd.: 126). Seine Schlussfolgerung lautet:

„[W]hat Powellism does is to assert the myth of the beleaguered Englishman, as victim of uncontrolled (black) Immigration, within debates initiated by Labour; debates themselves which are timid, though principled, form of balance, in the face of the political necessity of drastic restriction policy" (ebd.: 139).

Der Powellismus trug mit seinem Appell nach einer strengeren Immigrationskontrolle zur Kennzeichnung von ‚Schwarzen‘ als problematische und unerwünschte Immigranten und zu ihrer Stigmatisierung wesentlich bei (ebd.: 189). Die Kategorisierung von ‚Schwarzen‘ als Fremde wurde nicht mehr mit einer rassischen Überlegenheitsvorstellung begründet, wie es für den Rassismus älteren Typs der Fall war, sondern mit der Vorstellung einer Unvereinbarkeit von Kulturen (ebd.: 268f.).

Umdefinition von Englisch- und Britischsein

Als eine weitere Strategie symbolischer Grenzziehung lässt sich die Definition des Englisch- und Britischseins durch Rassenkategorien bestimmen. Vergleichbar mit dem hegemonialen Verständnis des Deutschseins unter Rückgriff auf kulturelle Praktiken und Ethnizität, wird in britischen Zuwanderungsdiskursen Englisch- und Britischsein mit latenten rassischen Konnotationen belegt. In einem offiziellen Forschungsbericht heißt es zum Beispiel: „Whiteness nowhere features as an explicit condition of being British, but it is widely understood that Englishness, and therefore by extension Britishness is racially coded" (Runnymede Trust Report, Oktober 2000; zit. bei Doty 2003: 57).

Studien belegen, dass in Diskursen zur Zuwanderung und nationalen Identität die Hautfarbe zu einem Hauptfaktor nicht nur der Nationalität, sondern auch der Fremdheit wird. Immigranten mit ‚schwarzer' Hautfarbe werden in stärkerem Maße als andere Immigranten als Sündenböcke für soziale Probleme verantwortlich präsentiert (Ansell 1997: 14). Zu den populärsten Klischees der britischen Neuen Rechten gehören Unterstellungen, ‚schwarze' Immigranten würden Privilegien für sich einfordern oder Einheimische aus bestimmten Gesellschaftsbereichen verdrängen (ebd.: 20).[270]

Kushnick stellt fest, dass diese Stigmatisierungsmuster jenseits der britischen Neuen Rechten auch in etablierten Massenparteien Anklang gefunden haben. Margaret Thatcher, die 1978 das Thema Migration aufgegriffen hat, deklarierte, Briten hätten eine legitime Angst vor ‚Überschwemmung' Großbritanniens durch Immigranten. Damit wurde die Rassenkarte auch von einer etablierten Massenpartei auf die Tagesordnung gesetzt, um Ängste bei der Bevölkerung zu schüren und sie zu eigenen Parteizwecken zu mobilisieren (Kushnick 1998: 11). Interessant ist in diesem Zusammenhang auch der Versuch der *Neuen Rechte*, ein homogenes ‚Wir' zu konstruieren, der zum Ausschluss aller nicht in Großbritannien Geborenen und zu ihrer Fremdmarkierung beitrug:

> „The fact that the New Right's imagined community of homogeneous British stock is operationalized in the context of debate over policy areas such as black immigration and multiculturalism reveals that the boundary between insider and outsider is also a racialized one. The recourse to a nation of a homogeneous ‚way of life' weakened by those who are different – by virtue of citizenship, culture or race – serves to unify the targeted conservative constituency across class against the racialized other. At the ideological level, it functions to justify the exclusion – both physically in the case of immigration and asylum policies and culturally in the case of multiculturalism – of those who defined as inherently outside of the boundaries of the nation" (Ansell 1997: 173).

Als einen weiteren wichtigen Mechanismus symbolischer Grenzziehung kann auf die Naturalisierung der nationalen Identität und Rassismusproblematik verwiesen werden. Illustrativ in diesem Zusammenhang ist Sally Schreiers Behauptung, die nationale Identität basiere auf natürlichen Gefühlen und natürlichen Verpflichtungen (Schreier 1983; zit. n. Ansell 1997:165). Durch die Naturalisierung der Rassismusproblematik wurden rassistische Vorurteile und diskriminierende Haltungen und Praxisformen zu statischen Komponen-

---

[270] „British New Right discourse circulates a set of meanings concerning race that serves to establish and sustain relations of racial domination. White majority fears of being swamped by alien cultures are naturalized via recourse to a static and immutable view of human nature. British culture is constructed as being static and homogeneous, and inevitably weakened by alien strains, thus unifying ‚the people' across classes against the racialized other" (Ansell 1997: 190).

ten menschlicher Natur umgedeutet. Die Folge war die Entpolitisierung der Rassismusproblematik; diese trug somit zur Rechtfertigung der offiziellen Behandlung von Ungleichheit zwischen ‚Rassen' bei (ebd.: 167f.).

Amy Elisabeth Ansell weist in ihrer Studie »New Right, New Racism« (1997) darauf hin, dass die Neue Rechte die Kultur zum wichtigsten Aspekt der nationalen Identität, der Zugehörigkeit und des Nationalitätsverständnisses hervorgehoben hat. Die britische Nation werde im politischen Diskurs der Neuen Rechten nicht nur mit ‚weißer' Hautfarbe identifiziert, sondern zu ihrer Definition werde auf ‚viktorianische Werte' wie etwa Arbeitsethos, Ehrenhaftigkeit, Korrektheit, Disziplin und Respekt vor dem Gesetz usw. Bezug genommen (ebd.: 168).

In den Debatten um Migration, nationale Identität und Zugehörigkeit ist ebenfalls eine Re-Ethnisierung zu beobachten. Bei dem Versuch, ein als homogen vorgestelltes ‚Wir' zu konstruieren, wird auf die Idee eines klar umrissenen nationalen *way of life* zurückgegriffen. Im politischen Diskurs der Neuen Rechten wird unterstellt, dieses ‚Wir' werde durch diejenigen, die sich hiervon durch Staatsangehörigkeit, Kultur- oder ‚Rassenzugehörigkeit' unterscheiden, geschwächt. Der Rückgriff auf den imaginären *way of life* erfülle, so die Schlussfolgerung von Ansell, neben der Konstruktion eines als homogen vorgestellten ‚Wir' drei weitere Funktionen:

(1) Darstellung ‚farbiger' Immigranten als Fremde,
(2) Rechtfertigung ihrer Benachteiligung, Diskriminierung und Ausgrenzung und
(3) Delegitimierung des staatlichen Multikulturalismus (ebd.: 173).

Festzuhalten ist, dass Immigranten seit dem Zweiten Weltkrieg die Aufmerksamkeit auf sich ziehen. Waren es zunächst die ‚Schwarzen', die in der öffentlichen Wahrnehmung als ‚die Fremden' par excellence galten, nahmen später die ‚Asiaten' diesen Platz ein. In den 1990ern gerieten wiederum – als Folge von Masseneinwanderungen aus dem ehemaligen Jugoslawien – die Immigranten aus Balkanstaaten ins Blickfeld. Sie waren es fortan, anstelle von ‚people of colour' und Asiaten, die in Medien für Schlagzeilen sorgten und als ‚die Fremden' par excellence galten und im Diskurs der Neuen Rechten als ‚Euroscrounger' stigmatisiert wurden (ebd.: 176).

Seit den 1990ern zieht eine andere Immigrantengruppe die öffentliche Aufmerksamkeit auf sich: die Moslems. Die Affäre um Salman Rushdies »Die satanischen Verse« dürfte dazu beigetragen haben, die muslimischen Immigranten in den Mittelpunkt der medialen Aufmerksamkeit zu rücken. Muslimen, wie zuvor auch ‚Schwarzen', wurde unterstellt, sie würden die politischen Werte der britischen Gesellschaft nicht teilen. In einem Leitartikel der englischen Tageszeitung *Daily Telegraph* hieß es diesbezüglich: „In the wake of *The Satanic Verses*, there must be increased pessimism about how

far different communities in our nation can ever be integrated, or want to be"
(17.05.1987; zit. n. Ansell 1997: 187). Ansell konstatiert, dass die Neuen
Rechten die Rushdie-Affäre zum Anlass genommen haben, um fundamentale
Kritik am ethnischen Pluralismus zu üben:

> „In this way, the Rushdie Affair added impetus to the New Right argument
> that the development of ethnic pluralism via anti-racist initiatives could have
> potentially dangerous consequences for the social stability and cohesion of the
> nation." (ebd.: 187).

11.3 Zusammenfassung und Kritik

Die bisherigen Ausführungen dieses Kapitels lassen die Schlussfolgerung zu,
dass die Zuwanderungsdiskussionen der Legitimation von institutionellen
Fremdheitskonstruktionen und negativen Fremdheitszuschreibungen Vorschub leisten. Dies erfolgt, indem symbolische Grenzen gezogen und Abgrenzungen gegenüber Immigranten und Minderheiten betätigt, sie als ‚die
Fremden' thematisiert und damit zugleich die bestehenden negativen Zuschreibungen festgeschrieben werden. Die Analyse der Diskussionen um die
Zuwanderung und Migration legt nahe, dass in Deutschland die Befürwortung kultureller Homogenität und einer auf Assimilation zielenden Integration sowie parteipolitische Instrumentalisierung der Zuwanderung die bestehenden Grenzen zwischen der Mehrheitsbevölkerung und den Minderheiten
reproduzieren bzw. stabilisieren. Tendenzen innerhalb von Zuwanderungsdiskursen wie Kriminalisierung, Skandalisierung und Stigmatisierung von
Zuwanderern, und Denken in Rassenkategorien sowie pauschale Unterstellungen von Integrationsdefiziten wirken sich in dreifacher Hinsicht auf die
gesellschaftlichen Konstruktionen und Zuschreibungen von Fremdheit aus:

- *Erstens* werden Zuwanderer, Immigranten, Nichtdeutsche bzw. Nichtbri-
  ten durch dramatisierende Berichterstattungen und entsubjektivierende,
  entindividualisierende und essentialisierende Diskussionen als eine
  Gruppe sichtbar gemacht. Damit wird auch der Grundstein für Fremdheitszuschreibungen und für eine Transformation von Fremdheit in
  Feindschaft gelegt.

- *Zweitens* begrenzen diese Grenzziehungen den Spielraum für Aushandlungsprozesse, Gegenstrategien und positive Identitätskonstruktionen
  bzw. für identifikative Bezüge mit der Ankunftsgesellschaft. Zusammen
  mit der Vorstellung einer ethnisch homogenen Kulturnation haben diese
  Faktoren vielfach zur Folge, dass Eingewanderte kaum bzw. nur schwer
  Anknüpfungspunkte für eine Identifizierung als Deutsche (im staatsbürgerlichen Sinne) bzw. als Brite oder mit der Gesellschaft, in der sie leben,
  entwickeln können.

- *Drittens* lassen symbolische Abgrenzungen identifikative Integrations-
oder sozioökonomische Assimilationsprozesse als aussichtslos erscheinen
und leisten Vorschub für Rückzugs- und Rückbesinnungstendenzen und
für eine übersteigerte Betonung eigener Andersartigkeit.

Hinsichtlich negativer Abgrenzungen, Stigmatisierungen und Fremdheitszuschreibungen konnte beobachtet werden, dass die Zuschreibungsmuster je
nach Zielgruppe variieren. In Deutschland werden beispielsweise Immigranten aus der Türkei im Zusammenhang von ‚Integrationsdefiziten‘, kultureller
Fremdheit oder der Frage nach der Kompatibilität mit westlich demokratischen Werten diskutiert. Demgegenüber fallen solche Aspekte bei der zweit-
größten Immigrantengruppe, bei den Polen beispielsweise, kaum ins Gewicht. Sie werden wiederum zeitweilig als ‚Belastungsfaktor‘ für den Sozialstaat, für die öffentliche Ordnung (Unterstellung krimineller Neigungen usw.)
dargestellt. Hieraus kann die Schlussfolgerung gezogen werden, dass die
‚Fremdheit‘ polnischer Immigranten als etwas Temporäres und prinzipiell
Aufhebbares betrachtet wird. Anzunehmen ist, dass die türkischen Immigranten aufgrund ihrer Religionszugehörigkeit, ihres physischen Aussehens und
ethnischer Merkmale kaum als Teil des vorgestellten nationalen *Wir* angesehen werden können. Gemeinsame Religionszugehörigkeit (zum Teil auch
gemeinsame Konfessionszugehörigkeit) sowie ein relativ ähnliches Aussehen
– zumindest im Vergleich zu Türken und anderen nicht-europäischen Immigranten – und gemeinsame europäische Tradition bieten polnischen Immigranten einen größeren Spielraum für Aushandlungsprozesse und für eine Infragestellung des Fremdheitsstatus.

In Großbritannien werden dagegen in erster Linie die ‚Schwarzen‘ als Problem thematisiert. Die Hautfarbe erscheint in britischen Zuwanderungsdiskussionen als ein zentraler Aspekt nationaler Identität bzw. Zugehörigkeit. Die
Akzeptanz von Immigranten mit ‚weißer‘ Hautfarbe liegt dagegen deutlich
höher als bei ‚Schwarzen‘ und ‚Asiaten‘, was sich wiederum auf das Selbstverständnis der Briten als eine ‚weiße Nation‘ zurückführen lässt. Abstufungen in der Wahrnehmung und Akzeptanz von Immigranten gibt es allerdings
nicht nur hinsichtlich der Hautfarbe, sondern auch der Geographie: Immigranten aus den westeuropäischen Ländern werden kaum als Fremde wahrgenommen, geschweige denn als Problemfall angesehen. Anders ist es bei den
Immigranten aus südeuropäischen Ländern wie etwa aus dem ehemaligen Jugoslawien. Dies allerdings könnte seine Ursache in den Problemen haben, die
mit den massenhaften und ungeregelten bürgerkriegsbedingten Einwande-
rungen aus dem ehemaligen Jugoslawien zusammenhängen und nicht mit den
nationalen bzw. kulturellen Strukturen und Institutionen.

Zusammenfassend lässt sich sagen, dass in beiden Ländern Unterschiede bei der medialen Wahrnehmung und Behandlung von Immigranten und ethnischen Minderheiten existieren. Nicht jede Immigranten- und Minderheitengruppe wird im selben Ausmaß als Fremde wahrgenommen, als Problemfall thematisiert oder stigmatisiert. In den britischen Zuwanderungsdiskursen spielen ‚Rasse', Hautfarbe und politische Kampagnen, in den deutschen eher kulturelle Praktiken, Ethnizität, Religion und politische Kampagnen als Determinanten von Fremdheitszuschreibungen eine wichtige Rolle.

Gegen die Vorstellung, dass die herrschenden politischen Diskurse zentral für die Hervorbringung von Fremdheit sind, lässt sich allerdings einwenden, dass diesen Diskursen immer Gegendiskurse entgegenstehen. In den folgenden Ausführungen soll daher auf die Bedeutung von Gegendiskursen und Handlungsstrategien gegenüber Fremdheitszuschreibungen hingewiesen werden. Den bisher diskutierten Ansätzen und theoretischen Reflexionen fehlte es an einem Verweis darauf, dass symbolische Grenzziehungen und Fremdheitszuschreibungen Gegenstand von Aushandlungsprozessen sein können. In der Forschung finden sich allerdings Beispiele, die darauf hindeuten, dass symbolische Grenzziehungen und Fremdheitszuschreibungen anfechtbar, veränderbar und aufhebbar sind (vgl. Eder/Rauer/Schmidtke 2004: 35). Die Öffentlichkeit wird als der Ort vorgestellt, in dem solche Aushandlungsprozesse stattfinden und in dem Ansprüche auf „Anerkennung oder die Fremdzuschreibungen von kulturell-ethnischer Differenz vorgenommen werden und ihnen gesellschaftliche Relevanz verliehen wird" (ebd.: 38). Dies soll hier anhand einiger Beispiele verdeutlicht werden.

Die Strategien der Immigranten, sich mit medialen Fremdheitszuschreibungen auseinanderzusetzen, lassen sich grob in drei Handlungsoptionen gliedern. Die *erste* Handlungsmöglichkeit ist eine möglichst schnelle und starke Anpassung an die Normen der Mehrheitsgesellschaft, damit die eigene Fremdheit nicht mehr auffällt. Dieser Strategie sind jedoch externe wie interne Grenzen gesetzt: Sie kann zum Beispiel an auffallend ‚fremdartigem' Aussehen, Sprachschwierigkeiten oder knappen Ressourcen (Geldmangel, geringes soziales und kulturelles Kapital) scheitern. Darüber hinaus können sich die Anpassungsleistungen langsamer und schwieriger gestalten. Weitere Risiken dieser Handlungsoption sind der Verlust von Gruppenbindungen und Illoyalitätsvorwurf von Seiten der eigenen Gruppe, die ein Individuum dazu veranlassen können, die zweite Option für realistischer zu halten: Rückbesinnung auf die jeweiligen kulturellen Wurzeln und Betonung der eigenen Andersartigkeit (vgl. Beck-Gernsheim 2004: 63).

Die *zweite* Handlungsoption ‚Rückbesinnung auf die kulturellen Wurzeln' findet meistens in Form einer identifikativen Bezugnahme auf den Islam statt. Die muslimische Religiosität bei den türkisch muslimischen Jugendlichen wird, so Nikola Tietze, als eine „Ressource der Subjektivität" wahrgenommen, weil der Islam „Begriffe, Erklärungen, Praktiken, Strukturen und Bilder anbietet, die in bestimmten Situationen Sinn produzieren" (2001: 236 f.). Die Identifikation mit dem Islam wird für junge Erwachsene gleichzeitig „zu einem Mittel, Distanz zum von Konsum, Karriere und Hierarchien bestimmten Zeitverständnis der dominanten Gesellschaft einzunehmen" (ebd.: 237). Auf eine weitere – die *dritte* – Handlungsoption macht Hans-Joachim Schubert aufmerksam: Streben nach projektiven Integrationsmöglichkeiten und Konstruktion hybrider Identitäten. Er beobachtet diesbezüglich, dass Immigranten mit Bildungserfolg aufgrund ihrer Differenz zu den Ordnungsformen der Herkunft und der Gegenwart „restriktive essenzialistische Identitätszuschreibungen" ablehnen und „Chancen situierter Freiheit", d.h. der „experimentellen Konstitution ‚hybrider Identitäten' und posttraditionaler Gemeinschaftsformen" wahrnehmen (Schubert 2006: 292).

Beispiele für solche Gegenhandlungsstrategien lassen sich auch in Großbritannien finden – so lässt sich etwa auf die Antidiskriminierungsgesetzgebung im Sinne einer offiziellen Gegenstrategie verweisen. In der Nachkriegszeit wurden in Großbritannien drei *Race Relations Acts* (Antidiskriminierungsgesetze) verabschiedet (1965, 1968, 1975), deren Hauptziele in der Hervorbringung von harmonischen Beziehungen zwischen ethnischen Gruppen und ‚Rassen' sowie der Vermeidung von möglichen Bedrohungen der öffentlichen Ordnung durch eine bestimmte Gruppe oder Gruppen bestanden. Das *Race Relations Amendment Act* vom 2000 verbot zum Beispiel Diskriminierungen in Betrieben, auf dem Arbeits- und Wohnungsmarkt und ermöglichte so eine aktive Anwerbung von ethnischen Minderheiten (Odmalm 2005: 72). Zu erwähnen ist in diesem Zusammenhang auch die *Commission for Racial Equality*, die 1976 gegründet wurde, um durch Gewährung von Chancengleichheit und durch gute ‚Rassenbeziehungen' die Integration zu fördern. Ein Hauptschwerpunkt dieser Kommission bestand in der Beseitigung von Diskriminierungen in verschiedenen gesellschaftlichen Sphären wie etwa in der Bildung, auf dem Wohnungs- und Arbeitsmarkt (ebd.: 73f.).

V. Schlussbemerkung und Ausblick

Welche Einsichten konnten aus der Analyse der deutschen und britischen Fremdheitsdebatten gewonnen werden und welche Schlüsse lassen sich daraus ziehen?

Grundlegend für die Bestimmung der Fremdheit sind Ambivalenz und das Spannungsverhältnis zwischen Inklusion und Exklusion. Fremdheit wird sowohl in theoretischen als auch in empirischen Ansätzen in verschiedener Hinsicht verstanden: Erstens als eine *affirmative* Selbst- und Fremdbeschreibungsformel im Sinne einer Anerkennung und Wertschätzung von Andersartigkeit und Verschiedenheit; zweitens als eine *neutrale* Selbst- und Fremdbeschreibungsformel im Sinne von Unbekanntheit sowie drittens als eine *pejorative* Fremdbeschreibungsformel im Sinne einer Zuschreibung negativer Eigenschaften, Unterstellung einer wesensmäßigen Differenz und Inkompatibilität mit der Sphäre des Eigenen zwecks Legitimierung einer Ausgrenzung, Abwehr einer Mitgliedschaft oder Infragestellung einer Zugehörigkeit. Zentral für die pejorativen Fremdheitszuschreibungen sind Differenz und Macht: Ohne sichtbare Differenzen und ohne eine Macht, welche die von ihr vorgenommene Differenzierung mit Autorität versieht, können Fremdheitszuschreibungen keine gesellschaftliche Geltung erlangen. Problematisch ist darüber hinaus, dass die Grenzen dieser zum Teil scheinbar entgegengesetzten Verständnisse fließend sind: Faszination oder Anerkennung von Fremdheit kann ins Gegenteil umschlagen. Hier scheint das eigentliche sozialtheoretische Problem zu liegen: An welchem Punkt und aufgrund welcher Mechanismen und Faktoren schlägt affirmative bzw. neutrale in pejorative Fremdheit um?

Fremdheit scheint zunächst eine existentielle und universale Erfahrung zu sein, der sich niemand entziehen kann: Solange die Menschen nicht gänzlich in *face-to-face* Beziehungen leben, werden sie Fremden, d.h. Menschen, die sie nicht kennen, begegnen und sie werden mit ihnen kommunizieren müssen. Diese Annahme basiert jedoch auf einem Fremdheitsverständnis im Sinne der Unvertrautheit bzw. Unbekanntheit, das zwar angemessen, aber keinesfalls ausreichend ist. Setzt man bei diesem Verständnis an, so bleibt unverständlich, warum Menschen, denen tagtäglich begegnet wird, als Fremde wahrgenommen und bezeichnet werden. Dass Fremdheit eine unhintergehbare Erfahrung ist, lässt sich auch daran ablesen, dass die Fragen, ,*wer dazu gehört*' und ,*wer dazu gehören soll*', zu den ältesten Problemen des gesellschaftlichen Zusammenlebens und der menschlichen Vergesellschaftung gehören. Fremdheit hat somit nicht nur eine ontologische, sondern auch eine funktionale Dimension: Fremdes ist vonnöten, um das Eigene zu bestimmen.

Um zu wissen, wer man ist, muss man wissen, wer man nicht ist. Allgemeiner formuliert: Erst durch das Bild des Fremden kann ein Bild des Selbst erlangt werden.

In Gesellschaftstheorien und soziologischen Ansätzen liegen drei mögliche Lösungsvorschläge bereit, die zu einem profunderen Verständnis der oben angeführten Fragen beitragen können: (a) In Baumans differenzierungstheoretischem Ansatz wird auf nationalstaatliche Klassifizierungs- und Homogenisierungsbemühungen hingewiesen, wodurch kognitive, ästhetische und moralische ‚Landkarten' entworfen werden. Menschen werden demnach nicht als Fremde kategorisiert, weil sie unbekannte Neuankömmlinge sind, sondern weil sie nicht in die durch den Nationalstaat oder durch die politischen Institutionen erzeugten Schablonen passen. (b) Systemtheoretische Ansätze verweisen auf nationale Selbstthematisierungen und auf die staatliche Identitätspolitik, die auf Simulierung einer ‚Vertrautheit' abzielen. Diejenigen, die in diesem symbolisch erzeugten bzw. imitierten Raum der Vertrautheit nicht passen, werden als Fremde sichtbar. Darüber hinaus wird auf Konflikte um knappe Güter verwiesen, die Fremdheit unter Umständen ins Pejorative und in Feindschaft umschlagen lassen. (c) Kritische Gesellschaftstheorien führen den Umschlag affirmativer in pejorative Fremdheit auf die Entfremdung (Marx) und Überfremdungsängste (vgl. Hoffmann-Nowotny 1973) von Individuen zurück, die durch die kapitalistische Modernisierung bzw. Vergesellschaftung erzeugt werden.

Auf der Grundlage der Analyse lässt sich resümierend festhalten, dass das Problem nicht darin besteht, dass in einer Gesellschaft symbolische bzw. praktische Abgrenzungen gegenüber Fremden vorgenommen werden, sondern darin, wie dies geschieht. Es kommt vielmehr darauf an, legitime von illegitimen Grenzziehungen, kognitive von typisierenden, stigmatisierenden und ausgrenzenden Abgrenzungen zu unterscheiden, nach ihrer Begründbarkeit zu fragen sowie ihre Folgen für die Betroffenen zu berücksichtigen. Grenzziehungen und Abgrenzungen sowohl im Alltag als auch in der Politik sind nicht notwendigerweise nur wirksame Mittel soziopolitischer Ausgrenzung, sondern auch unverzichtbare Instrumente gegen (Fremd-)Herrschaft. Das Problem besteht folglich nicht darin, dass bestimmte Gruppen oder bestimmte Lebens- und Verhaltensstile aus der Perspektive eines Betrachters bzw. vieler Betrachter als fremd erscheinen oder als solche kategorisiert werden, sondern dass das Fremde oder die Fremden typisiert, entindividualisiert, substantialisiert und moralisch diskreditiert werden.

Ausgangspunkt der Analyse ist die Hypothese, dass heute das Verhältnis zum Fremden neu zur Debatte stehe, weil qualitative Veränderungen in der Sozialstruktur stattgefunden haben. Dennoch ist es sinnvoll, bei der Analyse der Fremdheitsproblematik nicht nur die Novität in den Blick zu nehmen, sondern die Kontinuität mit zu berücksichtigen. Zusammenfassend lässt sich auf der Grundlage des historischen Überblicks generalisierend sagen, dass die Weisen, Faktoren und Adressaten von Fremdheitszuschreibungen einem fortwährenden Wandel unterworfen sind, während die grundlegenden Strukturen konstant bleiben. Die Fremdheitsproblematik scheint – dies zumindest legt die analysierte Literatur nahe – letztlich keiner Gesellschaft und keiner historischen Epoche fremd zu sein. Allerdings hat jede Gesellschaft und jede historische Epoche ihre eigenen dominanten Weisen bezüglich der Konstitution von Fremdheit, der Klassifikation von und des institutionellen Umgangs mit Fremden. Charakteristisch für Fremde ist, dass ihre gesellschaftliche Position prekär ist, ihre partielle Inklusion in Zeiten politischer Krisen oder ökonomischer Not rasch in Maßnahmen der Ausgrenzung, Feindetikettierung und Vernichtung umschlagen kann. Die abendländische Geschichte der Fremdheitsproblematik ließe sich daher auch als eine Doppelbewegung beschreiben: Auf großzügige Öffnung gegenüber Fremden in Gründungsphasen von politischen Verbänden (Reiche, Staaten usw.) und in Zeiten wirtschaftlicher Expansion folgen strikte Abschottungen und Ausgrenzungen in Zeiten politischer und ökonomischer Krisen und des Zuwanderungsdrucks.

In den historischen Studien werden Händler, Wanderer, Ortsfremde, Heiden, Häretiker und Anhänger anderer Religionen hervorgehoben, denen in vormodernen Zeiten bevorzugt Fremdheit zugeschrieben wurden. Dabei werden räumliche Mobilität und Zugehörigkeit zu einer anderen Religion, einer anderen Gemeinde bzw. einer anderen Stadt als zentrale Faktoren negativer Fremdheitszuschreibungen und Statuszuweisungen thematisiert. Die Zuschreibung von Fremdheit bzw. des Fremdenstatus ist allerdings keinesfalls immer mit Statusverlust bzw. -abstieg verbunden. Insbesondere Träger gesellschaftlich nachgefragten Wissens und entsprechender Fertigkeiten kamen und kommen in den Genuss von Privilegien bzw. standen unter königlichem Sonderschutz. Ethnische Zugehörigkeit, Nationalität und Staatsangehörigkeit gewinnen erst in der späten Neuzeit bzw. in der Moderne als Faktoren von Fremdheitszuschreibungen an Bedeutung. Heute werden in der Literatur in erster Linie die transnationalen Immigranten, Bürgerkriegs- und Kriegsflüchtlinge als diejenigen Gruppen hervorgehoben, denen bevorzugt Fremdheit zugeschrieben wird.

In den sozialwissenschaftlichen Debatten um die Fremdheit werden verschiedene Aspekte als Faktoren der gesellschaftlichen Konstitution der Fremdheit sowie von Fremdheitszuschreibungen hervorgehoben. Zunächst gilt zu unterstreichen, dass heute Fremdheitszuschreibungen nicht allein durch einen Rekurs auf *räumliche Mobilität* (Simmel), *biographische Zweigleisigkeit, Hybridität* (Park), *Orientierung an anderen kulturellen Mustern*

(Schütz) oder *Wohndauer* (Elias) erklärt werden können. Sie sind zwar wichtige, aber keine hinreichenden Bedingungen für Fremdheitszuschreibungen.

Forschungen deuten vielmehr darauf hin, dass sowohl in Deutschland als auch Großbritannien Staatsangehörigkeit als Faktor für negative Fremdheitszuschreibungen an Bedeutung verliert, während die Religionszugehörigkeit, insbesondere wenn es um den Islam und Muslime geht, an Bedeutung gewinnt. Ein wichtiger Anhaltspunkt für diese Folgerung ist der Sachverhalt, dass weder in den deutschen noch in den britischen Zuwanderungsdiskursen Immigranten aus anderen EU-Staaten als Fremder wahrgenommen, geschweige denn als ,Problemfall' präsentiert werden. Dies hat vermutlich mit dem Bedeutungsverlust von staatlichen Grenzen innerhalb der Europäischen Union zu tun, der zur Auflösung des Zusammenhanges zwischen Staatsangehörigkeit und Fremdheit führt. Die im Teil IV, *Kapitel 9* analysierte Literatur legt die Schlussfolgerung nahe, dass die medial verhandelten Vorstellungen von der eigenen Nation sowie die nationalen Identitätsangebote und die politischen Kontroversen um die Migration bei Fremdheitszuschreibungen eine größere Rolle spielen als die Staatsangehörigkeit. In der sozialwissenschaftlichen Forschung aus Großbritannien wird außerdem die Hautfarbe als ein wichtiger Faktor sowohl symbolischer als auch praktischer Grenzziehungen und Fremdheitszuschreibungen hervorgehoben. In der deutschen sozialwissenschaftlichen Literatur stehen dagegen kulturelle Differenz und Ethnizität im Vordergrund.

Sowohl in der britischen als auch in der deutschen Literatur werden des Weiteren die Zuwanderungsdiskurse hervorgehoben und es wird auf ihre Fremdheit konstituierende Funktion hingewiesen. Demnach werden darin symbolische Grenzziehungen von ,Wir' vs. ,die Anderen' betätigt und dadurch die bestehenden negativen Fremdheitszuschreibungen legitimiert bzw. es wird weiteren Fremdheitszuschreibungen Vorschub geleistet. Zu unterstreichen sind in diesem Zusammenhang vor allem die Befürwortung einer kulturellen Homogenität und einer auf Assimilation zielenden Integration sowie die parteipolitische Instrumentalisierung der Zuwanderung. Dramatisierende Berichterstattungen sowie entsubjektivierende und essentialisierende Thematisierungen von Immigranten können als weitere Anhaltspunkte für die Bedeutung von Mediendiskursen bei der Fremdheitskonstitution herangezogen werden.

In Abgrenzung von modernitätskritisch und differentialistisch argumentierenden Ansätzen des Fremden, in denen die negativen Fremdheitszuschreibungen auf die ,strukturelle Xenophobie' und ,strukturelle Intoleranz' der Moderne zurückgeführt oder als notwendige Nebenfolgen von Identitätsbildung interpretiert werden (Bauman), haben sich in der aktuellen Forschung Ansätze etabliert, die auf sozioökonomische Aspekte hinweisen. Innerhalb dieser Forschungsrichtung wird die Fremdheitsproblematik im Zusammenhang mit der sozioökonomischen Benachteiligung und Exklusion thematisiert. Darin werden der Arbeits- und Wohnungsmarkt und das Bildungssystem, in denen über Erwerbschancen, Verwirklichung persönlicher Lebensziele und Partizipationsmöglichkeiten am gesellschaftlichen Leben entschieden wird, zugleich als wichtige Orte der Konstitution von Fremdheit diskutiert. Hervorgehoben werden darin insbesondere politische Regelungen und institutionalisierte Praktiken, die Benachteiligungen und Diskriminierungen hervorrufen, wodurch bei den Betroffenen wiederum das Gefühl erzeugt bzw. bekräftigt wird, nicht wirklich ‚dazu' zu gehören. Zu diesen Regelungen und institutionalisierten Praktiken gehören in erster Linie die offizielle Ausländer- und Integrationspolitik und das Inländerprimat und das Ausländergesetz in Deutschland, die in Großbritannien kaum ins Gewicht fallen. Allerdings wird in der deutschen wie in der britischen sozialwissenschaftlichen Literatur auf die Fremdheit konstituierende Rolle des sozioökonomischen Abstandes zwischen Einheimischen und Immigranten bzw. ethnischen Minderheiten bezüglich des Zuganges zum Arbeits- und Wohnungsmarkt und Bildungssystem hingewiesen. Demnach trägt dies dazu bei, dass Immigranten und Minderheiten als eine von der ‚Mehrheit' in sozialstruktureller Hinsicht ‚abgesonderte' Gruppe wahrgenommen werden, wodurch sie nicht selten zur Zielscheibe negativer Fremdheitszuschreibungen und Anfeindungen werden.

Einer Hypothese des modernitätstheoretischen Ansatzes von Beck zufolge tangieren negative Fremdheitszuschreibungen alle gesellschaftlichen Gruppen und Individuen gleichermaßen und Fremdheit werde heute den Individuen willkürlich und aufs Geratewohl zugeschrieben. Entgegen solcher Behauptungen lässt sich auf der Grundlage der für diese Arbeit betriebenen Analysen resümierend sagen, dass die Wahrnehmung von Fremdheit und von Fremden sich weiterhin zwischen den entgegen gesetzten Polen der Faszination und der Furcht, der Akzeptanz und der Ablehnung bewegt, die sich je nach Interessenlage und Machtausstattung ablösen. Fremdheitszuschreibungen werden weiterhin von gesellschaftlichen Institutionen, Interessenkonstellationen und historischen Entwicklungen strukturiert.

Eine weitere die Erkenntnis leitende Frage war die nach den ideologischen Implikationen des Fremdheitsbegriffs. Nach einem Verständnis impliziere „der Begriff Fremdheit stets die Konnotation eines substantiellen Unterschieds zwischen ‚uns' und den Fremden" (Terkessidis 2004: 50). Die Kritik wurde zum Anlass genommen, um die sozialwissenschaftlichen Theorien dahingehend zu untersuchen, inwiefern sie Gefahr laufen, die Fremden in den Mittelpunkt der gesellschaftlichen Aufmerksamkeit zu rücken und somit zur Stabilisierung ihrer ‚Fremdheit' beizutragen.

Festzuhalten ist zunächst die Doppelfunktion des Fremdheitsbegriffs; Fremdheit wird normativ gegensätzlich aufgefasst: Sie wird zum einen als eine ‚Perspektive der Kritik', zum anderen als der zu kritisierende Gegenstand aufgefasst. Als eine kritische Perspektive wird Fremdheit eingesetzt, um Identität, Homogenität und Uniformität zu kritisieren und Differenz, Heterogenität, Pluralität und Vielfalt zur Geltung zu bringen. Der Fremdheit als eine ‚Perspektive der Kritik' liegt eine positive Fremdheitsauffassung zugrunde im Sinne blasierter Distanziertheit und kultivierter Indifferenz, ohne die es nach dem Verständnis von Nassehi, Stichweh, Hahn u.a. keine liberale, individualisierte und kulturell plurale Gesellschaft geben kann. Allerdings läuft diese Perspektive Gefahr, indem sie Fremdheit positiv besetzt und sich gegen Identität, Homogenität und Uniformität wendet, die negativen Fremdheitszuschreibungen aus dem Blick zu verlieren. Die Zelebrierung der Fremdheit und das Plädoyer für den Erhalt dieser Fremdheit sind mit den dominanten Umgangsformen mit Fremden, welche nicht selten Ausgrenzung und Separierung bewirken, kompatibel. Die Gefahr politischer Funktionalisierung bleibt somit präsent.

Dem gegenüber stehen Perspektiven, in denen Fremdheit zum Gegenstand der Kritik gemacht wird. Diese Perspektiven können wiederum in zwei Gruppen unterteilt werden: (1) In den klassischen Ansätzen der Soziologie (Simmel, Park, Schütz und Elias) wird Fremdsein als temporärer Zustand konzipiert, den es durch eine umfassende Integration und erfolgreiche Assimilation aufzuheben gilt. Indem darin die Fremdheit des Fremden auf dessen räumliche Mobilität, kulturelle Zweigleisigkeit, Wohndauer usw. zurückgeführt wird, geraten die aktive Rolle derjenigen, die Individuen oder Gruppen Fremdheit zuschreiben sowie die Bedeutung von Institutionen und nationalen Selbstthematisierungen aus dem Blick. Eine derartige Perspektive bietet kaum eine Lösung für die Problematik, weil darin die Anpassung an die Mehrheitskultur als die einzige Möglichkeit der Aufhebung des Fremdenstatus hervorgehoben wird. Somit bleiben die klassischen Ansätze anknüpfungsfähig an die gegenwärtigen Integrationsdiskurse und implizieren die Gefahr einer politischen Funktionalisierung.

(2) Daneben sind weitere theoretische Ansätze zu finden, die den Blick nicht auf die von Fremdheitszuschreibungen betroffenen Gruppen richten, sondern auf gesamtgesellschaftliche Grenzziehungsprozesse und Zuschreibungsakte verweisen. Repräsentativ hierfür steht der differenzierungstheoretische Ansatz von Nassehi. Nassehi fragt nach den gesellschaftlichen Bedingungen, wodurch Menschen zu Fremden gemacht werden. In dieser Arbeit wurde sich dementsprechend auf die sozioökonomischen Faktoren von Fremdheitszuschreibungen und die gesellschaftlichen Umgàngsweisen mit den Fremden konzentriert. Der Blick wird dabei nicht auf eine oder mehrere Gruppe(n) ge-

richtet, die als fremd wahrgenommen bzw. als Fremdgruppe thematisiert wird bzw. werden, sondern auf Prozesse, die den Fremden hervorbringen bzw. bestimmte Gruppen als fremd markieren. Diese Vorgehensweise beinhaltet insofern eine mögliche Lösung des Problems, als darin die Genese und die Bedingungen des Fremdseins ins Blickfeld gerückt werden. Einer kritischen Theorie der Fremdheit sollte es nicht darum gehen, den Begriff des Fremden auf bestimmte Gruppen zu beziehen, sondern die gesamtgesellschaftlichen Faktoren von Fremdheitszuschreibungen in den Blick zu nehmen.

Die Begriffe des Fremden und der Fremdheit sowie eine Soziologie der Fremdheitsproblematik scheinen durch eine theoretische wie politisch-praktische Ambivalenz geprägt zu sein: Während sie auf der einen Seite emanzipatorische Potenziale bereitstellen, gehen sie auf der anderen Seite mit existierenden Macht- und Herrschaftsverhältnissen konform. Daher gilt es, so die Schlussfolgerung, durch eine permanente Reflexion und Kritik gegenüber ihrer ideologischen Tendenzen und Implikationen Abstand zu gewinnen.

Was bedeutet die Aktualität der Fremdheitsproblematik für die Zukunft der Demokratie in den hoch entwickelten kapitalistischen Gesellschaften? Festzuhalten bleibt, dass in einer Gesellschaft, in der Teile der Bevölkerung in einem prekären Mitgliedschaftsstatus gehalten oder Personen die Möglichkeit einer vollwertigen Mitgliedschaft verwehrt werden, nicht nur menschliche und materielle Ressourcen vergeudet werden, sondern zugleich die Gefahr besteht, sich in Mehrheit vs. Minderheiten bzw. Bürger vs. Fremde zu spalten und dadurch Exklusionsprozesse hervorzurufen. Somit werden auch die Grundlagen der Demokratie in Frage gestellt, die ihrem Wesen nach allgemein zu sein hat. Das heißt, die Demokratie umfasst – zumindest prinzipiell – entweder alle und ist für alle offen oder sie ist keine Demokratie. Da Fremdheit als offizieller Status potenziell eine Beeinträchtigung politischer Teilnahme und Machtlosigkeit für die Betroffenen bedeutet sowie Fremdheitszuschreibungen die Betroffenen in ihrer Handlungsfähigkeit und Entfaltungsmöglichkeiten einschränken, würde die Überwindung der gesellschaftlichen Spaltung in Einheimische vs. Fremde Möglichkeiten für eine weitere Demokratisierung eröffnen. Die Präsenz der Fremdheitsproblematik in den liberalen Demokratien zwingt uns dazu, über Demokratie und mit ihr über die Fragen der Zugehörigkeit, Mitgliedschaft und Identität anders zu reflektieren.

Als eine weiterführende Diskussion käme somit das Verhältnis von Fremdheitsproblematik und liberal-parlamentarischer Demokratie in Frage: Nimmt die liberale Demokratie notwendigerweise Ausgrenzungen vor oder neigt sie strukturell zum Fremdmachen von Minderheiten, weil sie mit kulturellen Imprägnierungen versehen ist? Oder gewährleistet die liberale Demokratie gemäß ihren Gleichheitsgrundsätzen prinzipiell die Anerkennung des

Fremden und beinhaltet emanzipatorisches Potenzial zur Neutralisierung des Fremden zum Unbekannten? Solche und ähnliche Fragen wurden zwar in den Debatten um den Universalismus, Multikulturalismus und Kommunitarismus, nicht aber im Zusammenhang mit der Fremdheitsproblematik diskutiert. Daher wäre eine Thematisierung der Fremdheitsproblematik aus einer demokratietheoretischen Perspektive, welche den Konsequenzen gesellschaftlicher Fremdheitskonstitution für eine Demokratisierung und emanzipatorische Demokratietheorie nachgeht, von prinzipiellem Interesse.

Literaturverzeichnis

Adorno, Theodor W. (1980a): *Minima Moralia: Reflexionen aus dem beschädigten Leben*, (zuerst 1951), Frankfurt/Main.

‒ (1980b): „Gesellschaftstheorie und empirische Forschung", in: *Soziologische Schriften I*, Gesammelte Schriften, Bd. 8, Frankfurt/Main, 538-546.

‒ (1997): *Negative Dialektik*, Frankfurt/Main.

Ahmed, Sara (2000): *Strange Encounters: Embodied Others in Post-Coloniality*, London und New York.

Alibhai-Brown, Yasmin (2000): „Race Relations in New Britain", in: Muhammad Anwar/Patrick Roach/Ranjit Sondhi (Hrsg.), *From Legislation to Integration? Race Relations in Britain*, London, 178-195.

Althoff, Martina (1998): *Die soziale Konstruktion von Fremdenfeindlichkeit*, Opladen und Wiesbaden.

Altvater, Peter (2000): „Zur Soziologie des Fremden und der Fremdenfeindlichkeit", in: Ders./Maren Stamer/Wilke Thomssen (Hrsg.), *Alltägliche Fremdenfeindlichkeit: Interpretationen sozialer Deutungsmuster*, Münster, 59-34.

Altvater, Peter/Stamer, Maren/Thomssen, Wilke (2000): *Alltägliche Fremdenfeindlichkeit. Interpretationen sozialer Deutungsmuster*, Münster.

Anderson, Benedict (1998/1983): *Die Erfindung der Nation. Zur Karriere eines folgenreichen Konzepts*, Frankfurt/Main.

Ansell, Amy Elizabeth (1997): *New Right, New Racism: Race and Reaction in the United States und Britain*, Hampshire und London.

Anwar, Muhammad (2000): „The Impact of Legislation on British Race Relations", in: Ders./Patrick Roach/Ranjit Sondhi (Hrsg.), *From Legislation to Integration? Race Relations in Britain*, London, 58-77.

Anwar, Muhammad (2001): „The Participation of Minorities in British Politics", in: *The Journal of Ethnic and Migration Studies*, Volume 27, Number 3, 1 July 2001, 533-549.

Anwar, Muhammad/Roach, Patrick/Sondhi, Ranjit (2000): „Introduction", in: Dies. (Hrsg.), *From Legislation to Integration? Race Relations in Britain*, London, 1-23.

Appelt, Erna (2001): „Demokratie oder: Die Kunst der Grenzziehung", in: Dies. (Hrsg.), *Demokratie und das Fremde. Multikulturelle Gesellschaften als demokratische Herausforderung des 21. Jahrhunderts*, Innsbruck, Wien und München, 9-23.

Arendt, Hannah (1996): *Macht und Gewalt*, München und Zürich.

Aristoteles (1959): *Rhetorik*, (hrsg. v. Paul Gohlke), Paderborn.

‒ (2001): *Die Nikomachische Ethik*, (Griechisch und Deutsch, übers. v. Olof Gigon, hrsg. v. Rainer Nickel), Düsseldorf und Zürich.

– (1996): *Politik*, München.

Aydin, Yaşar (2003): *Zum Begriff der Hybridität*, (Sozial Ökonomische Studientex-te der Hamburger Universität für Wirtschaft und Forschung), Hamburg.

– (2004): „Entbettung und Wiedereinbettung des Ökonomischen bei Karl Polanyi", *Das Argument 258 – Zeitschrift für Philosophie und Sozialwissenschaften*, Jg. 46/6, 857-864.

– (2008): „Complexity and Emancipation – the Challenge of System Theory", *Historical Materialism*, Volume 16, Number 3, 2008, S. 209-218.

Bade, Klaus J. (Hrsg.) (1996): *Migration, Ethnizität, Konflikt: Systemfragen und Fallstudien*, Osnabrück.

– (1997): *Fremde im Land: Zuwanderung und Eingliederung im Raum Niedersachsen seit dem Zweiten Weltkrieg*, Osnabrück.

– (2002): *Europa in Bewegung. Migration vom späten 18. Jahrhundert bis zur Gegenwart*, München.

Bade, Klaus J./Bommes, Michael (2004): „Einleitung", *IMIS-Beiträge*, Heft 23, 7-20.

Balke, Friedrich (1992): „Die Figur des Fremden bei Carl Schmitt und Georg Simmel", *Sociologia Internationalis*, Jg. 27, 18-38.

Barfuss, Thomas (1999): „Fremd, Fremdheit", in: *Historisch-Kritisches Wörterbuch des Marxismus*, (hrsg. v. Wolfgang Fritz Haug), Hamburg, 979-993.

Bauböck, Rainer (1994): *Transnational Citizenship: Membership and Rights in International Migration*, Aldershot.

Baucom, Jan (1999): *Out of Place: Englishness, Empire, and the Locations of Identity*, Princeton und New Jersey.

Bauman, Zygmunt (1991): *Modernity and Ambivalence*, Cambridge: Polity.

– (1995): *Postmoderne Ethik*, Hamburg.

– (1997a): *Postmodernity and its Discontents*, Cambridge.

– (1997b): „Ein Wiedersehen mit dem Fremden", in: Ders., *Flaneure, Spieler und Touristen*, Hamburg, 205-225.

– (1998): „Moderne und Ambivalenz", in: Ulrich Bielefeld (Hrsg.), *Das Eigene und das Fremde: Neuer Rassismus in der alten Welt?* Hamburg, 23-49.

– (1999): „Wie man sich Fremde schafft", in: Ders., *Unbehagen in der Postmoderne, Hamburg*, 35-65.

– (2000b): „The Making and Unmaking of Strangers", in: Pinina Werbner/Tariq Moodod (Hrsg.), *Debating Cultural Hybridity: Multi-Cultural Identities and the Politics of Anti-Racism*, London und New Jersey, 46-57.

– (2000c): *Modernity and the Holocaust*, Ithaca und New York.

– (2001): „The War of Recognition", *Theory, Culture & Society*, Volume 18(2-3), 137-150.

Baumann, Jochen/ Dietl, Andreas/ Wippermann, Wolfgang (1999): *Blut oder Boden: Doppelpaß, Staatsbürgerrecht und Nationsverständnis*, Berlin.

Baumgart, Ralf/Eichener, Volker (1991): *Norbert Elias zur Einführung*, Hamburg.

Beauftragte der Bundesregierung (2005): *Bericht der Beauftragten der Bundesregierung für Migration, Flüchtlinge und Integration über die Lage der Ausländerinnen und Ausländer in Deutschland*, Berlin.

Beck-Gernsheim, Elisabeth (2003): „Interkulturelle Missverständnisse in der Migrationsforschung", *Leviathan*, Jg. 31, Heft 1, 72-91.

− (2004): *Wir und die Anderen: vom Blick der Deutschen auf Migranten und Minderheiten*, Frankfurt/Main.

Beck, Ulrich (1993): *Die Erfindung des Politischen*, Frankfurt/Main.

− (1994): „Nationale Gegenmodernisierung. Zur Soziologie von Feindbildern nach dem Ende des Ost-West-Konflikts", *Mittelweg 36*, Heft 4, 11-22.

− (1996): „Wie aus Nachbarn Juden werden. Zur politischen Konstruktion des Fremden in der reflexiven Moderne", in: Max Miller/Hans-Georg Soeffner (Hrsg.), *Modernität und Barbarei*, Frankfurt/Main, 318-343.

− (1997): *Was ist Globalisierung?* Frankfurt/Main.

Becker, Rolf/Tremel, Patricia (2006): „Auswirkungen vorschulischer Kinderbetreuung auf die Bildungschancen von Migrantenkindern", *Soziale Welt. Zeitschrift für sozialwissenschaftliche Forschung und Praxis*, Jg. 57, Heft 4/2006, 397-418.

Bender, Stefan/Seifert, Wolfgang (1996): „Zuwanderer auf dem Arbeitsmarkt. Nationalitäten- und geschlechtsspezifische Unterscheide", *Zeitschrift für Soziologie*, 25(6), 473-495.

Bender, Stefan/Seifert, Wolfgang (2000): „Zur beruflichen und sozialen Integration der in Deutschland lebenden Ausländer", in: Richard D. Alba/Peter Schmidt/ Martina Wasmer (Hrsg.), *Deutsche und Ausländer - Freunde, Fremde oder Feinde?* Opladen und Wiesbaden, 55-93.

Berg, Sebastian (2006): „Einwanderung und multikulturelle Gesellschaft", in: Hans Kastendiek/Roland Sturm (Hrsg.), *Länderbericht Großbritannien*, Bonn, 250-272.

Bergmann, Jörg (2001): „Kommunikative Verfahren der Konstruktion des Fremden", in: Cornelia Bohn und Herbert Willems (Hrsg.), *Sinngeneratoren. Fremd- und Selbstthematisierung in soziologisch-historischer Perspektive. Alois Hahn zum 60. Geburtstag*, Konstanz, 35-56.

Berman, Marshall (1988): *All That is Solid Melts into Air: the Experience of Modernity*, New York.

Bielefeld, Ulrich (1993): „Das grausame Idyll der Postmoderne: Zygmunt Bauman Vorschläge zur Soziologie des Nationalstaates und des Fremden", *Mittelweg 36*, Heft 4/93, 33-39.

− (1998): „Das Konzept des Fremden und die Wirklichkeit des Imaginären", in: Ders. (Hrsg.), *Das Eigene und das Fremde: Neuer Rassismus in der Alten Welt?* Hamburg, 97-128.

− (2001): „Exklusive Gesellschaft und inklusive Demokratie: Zur gesellschaftlichen Stellung und Problematisierung des Fremden", in: Rolf-Peter Janz (Hrsg.), *Faszination und Schrecken des Fremden*, Frankfurt/Main, 19-51.

− (2003): *Nation und Gesellschaft: Selbstthematisierungen in Deutschland und Frankreich*, Hamburg.

– (2004): „Gibt es eine Soziologie des Fremden?", in: *Soziologische Revue*, Jg. 27, 395-406.

Bhabha, Homi K. (1994): *The Location of Culture*, London und New York.

Blossfeld, Hans-Peter/Mayer, Karl Ulrich (1988): „Arbeitsmarktsegmentation in der Bundesrepublik Deutschland: Eine empirische Überprüfung von Segmentationstheorien aus der Perspektive des Lebenslaufs", *Kölner Zeitschrift für Soziologie und Sozialpsychologie*, Jg. 40, 262-283.

Boltanski, Luc/Chiapello, Ève (2003): *Der neue Geist des Kapitalismus*, Konstanz.

Bourdieu, Pierre (1988): *Die politische Ontologie Martin Heideggers*, Frankfurt/Main.

– (1998): *Praktische Vernunft: Zur Theorie des Handelns*, Frankfurt/Main.

Böversen, Fritz (Hrsg.)(1997): *Den Umgang mit Fremden neu lernen*, Bielefeld.

Bremer, Peter (2000): *Ausgrenzungsprozesse und die Spaltung der Städte: zur Lebenssituation von Migranten*, Opladen.

Brown, Colin (1984): *Black und White Britain*, London.

Brown, Peter (1998): „The Rise and Function of the Holy Man in Late Antiquity", *Journal of Early Christian Studies*, Volume 6.3, 353-376.

Brubaker, Rogers (1992): *Citizenship and Nationhood in France and Germany*, Cambridge und Massachusetts.

– (2000): „Staatsbürgerschaft als soziale Schließung", in: Klaus Holz (Hrsg.), *Staatsbürgerschaft: Soziale Differenzierung und politische Inklusion*, Wiesbaden, 75-91.

– (2007): *Ethnizität ohne Gruppen*, Hamburg.

Brunkhorst, Hauke (1997): *Solidarität unter Fremden*, Frankfurt/Main.

Bukow, Wolf-Dietrich/Llayora, Roberto (1998): *Mitbürger aus der Fremde: Soziogenese ethnischer Minoritäten*, Opladen und Wiesbaden.

Bukow, Wolf-Dietrich (1999): „Fremdheitskonzepte in der multikulturellen Gesellschaft", in: Doron Kiesel/Astrid Messerschmidt/Albert Scherr (Hrsg.), *Die Erfindung der Fremdheit. Zur Kontroverse um Gleichheit und Differenz im Sozialstaat*, Frankfurt/Main, 37-48.

Burgess, Simon/Wilson, Deborah (2003): „Ethnic Segregation in England's Schools", CMPO W. Papers 03/086, („http://www.bris.ac.uk/cmpo/workingpapers/wp86.pdf", 08.06.2007).

Burgess, Simon/Wilson, Deborah/Lupton, Ruth (2004): „Parallel lives? Ethnic Segregation in the Playground and the Neighbourhood"; in: *CMPO Working Papers*, No. 04/094; („http://www.bris.ac.uk/cmpo/workingpapers/wp94.pdf", 08.08.2007).

Burghardt, Klaus/Link, Jürgen/Link-Heer, Ulla/ Stauber, Evi (1983): „Heidelberger Manifest", in: *kultuRRevolution*, Nr. 2, Februar 1983, 6-23.

Burkhardt, Astrid (1988): *Kulturbegriffe und Bildungskonzepte: Analysen zum geschichtlichen Horizont und zur systematischen Problematik von Konzepten Interkultureller Pädagogik*, Dissertation, Bergische Universität Wuppertal.

Büchel, Felix/Frick, Joachim R. (2004): „Immigrants in the UK and in West Germany - Relative Income Position, Income Portfolio, and Redistribution Effects", *Journal of Population Economies*, Volume 17, Issue 3, 553-581.

Cabinet Office (2001): *Improving Labour Market Achievements for Ethnic Minorities* in British Society, (http://www.cabinetoffice.gov.uk/media/cabinetoffice/strategy/assets/scoping.pdf , 04.01.2009).

Castel, Robert (2008): *Die Metamorphosen der sozialen Frage. Eine Chronik der Lohnarbeit*, Konstanz.

Chazan, Robert (1980): *Church, State and Jew in the Middle Ages*, West Orange.

Cohen, Abner (1971): „Cultural Strategies in the Organization of Trading Diasporas", in: Claude Meillassoux (Hrsg.), *The Development of Indigenous Trade and Markets in West Africa*, London, 266-281.

Cohen, Hermann (1992): „Die Nächstenliebe im Talmud. Als ein Gutachten dem Königlichen Landgerichte zu Marburg erstattet", in: Almut Loycke (Hrsg.), *Der Gast, der bleibt: Dimensionen von Georg Simmels Analyse des Fremdseins*, Frankfurt/Main und New York, 80-102.

Cohen, Robin (1994): *Frontiers of Identity: The British and the Others*, London und New York.

Cohn-Bendit, Daniel/Schmid, Thomas (1992): *Heimat Babylon: das Wagnis der multikulturellen Demokratie*, Hamburg.

Collins, Stephen L. (1989): *From Divine Cosmos to Sovereign State: An Intellectual History of Consciousness and the Idea of Order in Renaissance England*, Oxford.

Constant, Amelie/Massey, Douglas S. (2003): *Labor Market Segmentation and the Earnings of German Guestworkers*, IZA, Discussion Paper No. 774, (http://opus.zbw-kiel.de/volltexte/2003/918/pdf/dp774.pdf, 04.01.2009).

Cross, Malcolm (2003): „Racism and Racial Inequality: the British Case in a European Context", in: Zig Layton-Henry (Hrsg.), *Challenging Racism in Britain and Germany*, New York, 81-108.

Davis, Colin (1996): *Lévinas: An Introduction*. Cambridge.

Derrida, Jacques (1974): *Of Grammatology*, Baltimore.

Diefenbach, Heike (2003): „Ethnische Segmentation im deutschen Schulsystem. Eine Zustandsbeschreibung und einige Erklärungen für den Zustand", hrsg. von Forschungsinstitut für Arbeit, Bildung und Partizipation e.V. an der Universität Bochum, *Jahrbuch der Arbeit, Bildung, Kultur*, Jg. 21/22, 225-255.

Dihle, Albert (1994): *Die Griechen und die Fremden*, München.

Diken, Bülent (1998): *Strangers, Ambivalence and Social Theory*, Aldershot.

– (2002): „Justification and Immigration in the Network Society – A New Ambivalence?" In: *AMID Working Paper Series* 4/2002.

Diken, Bülent/Laustsen, Carsten Bagge (2002): „Postal Economies of the Orient", Online-Papers der Universität zu Lancaster, (http://www.lancs.ac.uk/fass/sociology/papers/diken-laustsen-postal-economies.pdf, 01.12.2008).

Doeringer, Peter B./Piore, Michael J. (1971): *Internal Labor Markets and Manpower Analysis*, Lexington.

Doty, Roxanne Lynn (2003): *Anti-Immigrantism in Western Democracies: State-craft, Desire, and the Politics of Exclusion*, London und New York.

Dummet, Michael (2001): *On Immigration and Refugees*, London und New York.

Durkheim, Emile (1988): *Über soziale Arbeitsteilung: Studie über die Organisation höherer Gesellschaften*, (zuerst 1893), Frankfurt/Main.

Dustmann, Christian (2003): „Temporary migration, consumption and labour supply", in: Mario Baldassarri (Hrsg.), *Studies in labour markets and industrial relations*, Basingstoke u.a., 231-250.

Dustmann, Christian / Fabbri, Francesca/ Preston, Ian (Hrsg.) (2003): „The Labour Market Effects of Immigration in the UK", *Home Office Online Report*, Nr. 06/03 („http://www.homeoffice.gov.uk/rds/pdfs2/rdsolr0603.pdf").

Easthope, Antony (1999): *Englishness and National Culture*, London und New York.

Edathy, Sebastian (2000): *‚Wo immer auch unsere Wiege gestanden hat'. Parlamentarische Debatten über die deutsche Staatsbürgerschaft 1870-1999*, Frankfurt/Main.

Eder, Klaus (2004): „Die Einhegung des Anderen: Zum Strukturwandel sozialer Inklusion in der multikulturellen Gesellschaft", in: Ders./Valentin Rauer/Oliver Schmidtke (Hrsg.), *Die Einhegung des Anderen. Türkische, polnische und russlanddeutsche Einwanderer in Deutschland*, Wiesbaden, 275-290.

Eder, Klaus/Rauer, Valentin/Schmidtke, Oliver (2004): „Das Eigene und das Fremde: Zur politischen Semantik von Inklusion und Exklusion", in: Dies. (Hrsg.), *Die Einhegung des Anderen*, Wiesbaden, 11-28.

Elias, Norbert/Scotson, John L. (1993): *Etablierte und Außenseiter*, Frankfurt/Main.

Endress, Martin (2003): „Verstehen des Fremden vom Anderen her. Zu Bernhard Waldenfels' phänomenologischen Sondierungen", *Soziologische Revue*, Jg. 26, Heft 1, 3-15.

Engelmann, Peter (Hrsg.) (1990): *Postmoderne und Dekonstruktion: Texte französischer Philosophen der Gegenwart*, Stuttgart.

Esser, Hartmut (1980): *Aspekte der Wanderungssoziologie. Assimilation und Integration von Wanderern, ethnischen Gruppen und Minderheiten. Eine Handlungstheoretische Analyse*, Darmstadt und Neuwied.

– (1988): „Ethnische Differenzierung und moderne Gesellschaft", *Zeitschrift für Soziologie*, 17, 235-248.

– (1990): „Nur eine Frage der Zeit? Zur Eingliederung von Migranten im Generationen-Zyklus und zu einer Möglichkeit, Unterschiede hierin zu erklären", in: Ders./Jürgen Friedrichs (Hrsg.), *Generation und Identität: Theoretische und empirische Beiträge zur Migrationssoziologie*, Opladen, 73-100.

– (2000): *Soziologie. Spezielle Grundlagen*, Band 2: Die Konstruktion der Gesellschaft, Frankfurt/Main und New York.

Etzioni, Amitai (1993): *The Spirit of Community: rights, responsibilities, and the communitarian agenda*, New York.

– (1995): *New Communitarian Thinking: Persons, Virtues, Institutions, and Communities*, Charlottesville.

Ewers, Klaus/Lenz, Peter (1977): „Die Ausländerbeschäftigung unter dem Druck von Wirtschaftskrise und ‚Konsolidierungspolitik'", in: Claus Offe/Karl Hinrichs (Hrsg.), *Opfer des Arbeitsmarktes: zur Theorie der strukturierten Arbeitslosigkeit*, Neuwied u.a., 185-225.

Fahrmeir, Andreas (2000): *Citizens and Aliens: Foreigners and the Law in Britain and the German States, 1789- 1870*, New York und Oxford.

Favell, Adrian (1998): *Philosophies of Integration: Immigration and the Idea of Citizenship in France and Britain*, Hampshire und London.

Fetscher, Iring (1983): *Der Marxismus. Seine Geschichte in Dokumenten, Philosophie, Ideologie, Ökonomie, Soziologie, Politik*, München/Zürich.

Feuerbach, Ludwig (1959): *Philosophische Kritiken und Grundsätze*, Sämtliche Werke Bd. 2, (hrsg. v. W. Bolin und F. Jodl), Stuttgart und Bad Cannstatt.

Fögen, Marie Theres (1991): *Fremde der Gesellschaft: historische und sozialwissenschaftliche Untersuchungen zur Differenzierung von Normalität und Fremdheit*, Frankfurt/Main.

Fortes, Meyer (1992): „Fremde", in: Almut Loycke (Hrsg.), *Der Gast, der bleibt*, Frankfurt/Main und New York, 43-79.

Foucault, Michel (1989): *Der Gebrauch der Lüste: Sexualität und Wahrheit*, Bd. 2, Frankfurt/Main.

Fredrickson, George M. (2004): *Rassismus: Ein historischer Abriss*, Hamburg.

Freud, Sigmund (1975): *Die Verneinung*, Frankfurt/Main, 371-377.

Frevert, Ute (2003): „Nation, Nationalismus", in: *Fischer Lexikon Geschichte* (hrsg. v. Richard von Dülmen), Frankfurt/Main, 260-280.

Fuchs, Ottmar (Hrsg.) (1988): *Die Fremden*, Düsseldorf.

Gadamer, Hans-Georg (1960): *Wahrheit und Methode. Grundzüge einer philosophischen Hermeneutik*, Tübingen.

– (2001): *Das Problem des historischen Bewußtseins*, Tübingen.

Geenen, Elke M. (2002): *Soziologie des Fremden: Ein gesellschaftstheoretischer Entwurf*, Opladen.

Giddens, Anthony (1996): *Konsequenzen der Moderne*, Frankfurt/Main.

– (1999): *Soziologie*, Graz und Wien.

Gogolin, Ingrid (2000): *Migration, gesellschaftliche Differenzierung und Bildung*, Opladen.

Gosewinkel, Dieter (2001): *Einbürgern und Ausschließen: Die Nationalisierung der Staatsangehörigkeit vom Deutschen Bund bis zur Bundesrepublik Deutschland*, Göttingen.

– (2004): „Staatsangehörigkeit und Nationszugehörigkeit in Europa während des 19. und 20. Jahrhunderts", in: Andreas Gestrich/Lutz Raphael (Hrsg.), *Inklusion/Exklusion: Studien zu Fremdheit und Armut von der Antike bis zur Gegenwart*, Frankfurt/Main, 207-229.

Graham, Stephen/Marvin, Simon (2001): *Splintering Urbanism: Networked Infrastructures, Technological Mobilities and the Urban Condition*, London und New York.

Granato, Nadia/Kalter, Frank (2001): „Die Persistenz ethnischer Ungleichheit auf dem deutschen Arbeitsmarkt: Diskriminierung oder Unterinvestition in Humankapital?" *Kölner Zeitschrift für Soziologie und Sozialpsychologie*, Jg. 53, Heft 3, 497-520.

Gutmann, Amy (1995): „Das Problem des Multikulturalismus in der politischen E-thik", *Deutsche Zeitschrift für Philosophie*, Jg. 43, Heft 2, 273-305.

Habermas, Jürgen (1969): *Theorie und Praxis: Sozialphilosophische Studien*, Berlin.
– (1997): *Theorie des kommunikativen Handelns*, Frankfurt/Main.
– (1990): *Die nachholende Revolution*, Frankfurt/Main.

Hacking, Ian (2002): *Was heißt ‚soziale Konstruktion'? Zur Konjunktur einer Kampvokabel in den Wissenschaften*, Frankfurt/Main.

Hahn, Alois (1994): „Die soziale Konstruktion des Fremden", in: Walter M. Sprondel (Hrsg.), *Die Objektivität der Ordnungen und ihre kommunikative Konstruktion: Für Thomas Luckmann*, Frankfurt/Main, 140-166.

– (2000): „Staatsbürgerschaft, Identität und Nation in Europa", in: Klaus Holz (Hrsg.), *Staatsbürgerschaft. Soziale Differenzierung und politische Inklusion*, Wiesbaden, 53-72.

Hahn, Alois/Bohn, Cornelia (1999): „Fremdheit und Nation. Inklusion und Exklusion", in: Claudia Rademacher/Markus Schroer/Peter Wieckens (Hrsg.), *Spiel ohne Grenzen? Ambivalenzen der Globalisierung*, Opladen, 239-253.

Hamburger, Frank (1994): *Pädagogik der Einwanderungsgesellschaft*, Frankfurt/Main.

Han, Petrus (2000): *Soziologie der Migration*, Stuttgart.

Hanke, Michael (2002): *Alfred Schütz: Einführung*, Wien.

Harloe, Michael/Marcuse, Peter/Smith, Neil (1992): „Housing for people, housing for profits", in: Susan S. Fainstein/Ian Gordon/Michale Harloe (Hrsg.), *Divided Cities: New York & London in the Contemporary World*, Oxford und Cambridge, 175-202.

Harman, Lesley D. (1988): *The Modern Stranger: On Language and Membership*, Berlin.

Harvey, David (2000): *The Condition of Postmodernity*, Cambridge und Oxford.
– (2001): *Spaces of Capital: Towards a Critical Geography*, Edinburgh.

Hauck, Gerhard (1992): *Einführung in die Ideologiekritik*, Hamburg.

Häußermann, Hartmut (1995): „Die Stadt und die Stadtsoziologie. Urbane Lebensweise und die Integration des Fremden", *Berliner Journal für Soziologie*, Heft 1/95, 89-98.

Hechter, M. (1975): *Internal Colonialism: The Celtic Fringe in British National Development 1536-1966*, London.

Hegel, Georg Wilhelm Friedrich (1967): *System der Sittlichkeit*, (Nachdruck der Lasson-Ausgabe), Hamburg.
– (1969): *Jenenser Realphilosophie (Natur- und Geistesphilosophie): Die Vorlesungen von 1803/04*, Leipzig.
– (1970a): *Phänomenologie des Geistes*, Werke Bd. 3, Frankfurt/Main.

- (1970b): *Vorlesungen über die Philosophie der Geschichte*, (Werke Bd. 12), Frankfurt/Main.
- (1970c): *Enzyklopädie der philosophischen Wissenschaften im Grundrisse*, Werke Bd. 10, Frankfurt/Main.
- (1971): *Frühe Schriften*, Werke Bd. 1, Frankfurt/Main.
- (1979): *Jenaer Kritische Schriften (I). Differenz des Fichteschen und Schellingschen Systems der Philosophie*, Hamburg.
- (1986a): *Jenaer Schriften: 1801-1907*, Werke Bd. 2, Frankfurt/Main.
- (1986b): *Grundlinien der Philosophie des Rechts oder Naturrecht und Staatswissenschaft im Grundrisse*, (Werke Bd. 7), Frankfurt/Main.
- (1986c): *Das System der spekulativen Philosophie, Jenaer Systementwürfe 1*, Hamburg.

Heitmeyer, Wilhelm (1991): „Individualisierungsprozesse und Folgen für die politische Sozialisation von Jugendlichen: Ein Zuwachs an politischer Paralysierung und Machiavellismus?" In: Ders./Juliane Jacobi (Hrsg.), *Politische Sozialisation und Individualisierung: Perspektiven und Chancen politischer Bildung*, Weinheim und München.

Held, David/McGrew, Anthony u.a. (2001): *Global Transformations: Politics, Economics & Culture*, Cambridge.

Hell, Mathias (2005): *Einwanderungsland Deutschland? Die Zuwanderungsdiskussion 1998-2002*, Wiesbaden.

Hentges, Gudrun (2006): „Von ‚Knochenbrechern' und dem ‚schwarzen Dreieck Moskau - Minsk - Kiew': Migrationsberichterstattung im *Spiegel*", in: Christoph Butterwegge/Dies. (Hrsg.), *Massenmedien, Migration und Integration*, Wiesbaden, 89-110.

Hobbes, Thomas (1996): *Leviathan oder Stoff, Form und Gewalt eines kirchlichen und bürgerlichen Staates*, (hrsg. u. eingeleitet v. Iring Fetscher), Frankfurt/Main.

Hobsbawm, Eric. J. (1987): *The Age of Empire 1875-1914*, London.
- (1998): *Nationen und Nationalismus. Mythos und Realität seit 1780*, Frankfurt/Main.

Hoffmann, Lutz/Even, Herbert (1984): *Soziologie der Ausländerfeindlichkeit: zwischen nationaler Identität und multikultureller Gesellschaft*, Weinheim u.a.

Hoffmann-Nowotny, Hans-Joachim (1973): *Soziologie des Fremdarbeiterproblems: eine theoretische und empirische Analyse am Beispiel der Schweiz*, Stuttgart.
- (2000): „Vorwort", in: Jörg Stolz, *Soziologie der Fremdenfeindlichkeit: Theoretische und empirische Analysen*, Frankfurt/Main.

Hofmann, Jens (2004): „Die Figur des Peripheren – Darlegung einer analytischen Kategorie anhand der historischen Semantik des Bettlers", in: Andreas Gestrich und Lutz Raphael (Hrsg.), *Inklusion/Exklusion. Studien zu Fremdheit und Armut von der Antike bis zur Gegenwart*, Frankfurt/Main, 511-536.

Hogrebe, Wolfram (1993): „Die epistemische Bedeutung des Fremden", in: Alois Wierlacher (Hrsg.), *Kulturthema Fremdheit: Leitbegriffe und Problemfelder kulturwissenschaftlicher Fremdheitsforschung*, München, 355-369.

Holz, Klaus (2000a): „Einleitung: Die soziale Position der Staatsbürger", in: Ders. (Hrsg.), *Staatsbürgerschaft: Soziale Differenzierung und politische Inklusion*, Wiesbaden, 7-29.

– (2000b): „Citizenship: Mitgliedschaft in der Gesellschaft oder differenztheoretisches Konzept?" In: Ders. (Hrsg.), *Staatsbürgerschaft: Soziale Differenzierung und politische Inklusion*, Wiesbaden, 189-208.

– (2001): „Die Figur des Dritten in der nationalen Ordnung der Welt", in: Jour-Fixe-Initiative (Hrsg.), *Wie wird man fremd?* Münster, 26-52.

Honneth, Axel (1999): „Sozialphilosophie", in: Hans Jörg Sandkühler (Hrsg.), *Enzyklopädie Philosophie* (Bd. II), Hamburg, 1183-1198.

– (2000): „Rekonstruktive Gesellschaftskritik unter genealogischem Vorbehalt: Zur Idee der ‚Kritik' in der Frankfurter Schule", *Deutsche Zeitschrift für Philosophie*, Band 48, Heft 5/2000, 729-737.

– (2003): *Kampf um Anerkennung. Zur moralischen Grammatik sozialer Konflikte*, (2. Aufl. mit einem neuen Nachwort), Frankfurt/Main.

Honolka, Harro/Götz, Irene (1999): *Deutsche Identität und das Zusammenleben mit Fremden*, Opladen und Wiesbaden.

Italiaander, Rolf (Hrsg.) (1983): *Fremde raus? Fremdenangst und Ausländerfeindlichkeit*, Frankfurt/Main.

Janßen, Andrea/Polat, Ayça (2005): *Zwischen Integration und Ausgrenzung: Lebensverhältnisse türkischer Migranten der zweiten Generation*, Universität Oldenburg (Dissertation).

Joly, Danièle (2001): *Blacks and Britannity*, Aldershot.

Junge, Matthias/Kron, Thomas (Hrsg.) (2002): *Zygmunt Bauman: Soziologie zwischen Postmoderne und Ethik*, Opladen.

Kaesler, Dirk (Hrsg.) (1999): *Klassiker der Soziologie*, München.

Kalter, Frank (2006): „Auf der Suche nach einer Erklärung für die spezifischen Arbeitsmarktnachteile von Jugendlichen türkischer Herkunft", *Zeitschrift für Soziologie*, Jg. 35, Heft 2, 144-160.

Kastner, Jens (2000): *Politik und Postmoderne: Libertäre Aspekte in der Soziologie Zygmunt Baumans*, Münster.

Kempton, Jeremy (2002): „Migrants in the UK: their characteristics and labour market outcomes and impacts", *Survey of Home Office: RDS Occasional Paper* No. 82, December 2002.

Kiesel, Doron/Messerschmidt, Astrid/Scherr, Albert (Hrsg.) (1999): *Die Erfindung der Fremdheit: Zur Kontroverse um Gleichheit und Differenz im Sozialstaat*, Frankfurt/Main.

Klärner, Andreas (2000): *Aufstand der Ressentiments. Einwanderungsdiskurs, völkischer Nationalismus und die Kampagne der CDU/CSU gegen die doppelte Staatsbürgerschaft*, Köln.

Kleinert, Corinna (2004): *Fremdenfeindlichkeit. Einstellungen junger Deutscher zu Migranten*, Wiesbaden.

Klönne, Arno (1989): „Aufstand der Modernisierungsopfer", in: *Blätter für deutsche und internationale Politik* 34, Heft 5, 545-548.

Kneer, Georg/Nassehi, Armin (2000): *Niklas Luhmanns Theorie sozialer Systeme*, München.

Korte, Hermann (1995): *Einführung in die Geschichte der Soziologe*, Opladen.

Kortüm, Hans-Henning (2000): „Advena sum apud te et peregrinus. Fremdheit als Strukturelement mittelalterlicher conditio humana", in: Andreas Bihrer u.a. (Hrsg.), *Exil, Fremdheit und Ausgrenzung in Mittelalter und früher Neuzeit*, Würzburg, 115-135.

Krewani, Wolfgang Nikolaus (1998): „Einleitung: Endlichkeit und Verantwortung", in: Emmanuel Levinas, *Die Spur des Anderen*, Freiburg und München, 9-51.

– (1992): *Emmanuel Lévinas. Denker des Anderen*, Freiburg und München.

Kristen, Cornelia (2002): „Hauptschule, Realschule oder Gymnasium? Ethnische Unterschiede am ersten Bildungsübergang", *Kölner Zeitschrift für Soziologie und Sozialpsychologie*, Jg. 54, Heft 3, 534-552.

– (2003): „Ethnische Unterschiede im deutschen Schulsystem", *Aus Politik und Zeitgeschichte*, Heft B 21-22, Jg. 2003, 26-32.

Kristeva, Julia (1990): *Fremde sind wir uns selbst*, Frankfurt/Main.

Kumar, Krishan (2001): „,Englishness' and English National Identity", in: David Morley/Kevin Robins (Hrsg.), *British Cultural Studies: Geography, Nationality and Identity*, Oxford, 41-55.

Kushnick, Luis (1998): *Race, Class and Struggle: Essays on Racism and Inequality in Britain, the US and Western Europe*, London und New York.

Kymlicka, Will (1999): *Multikulturalismus und Demokratie: Über Minderheiten in Staaten und Nationen*, Hamburg.

Lambrecht, Lars (1996): „Kritik der Moderne – Krise Europas? Überlegungen im Anschluß an Nietzsche, Husserl und Derrida", *Dialektik. Enzyklopädische Zeitschrift für Philosophie und Wissenschaften*, Heft 1, 57-72.

– (1999): „Demokratie", in: *Enzyklopädie Philosophie*, Bd. 1, (hrsg. v. Hans Jörg Sandkühler), Hamburg, 215-225.

Lambrecht, Lars/Tjaden, Karl Hermann/Tjaden-Steinhauer, Margarete (1998): *Gesellschaft von Olduvai bis Uruk: Soziologische Exkursionen*, Kassel.

Langewiesche, Dieter (2003): „Neuzeit, Neuere Geschichte", in: *Fischer Lexikon Geschichte* (hrsg. v. Richard van Dülmen), Frankfurt/Main, 466-490.

Lash, Scott/Urry, John (1999): *Economies of Signs and Space*, London.

Layton-Henry, Zig (2003): „Citizenship and Nationality in Britain", in: Layton-Henry/Czarina Wilpert (Hrsg.), *Challenging Racism in Britain and Germany*, New York, 60-77.

Layton-Henry, Zig/Wilpert, Czarina (2003a): „Introduction", in: Dies. (Hrsg.), *Challenging Racism in Britain and Germany*, New York, 1-22.

Layton-Henry, Zig / Wilpert, Czarina (2003b): „Afterword: Reflections on Challenging Racism and Discrimination in Britain and Germany", in: Dies. (Hrsg.), *Challenging Racism in Britain and Germany*, New York, 270-275.

Leggewie, Claus (1990): *Multi Kulti: Spielregeln für die Vielvölkerrepublik*, Berlin.

Leopold, Anders (2006): „Einführung in das Staatsangehörigkeitsrechts", in: *Juristische Schulung: Zeitschrift für Studium und praktische Ausbildung*, Heft 2/2006, 126-130.

Lepsius, Rainer M. (2004): „The Nation and Nationalism in Germany", *Social Research*, Volume 71, No 3, 481-500.

Lester, Anthony (2000): „The Politics of the Race Relations Act 1976", in: Muhammad Anwar/Patrick Roach/Ranjit Sondhi (Hrsg.), *From Legislation to Integration? Race Relations in Britain*, London, 25-39.

Lévinas, Emmanuel (1984): *Die Zeit und der Andere*, Hamburg.

– (1987a): *Die Spur des Anderen. Untersuchungen zur Phänomenologie und Sozialphilosophie*, München und Freiburg.

– (1987b): *Totalität und Unendlichkeit. Versuch über Exteriorität*, München und Freiburg.

– (1989): *Humanismus des anderen Menschen*, Hamburg.

Lindner, R. (1999): „Robert E. Park", in: Dirk Kaesler (Hrsg.), *Klassiker der Soziologie*, Bd. I: Vom Auguste Comte bis Norbert Elias, München, 213-229.

Löw, Martina (2001): *Raumsoziologie*, Frankfurt/Main.

Loycke, Almut (1992): „Der Gast, der bleibt. Dimensionen von Georg Simmels Analyse des Fremdseins", in: Ders. (Hrsg.), *Der Gast, der bleibt*, Frankfurt/Main und New York.

Luhmann, Niklas (1980): *Gesellschaftsstruktur und Semantik: Studien zur Wissenssoziologie der modernen Gesellschaft*, Frankfurt/Main.

– (1981): „Selbstreferenz und Teleologie in gesellschaftstheoretischer Perspektive", *Neue Hefte für Philosophie 20*, 1-30.

– (1982): *Liebe als Passion: zur Codierung von Intimität*, Frankfurt/Main.

– (1984): *Soziale Systeme. Grundriß einer allgemeinen Theorie*, Frankfurt/Main.

– (1985): „Die Autopoiesis des Bewußtseins", *Soziale Welt 36*, 402-446.

– (1997): *Die Gesellschaft der Gesellschaft*, Frankfurt/Main.

– (2000): *Die Politik der Gesellschaft*, Frankfurt/Main.

Lutz, Burkart/Sengenberger, Werner (1980): „Segmentationsanalyse und Beschäftigungspolitik", *WSI-Mitteilungen 33*, 291-299.

Lyotard, Jean-François (1986): *Das Postmoderne Wissen. Ein Bericht*, Wien.

Macpherson, Crawford B. (1962): *The Political Theory of Possessive Individualism: Hobbes to Locke*, Oxford.

Maffesoli, Michel (1996): *The Time of Tribes: The Decline of Individualism in the Mass Society*, London, Thousand Oaks, und New Delhi.

Malinowski, Bronislaw (1947): *Crime and Custom in Savage Society*, (zuerst 1926) London.

Mangali, Laurent/Mart, Maria (1993): *Of Strangers and Foreigners*, Berkeley und California.

Marchart, Oliver (1998): „Undarstellbarkeit und ‚ontologische Differenz'", in: Judith Butler u.a. (Hrsg.), *Das Undarstellbare der Politik*, Wien.

Marshall, Thomas H. (1950): *Citizenship and Social Class*, Cambridge.

Marx, Karl (1967): *Das Kapital. Kritik der politischen Ökonomie*, Frankfurt/Main.

- (1968): „Ökonomisch-Philosophische Manuskripte aus dem Jahre 1844", in: *Marx Engels Werke*, Ergänzungsband 1, Berlin, 465-588.

- (1981): „Thesen über Feuerbach", in: *Marx Engels Werke*, Bd. 3, Berlin, 5-7.

Marx, Karl/Engels, Friedrich (1977): *Manifest der Kommunistischen Partei*, in: Marx Engels Werke, Bd. 4, Berlin, 459-493.

Marx, Karl/Engels, Friedrich (1981): *Deutsche Ideologie*, Marx Engels Werke, Bd. 3, Berlin.

Mattern, Jens (1996): *Ricoeur zur Einführung*, Hamburg.

Meinhardt, Rolf (Hrsg.)(1984): *Türken raus? Oder verteidigt den sozialen Frieden: Beiträge gegen die Ausländerfeindlichkeit*, Reinbek bei Hamburg.

Merten, Klaus (1987): „Das Bild der Ausländer in der deutschen Presse", in: Bundeszentrale für Politische Bildung (Hrsg.), *Ausländer und Massenmedien. Bestandsaufnahme und Perspektiven: Vorträge und Materialien einer internationalen Fachtagung vom 2. bis 4. Dezember 1986*, Bonn, 69-78.

Merz-Benz, Peter-Ulrich/Wagner, Gerhard (2002): *Der Fremde als sozialer Typus*, Konstanz.

Migrationsbericht (2005): *Migrationsbericht des Bundesamtes für Migration und Flüchtlinge im Auftrag der Bundesregierung*, (www.bmd.bund.de), Berlin.

Montaigne, Michel de (1992): *Essais I*, (übers. v. Johann D. Tietz), Zürich.

Montesquieu, Charles de (1988): *Perserbriefe*, (zuerst 1754), Frankfurt/Main.

Mohr, Katrin (2007): *Soziale Exklusion im Wohlfahrtsstaat: Arbeitslosenversicherung und Sozialhilfe in Großbritannien und Deutschland*, Wiesbaden.

Moore-Gilbert, Bart (1998): *Postcolonial Theory: Contexts, Practices, Politics*, London und New York.

Müller, Klaus (1991): „Nachholende Modernisierung? Die Konjunkturen der Modernisierungstheorie und ihre Anwendung auf die Transformation der osteuropäischen Gesellschaften", in: *Leviathan*, Jg. 1991, Heft 2, 261-291.

Münkler, Herfried (1984): *Machiavelli. Die Begründung des politischen Denkens der Neuzeit aus der Krise der Republik Florenz*, Frankfurt/Main.

Münkler, Herfried/Ladwig, Bernd (1997): „Dimensionen der Fremdheit", in: Dies. (Hrsg.), *Furcht und Faszination: Facetten der Fremdheit*, Berlin, 11-44.

Münkler, Herfried/Ladwig, Bernd (1998): „Das Verschwinden des Fremden und die Pluralisierung der Fremdheit", in: Dies. (Hrsg.), *Die Herausforderung durch das Fremde*, Berlin, 11-25.

Nassehi, Armin (1995): „Der Fremde als Vertrauter. Soziologische Beobachtungen zur Konstruktion von Identitäten und Differenz", *Kölner Zeitschrift für Soziologie und Sozialpsychologie*, Jg. 47, Heft 3, 443-463.

- (1997): „Fremdheit. Fremde unter sich: Zur Urbanität der Moderne", (Vortrag am 27.8.1997 im Westfälischen Landesmuseum für Kunst und Kulturgeschichte, Münster;   zugänglich   auch   im   Internet: „http://www.soziale-systeme.de/docs/sosydebal008.pdf", 19.04.2006).

- (1999): *Differenzierungsfolgen: Beiträge zur Soziologie der Moderne*, Opladen und Wiesbaden.

Nassehi, Armin/Schroer, Markus (1999): „Integration durch Staatsbürgerschaft? Einige gesellschaftstheoretische Zweifel", *Leviathan*, Jg. 27, Heft 1, 95-112.

Naumann, Ingela K./Süer, Aydin (2004): „Deutsch-türkische Identitätskonflikte", in: Klaus Eder/Valentin Rauer/Oliver Schmidtke (Hrsg.), *Die Einhegung des Anderen. Türkische, polnische und russlanddeutsche Einwanderer in Deutschland*, Wiesbaden, 159-206.

Nicolaus, Helmut (1995): *Hegels Theorie der Entfremdung*, Heidelberg.

Oberndörfer, Dieter (1993): *Der Wahn des Nationalen. Die Alternative der offenen Republik*, Freiburg, Basel und Wien.

– (2003): „The German Concept of Citizenship and Nationality", in: Layton-Henry Zig/Czarina Wilpert (Hrsg.), *Challenging Racism in Britain and Germany*, New York, 46-59.

Oc, Taner (1987): „Ethnic Minorities, Scarce Housing Resources, and Urban Renewal in Britain", in: Willem van Vliet u.a. (Hrsg.), *Housing and Neighbourhoods: Theoretical and Empirical Contributions*, New York u.a., 91-104.

Odmalm, Pontus (2005): *Migration Policies and Political Participation: Inclusion or Intrusion in Western Europe?* New York.

Offe, Claus/ Hinrichs, Karl (1977): „Sozialökonomie des Arbeitsmarktes und die Lage ‚benachteiligter' Gruppen von Arbeitnehmern", in: Dies. (Hrsg.), *Opfer des Arbeitsmarktes: zur Theorie der strukturierten Arbeitslosigkeit*, Neuwied, 3-61.

Ohle, Karlheinz (1978): *Das Ich und das Andere: Grundzüge einer Soziologie des Fremden*, Stuttgart.

Oommen, T.K. (1997): *Citizenship, Nationality and Ethnicity: Reconciling Competing Identities*, Cambridge.

Onuki, Atsuko (1997): „Europa – überall und nirgends: Inter- versus Intrakulturalität", in: Dialektik. Enzyklopädische Zeitschrift für Philosophie und Wissenschaften, Heft 2, (hrsg. v. Lars Lambrecht und Domenico Losurdo), Hamburg, 79-94.

Parekh, Bhikhu (2000): „National Identity in a Multicultural Society", in: Muhammad Anwar/Patrick Roach/Ranjit Sondhi (Hrsg.), *From Legislation to Integration? Race Relations in Britain*, London, 196-211.

Park, Robert E. (1950): *Race and Culture*, Glecoe und Illinois: The Free Press.

– (1967): *On Social Control and Collective Behavior*, Chicago und London.

Pels, Dick (1999): „Privileged Nomads: On the Strangeness of Intellectuals and the Intellectuality of Strangers", *Theory, Culture & Society*, Volume 16(1), 62-86.

Pichler, Edith/Schmidtke, Oliver (2004): „Migranten im Spiegel des deutschen Mediendiskurses: ‚Bereicherung' oder ‚Belastung'?" In: Klaus Eder/Valentin Rauer/Oliver Schmidtke (Hrsg.), *Die Einhegung des Anderen. Türkische, polnische und russlanddeutsche Einwanderer in Deutschland*, Wiesbaden, 49-76.

Piper, Nicola (1998): *Racism, Nationalism and Citizenship: Ethnic minorities in Britain and Germany*, Aldershot.

Pittock, Murray G. H. (1999): *Celtic Identity and the British Image*, Manchester und New York.

Pitt-Rivers, Julian (1992): „Das Gastrecht", in: Almut Loycke (Hrsg.), *Der Gast, der bleibt. Dimensionen von Georg Simmels Analyse des Fremdseins*, Frankfurt/Main und New York, 17-42.

Platon (1991): *Nomoi*, Sämtliche Werke IX, (Griechisch und Deutsch), Frankfurt/Main und Zürich.

Polanyi, Karl (1997): *The Great Transformation*, Frankfurt/Main.

Pursey, Mona (2001): *Fremdheit, Marginalität und Multikulturalität als Themen der sozialwissenschaftlichen Literatur in Deutschland, den Niederlanden und Belgien*, Aachen.

Quindeau, Ilka (1999): „Psychoanalytische Sicht auf Fremdheit: Fremde – Andere – Dritte", in: Doron Kiesel/Astrid Messerschmidt/Albert Scherr (Hrsg.), *Die Erfindung der Fremdheit: Zur Kontroverse um Gleichheit und Differenz im Sozialstaat*, Frankfurt/Main, 167-183.

Raghuram, Parvati/Kofman, Eleonore (2002): „The State, Skilled Labour Markets, and Immigration", in: *Environment and Planning A*, Volume 34 (11), 2071-2089.

Raphael, Lutz (2004): „Königsschutz, Armenordnung und Ausweisung und Modi der Inklusion und Exklusion von Armen und Fremden im mediterraneuropäischen Raum seit der Antike", in: Andreas Gestrich/Lutz Raphael (Hrsg.), *Inklusion/Exklusion: Studien zu Fremdheit und Armut von der Antike bis zur Gegenwart*, Frankfurt/Main, 15-34.

Räthzel, Nora (1997): *Gegenbilder: Nationale Identität durch Konstruktion des Anderen*, Opladen.

Rauer, Valentin (2004a): „‚Kriminelle Ausländer' und ‚deutsche Jungs': Mediale Täterrahmen als Stigma und Markierung kollektiver Identitäten", in: Klaus Eder/Valentin Rauer/Oliver Schmidtke (Hrsg.), *Die Einhegung des Anderen. Türkische, polnische und russlanddeutsche Einwanderer in Deutschland*, Wiesbaden, 77-98.

– (2004b): „‚Ausländerghettos' und die ‚neue multiethnische Mittelklasse': Eine Medienanalyse zur symbolischen Dimension sozialer Räume", in: Klaus Eder/Valentin Rauer/Oliver Schmidtke (Hrsg.), *Die Einhegung des Anderen. Türkische, polnische und russlanddeutsche Einwanderer in Deutschland*, Wiesbaden, 99-130.

Rauer, Valentin/Schmidtke, Oliver (2004): „Integration als Exklusion: Mediale und alltagspraktische Rahmungen eines sozialwissenschaftlichen Konzepts", in: Klaus Eder/Valentin Rauer/Oliver Schmidtke (Hrsg.), *Die Einhegung des Anderen. Türkische, polnische und russlanddeutsche Einwanderer in Deutschland*, Wiesbaden, 249-274.

Reuter, Julia (2002a): *Ordnungen des Anderen: zum Problem des Eigenen in der Soziologie des Fremden*, Bielefeld.

– (2002b): „Wenn Fremde Fremden begegnen. Zur Darstellung von Indifferenz im modernen Alltag", *Rote Reihe*, Paper 37, Aachen.

Rich, Paul B. (1986): *Race and Empire in British Politics*, Cambridge.

Ricœur, Paul (1996): *Das Selbst als ein Anderer*, München.

Rittstieg, Helmut/Rowe, C. Gerard (1992): *Einwanderung als gesellschaftliche Herausforderung: Inhalt und rechtliche Grundlagen einer neuen Politik*, Baden-Baden.

Roeck, Bernd (1993): *Außenseiter, Randgruppen, Minderheiten: Fremde in Deutschland der frühen Neuzeit*, Göttingen.

Rommelspacher, Birgit (2002): „Ethik in der Postmoderne – Grenzen einer soziologischen Theorie", in: Mathias Junge und Thomas Kron (Hrsg.), *Zygmunt Bauman: Soziologie zwischen Postmoderne und Ethik*, Opladen, 393-407.

Röttgers, Kurt (1995): „Sozialphilosophie", in: *Historisches Wörterbuch der Philosophie*, (hrsg. v. Joachim Ritter und Karlfried Gründer), Bd. 9: Se–Sp, Basel, 1217-1227.

Ruhrmann, Georg/Kollmer, Jochem (1987): *Ausländerberichterstattung in der Kommune: Inhaltsanalyse Bielefelder Tageszeitungen unter Berücksichtigung ,ausländerfeindlicher' Alltagstheorien*, Opladen.

Sackmann, Rosemarie (2004): *Zuwanderung und Integration. Theorien und empirische Befunde aus Frankreich, den Niederlanden und Deutschland*, Wiesbaden.

Said, Edward (1995): *Orientalism: Western Conceptions of the Orient*, London.

Sandkühler, Hans Jörg/Stekeler-Weithofer, Pirmin (1996): „Editorial", *Dialektik. Enzyklopädische Zeitschrift für Philosophie und Wissenschaft*, Heft 1996/1, 7–12.

Sartre, Jean-Paul (1991): *Das Sein und das Nichts: Versuch einer phänomenologischen Ontologie*, Reinbek bei Hamburg.

Sayer, Andrew (1998): „Critical and Uncritical Cultural Turns", Online-Papers der Universität zu Lancaster, „http://www.comp.lancs.ac.uk/sociology/soc017as.html", 22.10.2001.

– (2000): *Realism and Social Science*, London u.a.

Schäffter, Ottfried (1991): „Modi des Fremderlebens: Deutungsmuster im Umgang mit Fremdheit", in: Ders. (Hrsg.), *Das Fremde. Erfahrungsmöglichkeiten zwischen Faszination und Bedrohung*, Opladen, 11–42.

Schahrzad, Farrokhzad (2006): „Exotin, Unterdrückte und Fundamentalistin", in: Christoph Butterwegge/Gudrun Hentges (Hrsg.), *Massenmedien, Migration und Integration*, Wiesbaden, 55-86.

Schimank, Uwe (1996): *Theorien gesellschaftlicher Differenzierung*, Opladen.

Schimank, Uwe/Volkmann, Ute (1999): *Gesellschaftliche Differenzierung*, Bielefeld.

Schlesier, Renate (2001): „Alteuropa im Spiegel der Neuen Welt. Montaigne und die ‚Kannibalen'", in: Rolf-Peter Janz (Hrsg,.), *Faszination und Schrecken des Fremden*, Frankfurt/Main, 68-83.

Schmidtke, Oliver (2004): „Die ‚unsichtbare' polnische Community in Deutschland: Die strategische Entdramatisierung von kollektiver Identität", in: Klaus Eder/Valentin Rauer/Oliver Schmidtke (Hrsg.), *Die Einhegung des Anderen. Türkische, polnische und russlanddeutsche Einwanderer in Deutschland*, Wiesbaden, 133-157.

Schmitt, Carl (1996): *Der Begriff des Politischen*, Berlin.

Schnabel-Schüle, Helga (2004): „Wer gehört dazu? – Zugehörigkeit und die Inklusion von Fremden in politische Räume", in: Andreas Gestrich/Lutz Raphael (Hrsg.), *Inklusion/Exklusion: Studien zu Fremdheit und Armut von der Antike bis zur Gegenwart*, Frankfurt/Main, 51-61.

Schrader, Achim/Nikles, Bruno E./Griese, Hartmut E. (Hrsg.) (1976): *Die zweiten Generatoren: Sozialisation und Akkulturation ausländischer Kinder in der Bundesrepublik*, Kronberg.

Schreiter, Jörg (1990): „Hermeneutik", in: *Europäische Enzyklopädie zu Philosophie und Wissenschaften* Bd. 2, (hrsg. v. Hans Jörg Sandkühler), Hamburg, 538-548.

Schroer, Markus (1997): „Fremde, wenn wir uns begegnen. Von der Universalisierung der Fremdheit und der Sehnsucht nach Gemeinschaft", in: Armin Nassehi (Hrsg.), *Nation, Ethnie, Minderheit: Beiträge zur Aktualität ethnischer Konflikte*; Köln, Weimar und Wien, 15-39.

Schubert, Hans-Joachim (2006): „Integration, Ethnizität und Bildung. Die Definition ethnischer Identität Studierender türkischer Herkunft", *Berliner Journal f. Soziologie*, Heft 3, 291-312.

Schulze, Hagen (2005): *Kleine deutsche Geschichte*, München.

Schütz, Alfred (1971): *Das Problem der Relevanz*, Frankfurt/Main.

– (1972a): „Das Problem der Rationalität in der sozialen Welt", in: Ders., *Gesammelte Aufsätze, Bd. II: Studien zur soziologischen Theorie*, Den Haag, 22-50.

– (1972b): „Der Fremde. Ein sozialpsychologischer Versuch", in: Ders., *Gesammelte Aufsätze, Bd. II: Studien zur soziologischen Theorie*, Den Haag, 53-69.

– (1972c): „Der Heimkehrer", in: Ders., *Gesammelte Aufsätze, Bd. II: Studien zur soziologischen Theorie*, Den Haag, 70-84.

Schützeichel, Rainer (2004): *Historische Soziologie*, Bielefeld.

Seibert, Holger/Solga, Heike (2005): „Gleiche Chancen dank einer abgeschlossenen Ausbildung? Zum Signalwert von Ausbildungsabschlüssen bei ausländischen und deutschen jungen Erwachsenen", *Zeitschrift für Soziologie*, Jg. 34, Heft 5, Oktober 2005, 364-382.

Seidman, Steven (1995): *The Postmodern Turn: New Perspectives on Social Theory*, Cambridge.

Seifert, Wolfgang (1995): *Die Mobilität der Migranten: die berufliche, ökonomische und soziale Stellung ausländischer Arbeitnehmer in der Bundesrepublik*, Berlin.

Sengenberger, Werner (1987): „Arbeitsmarktsegmentation und Macht", in: Friedrich Buttler/Knut Gerlach/Rudi Schmiede (Hrsg.), *Arbeitsmarkt und Beschäftigung. Neuere Beiträge zur institutionalistischen Arbeitsmarktanalyse*, Frankfurt/Main und New York, 95-120.

Sennett, Richard (1977): *The Fall of Public Man*, Cambridge, London und Melbourne.

– (1983): *Verfall und Ende des öffentlichen Lebens. Die Tyrannei der Intimität*, Frankfurt/Main.

– (1998): *Der flexible Mensch: die Kultur des neuen Kapitalismus*, Berlin.

Shields, Michael A./Wheatly, P. Stephen. (2003): *The Labour Market Outcomes and Psychological Well-Being of Ethnic Minority Migrants in Britain*, Home Office, 07/03 (s. a. http://www.homeoffice.gov.uk/rds/pdfs2/rdsolr0703.pdf, 04.01.2009).

Siep, Ludwig (1979): *Anerkennung als Prinzip der praktischen Philosophie: Untersuchungen zu Hegels Jenaer Philosophie des Geistes*, Freiburg/München.

– (1998): „Die Bewegung des Anerkennens in der Phänomenologie des Geistes", in: Dietmar Köhler und Otto Pögeler (Hrsg.), *G. W. Hegel. Phänomenologie des Geistes*, Berlin, 107-127.

Simmel, Georg (1890): *Über sociale Differenzierung. Sociologische und psychologische Untersuchungen*, Leipzig.

– (1958): *Philosophie des Geldes*, (unveränderter Nachdruck der 1930 erschienen 5. Auflage), Berlin.

– (1991): „Anhang: Philosophie des Geldes", in: Ders., *Philosophie des Geldes*, Frankfurt/Main, 719-724.

– (1992): *Untersuchungen über die Formen der Vergesellschaftung*, Frankfurt/Main.

– (1995a): „Die Großstädte und das Geistesleben", in: Ders., *Aufsätze und Abhandlungen 1901-1908*, Bd. I, Frankfurt/Main, 116-131.

– (1995b): „Soziologie des Raumes", in: Ders., *Aufsätze und Abhandlungen 1901-1908*, Bd. I, Frankfurt/Main, 132-183.

– (1995c): „Über räumliche Projektionen socialer Formen", in: Ders., *Aufsätze und Abhandlungen 1901-1908*, Bd. I, Frankfurt/Main, 201-220.

Smith, Anthony D. (1979): *Nationalism in the Twentieth Century*, New York.

Smith, A. (1989): „Gentrification and the spatial constitution oft he state: the restructuring of London's Docklands", *Antipode*, Heft 21, 232-260.

Sölter, Arpad A. (1997): „Die Einbeziehung des Fremden. Reflexionen zur kulturellen Fremdheit bei Simmel, Habermas und Huntington", in: Ingo Breuer/Ders. (Hrsg.), *Der fremde Blick. Perspektiven interkultureller Kommunikation und Hermeneutik*, Innsbruck und Wien, 25-51.

Sombart, Werner (1987): *Der moderne Kapitalismus*, Bd. I: Die vorkapitalistische Wirtschaft, (zuerst 1916), München.

Soysal, Yasemin Nuhoğlu (1994): *Limits of Citizenship: Migrants and Postnational Membership in Europe*; Chicago und London.

Spencer, Sarah (2003): *The Politics of Migration: Managing Opportunity, Conflict and Change*, Malden, Massachusetts u. a.

Stagl, Justin (1997): „Grade der Fremdheit", in: Herfried Münkler/Bernd Ladwig (Hrsg.), *Furcht und Faszination: Facetten der Fremdheit*, Berlin, 85-114.

Statistisches Bundesamt (2008): *Bevölkerung und Erwerbstätigkeit: Ausländische Bevölkerung, Ergebnisse des Ausländerzentralregisters 2007*, Wiesbaden.

Stackelberg, Jürgen von (1988): *Montesquieus Perserbriefe* (Nachwort), in: Charles de Montesquieu, Perserbriefe, Frankfurt/Main.

Stammen, Theo/Riescher, Gisela/Hofmann, Wilhelm (1997): *Hauptwerke der politischen Theorie*, Stuttgart.

Stichweh, Rudolf (1992): „Der Fremde – Zur Evolution der Weltgesellschaft", *Rechtshistorisches Journal 11*, 295-316.

– (1997): „Der Fremde: Zur Soziologie der Indifferenz", in: Herfried Münkler/Bernd Ladwig (Hrsg.), *Furcht und Faszination. Facetten der Fremdheit*, Berlin, 45-64.

– (2000): *Die Weltgesellschaft. Soziologische Analysen*, Frankfurt/Main.

– (2001): „Fremde im Europa der frühen Neuzeit", in: Cornelia Bohn und Herbert Willems (Hrsg.), *Sinngeneratoren: Fremd- und Selbstthematisierung in soziologisch-historischer Perspektive; Alois Hahn zum 60. Geburtstag*, Konstanz, 17-33.

– (2004): „Fremdheit in der Weltgesellschaft: Indifferenz und Minimalsympathie", in: Andreas Gestrich und Lutz Raphael (Hrsg.), *Inklusion und Exklusion: Studien zu Fremdheit und Armut von der Antike bis zur Gegenwart*, Frankfurt/Main, 35-47.

Stolz, Jörg (2000): *Soziologie der Fremdenfeindlichkeit: theoretische und empirische Analysen*, Frankfurt/Main.

Stonequist, Everett V. (1937): *The Marginal Man*, New York.

Taureck, Bernhard H. F. (1997): *Emmanuel Lévinas zur Einführung*, Hamburg.

– (2002): „Asymmetrismus - Zum Spannungsverhältnis zwischen Gerechtigkeit und Alterität bei Zygmunt Bauman", in: Matthias Junge/Thomas Kron (Hrsg.), *Zygmunt Bauman: Soziologie zwischen Postmoderne und Ethik*, Opladen.

Terkessidis, Mark (1998): *Psychologie des Rassismus*, Opladen und Wiesbaden.

– (2004): *Die Banalität des Rassismus. Migranten zweiter Generation entwickeln eine neue Perspektive*, Bielefeld.

Thränhardt, Dietrich/Hunger, Uwe (2000): „Vom Partizipationspostulat zum Civil-Society-Konzept", *IZA – Zeitschrift für Migration und soziale Arbeit*, Heft 2, 32-39.

Thränhardt, Dietrich (2003): „Zuwanderungs- und Integrationspolitik am Anfang des 21. Jahrhunderts", in: Karin Meendermann (Hrsg.), *Migration und politische Bildung – Integration durch Information*, Münster, 11-36.

Tietze, Nikola (2001): *Islamische Identitäten: Formen muslimischer Religiosität junger Männer in Deutschland und Frankreich*, Hamburg.

Tjaden-Steinhauer, Margarete/Tjaden, Karl Hermann (2001): *Gesellschaft von Rom bis Ffm: Ungleichheitsverhältnisse in West-Europa und die iberischen Eigenwege*, Kassel.

Todd, Emmanuel (1998): *Das Schicksal der Immigranten: Deutschland, USA, Frankreich, Großbritannien*, Hildesheim.

Touraine, Alan (1995): *Critique of Modernity*, Oxford & Cambridge.

Treibel, Annette (1995): *Einführung in soziologische Theorien der Gegenwart*, Opladen.

– (1999): *Migration in modernen Gesellschaften: Soziale Folgen von Einwanderung, Gastarbeit und Flucht*, Weinheim und München.

Tucci, Ingrid (2004): „Konfliktuelle Integration: Die sozialen Konsequenzen der Lage der türkischen Bevölkerung in Deutschland und der nordafrikanischen in Frankreich", *Berliner Journal für Soziologie*, Heft 3, 2004, 299-317.

Turner, S. Bryan (1993): „Contemporary Problems in the Theory of Citizenship", in: Ders. (Hrsg.), *Citizenship and Social Theory*, London u.a., 1-18.

Varela, Maria Do Mar Castro/Dhawan, Nikita (2005): *Postkoloniale Theorie: Eine kritische Einführung*, Bielefeld.

Vattimo, Gianni (1990): *Das Ende der Moderne*, Stuttgart.

Wagner, Peter (1995): *Soziologie der Moderne*, Frankfurt und New York.

Waldenfels, Bernhard (1983): *Phänomenologie in Frankreich*, Frankfurt/Main.

– (1991): *Der Stachel des Fremden*, Frankfurt/Main.

– (1995a): „Das Eigene und das Fremde", *Deutsche Zeitschrift für Philosophie*, Jg. 43, Heft 4, 611-620.

– (1995b): „Erfahrung des Fremden in Husserls Phänomenologie", in: Ders., *Deutsch-Französische Gedankengänge*, Frankfurt/Main, 51-68.

– (1995c): „Paul Ricœur: Das Selbst im Schatten des Anderen und Fremden", in: Ders., *Deutsch-Französische Gedankengänge*, Frankfurt/Main, 284-301.

– (1997): „Phänomenologie des Eigenen und des Fremden", in: Herfried Münkler (Hrsg.), *Furcht und Faszination: Facetten der Fremdheit*, Berlin, 65-84.

– (1999a): „Fremd/Fremdheit", in: Hans Jörg Sandkühler, *Enzyklopädie Philosophie* (Bd. I), Hamburg, 407-410.

– (1999b): *Topographie des Fremden: Studien zur Phänomenologie des Fremden I*, Frankfurt/Main.

– (2001): *Verfremdung der Moderne: Phänomenologische Grenzgänge*, Göttingen.

Wallerstein, Immanuel (1986): *Das moderne Weltsystem I: kapitalistische Landwirtschaft und die Entstehung der europäischen Weltwirtschaft im 16. Jahrhundert*, Frankfurt/Main.

Weber, Max (1980): *Wirtschaft und Gesellschaft*, Tübingen.

Weekes-Bernard, Debbie (2007): *School Choice and Ethnic Segregation: Educational Decision-making among Black and Minority Ethnic Parents*, Runnymede Report, London.

Weitzel, J. (1989a): „Fremde, -nrecht", in: Robert-Henri Bautier (Hrsg.), *Lexikon des Mittelalters IV*, München und Zürich, 909-910.

– (1989b): „Gast, -recht, -gericht", in: Robert-Henri Bautier (Hrsg.), *Lexikon des Mittelalters IV*, München und Zürich, 1130-1131.

Wenzler, Ludwig (1984): „Zeit als Nähe des Abwesenden: Diachronie der Ethik und Diachronie der Sinnlichkeit nach Emmanuel Lévinas" (Nachwort), in: *Emmanuel Lévinas, Die Zeit und der Andere*, Hamburg, 67-92.

– (1989): „Menschsein vom Anderen her (Einleitung)", in: *Emmanuel Lévinas, Humanismus des anderen Menschen*, Hamburg, VII-XXVII.

Wierlacher, Alois (1993): „Kulturwissenschaftliche Xenologie. Ausgangslage, Leitbegriffe und Problemfelder", in: Ders. (Hrsg.), *Kulturthema Fremdheit: Leitbil-*

der und Problemfelder kulturwissenschaftlicher Fremdforschung, München, 19-112.

Wiersing, Erhard (1997): „Zur Lehre des griechisches Mythos über den Umgang mit dem Fremden", in: Christoph Lüth/R.W. Keck/Ders. (Hrsg.), *Der Umgang mit dem Fremden in der Vormoderne: Studien zur Akkulturation in bildungshistorischer Sicht*, Köln, Weimar und Wien, 31-60.

Wieviorka, Michel (2003): *Kulturelle Differenzen und kollektive Identitäten*, Hamburg.

Willems, Helmut (1993): „Gewalt und Fremdenfeindlichkeit: Anmerkungen zum gegenwärtigen Gewaltdiskurs", in: Hans-Uwe Otto und Roland Merten (Hrsg.), *Rechtsradikale Gewalt im vereinigten Deutschland: Jugend im gesellschaftlichen Umbruch*, Opladen, 88-108.

Wilpert, Czarina (2003): „Racism, Discrimination, and the Need for Anti-Discrimination Legislation in Germany", in: Zig Layton-Henry/Czarina Wilpert (Hrsg.), *Challenging Racism in Britain and Germany*, New York, 245-269.

Winter-von Gregory, Witha (1983): „Mieterauswahl durch Wohnungsunternehmen und Wohnungsämter", in: Adalbert Evers/Hans-Georg Lange (Hrsg.), *Kommunale Wohnungspolitik*, Basel, 266- 292.

Wobbe, Theresa (2000): *Weltgesellschaft*, Bielefeld.

Wolzogen, Christoph (2005): *Emmanuel Levinas – Denken bis zum Äußersten*, Freiburg und München.

Wrench, John/Hassan, Edgar/Qureshi, Tarek (Hrsg.) (1999): „From School to the Labour Market in Britain: the Qualitative Exposure of Structure of Exclusion", in: *Migrants, Ethnic Minorities and the Labour Market*, 54-71.

Yıldız, Erol (2000): „Multikulturalität und Demokratie im Zeitalter der Globalisierung", in: Christoph Butterwegge/Gudrun Hentges (Hrsg.), *Zuwanderung im Zeichen der Globalisierung*, Opladen, 210-226.

– (2006): „Stigmatisierende Mediendiskurse in der kosmopolitanen Einwanderungsgesellschaft", in: Christoph Butterwegge/Gudrun Hentges (Hrsg.), *Massenmedien, Migration und Integration*, Wiesbaden, 37-53.

Young, Iris Marion (1989): „Polity and Group Difference: A Critique of the Ideal of Universal Citizenship", in: *Ethics 99*, 250-274.

Young, Robert (2004): *White Mythologies: Writing History and the West*, London und New York.

Zapf, Wolfgang (1996): „Die Modernisierungstheorie und unterschiedliche Pfade der gesellschaftlichen Entwicklung", in: *Leviathan*, Jg. 1996, Heft 1, 63-77.

Zentrum für Türkeistudien (1995): *Das Bild der Ausländer in der Öffentlichkeit: Eine theoretische und empirische Analyse zur Fremdenfeindlichkeit*, Opladen.

Weiterlesen

Theorie und Methode

Sylvia Terpe
Ungerechtigkeit und Duldung
Die Deutung sozialer Ungleichheit
und das Ausbleiben von Protest
2009, 212 Seiten, broschiert
ISBN 978-3-86764-142-5

Stephan Hein
Konturen des Rationalen
Zu einem Grundmotiv im Theoriewerk
von Talcott Parsons
2009, 228 Seiten, broschiert
ISBN 978-3-86764-137-1

Karin Schlücker
Vom Text zum Wissen
Positionen und Probleme qualitativer Forschung
2008, 532 Seiten, broschiert
ISBN 978-3-86764-122-7

Robert Schmidt, Volker Woltersdorff (Hg.)
Symbolische Gewalt
Herrschaftsanalyse nach Pierre Bourdieu
2008, 316 Seiten, broschiert
ISBN 978-3-86764-121-0

Philipp Ullmann
Mathematik – Moderne – Ideologie
Eine kritische Studie zur Legitimität und
Praxis der modernen Mathematik
2008, 314 Seiten, broschiert
ISBN 978-3-86764-075-6

Jochen Hirschle
Eine unmögliche Liebe
Zur Entstehung intimer Beziehungen
2007, 256 Seiten, broschiert
ISBN 978-3-86764-041-1

Thorsten Benkel
Die Signaturen des Realen
Bausteine einer soziologischen
Topographie der Wirklichkeit
2007, 386 Seiten, broschiert
ISBN 978-3-86764-021-3

Johannes F. K. Schmidt, Martine Guichard,
Peter Schuster, Fritz Trillmich (Hg.)
Freundschaft und Verwandtschaft
Zur Unterscheidung und Verflechtung
zweier Beziehungssysteme
2007, 400 Seiten, broschiert
ISBN 978-3-86764-016-9

Pascale Gazareth, Anne Juhasz,
Chantal Magnin (Hg.)
**Neue soziale Ungleichheit
in der Arbeitswelt**
2007, 252 Seiten, broschiert
ISBN 978-3-89669-637-3

Klicken + Blättern

Leseprobe und Inhaltsverzeichnis unter

www.uvk.de

Erhältlich auch in Ihrer Buchhandlung.

UVK
UVK Verlagsgesellschaft mbH

Weiterlesen

Analyse und Forschung

Karsten Lenz
**Katholische Priester in der
individualisierten Gesellschaft**
2009, 372 Seiten, broschiert
ISBN 978-3-86764-114-2

Kirsten Sander
Profession und Geschlecht im Krankenhaus
Soziale Praxis der Zusammenarbeit
von Pflege und Medizin
2009, 484 Seiten, broschiert
ISBN 978-3-86764-164-7

Peter Richter
**Ökonomisierung als
gesellschaftliche Entdifferenzierung**
Eine Soziologie zum Wandel des öffentlichen Sektors
2009, 252 Seiten, broschiert
ISBN 978-3-86764-169-2

Alessandro Pelizzari
Dynamiken der Prekarisierung
Atypische Erwerbsverhältnisse und
milieuspezifische Unsicherheitsbewältigung
2009, 354 Seiten, broschiert
ISBN 978-3-86764-172-2

Wolfgang Ludwig-Mayerhofer,
Olaf Behrend, Ariadne Sondermann
Auf der Suche nach der verlorenen Arbeit
Arbeitslose und Arbeitsvermittler
im neuen Arbeitsmarktregime
2009, 302 Seiten, broschiert
ISBN 978-3-86764-155-5

Alexander Lenger
Die Promotion
Ein Reproduktionsmechanismus
sozialer Ungleichheit
2008, 144 Seiten, broschiert
ISBN 978-3-86764-130-2

Peter Streckeisen
Die zwei Gesichter der Qualifikation
Eine Fallstudie zum Wandel von Industriearbeit
2008, 364 Seiten, broschiert
ISBN 978-3-86764-049-7

Judith Glaesser
**Soziale und individuelle Einflüsse auf
den Erwerb von Bildungsabschlüssen**
2008, 200 Seiten, broschiert
ISBN 978-3-86764-043-5

Klicken + Blättern

Leseprobe und Inhaltsverzeichnis unter

www.uvk.de

Erhältlich auch in Ihrer Buchhandlung.

UVK
UVK Verlagsgesellschaft mbH